böhlau

Industrielle Welt

Schriftenreihe des Arbeitskreises für moderne Sozialgeschichte

Herausgegeben von
Ulrike von Hirschhausen und Frank Bösch

Band 106   Leo Grob
             Bevor die Fabriken schließen

Leo Grob

Bevor die Fabriken schließen

Arbeit und Management bei Alusuisse
(1960–1991)

BÖHLAU VERLAG WIEN KÖLN

Die Entstehung dieser Arbeit wurde ermöglicht durch Beiträge des Forschungsfonds Ellen Rifkin Hill sowie des Kantons Wallis.
Die Druckvorstufe dieser Publikation wurde vom Schweizerischen Nationalfonds zur Förderung der wissenschaftlichen Forschung unterstützt.

Die Deutsche Nationalbibliothek verzeichnet diese Publikation in der Deutschen Nationalbibliografie; detaillierte bibliografische Daten sind im Internet über https://dnb.de abrufbar.

© 2024 Böhlau, Lindenstraße 14, D-50674 Köln, ein Imprint der Brill-Gruppe (Koninklijke Brill BV, Leiden, Niederlande; Brill USA Inc., Boston MA, USA; Brill Asia Pte Ltd, Singapore; Brill Deutschland GmbH, Paderborn, Deutschland; Brill Österreich GmbH, Wien, Österreich)
Koninklijke Brill BV umfasst die Imprints Brill, Brill Nijhoff, Brill Schöningh, Brill Fink, Brill mentis, Brill Wageningen Academic, Vandenhoeck & Ruprecht, Böhlau und V&R unipress.

Umschlagabbildung: Chippis, Aluminium-Werk, Bahn, Kraftwerke, Friedhof. Dezember 1979. © ETH-Bibliothek Zürich, Bildarchiv / Fotograf: Bärtschi, Hans-Peter / SIK_03-081039 / CC BY-SA 4.0.

Korrektorat: Elena Mohr, Köln
Umschlaggestaltung: Guido Klütsch, Köln
Satz: le-tex publishing services, Leipzig
Druck und Bindung: Hubert & Co, Ergolding
Printed in the EU

Vandenhoeck & Ruprecht Verlage | www.vandenhoeck-ruprecht-verlage.com

ISBN 978-3-412-53102-7 (print)
ISBN 978-3-412-53103-4 (digital)

Inhalt

Teil III

Dank

Die Produktion eines Buches erscheint womöglich als individuelle Leistung, ist aber ohne das komplexe Zusammenspiel ermöglichender Bedingungen und die Arbeit zahlreicher Menschen undenkbar. Ich danke Brigitte Studer, dass sie mich dazu ermutigt hat, eine Dissertation zu schreiben, mir eine Anstellung an ihrer Professur angeboten und mir so einen Raum eröffnet hat, um dieser spannenden, intellektuellen Tätigkeit nachzugehen. In ihrer Betreuung signalisierte sie stets Vertrauen in mein Können und ließ mir jederzeit volle intellektuelle und kreative Freiheit. Peter-Paul Bänziger hat mich nicht nur fachlich inspiriert, er hat mir zudem auf einer persönlichen Ebene von Zeit zu Zeit geholfen, die nötige Zuversicht zu finden. Beiden Betreuenden meiner Dissertation möchte ich herzlich danken.

Dankenswerteweise haben mich Devi Sacchetto, Karl-Heinz Roth, Ferruccio Gambino und Sergio Bologna mit Arbeitern in der Region Venedig in Kontakt gebracht, was eine ungemein bereichernde und spannende Begegnung war. Mit großem Selbstbewusstsein zeigten mir Gianni Sbrogiò, Armando Penso und Germano Mariti, welche aktive historische Rolle Arbeiter:innen spielen können. Den Fabrikarbeitern Marino Bullo, Renato Darsiè, Claudio Spolaor und Marino de Gaspari möchte ich danken, dass sie mich ein Stück weit in ihre Welt mitgenommen haben und geduldig auf meine Fragen eingegangen sind. Sie haben mir eindrücklich vermittelt, dass ihnen viel daran legt, ihre Schaffenskraft und Kreativität in Erinnerung zu halten. Chiara Puppini hat sich nicht nur meinen vielen Fragen gestellt, sie hat mir auch dankenswerterweise Zugang zum Privatarchiv des Arbeiters und Gewerkschafters Germano Antonini gewährt. Ich danke zudem der interviewten Person, die anonym bleiben möchte und mir ihr Leben in der *Company Town* von Alusuisse in Australien eindrücklich geschildert hat.

Zudem möchte ich Nelson Lichtenstein danken, der mich herzlich an der University of California, Santa Barbara willkommen geheißen hat. Ebenso danke ich Matthieu Leimgruber, der mir einen Aufenthalt an der Forschungsstelle für Sozial- und Wirtschaftsgeschichte der Universität Zürich ermöglichte. Viele Kolleg:innen hatten ein offenes Ohr, standen mit kleinem oder großem Rat zur Seite, unterstützten mich bei Anträgen oder förderten meine Arbeit durch kritische Kommentare. Insbesondere danke ich: Matthias Ruoss, Eva Keller, Lisia Bürgi, Vera Blaser, Sarah Probst, Christoph Zangger, Claudia Wilopo, Patrick Feucht, Roman Rossfeld, Kristina Schulz, Morten Reitmayer, Nicole Mayer-Ahuja, Thomas David, Brigitta Bernet, Patrick Neveling, Gabriele Rippl, Gilda Zazzara und Adrian Knoepfli. Sehr wichtig waren für mich die Personen, die Teile des Manuskripts gegengelesen haben. Für ihre kritischen Anmerkungen danke ich Joanna Haupt, Silvia Berger Ziauddin, Philipp Ammeter, Patrick Feucht, Justine Burkhalter, Matthias Ruoss, Thomas Schwendener, Susanne Weiss, Lea Küng, Jonas Komposch und Andreas Fasel. Für ihre Arbeit und die hilfreichen Hinweise im Begutachtungs- und Publikationsprozess möchte ich Laura Rischbieter und Ulrike von Hirschhausen vom Arbeitskreis für Moderne Sozialgeschichte danken. Für das sorgfältige Lektorat danke ich Elena Mohr und für die redaktionelle Betreuung bedanke ich mich bei Kirsti Doepner vom Böhlau Verlag. Unverzichtbare Arbeit haben zahlreiche Mitarbeitende an Bibliotheken und Archiven geleistet. Ich danke den Mitarbeitenden des Archivs für Zeitgeschichte, der Biblioteca nazionale Marciana Venezia, der Schweizerischen Nationalbibliothek und dem Staatsarchiv Wallis. Besonders danken möchte ich Martin Lüpold und dem ganzen Team des Schweizerischen Wirtschaftsarchivs. Im Istituto veneziano per la storia della Resistenza e della società contemporanea (Iveser) hat mich Alessandro Ruzzon ganz besonders kompetent und tatkräftig unterstützt. Mirko Romanato hat meine Arbeit im Centro studi Ettore Luccini sehr erleichtert. Auch für die Arbeit diverser Sekretariate und IT-Fachleute möchte ich mich bedanken, insbesondere bei Nikolaos Theocharis, Patrick Kammerer, Carole Mast, Therese Dudan und Therese Meier. Diese Studie und deren Publikation wurden dankenswerterweise durch Stipendien des Schweizerischen Nationalfonds, des Kantons Wallis, des Schweizerischen Sozialarchivs und diverse Fördermittel der Universität Bern sowie Preisgelder der International Conference of Labour and Social History (ITH) und des Dokumentationsarchiv des österreichischen Widerstandes sowie des Schweizerischen Wirtschaftsarchivs unterstützt.

Ich hätte diese Arbeit nicht schreiben können, ohne meine Kinder, Miro und Zora, in guten Händen zu wissen. Für ihre Unterstützung und ihre Arbeit danke ich ganz besonders Sybille Stieger, Luise Grob, Patrick Feucht, Ursina Weiler, Jonathan Klaus, Micha Huber, Johanna Kotlaris, Marlys Spreyermann und Sarah Schumacher.

Dass ich das Gymnasium und später die Universität besuchen konnte, war keineswegs selbstverständlich. Ich danke Lothar Moser, Luise Grob, Jascha Kotlaris und Marlys Spreyermann für ihre Unterstützung.

Von Herzen danke ich Sybille, Zora und Miro, die mich immer wieder daran erinnert haben, welche Wunder die Welt zu bieten hat.

Einleitung

Die Fabrik sollte schließen: Als der 49-jährige Fabrikarbeiter Luigi Sartorelli an einem Septembertag 1992 seine Schicht antrat und von diesem Verhandlungsresultat zwischen Gewerkschaften und Unternehmen erfuhr, stieg er auf einen der 60 Meter hohen Silos auf dem Fabrikareal. Er drohte, sich aus Protest in die Tiefe zu stürzen, und verlangte, mit einem nationalen Fernsehsender und mit dem Bürgermeister zu sprechen. „Wir sind nur unbedeutende Spielfiguren. Ein Tritt und weg sind wir"[1], begründete er seine Verzweiflungstat in einer Lokalzeitung.[2]

Sartorelli arbeitete im Industriehafen Porto Marghera vor Venedig. Sein Arbeitsort war die letzte noch im Besitz des Schweizer Aluminiumkonzerns Alusuisse verbliebene Fabrik in der Region. Das Unternehmen war lange Zeit ein wichtiger Arbeitgeber in Venetien gewesen – sein Tochterunternehmen SAVA betrieb seit den 1920er Jahren mehrere Fabriken und Kraftwerke und beschäftigte 1970 noch 2.000 Arbeiter und Angestellte.[3] 1992, kurz vor der Schließung, war die Belegschaft im übriggebliebenen Betrieb auf 170 Personen zusammengeschrumpft.[4]

Weder Sartorellis Verzweiflungstat noch das Aufbegehren der Belegschaft konnte die Schließung verhindern. Zwar erinnerten die Bilder des Protests in den italienischen Tageszeitungen der 1990er Jahre an die stolze und kämpferische Belegschaft der SAVA, die drei Jahrzehnte davor jede noch so kühne gewerkschaftliche Forderung durchsetzen zu können glaubte: wehende rote Fahnen auf den Silos; stillstehende Maschinen und besetzte Fabrikhallen; demonstrierende Arbeiter hinter dem Banner des Fabrikrates.[5] Doch im Unterschied zu den 1960er Jahren verlangte die Belegschaft nicht höhere Löhne, nicht den Sturz betrieblicher Hierarchien oder den Schutz von Mensch und Umwelt vor den Gefahren der Fabrik.[6] Und schon gar nicht den Kommunismus. Sie wollten Investitionen, die Umwandlung ihrer Fabrik in einen Logistikhub und die Absicherung ihrer Arbeitsplätze.

---

1 Luigi, turnista all'Alucentro: „Siamo pedine senza nome", in: Il Gazzettino (27.9.1992). Soweit nicht anders vermerkt, stammen die Übersetzungen vom Verfasser.

2 Navarro, Paolo: Appeso a una corda per tre ore, in: Il Gazzettino (27.9.1992).

3 Gewerkschaftliche Situation der SAVA (11.6.1971), S. 1, in: Archiv für Zeitgeschichte (AfZ), NL Heinz Frech 22.

4 Alucentro a lieto fine, in: Il Gazzettino (30.11.1996).

5 Bozzato, Fabio: I gabbiani dell'Alucentro, in: Il Gazzettino (11.1993); c.p.: Alucentro: clima incandescente, in: Il Gazzettino (11.11.1992).

6 Gewerkschaftliche Situation der SAVA (11.6.1971), S. 1, in: AfZ, NL Heinz Frech 22.

Wie Luigi Sartorelli waren viele Industriearbeiter[7] in den 1970er und 1980er Jahren in Westeuropa und Nordamerika mit der Schließung ihrer Betriebe, schwindender Arbeitsplatzsicherheit sowie dem Niedergang ihres Sozialmilieus konfrontiert.[8] Der industrielle Sektor wandelte sich tiefgreifend und der Anteil der dort Beschäftigten ging zurück.[9] Diese Entwicklung wurde als Deindustrialisierung oder als Übergang von der Industrie- zur Dienstleistungsgesellschaft interpretiert.[10] Damit einher gingen neue Qualifikationsanforderungen an Arbeitskräfte in der Industrie, eine zunehmende Sorge um Arbeitslosigkeit, Gewerkschaften in der Defensive, stagnierende Löhne und ein Verblassen von Klassensemantiken.[11] Parallel dazu beschleunigte sich die Veränderung der konkreten Arbeitsprozesse – wobei der Einsatz von Computern und die zunehmende Automatisierung in Büros und Fabrikhallen eine zentrale Rolle spielten. Aber auch wie Manager

---

7 Zwischen den Bestrebungen nach einer inklusiven Sprache und einer historisch präzisen Darstellung muss abgewogen werden: Bei konkreten Gruppen von Menschen gilt es, diese historisch zu situieren. Die hier verwendeten geschlechtlichen Markierungen sollen die historischen Selbstbilder der Akteursgruppen berücksichtigen. Deuten die Quellen beispielsweise daraufhin, dass die Mitglieder einer Belegschaft sich mit großer Selbstverständlichkeit als Männer in einer dualen Geschlechterordnung verorteten, spreche ich von Arbeitern und nicht von Arbeiter:innen. Das heißt nicht, dass – um beim Beispiel der Belegschaft zu bleiben – keine Frauen oder andere geschlechtliche Identitäten als Fabrikarbeiter beschäftigt waren. Nichtsdestotrotz waren die in dieser Arbeit untersuchten Akteure vornehmlich Männer, sodass eine konsequent genderinklusive Sprache gerade aus geschlechterhistorischer Perspektive wenig Sinn ergeben würde. Bei allgemeinen Gruppenbezeichnungen verwende ich hingegen die inklusive Form, z. B. Arbeiter:innen-Klasse.

8 Hyman, Louis: Temp. How American Work, American Business, and the American Dream Became Temporary, New York 2018; Raphael, Lutz: Gewinner und Verlierer in den Transformationen industrieller Arbeitswelten Westeuropas nach dem Boom, in: Marx, Christian/Reitmayer, Morten (Hg.): Gewinner und Verlierer nach dem Boom. Perspektiven auf die westeuropäische Zeitgeschichte, Göttingen 2020, S. 57–81.

9 Raphael, Lutz: Jenseits von Kohle und Stahl. Eine Gesellschaftsgeschichte Westeuropas nach dem Boom, Berlin 2019, S. 9. In der Schweiz lag der Beschäftigungsanteil der Industrie und des verarbeitenden Gewerbes von 1900 bis Mitte der 1970er Jahre zwischen 36 und 40 Prozent. Bis um 1980 sank der Anteil auf etwa 30 Prozent. 1987/1989 lag er bei 29 Prozent. Vgl. Bairoch, Paul: La Suisse dans le contexte international aux XIXe et XXe siècles, in: Bairoch, Paul/Körner, Martin (Hg.): Die Schweiz in der Weltwirtschaft, Zürich 1990, S. 103–140, hier: S. 132. Gemäß Zahlen des Wirtschaftshistorikers Aaron Benanav sank der Anteil der in der industriellen Produktion Beschäftigten zwischen 1970 und 2017 in vielen „einkommensstarken" Ländern: In den USA von 22 auf 8 Prozent; in Frankreich von 23 auf 9 Prozent; in Großbritannien von 30 auf 8 Prozent; in Japan von 25 auf 15 Prozent, in Deutschland von 29 auf 17 Prozent; in Italien von 25 auf 15 Prozent. In all diesen Ländern nahm auch die absolute Zahl der industriellen Produktionsarbeiter in diesem Zeitraum ab; vgl. Benanav, Aaron: Automation and the Future of Work, London/New York 2020, S. 16.

10 Raphael: Kohle, S. 9; High, Steven: „The Wounds of Class". A Historiographical Reflection on the Study of Deindustrialization, 1973–2013, in: History Compass 11/11 (2013), S. 994–1007.

11 Boltanski, Luc/Chiapello, Ève: Der neue Geist des Kapitalismus (édition discours 38), Konstanz 2013, S. 261–361.

und Personalexperten den Produktionsprozess konzipierten, was sie unter guter Unternehmensführung verstanden, wie sie Arbeitskräfte ansprachen, sie motivieren und zu maximaler Leistung bewegen wollten, all dies nahm neue Formen an.

Der Wandel der industriellen Arbeitswelt in den letzten vier Jahrzehnten des 20. Jahrhunderts steht im Zentrum dieses Buches. Um die Komplexität dieses Wandels umfassend zu erfassen und verschiedene Analyseebenen, Orte und Akteur:innen einzubeziehen, konzentriert sich diese Arbeit auf ein Unternehmen: den Schweizer Aluminiumkonzern Alusuisse. Die Arbeit wählt einen doppelten Zugriff: Zum einen richtet sich der forschende Blick auf die Konzernzentrale in Zürich und das Denken und Handeln der obersten Führungsschicht des Unternehmens. Wie verhandelten Manager:innen die sich wandelnde Umwelt des Unternehmens? Auf welche Ideen, Erwartungen und Probleme fokussierte sich das Denken und Handeln des Managements und welche personalpolitischen Mittel und Ziele wurden diskutiert? Zum anderen werden drei Alusuisse-Standorte – in Australien, Italien und der Schweiz – herangezoomt. Dies erlaubt es, die Interaktionen von Arbeitskräften, Management und staatlichen Stellen auf verschiedenen Stufen des Produktionsprozesses und unter Berücksichtigung ihrer raum-zeitlichen Spezifika genauer auszuleuchten. Wie organisierte das Management die Produktion, welche personalpolitischen Mittel setzte man im Betrieb und darüber hinaus ein und wie berücksichtigte das Management das Handeln und die Machtressourcen der Arbeitskräfte?

Alusuisse – Ein multinationales Unternehmen zwischen Expansion, Krise und Vermarktlichung

Im Laufe ihres über hundertjährigen Bestehens beschäftigte Alusuisse weltweit bis zu 45.000 Mitarbeiter:innen und gehörte zu den *Big Six* der globalen Aluminiumindustrie sowie zu den fünf größten Schweizer Industrieunternehmen.[12] Die Aluminium-Industrie-Aktien-Gesellschaft (AIAG), wie Alusuisse bis 1963

---

12 Winter, Wolfgang: Der Alu-Gott vom Zürichsee, in: Die Weltwoche 19 (14.5.1975); Knoepfli, Adrian: Im Zeichen der Sonne. Licht und Schatten über der Alusuisse 1930–2010, Baden 2010, S. 9. Zur Geschichte der Aluminiumindustrie: Vindt, Gérard: Les hommes de l'aluminium. Histoire sociale de Pechiney, 1921–1973, Paris 2006; Gendron, Robin S./Ingulstad, Mats/Storli, Espen (Hg.): Aluminum Ore. The Political Economy of the Global Bauxite Industry, Vancouver/Toronto 2013; Barjot, Dominique/Bertilorenzi, Marco (Hg.): Aluminium. Du métal de luxe au métal de masse (XIXe–XXIe siècle). From Precious Metal to Mass Commodity (19th–21st century), Paris 2014; Sheller, Mimi: Aluminum Dreams. The Making of Light Modernity, Cambridge 2014; Bertilorenzi, Marco: The International Aluminium Cartel, 1886–1978. The Business and Politics of a Cooperative Industrial Institution, New York/London 2016.

hieß, wurde 1888 mit Hilfe deutschen Kapitals im schweizerischen Neuhausen gegründet.[13] Zu diesem Zeitpunkt war das Verfahren der industriellen Alumini-umproduktion – die sogenannte Schmelzflusselektrolyse – erst zwei Jahre alt:[14] Die AIAG gehörte zu den ersten zwei Unternehmungen, die diese energieintensive Technologie in industriellem Maßstab anwendeten.[15] Der benötigte Rohstoff Bauxit war geographisch sehr ungleich verteilt. In den Anfangsjahren der Aluminium-industrie kam das Erz vor allem aus Frankreich und den USA, später auch aus Westafrika, Australien und der Karibik.[16] Diese geographische Rohstoffverteilung, die Abhängigkeit von günstiger Energie, aber auch der kleine Schweizer Binnen-markt veranlassten die AIAG früh ein weltweites Netzwerk von Produktionsstand-orten und Tochterunternehmen auszubilden. Eine Folge war, dass der Schweizer Aluminiumhersteller noch vor 1914 zu einem vollständig vertikal integrierten Un-ternehmen herangewachsen war.[17] Als wichtige Lieferantin der Rüstungsindustrie – Italien und Deutschland gehörten zu den Hauptmärkten der AIAG – profitierte der multinationale Konzern stark vom Ersten und Zweiten Weltkrieg.[18] In den frühen 1960er Jahren erstreckten sich die Beteiligungen, Tochterunternehmen, Ingenieursdienstleistungen und geologischen Explorationen von Alusuisse über weite Teile des Globus. 79 Standorte in 15 Ländern von Europa über Westafrika bis hin zu Süd- und Nordamerika listete eine Festschrift von 1964 auf – wohlge-merkt zu einem Zeitpunkt als Alusuisse erst zur großangelegten globalen Expansion ansetzte.[19]

Die AIAG gehörte also zu den frühen multinationalen Unternehmen, die in der Globalisierungsphase im letzten Viertel des 19. Jahrhunderts – überproportional in kleinen Nationalterritorien wie der Schweiz – entstanden waren und durch Wa-renexport und ausländische Direktinvestitionen wesentlich zum „Erfolgsmodell"

---

13 Meier, Walther/Wanner, Heinrich/Weisz, Leo: Geschichte der Aluminium-Industrie-Aktien-Gesellschaft Neuhausen, 1888–1938, Bd. 1, Zürich 1942, S. 75. Ab 1990 hieß das Unternehmen Alusuisse-Lonza Holding AG – A-L und ab 1998 Alusuisse Lonza Group AG – algroup.

14 Knauer, Manfred: Hundert Jahre Aluminiumindustrie in Deutschland (1886–1986). Die Geschichte einer dynamischen Branche (Jahrbuch für Wirtschaftsgeschichte, Beiheft 17), Berlin 2014, S. 15.

15 Knoepfli: Zeichen, S. 9.

16 Ingulstad, Mats/Storli, Espen/Gendron, Robin S.: Introduction – Opening Pandora's Bauxite. A Raw Materials Perspective on Globalization Processes in the Twentieth Century, in: dies. (Hg.): Aluminum Ore. The Political Economy of the Global Bauxite Industry, Vancouver/Toronto 2013, S. 1–23, hier: S. 2.

17 Ebd., S. 6 f.

18 Rauh, Cornelia: Schweizer Aluminium für Hitlers Krieg? Zur Geschichte der Alusuisse 1918–1950 (Schriftenreihe zur Zeitschrift für Unternehmensgeschichte 19), München 2009, S. 8.

19 Schweizerische Aluminium AG: Alusuisse. Schweizerische Aluminium AG, Zürich 1964, S. 10 f.

der Schweizer Wirtschaft im 20. Jahrhundert beitrugen.[20] Die globale Vernetzung der Schweizer Wirtschaft war in der zweiten Hälfte des 20. Jahrhunderts außerordentlich – kaum eine andere Nationalökonomie wies solch hohe ausländische Direktinvestitionen im Verhältnis zur Bevölkerungszahl auf.[21]

Die historische Forschung hat sich zwar mit der global verflochtenen Schweizer Wirtschaft und ihren multinationalen Unternehmen beschäftigt.[22] Neuere Forschungen zur transnationalen Geschichte der Schweiz versuchen darüber hinaus, die Präsenz und Bewegung von Schweizer Kapital, Bewohner:innen und Gütern über die nationalstaatlichen Grenzen hinweg zu verfolgen.[23] Zu diesem Forschungsfeld möchte die vorliegende Arbeit am Beispiel der Alusuisse einen Beitrag leisten. Die Publikationen zur Geschichte der Alusuisse beschränkten sich bis vor wenigen Jahren auf Festschriften, studentische sowie journalistische Arbeiten.[24] Erst in

---

20 Meier/Wanner/Weisz: Aluminium-Industrie-Aktien-Gesellschaft, Bd. 1, S. 82; Schröter, Harm G.: Swiss Multinational Enterprise in Historical Perspective, in: Jones, Geoffrey (Hg.): The Rise of Multinationals in Continental Europe, Aldershot 1993, S. 49–64.

21 Bairoch: Suisse, S. 116. Müller, Margrit: Internationale Verflechtungen, in: Halbeisen, Patrick/Müller, Margrit/Veyrassat, Béatrice (Hg.): Wirtschaftsgeschichte der Schweiz im 20. Jahrhundert, Basel 2012, S. 339–465, hier: S. 339.

22 Gilomen, Hans-Jörg/Müller, Margrit/Veyrassat, Béatrice (Hg.): Globalisierung – Chancen und Risiken. Die Schweiz in der Weltwirtschaft 18.–20. Jahrhundert. La globalisation – chances et risques: la Suisse dans l'économie mondiale 18e–20e siècles (Schweizerisches Jahrbuch für Wirtschafts- und Sozialgeschichte 19), Zürich 2003; Müller: Verflechtungen; David, Thomas/Straumann, Tobias/Teuscher, Simon (Hg.): Neue Beiträge zur Wirtschaftsgeschichte. Nouvelles contributions à l'histoire économique (Schweizerisches Jahrbuch für Wirtschafts- und Sozialgeschichte 30), Zürich 2015. Für eine Literaturübersicht über die Schweizer Exportindustrien im 20. Jahrhundert vgl. Müller, Margrit: Die Exportindustrien im Verlauf des 20. Jahrhunderts, in: traverse. Zeitschrift für Geschichte – Revue d'histoire 1 (2010), S. 119–138.

23 Eichenberger, Pierre/Haller, Lea/David, Thomas u. a.: Beyond Switzerland. Reframing the Swiss Historical Narrative in Light of Transnational History, in: traverse. Zeitschrift für Geschichte – Revue d'histoire 1 (2017), S. 137–152. Für die transnationalen Aktivitäten wirtschaftlicher Akteur:innen vgl. Teil II des Bandes: Büsser, Nathalie/David, Thomas/Eichenberger, Pierre u. a. (Hg.): Transnationale Geschichte der Schweiz (Schweizerisches Jahrbuch für Wirtschafts- und Sozialgeschichte 34), Zürich 2020; sowie Dejung, Christof: Die Fäden des globalen Marktes. Eine Sozial- und Kulturgeschichte des Welthandels am Beispiel der Handelsfirma Gebrüder Volkart 1851–1999 (Industrielle Welt 85), Köln/Wien 2013.

24 Festschriften: Meier, Walther/Wanner, Heinrich/Weisz, Leo: Geschichte der Aluminium-Industrie-Aktien-Gesellschaft Neuhausen, 1888–1938, 2 Bde., Zürich 1942; Schweizerische Aluminium AG: Alusuisse, Zürich 1964. Zum hundertjährigen Jubiläum des Unternehmens, aus kritischer Warte: Bauer, Tobias/Crough, Greg J./Davidsson, Elias u. a.: Silbersonne am Horizont. Alusuisse – Eine Schweizer Kolonialgeschichte, Zürich 1989. Zu den Arbeitskämpfen in den Schweizer Fabriken existieren studentische Arbeiten: Aymon, Benoît: Un demi-siècle de lutte ouvrière à l'aluminium de Chippis, Lizentiatsarbeit, Genf 1979; Schweri, Alain: La grève de 1917 aux usines d'aluminium de Chippis. Un exemple de traumatisme industriel en pays agricole, Lizentiatsarbeit, Genf 1988; Varone, Joël: Les 50 ans de la grève aux usines d'aluminium et les luttes ouvrières à Chippis Para-

den letzten Jahren erschienen historiographische Arbeiten, die teilweise auf das –
seit 2016 der Forschung zugängliche – Alusuisse-Konzernarchiv zurückgreifen
konnten.[25]

Die vorliegende Studie beleuchtet die Geschichte der Alusuisse von den frühen
1960er bis in die frühen 1990er Jahre. Diese Untersuchungsperiode unterteile ich in
die drei Phasen Expansion (1960–1971), Krise (1971–1985) und Vermarktlichung
(1985–1991). 1960 begann die ‚Ära Meyer', wie die lange Unternehmensperiode von
1960 bis 1986 konzernintern genannt wurde, in der Emanuel Meyer[26] das Unternehmen führte – zuerst als Generaldirektor, ab 1976 als Verwaltungsratspräsident. Die
Zeit von 1960 bis zur sogenannten Aluminiumkrise 1971 war als Expansionsphase
geprägt durch eine forcierte internationale Expansion, eine massive Steigerung der
Produktionskapazitäten und der Suche nach einer unternehmenseigenen Rohstoffbasis.

In den 1970er Jahren geriet dieses Wachstumsmodell in die Krise. Bewegun-
gen in der polit-ökonomischen Plattentektonik des Kapitalismus erschütterten

---

digme du développement capitaliste et de la bureaucratisation syndicale en Valais. La FOMH et la
grève, Lizentiatsarbeit, Lausanne 2004; ders.: 1954: trois jours de grève aux usines d'aluminium de
Chippis. Au-delà des consignes de paix du travail, in: Cahiers d'histoire du mouvement ouvrier 28
(2012), S. 63–78. Zu den Walliser Arbeiter-Bauern: Pralong, Régine: L'ouvrier-vigneron d'Alusuisse.
Evolution de cette pluriactivité dans le Valais Central entre 1930 et 1980, Lizentiatsarbeit, Fribourg
2006. Zur Walliser Arbeiter- und Industriegeschichte: Bellwald, Werner/Guzzi-Heeb, Sandro (Hg.):
Ein industriefeindliches Volk? Fabriken und Arbeiter in den Walliser Bergen (Ethnologische Reihe
7), Baden 2006; van Dongen, Luc/Favre, Grégoire: Mémoire ouvrière. Ouvriers, usines et industrie
en Valais. À la croisée de l'histoire, de la mémoire et de l'art, Sierre 2011.

25 Cornelia Rauh gelang es im Nachgang der Recherchen der Unabhängigen Expertenkommission
Schweiz – Zweiter Weltkrieg auf Alusuisse-Konzernakten zuzugreifen. Sie hat die Verstrickungen
des Schweizer Konzerns mit dem nationalsozialistischen Regime aufgearbeitet: Rauh: Aluminium.
Rebekka Wyler hat basierend auf Dokumenten der europäischen Gewerkschaftsbewegung die
Geschichte der Walliser Werke von Alusuisse in den 1990er Jahren untersucht: Wyler, Rebekka:
Schweizer Gewerkschaften und Europa 1960–2005, Münster 2012, S. 229–259. Adrian Knoepfli hat
die Unternehmensgeschichte für die Jahre 1930 bis 2010 rekonstruiert: Knoepfli: Zeichen.

26 Emanuel Richard Meyer (*1918, †2005) stammte nicht aus einer wohlhabenden Familie wie andere
Topmanager bei Alusuisse. Sein Vater war Sekundarlehrer. Meyer war zusammen mit Fritz Schnorf
(Alusuisse-Generaldirektor 1958–1960) von der Schweizerischen Nationalbank zur Alusuisse gekommen. Für die Alusuisse war Meyer in Deutschland (Martinswerk), Italien (SAVA), Ungarn und
Brasilien tätig und sprach Deutsch, Französisch, Italienisch, Englisch und Ungarisch. Meyer war die
zentrale Figur im Alusuisse-Topmanagement zwischen 1960 und 1986 (1960 bis 1976 als Generaldirektor, zudem 1967 bis 1986 Verwaltungsratspräsident). Seit 1969 war er Anhänger des indischen
Gurus Swami Omkarananda, der 1967 in Winterthur das sogenannte Divine-Light-Zentrum (DLZ)
gründete. Meyer musste sich 1975 allerdings vom DLZ distanzieren, nachdem Mitglieder des DLZ
eines Bombenanschlags auf einen Zürcher Regierungsrat beschuldigt wurden. Nach seiner Pension
übersetzte er Bücher von Swami Omkarananda ins Deutsche. Vgl. Gespräch Adrian Knoepfli mit
Paul Surbeck (28.4.2008), in: Schweizerisches Wirtschaftsarchiv (SWA), PA 572 B 2-3.

die Unternehmenswelt: Währungsschwankungen nach dem Ende des Bretton-Woods-Systems, die Ölpreiskrisen Mitte und Ende der 1970er Jahre oder auch die schwächere Aluminiumnachfrage und das Ende des Preiskartells in der Aluminiumbranche waren nur einige der Probleme, die auf dem Radar der Alusuisse-Manager auftauchten. Aus den auf diese Krisenerscheinungen und -diskurse folgenden managerialen Suchbewegungen entwickelte sich bis Mitte der 1980er eine umfassende Politik der Vermarktlichung, die Unternehmensorganisation und -strategien enger an Marktentwicklungen knüpfte, Marktlogiken im Innern des Unternehmens implementierte und Marktrhetoriken in den diskursiven Dreh- und Angelpunkt setzte.

Die Untersuchung endet um das Jahr 1991. In diesem Jahr initiierte das Schweizer Aluminiumunternehmen eine neue – dem Shareholder-Value verpflichtete – Unternehmensstrategie und setzte ein vorläufiges Schlusszeichen hinter die lange Umbauphase, die nach der in den frühen 1970er Jahren einsetzenden managerialen Desorientierung begonnen hatte. Alusuisse war zu einem stark diversifizierten Mischkonzern geworden, der organisatorisch in semiautonome *Profit Centers* zerteilt war und strikt nach finanzmarktorientierten Kennzahlen gesteuert wurde. Damit war die Grundlage geschaffen, dass sich Investoren wie August François von Finck – und später Christoph Blocher und Martin Ebner – in den 1990er Jahren daran machen konnten, das Traditionsunternehmen zu liquidieren, die profitablen Unternehmensteile zu veräußern und mit großen Gewinnen „aus den Trümmern"[27] zu steigen.

---

27 Gross, Dominik: Wie Blocher mit vollen Taschen aus den Trümmern stieg, in: Wochenzeitung WOZ (17.2.2011).

**Betriebsstätten der Schweizerischen Aluminium AG
und ihrer Konzern- und Beteiligungsgesellschaften**

Forschung	Bauxit	Tonerde	Elektroden	Elektrizität	
Chippis Schweiz	La Dérobade Frankreich	Bergheim BR Deutschland	Chippis Schweiz	Bramois Schweiz	Rheinfelden BR Deutschland
Neuhausen Schweiz	Les Usclades Frankreich	Porto Marghera Italien	Rheinfelden BR Deutschland	Ernen Schweiz	Caoria Italien
	St-Julien Frankreich	Porto Vesme Italien (Projekt)	Porto Marghera Italien	Mörel Schweiz	Fusina Italien
	Tourves Frankreich	Gove (im Bau) Australien	Rotterdam Niederlande	Navisence Schweiz	Moline Italien
	Campo Felice Italien	Fria/Kimbo Guinea	Lake Charles, La. USA (im Bau)	Oberems Schweiz	Monte Croce Italien
	Cavone Italien			Rhone Schweiz	San Silvestro Italien
	Mokanji Sierra Leone			Turtmann Schweiz	Zevio Italien
	Gove Australien			Neuhausen Schweiz	Lake Charles, La. USA (im Bau)
	Fria/Kimbo Guinea			Klammstein Österreich	
				Rauris-Kitzloch Österreich	
				Altstafel Schweiz	
				Lona Schweiz	
				Motec Schweiz	
				Vissoie Schweiz	
				Rheinau Schweiz	
				Chavalon Schweiz	

Legende:

EFTA

EWG

Übersee

Beteiligung 50% und weniger

48

Hüttenaluminium	Halbzeug	Folien	Fertigprodukte	Kunststoffe	Bergbau
Chippis Schweiz	Siders Schweiz	Kreuzlingen Schweiz	Belfaux Schweiz	Bötzingen BR Deutschland	Alumining Schweiz
Steg Schweiz	Lend Österreich	Bridgnorth Großbritannien	Freiburg Schweiz	Staufen BR Deutschland	Neurath BR Deutschland
Lend Österreich	Bridgnorth Großbritannien	Wolverhampton Großbritannien	Aylesbury Großbritannien	Scanzorosciate Italien	Samcosa Costa Rica
Husnes Norwegen	Wolverhampton Großbritannien	Chênée Belgien	Bridgnorth Großbritannien	Breda Niederlande	Samaust Australien
Straumsvik Island	Menziken Schweiz	Hamburg BR Deutschland	Cossonay Schweiz		
Amay (Projekt) Belgien	Chênée Belgien	Singen/Hohentwiel BR Deutschland	Bergheim BR Deutschland		
Rheinfelden BR Deutschland	Singen/Hohentwiel BR Deutschland	Nembro Italien	Singen/Hohentwiel BR Deutschland		
Fusina Italien	St-Florentin Frankreich	Englishtown New Jersey USA	Beaurepaire Frankreich		
Porto Marghera Italien	Mailand Italien	Iuka Mississippi USA	St-Florentin Frankreich		
Essen (im Bau) BR Deutschland	Rho Italien	Jackson Tennessee USA	Veenendaal Niederlande		
Delfzijl Niederlande	Essen (im Bau) BR Deutschland		München BR Deutschland		
New Johnsonville Tennessee USA	Rheinfelden BR Deutschland		Porto Marghera Italien		
Lake Charles, La. USA (im Bau)	Fusina Italien		Iuka Mississippi USA		
Richards Bay Südafrika (im Bau)	Porto Marghera Italien		Pindamonhangaba Brasilien		
	Jackson Tennessee USA		Lagos Nigerien		
	Pindamonhangaba Brasilien				

Abb. 1 Standorte Alusuisse 1969 (Alusuisse-Geschäftsbericht 1969, S. 48 f., in: SWA, PA 600b C 1).

Transnationale Verflechtung, lokale Einbettung

Wie allerdings kann die Geschichte eines multinationalen Unternehmens untersucht werden? Und wie lassen sich dabei sowohl die transnationalen Verbindungen als auch die lokale Einbettung berücksichtigen? Die Studie folgt dem Vorschlag des Arbeitshistorikers Marcel van der Linden, das Konzept globaler Produktionsketten für eine *Global Labour History* zu nutzen.[28] Die Industrieproduktion lässt sich als System sequentieller, logistisch verknüpfter Glieder denken, in denen Rohstoffe oder Zwischenprodukte, Arbeitskräfte und Produktionsmittel in Arbeitsprozessen zusammengebracht werden.[29] Solche Produktionsketten lassen sich nicht nur über den ganzen Globus verfolgen, sie erlauben zudem, die soziale Reproduktion von Arbeitskräften mitzudenken, also nach dem Zusammenspiel bezahlter und unbezahlter Arbeitsformen und der vergeschlechtlichen Arbeitsteilung zu fragen.[30]

Welche Produktionsschritte sind also Teil dieser Produktionskette? Der Rohstoff für die Aluminiumproduktion, ein rötliches Gestein namens Bauxit, wird meist im Tagebau mit Hilfe von Sprengstoff und großen Baggern abgetragen, dann zerkleinert und gemahlen, bevor er zur Weiterverarbeitung gelangt.[31] Aufgrund des beträchtlichen Volumens und Gewichts von Bauxit streben Unternehmen danach, die Transportwege zwischen der Mine und der Weiterverarbeitung möglichst kurz zu halten. Die folgenden Produktionsschritte sind technisch anspruchsvoll, kapitalintensiv und bedingen qualifizierte Arbeitskräfte. In einer Aluminafabrik wird das zermahlene Bauxit im sogenannten Bayer-Verfahren chemisch aufgespalten: Das Erz wird mit Natronlauge vermischt, in großen Behältern unter Druck gesetzt und stark erhitzt. Das daraus gewonnene Aluminiumhydroxid muss unter enormer Hitze kalziniert werden. So erhält man das Zwischenprodukt Alumina (Aluminiumoxid, auch Tonerde genannt), das in der Regel in riesigen Silos zwischengelagert wird. Während dieses Prozesses entstehen beträchtliche Mengen an sogenannten Rotschlämmen als Abfallprodukt. Diese stellen aufgrund ihrer Belastung mit Schwermetallen und Lauge eine Gefahr für Mensch und Umwelt dar. Das Zwischenprodukt Alumina ist die Basis für die Herstellung von Rohaluminium: In Elektrolyseöfen – in riesigen Produktionshallen aneinandergereiht –

---

28 Van der Linden, Marcel: Globalizing Labour Historiography: The IISH Approach, Amsterdam 2002, S. 9.

29 Hopkins, Terence K./Wallerstein, Immanuel: Patterns of Development of the Modern World-System, in: Review (Fernand Braudel Center) 1/2 (1977), S. 111–145, hier: S. 128.

30 Bair, Jennifer: On Difference and Capital. Gender and the Globalization of Production, in: Signs: Journal of Women in Culture and Society 36/1 (2010), S. 203–226, hier: S. 205; Dunaway, Wilma A.: Introduction, in: dies. (Hg.): Gendered Commodity Chains. Seeing Women's Work and Households in Global Production, Stanford 2014, S. 1–24, hier: S. 4–7.

31 Ingulstad/Storli/Gendron: Introduction, S. 3.

vermengen Ofenarbeiter das Alumina mit Kryolith. Durch eine Kathode und eine Anode in den Öfen leitet man Strom durch das Gemisch, wodurch sich flüssiges Rohaluminium abscheidet. Das flüssige Rohaluminium kann danach in einer Gießerei zu Legierungen oder als Reinaluminium gegossen und dann in Walz- und Presswerken zu Blechen und Profilen weiterverarbeitet werden.

Die Auswahl der Untersuchungsorte Australien, Italien und Schweiz spiegelt diese Produktionssequenz wider. Am australischen Standort baute Alusuisse den Rohstoff Bauxit ab und verarbeitete ihn zu Alumina – untersucht wird aber auch die Bedeutung der sozialen Reproduktion der Arbeitskräfte. Der italienische Standort konzentrierte zwar die gesamte Produktionskette in einem Land – der Schwerpunkt der Produktion lag aber auf der Herstellung von Alumina und Rohaluminium. Am dritten Untersuchungsort, der Schweiz, produzierte Alusuisse Rohaluminium und verarbeitete es in einem Press- und einem Walzwerk weiter. Die untersuchten Standorte sollen nicht a priori territorial begrenzt, sondern als „relationale Lokalität"[32] gedacht werden – wie das neuere Forschungen vorschlagen, die mit einer globalen Mikrogeschichte experimentieren.[33] Das Lokale interessiert folglich als stets auch translokale Kontaktzone, die verschiedene räumliche Verbindungen – mal nah, mal fern – umfasst.[34] Wie Vertreter:innen einer erneuerten *Factory History* vorschlugen, können Betriebe so in ihrer geographischen Spezifik, lokalen Einbettung und globalen Verkettung untersucht werden.[35] Zu beachten ist dabei, dass nicht nur Unternehmen, sondern auch Belegschaften oder Staaten die geographische Konfiguration von Produktionsketten beeinflussen.[36]

Außerdem ist die diachrone Entwicklung der Produktionskette einzubeziehen. Wie Jonathan Levy herausgearbeitet hat, kann Kapital als zukunftsorientierte, prozesshafte Praxis der Investitionsabwägung verstanden werden.[37] Kapital muss daher

32 Epple, Angelika: Lokalität und die Dimensionen des Globalen. Eine Frage der Relationen, in: Historische Anthropologie 21/1 (2013), S. 4–25, hier: S. 25.

33 Dies.: Globale Mikrogeschichte. Auf dem Weg zu einer Geschichte der Relationen, in: Hiebl, Ewald/ Langthaler, Ernst (Hg.): Im Kleinen das Große suchen. Mikrogeschichte in Theorie und Praxis. Hanns Haas zum 70. Geburtstag, Innsbruck/Wien/Bozen 2012, S. 37–47.

34 Gerritsen, Anne/de Vito, Christian: Micro-Spatial Histories of Global Labour, in: dies. (Hg.): Micro-Spatial Histories of Global Labour, Cham 2018, S. 1–28, hier: S. 7 f.

35 Akgöz, Görkem/Croucher, Richard/Pizzolato, Nicola: Back to the Factory. The Continuing Salience of Industrial Workplace History, in: Labor History 61/1 (2020), S. 1–11, hier: S. 8.

36 Cowie, Jefferson: Capital Moves. RCA's Seventy-Year Quest for Cheap Labor, New York 2001; Silver, Beverly J.: Forces of Labor. Workers' Movements and Globalization Since 1870, Cambridge 2003; Selwyn, Ben: Beyond Firm-Centrism. Re-Integrating Labour and Capitalism into Global Commodity Chain Analysis, in: Journal of Economic Geography 12/1 (2011), S. 205–226.

37 Levy, Jonathan: Capital as Process and the History of Capitalism, in: Business History Review 91/3 (2017), S. 483–510.

per definitionem in Bewegung bleiben. Um dies zu berücksichtigen, ist der Begriff des *Spatial Fix* des Geographen David Harvey nützlich.[38] Das englische Wort *fix* ist dabei doppeldeutig: Es bezeichnet sowohl die vorübergehende Lösung von Profitabilitätskrisen durch eine räumliche Reorganisation von Unternehmen wie auch die Fixierung von Produktionsfaktoren im Raum. Harvey betont damit, dass Unternehmen im Kapitalismus dem in sich widersprüchlichen strukturellen Zwang unterliegen, Kapital räumlich zu fixieren und zugleich mobil zu halten. Zu bedenken ist daher stets, dass jede räumliche Fixierung von Kapital nur temporär ist, jeder Standort, jeder Betrieb folglich einen Zenit erreichen wird, nach dem das investierte Kapital sich zu verlagern droht. Ob ein Betrieb erst eröffnet oder kurz vor der Schließung steht, hat weitreichende Folgen für das Arbeitsmanagement und das Kräfteverhältnis zwischen Arbeitskräften und Unternehmen. Die drei Untersuchungsorte werden daher nicht für eine einheitliche Periode untersucht, sondern mit ihrem jeweils spezifischen Zenit als zeitlichem Fluchtpunkt.

Die Sorgen des Managements – die Macht der Arbeitskräfte

In der vorliegenden Arbeit spielen die mit der operativen Führung beauftragten Manager eine prominente Rolle.[39] Damit leistet sie einen Beitrag zur historischen Elitenforschung in der Schweiz, die dem managerialen Denken und Handeln bisher kaum in unternehmenshistorischen Tiefenbohrungen nachgegangen ist.[40] Als oberste Führungsschicht der leitenden Angestellten gehörten die als Generaldirektoren bezeichneten Topmanager am Zürcher Hauptsitz zu dieser Gruppe. Von 1960 bis Mitte der 1980er Jahre prägten einzelne Topmanager die Unternehmenspolitik

---

38 Harvey, David: Globalization and the „Spatial Fix", in: geographische revue 2 (2001), S. 23–30.

39 Erst 1991 stieß mit Dominique Damon die erste Frau ins Topmanagement von Alusuisse vor. Nicht im Fokus steht der Verwaltungsrat. Dieser ist zwar Teil der Unternehmensführung, als Aufsichtsorgan ist er aber nicht mit der operativen Führung oder Fragen des Arbeitsmanagements betraut.

40 Diese Forschungen fokussierten zum einen auf den Wandel der Corporate Governance großer Unternehmen: David, Thomas/Mach, André/Lüpold, Martin u. a.: De la „Forteresse des Alpes" à la valeur actionnariale. Histoire de la gouvernance d'entreprise suisse (1880–2010), Zürich 2015; Ginalski, Stéphanie, Du capitalisme familial au capitalisme financier? Le cas de l'industrie suisse des machines, de l'électrotechnique et de la métallurgie au XXème siècle (Histoire 211), Neuchâtel 2015. Vgl. zum anderen die Kollektivbiographie von Schweizer Unternehmenskadern: Mach, André/David, Thomas/Ginalski, Stéphanie: Schweizer Wirtschaftseliten 1910–2010, Baden 2017. Ein Forschungsverbund untersucht die lokale Einbettung und die transnationalen Netzwerke von Eliten in den Schweizer Städten Basel, Genf und Zürich: Local Power Structures and Transnational Connections. New Perspectives on Elites in Switzerland, 1890–2020, vgl. https://wp.unil.ch/sinergia-elites/ [2.6.2021].

stark – insbesondere Emanuel Meyer. Danach wechselte sich die oberste Führungsriege im Zuge der zahlreichen Reorganisationen in kürzeren Abständen ab. In den 1990er Jahren mischten sich Großaktionäre – im Zeichen der Shareholder-Value-Doktrin – verstärkt in die operative Leitung ein.[41] Erstmals wurden auch Nicht-Schweizer als CEOs eingesetzt.[42] Ebenfalls weit oben in der Unternehmenshierarchie figurierten die Direktoren von Tochterunternehmen, die Betriebsleiter und die sogenannten Bereichsleiter, die (nach der Divisionalisierung des Konzerns nach 1970) den einzelnen Divisionen vorstanden. Die Betriebsleiter erhielten ab 1991, als die Führungsstruktur dezentralisiert wurde, mehr Kompetenzen.[43]

Die Quellenmaterialien des Alusuisse-Firmenarchivs lassen die Manager als ruhelose Geschöpfe erscheinen, oft von einer Kalamität zur nächsten taumelnd und stets darauf bedacht, den Blick auf die unternehmerischen Herausforderungen zu schärfen, Probleme aufzuspüren und Ziele anzupassen. Diese Rastlosigkeit verweist auf eine spezifische Zeitlichkeit managerialer Praxis, die ich heuristisch mit dem Begriff der „préoccupation"[44] fassen möchte. Mit diesem Begriff, den man wörtlich als „Vor-Beschäftigung" übersetzen könnte, beschreibt der Historiker Yves Cohen diskursive Praktiken von Manager:innen, die auf die zukünftige Aktion ausgerichtet sind und zugleich den ganzen Verlauf managerialen Handelns durchdringen.[45] *Préoccupations* formieren sich im Hinblick auf zukünftiges Handeln, sie problematisieren und rahmen es und fragen während dessen Verlauf nach möglichen Effekten, um diese wiederum zu berücksichtigen. Weniger die Handlungsvollzüge des Managements stehen daher im Fokus als die Vorbereitung, Planung und Reflexion ihrer Praktiken.

Manageriale *Préoccupations*, so wie unternehmerisches Handeln im Allgemeinen, sind zukunftsorientiert, was auf die spezifische Temporalstruktur kapitalistischen Wirtschaftens verweist. Wie Jens Beckert argumentiert, etablierte sich mit der Durchsetzung des Kapitalismus eine neue zeitliche Ordnung, die wesentlich zu

41 Knoepfli: Zeichen, S. 252–279.

42 Diese Tendenz gab es auch bei anderen großen Schweizer Unternehmen. Zwischen 1980 und 2020 stieg der Anteil ausländischer Topmanager und Verwaltungsratsmitglieder kontinuierlich; vgl. Davoine, Eric/Ravasi, Claudio/David, Thomas u. a.: Die Schweizer Wirtschaftselite im Spannungsfeld zwischen Globalisierungsprozessen und nationalen Institutionen, in: Die Unternehmung 69/2 (2015), S. 206–221.

43 Knoepfli, Adrian/Böhm, Bruno: Alusuisse: From the Buoyancy of the 1970s to the Loss of Autonomy, in: Cahiers d'histoire de l'aluminium 46–47 (2011), S. 90–113, hier: S. 101.

44 Cohen, Yves: Le siècle des chefs. Une histoire transnationale du commandement et de l'autorité (1890–1940), Paris 2013, S. 61 f. Diese Vorgehensweise ähnelt Michel Foucaults Konzept einer Geschichte der Problematisierungen, wie sie etwa Karsten Uhl für die Erforschung von Managementpraktiken fruchtbar gemacht hat: Uhl, Karsten: Humane Rationalisierung? Die Raumordnung der Fabrik im fordistischen Jahrhundert (Histoire 62), Bielefeld 2014.

45 Cohen: Siècle, S. 62.

seiner Dynamik beitrug: Ökonomische Akteur:innen orientierten ihr Tun an einer als ungewiss und offen wahrgenommenen Zukunft und schufen hierzu, in der Terminologie Beckerts, „imagined futures".[46] Um zukunftsorientierte Entscheidungen zu treffen – etwa für eine bestimmte Investition – rekurrieren Manager:innen auf Prognosen. Mit diesem chronopolitischen Hilfsmittel beansprucht das Management, die ungewisse Zukunft erfassbar, bisweilen quantifizierbar zu machen, Entscheidungen auf nachvollziehbare und daher legitime Art zu treffen und gemeinsame Erwartungshaltungen zu etablieren.[47] Die Bedeutung von Prognosen zeigte sich bei Alusuisse an den regelmäßig stattfindenden Managementkonferenzen: Bei diesen Zusammenkünften setzten Topmanager ihre Führungskapazität mit prognosebasierten Zielformulierungen performativ in Szene. Zahlen, Tabellen und Graphiken dienten ihnen, um glaubwürdige Erzählungen zu etablieren, gemeinsame Erwartungshaltungen zu schaffen und die Deutungskämpfe über Vergangenheit, Gegenwart und Zukunft des Unternehmens für sich zu entscheiden.

Management betrachte ich als Praxis, die menschliches Verhalten ökonomisch effizient zu organisieren versucht und dabei in asymmetrische Machtbeziehungen eingreift.[48] Als unternehmerische Praxis befasst sich das Arbeitsmanagement mit der Sicherstellung und Optimierung des Arbeitsprozesses, das heißt, es zielt auf das Grundproblem jeder Anwendung von Arbeitskraft, nämlich die Überführung von Arbeits*potential* in Arbeits*leistung*.[49] Mit dem Begriff des Arbeitsmanagements – im Unterschied zu Begriffen wie Personalpolitik oder Mitarbeiterführung – soll zudem gezeigt werden, dass sich das Objekt dieser managerialen Praxis nicht auf

---

46 Beckert, Jens: Imagined Futures. Fictional Expectations and Capitalist Dynamics, Cambridge 2016.

47 Beckert: Futures, S. 217 f.

48 Macht ist (als Möglichkeit den eigenen Willen und die eigenen Interessen gegenüber anderen Akteur:innen durchzusetzen) in Unternehmen ungleich verteilt. Macht wird aber nicht ausschließlich in eine Richtung ausgeübt, sondern es liegen sich stets neu austarierende „Wechselwirkungen zwischen Individuen, Gruppen, Klassen und Geschlechtern" vor; vgl. Tanner, Jakob: Fabrikmahlzeit. Ernährungswissenschaft, Industriearbeit und Volksernährung in der Schweiz, 1890–1950, Zürich 1999, S. 33. Ich folge Sandrine Kotts breiter Definition von Management als „a set of prescriptions aiming to organize and rationalize human behavior and conduct in order to make human activity and more specifically human work more effective." Vgl. Kott, Sandrine: The Social Engineering Project. Exportation of Capitalist Management Culture to Eastern Europe (1950–1980), in: Christian, Michel/Kott, Sandrine/Matejka, Ondrej (Hg.): Planning in Cold War Europe. Competition, Cooperation, Circulations (1950s–1970s), München/Wien 2018, S. 123–141, hier: S. 123 f. Kott orientiert sich dabei an: Le Texier, Thibault: Le maniement des hommes. Essai sur la rationalité managériale, Paris 2016.

49 Dies schließt an Überlegungen der *Labour Process Theory* an. Vgl. z. B.: Thompson, Paul: Crawling from the Wreckage: The Labour Process and the Politics of Production, in: Knights, David/Willmott, Hugh (Hg.): Labour Process Theory, London 1990, S. 95–124, hier: S. 100 f. Die *Labour Process Theory* geht zurück auf Braverman, Harry: Labor and Monopoly Capital. The Degradation of Work in the Twentieth Century, New York 1974.

Lohnarbeit beschränkt, sondern bisweilen auch unbezahlte Formen der Arbeit ins Visier nimmt.[50]

Konkrete Praktiken des Arbeitsmanagements folgen allenfalls indirekt den Trends der Personallehren und erschöpfen sich nicht in systemrationalem Handeln von Manager:innen. Vielmehr entfalten sie sich in den interaktiven, interessengeleiteten Interaktionen des Managements mit anderen Akteur:innen.[51] Das zeigt sich unter anderem darin, dass Manager:innen stets bemüht sind, potenzielle Störungen und Widerstände zu antizipieren.[52] Dies verweist auf den genuin politischen Charakter von Arbeitsmanagement – schließlich richtet sich diese Antizipation auf die Machtpotentiale der Arbeitskräfte aus.

Deren Machtpotentiale speisen sich aus struktureller Macht und aus Organisationsmacht.[53] Während Organisationsmacht aus der kollektiven Organisation von Arbeitskräften erwächst, fällt ihnen strukturelle Macht je nach ihrer Stellung im Produktionsprozess zu.[54] Auch aus der Verankerung in der Gesellschaft können sie spezifische Machtressourcen entwickeln:[55] Aus der Fähigkeit, Netzwerke mit anderen Akteur:innen zu bilden, gemeinsame Ziele zu formulieren und im Rahmen von Mobilisierungen die Ressourcen der koalierenden Kräften zu nutzen, erwächst Koalitionsmacht. Über Diskursmacht verfügen Arbeitskräfte hingegen, wenn sie

---

50 Z. B. Reproduktionsarbeit (siehe Kapitel 2) oder immaterielle Arbeit (siehe Kapitel 6).

51 Zu diesen akteursbezogenen, mikropolitischen Ansätzen in der Arbeits- und Unternehmensgeschichte vgl. Lauschke, Karl/Welskopp, Thomas (Hg.): Mikropolitik im Unternehmen. Arbeitsbeziehungen und Machtstrukturen in industriellen Großbetrieben des 20. Jahrhunderts (Bochumer Schriften zur Unternehmens- und Industriegeschichte 3), Essen 1994; Welskopp, Thomas: Der Betrieb als soziales Handlungsfeld. Neuere Forschungsansätze in der Industrie- und Arbeitergeschichte, in: Geschichte und Gesellschaft 22/1 (1996), S. 118–142; Süß, Dietmar: Mikropolitik und Spiele. Zu einem neuen Konzept für die Arbeiter- und Unternehmensgeschichte, in: Hesse, Jan-Otmar/Kleinschmidt, Christian/Lauschke, Karl (Hg.): Kulturalismus, neue Institutionenökonomik oder Theorienvielfalt. Eine Zwischenbilanz der Unternehmensgeschichte, Essen 2002, S. 117–136.

52 Cohen: Siècle, S. 489.

53 Wright, Erik Olin: Working-Class Power, Capitalist-Class Interests, and Class Compromise, in: American Journal of Sociology 105/4 (2000), S. 957–1002, hier: S. 962; Silver: Forces, S. 13.

54 Silver: Forces, S. 13. Die *Marketplace Bargaining Power* (Marktmacht) resultiert aus einem angespannten Arbeitsmarkt, während die *Workplace Bargaining Power* (Produktionsmacht) aus der strategischen Positionierung von Arbeitskräften innerhalb eines industriellen Schlüsselsektors resultiert. Marktmacht speist sich beispielsweise aus dem Besitz von besonders nachgefragten Qualifikationen, tiefer Arbeitslosigkeit oder auch aus der Option sich aus der Lohnarbeit zurückzuziehen und mit subsistenzwirtschaftlichen Arbeitsformen zu überleben. Produktionsmacht liegt hingegen besonders in stark arbeitsteiligen, in Serie organisierten Arbeitsprozessen begründet – etwa Fließbändern in Fabriken oder *Just-in-time*-Lieferketten in einer Branche. Dadurch können räumlich und zeitlich begrenzte Arbeitskämpfe eine überproportionale Wirkung entfalten.

55 Schmalz, Stefan/Ludwig, Carmen/Webster, Edward: The Power Resources Approach. Developments and Challenges, in: Global Labour Journal 9/2 (2018), S. 113–134.

sich in öffentlichen Debatten Gehör verschaffen, als Meinungsmacher:innen auftreten können und ihre Erzählungen an Glaubenssätze, Geschichten und Mythen in der Bevölkerung anschließen. Mit verschiedenen narrativen Ressourcen können Gewerkschaften oder Arbeiter:innen so etwa an die moralische Ökonomie der arbeitenden Klassen anknüpfen, Ungerechtigkeit skandalisieren und Alternativen aufzeigen, die über die herrschenden Zustände hinausgehen.

Forschungslandschaften und Periodisierungen – Neoliberalismus, Strukturbruch und Subjektivierung von Arbeit

In der bisherigen Forschung wurden die letzten Jahrzehnte des 20. Jahrhunderts als polit-ökonomische Umbruchsphase und Epochenzäsur gedeutet. Marxist:innen wie der Geograph David Harvey und die Ökonomen Gérard Duménil und Dominique Lévy sehen die Krisen der 1970er Jahre als Geburtshelferinnen eines erstarkten, radikalisierten Kapitalismus unter neoliberalen Vorzeichen, im Zuge dessen das Kräfteverhältnis zwischen Arbeit und Kapital neu geordnet wurde.[56] Neoliberalismus beschreiben sie daher als politisches Projekt, mit dem Wirtschaftseliten danach strebten, die Einschränkungen der Unternehmensfreiheiten der keynesianisch-sozialdemokratischen Nachkriegsjahrzehnte zu überwinden, ihre „class dominance"[57] und „the strictest rules of capitalism"[58] wiederherzustellen. Laut diesen Autoren zeigte sich dies etwa in den Bemühungen, die Macht der Gewerkschaften zurückzudrängen[59] und die steigenden Lohnkosten abzubremsen.[60]

Andere Interpretationen orientieren sich an Michel Foucaults Überlegungen zum Neoliberalismus als marktrationale Regierungsrationalität.[61] So verstehen etwa die Soziologen Pierre Dardot und Christian Laval unter Neoliberalismus eine

---

56 Harvey, David: A Brief History of Neoliberalism, Oxford 2005. Vgl. auch Chamayou, Grégoire: Die unregierbare Gesellschaft. Eine Genealogie des autoritären Liberalismus, Berlin 2019.

57 Harvey, David: Neoliberalism as Creative Destruction, in: The Annals of the American Academy of Political and Social Science 610 (2007), S. 22–44, hier: S. 41.

58 Duménil, Gérard/Lévy, Dominique: Capital Resurgent. Roots of the Neoliberal Revolution, Cambridge 2004, S. 1.

59 Choonara, Joseph: Interview: David Harvey – Exploring the Logic of Capital, in: Socialist Review 335 (2009), online: https://socialistworker.co.uk/socialist-review-archive/interview-david-harvey-exploring-logic-capital/ [1.12.2023].

60 Duménil/Lévy: Capital, S. 44–50.

61 Foucault, Michel: Die Geburt der Biopolitik. Geschichte der Gouvernementalität II. Vorlesungen am Collège de France 1978/1979 (Suhrkamp Taschenbuch Wissenschaft 1809), Frankfurt am Main 2006. Aus politikwissenschaftlicher Perspektive: Brown, Wendy: Undoing the Demos. Neoliberalism's Stealth Revolution, New York 2015. Mit Blick auf die Schweiz: Ludi, Regula/Ruoss, Matthias/Schmitter, Leena (Hg.): Zwang zur Freiheit. Krisen und Neoliberalismus in der Schweiz, Zürich 2018.

neue Rationalität, die nicht auf die Ökonomie begrenzt ist, sondern Subjekte durch alle gesellschaftlichen Bereiche hindurch organisiert.[62] Als Fluchtpunkt dieser neoliberalen Regierungsrationalität sehen sie die Generalisierung von Wettbewerb als Verhaltensnorm und des Unternehmens als Subjektivierungsmodell.[63]

Aus zeitgeschichtlicher Perspektive betrachten Lutz Raphael und Anselm Doering-Manteuffel die letzten drei Jahrzehnte des 20. Jahrhunderts in Westeuropa als Übergangsphase „nach dem Boom" der Nachkriegsjahrzehnte.[64] Sie gehen von einem Strukturbruch der Industriemoderne in den 1970er Jahren aus, der einen „sozialen Wandel von revolutionärer Qualität" auslöste.[65] Nach 1990 verbanden sich die informationstechnologische Revolution und eine neue Zentralität der Finanzmärkte zum Produktionsregime des „digitalen Finanzmarkt-Kapitalismus".[66] Diese Entwicklung war eng verschränkt mit der Deindustrialisierung Westeuropas.[67] Doering-Manteuffels und Raphaels Strukturbruchthese führte zu

---

62 Dardot, Pierre/Laval, Christian: The New Way of the World. On Neo-Liberal Society, London/New York 2017. Vgl. dazu auch die zeithistorischen Debatten um den Begriff der Ökonomisierung: Graf, Rüdiger (Hg.): Ökonomisierung. Debatten und Praktiken in der Zeitgeschichte (Geschichte der Gegenwart 21), Göttingen 2019.

63 Dardot/Laval: Way, S. 4.

64 Doering-Manteuffel, Anselm/Raphael, Lutz: Nach dem Boom. Perspektiven auf die Zeitgeschichte seit 1970, Göttingen 2008. Aus dem Forschungsverbund „Nach dem Boom" entstanden zahlreiche Arbeiten: Reitmayer, Morten/Schlemmer, Thomas (Hg.): Die Anfänge der Gegenwart. Umbrüche in Westeuropa nach dem Boom (Zeitgeschichte im Gespräch 17), München 2014; Doering-Manteuffel, Anselm/Raphael, Lutz/Schlemmer, Thomas (Hg.): Vorgeschichte der Gegenwart. Dimensionen des Strukturbruchs nach dem Boom, Göttingen 2016; Marx, Christian/Reitmayer, Morten (Hg.): Gewinner und Verlierer nach dem Boom. Perspektiven auf die westeuropäische Zeitgeschichte, Göttingen 2020. Bzgl. Arbeitswelt vgl. Andresen, Knud/Bitzegeio, Ursula/Mittag, Jürgen (Hg.): „Nach dem Strukturbruch?". Kontinuität und Wandel von Arbeitsbeziehungen und Arbeitswelt(en) seit den 1970er-Jahren (Politik- und Gesellschaftsgeschichte 89), Bonn 2011; Neumann, Arndt: Unternehmen Hamburg. Eine Geschichte der neoliberalen Stadt, Göttingen 2018. Mit unternehmenshistorischem Fokus vgl. Reitmayer, Morten/Rosenberger, Ruth (Hg.): Unternehmen am Ende des „goldenen Zeitalters". Die 1970er Jahre in unternehmens- und wirtschaftshistorischer Perspektive (Bochumer Schriften zur Unternehmens- und Industriegeschichte 16), Essen 2008.

65 Doering-Manteuffel, Anselm/Raphael, Lutz: Der Epochenbruch in den 1970er-Jahren. Thesen zur Phänomenologie und den Wirkungen des Strukturwandels „nach dem Boom", in: Andresen, Knud/Bitzegeio, Ursula/Mittag, Jürgen (Hg.): „Nach dem Strukturbruch?". Kontinuität und Wandel von Arbeitsbeziehungen und Arbeitswelt(en) seit den 1970er-Jahren, Bonn 2011, S. 28–40, hier: S. 30.

66 Doering-Manteuffel/Raphael: Boom, S. 26.

67 Raphael: Kohle. Frühe Studien zur Deindustrialisierung konzentrierten sich auf Betriebsschließungen, z. B.: Bluestone, Barry/Harrison, Bennett: The Deindustrialization of America. Plant Closings, Community Abandonment, and the Dismantling of Basic Industry, New York 1982. Später verschob sich der Fokus auf soziale und kulturelle Folgen sowie die Erinnerung: Cowie, Jefferson/Heathcott, Joseph (Hg.): Beyond the Ruins. The Meanings of Deindustrialization, Ithaca 2003; Perchard, Andrew/High, Steven/MacKinnon, Lachlan (Hg.): The Deindustrialized World. Confronting Ruination in Postindustrial Places, Vancouver/Toronto 2017. Für einen Überblick über die Forschungslit-

animierten zeitgeschichtlichen Debatten – die allerdings vor allem unter deutschen Historiker:innen geführt wurden und auf Westdeutschland fokussiert blieben.[68] Vergleichbare Debatten in den USA beschränkten sich ebenfalls weitgehend auf eine nationale Containergeschichte.[69]

Mit Blick auf die Arbeitswelt in den letzten Dekaden des 20. Jahrhunderts diskutierten die Industrie- und Arbeitssoziologie neuartige Managementdiskurse und Modi der Arbeitskraft-Anwendung. Unter dem Stichwort „Subjektivierung von Arbeit" stellten Manfred Moldaschl und Günter Voß erweiterte Anforderungen an Arbeitskräfte fest, ihre subjektiven Potentiale am Arbeitsplatz einzubringen. Sie beschrieben dies als ambivalenten Prozess für die Arbeitskraft: einerseits als Chance ihre Subjektivität in den Arbeitsprozess einzubringen, andererseits als doppelten Zwang, mit „,subjektiven' Beiträgen den Arbeitsprozess auch unter ,entgrenzten' Bedingungen" aufrechtzuerhalten und die „eigene Arbeit viel mehr als bisher aktiv zu strukturieren" und „selbst zu rationalisieren".[70]

Hans Pongratz und Günter Voß haben die Diskussion zu einem neuen Idealtypus von Arbeitskraft verdichtet – weg vom „verberuflichten Arbeitnehmer" des Fordis-

eratur vgl. High: Wounds; Lawson, Christopher: Making Sense of the Ruins. The Historiography of Deindustrialisation and its Continued Relevance in Neoliberal Times, in: History Compass 18/8 (2020); und die Schwerpunktausgabe „La désindustrialisation, une histoire en course" der Zeitschrift 20 & 21. Revue d'histoire, insbesondere: Fontaine, Marion/Vigna, Xavier: Introduction. La désindustrialisation, une histoire en cours, in: 20 & 21. Revue d'histoire 144/4 (2019), S. 3–17.

68 Vgl. insbesondere die unternehmenshistorischen Studien von Christian Marx: Marx, Christian: Die Manager und McKinsey. Der Aufstieg externer Beratung und die Vermarktlichung des Unternehmens am Beispiel Glanzstoff, in: Reitmayer, Morten/Schlemmer, Thomas (Hg.): Die Anfänge der Gegenwart. Umbrüche in Westeuropa nach dem Boom, München 2014, S. 65–77; ders.: Die Vermarktlichung des Unternehmens. Berater, Manager und Beschäftigte in der westeuropäischen Chemiefaserindustrie seit den 1970er-Jahren, in: Zeithistorische Forschungen 12/3 (2015), S. 403–426; ders.: Der Aufstieg multinationaler Konzerne. Umstrukturierungen und Standortkonkurrenz in der westeuropäischen Chemieindustrie, in: Doering-Manteuffel, Anselm/Raphael, Lutz/Schlemmer, Thomas (Hg.): Vorgeschichte der Gegenwart. Dimensionen des Strukturbruchs nach dem Boom, Göttingen 2016, S. 197–216; ders.: Vom nationalen Interesse zum Shareholder Value?. Wertewandel in den Führungsetagen westdeutscher Großunternehmen in den 1970er und 1980er Jahren, in: Dietz, Bernhard/Neuheiser, Jörg (Hg.): Wertewandel in der Wirtschaft und Arbeitswelt. Arbeit, Leistung und Führung in den 1970er und 1980er Jahren in der Bundesrepublik Deutschland, Berlin 2017, S. 151–176; ders.: Reorganization of Multinational Companies in the Western European Chemical Industry. Transformations in Industrial Management and Labor, 1960s to 1990s, in: Enterprise & Society 21/1 (2020), S. 38–78.

69 Vgl. dazu den Forschungsüberblick in: Voigt, Sebastian: Introduction, in: ders. (Hg.): Since the Boom. Continuity and Change in the Western Industrialized World After 1970, Toronto/Buffalo/London 2021, S. 3–32.

70 Moldaschl, Manfred/Voß, Gerd Günter: Zur Einführung, in: dies. (Hg.): Subjektivierung von Arbeit, München 2002, S. 13–21, hier: S. 14.

mus hin zum Typus des „Arbeitskraftunternehmers" des Post-Fordismus.[71] Diese
Entwicklung machen die Autoren fest an einer „erweiterten Selbst-Kontrolle der Arbeitenden", einem „Zwang zur forcierten Ökonomisierung ihrer Arbeitsfähigkeiten"
und einer „entsprechenden Verbetrieblichung der alltäglichen Lebensführung".[72]
Gemäß ihrer Periodisierung dynamisierte sich diese Entwicklung in den 1990er
Jahren als Folge neuartiger betrieblicher Reorganisationsprozesse. Denn die Versuche zur Produktivitätssteigerung, zu denen Unternehmen angesichts verschärf-
ter Wettbewerbsbedingungen gezwungen waren, seien auf die „vorherrschende
tayloristisch-fordistische Strategie der Nutzung von Arbeitskraft" geprallt.[73]

In Abgrenzung zu einem „Zeitalter der tayloristischen Produktionsweise"[74] analysiert auch der Soziologe Ulrich Bröckling, wie sich in den 1980er und 1990er
Jahren – vermittelt durch Strategien der Autonomisierung, der Responsabilisierung
und der Flexibilisierung – ein neues wettbewerbsorientiertes Subjektivierungsre-
gime formierte: das „unternehmerische Selbst".[75] Ebenfalls Managementdiskurse
analysierend stellen der Soziologe Luc Boltanski und die Wirtschaftswissenschaft-
lerin Ève Chiapello mit Fokus auf Frankreich fest, dass sich die kapitalistischen
Rechtfertigungsstrategien zwischen den 1960er und den 1990er Jahren grundlegend wandelten:[76] Mit einem *New Management* hatten kapitalistische Eliten
antiautoritäre Kritiken und Autonomiewünsche aus den 1960er und 1970er Jahren
rekuperiert – eine Entwicklung, die mit einer Dekonstruktion der Arbeitswelt der
Hochkonjunktur, einem Machtverlust der Gewerkschaften und der Erosion von
Klasse als sozialer Ordnungskategorie einherging.[77]

Historiker:innen haben sich um eine historische Differenzierung dieser Debatte
bemüht.[78] Karsten Uhl hat am Beispiel westdeutscher Unternehmen die sozialwissenschaftliche Gegenüberstellung von Fordismus und Post-Fordismus hinterfragt und die unternehmerische Nutzbarmachung subjektiver Potentiale ins frühe
20. Jahrhundert zurückverfolgt.[79] Er zeigt überzeugend auf, dass Unternehmen bereits in der Hochphase des Fordismus versuchten, „alle menschlichen Potentiale der

---

71 Pongratz, Hans J./Voß, Gerd Günter: Der Arbeitskraftunternehmer. Eine neue Grundform der Ware
   Arbeitskraft, in: Kölner Zeitschrift für Soziologie & Sozialpsychologie 50/1 (1998), S. 131–158

72 Ebd., S. 132.

73 Ebd., S. 133.

74 Bröckling, Ulrich: Das unternehmerische Selbst. Soziologie einer Subjektivierungsform (Suhrkamp
   Taschenbuch Wissenschaft 1832), Frankfurt am Main 2007, S. 224.

75 Ebd.

76 Boltanski/Chiapello: Geist.

77 Ebd., S. 261–376.

78 Für einen Überblick vgl. Neuheiser, Jörg: Arbeit zwischen Entgrenzung und Konsum. Die Geschichte
   der Arbeit im 20. Jahrhundert als Gegenstand aktueller zeithistorischer und sozialwissenschaftlicher
   Studien, in: Neue Politische Literatur 58/3 (2013), S. 421–448.

79 Uhl: Rationalisierung, S. 155.

Arbeiter/-innen für den Produktionsprozess nutzbar zu machen".[80] Da die Untersuchung just an der Schwelle zum industriellen Strukturbruch der 1970er Jahre endet, fehlt es allerdings an einer empirisch gesättigten Analyse des Arbeitsmanagements nach 1975. Zudem geraten durch die alltagshistorische Perspektivierung auf den betrieblichen Mikrokosmos die für das postfordistische Arbeitsmanagement wichtigen außerbetrieblichen, etwa polit-ökonomischen und unternehmenshistorischen, Rahmenbedingungen aus dem Blick.

Aus einer emotionshistorischen Perspektive wendet sich auch Sabine Donauer gegen eine monolithische Gegenüberstellung „eines emotional vermeintlich indifferenten Industriekapitalismus und einer neuen postfordistischen Wirtschaftsform, die auf emotionale Ressourcen und therapeutische Techniken zurückgreife."[81] Donauer zeigt, schwerpunktmäßig anhand westdeutscher arbeitswissenschaftlicher Diskurse,[82] dass Unternehmen auch im Rahmen einer tayloristisch-fordistischen Produktion bemüht waren, „ein emotionalisiertes und psychologisiertes Arbeitssubjekt"[83] hervorzubringen. Mit dieser unternehmerischen Emotionsarbeit im Blick konstatiert sie eine zunehmende Aufladung von Arbeit mit positiven Gefühlen: „von der Last zur Lust".[84]

Aus der Warte der historischen Wertewandelforschung untersucht Bernard Dietz den Wandel ökonomischer Leitbilder in der westdeutschen Wirtschaft zwischen 1949 und 1989.[85] Er fokussiert hierzu die Ideale und Leitbilder von leitenden Angestellten, fragt nach den Ansätzen in der Führungskräfteausbildung, beleuchtet die Personallehren, Motivationsansätze und Managementmodelle wissenshistorisch und zeichnet die „Konfliktgeschichte"[86] zwischen Unternehmen und Öffentlichkeit nach. Wie wirkungsmächtig der diskursive Wertewandel in den Führungsetagen für die betriebliche Praxis tatsächlich war, wird dabei nur partiell beantwortet.[87]

Brigitta Bernet legt dar, wie Humanexperten in der Schweiz die gewerkschaftliche Forderung nach Mitbestimmung um 1970 in unternehmerisch akzeptable Bahnen

---

80 Ebd., S. 361.

81 Donauer, Sabine: Job Satisfaction statt Arbeitszufriedenheit. Gefühlswissen im arbeitswissenschaftlichen Diskurs der 1970er Jahre, in: Eitler, Pascal/Elberfeld, Jens (Hg.): Zeitgeschichte des Selbst. Therapeutisierung – Politisierung – Emotionalisierung, Bielefeld 2015, S. 343–371, hier: S. 345.

82 Vgl. Donauer, Sabine: Emotions at Work – Working on Emotions. The Production of Economic Selves in Twentieth-Century Germany, Dissertation, Berlin 2013.

83 Dies.: Satisfaction, S. 348.

84 Donauer, Sabine: Faktor Freude. Wie die Wirtschaft Arbeitsgefühle erzeugt, Hamburg 2015, S. 25.

85 Dietz, Bernhard: Der Aufstieg der Manager. Wertewandel in den Führungsetagen der westdeutschen Wirtschaft, 1949–1989 (Wertewandel im 20. Jahrhundert 7), Berlin/Boston 2020.

86 Ebd., S. 15.

87 Franziska Rehlinghaus, Rezension zu: Dietz, Bernhard, Der Aufstieg der Manager. Wertewandel in den Führungsetagen der westdeutschen Wirtschaft, 1949–1989, Berlin 2020, in: H-Soz-Kult, 3.9.2020, online: www.hsozkult.de/publicationreview/id/reb-50015 [22.10.2021].

lenkten. Sie hat damit eine Erklärung präsentiert, wieso Unternehmen mit neuen Formen der Personalführung experimentierten, die partizipativer waren, mehr Raum für Initiative zugestanden haben und stärker auf Teamarbeit ausgerichtet waren.[88]

Zu den drei skizzierten Forschungsfeldern (Neoliberalismus, Strukturbruch und Subjektivierung von Arbeit) will diese Studie drei Beiträge leisten. Erstens erkunde ich, welche Brücken zwischen den eingangs genannten foucaultschen und marxistischen Strängen der Neoliberalismus-Forschung geschlagen werden können – anstatt sie a priori gegeneinander in Stellung zu bringen.[89] Zu fragen ist daher, wie die von den beiden Forschungstraditionen beschriebenen Prozesse zusammenhängen: Falls die marxistische These einer managerialen Offensive gegenüber Gewerkschaften und Arbeitskräften zutreffend ist, wie hing diese mit marktradikalen Diskursen und Subjektivierungsformen zusammen?[90] Zweitens leistet diese Arbeit einen schweizergeschichtlichen Beitrag zur Historiographie der Deindustrialisierung und des industriellen Strukturbruchs. Der arbeits- und unternehmenshistorische Zugriff auf das Unternehmen Alusuisse erlaubt dabei, polit-ökonomische Makro-Veränderung, den betrieblichen Mikrokosmos und deren Interdependenz an einem Untersuchungsgegenstand zu analysieren.[91] Drittens richtet diese akteurszentrierte Analyse ihren Blick auf die betriebliche Praxis und ergänzt damit bestehende Forschungen zum Wandel von Personalpolitiken, die stark auf arbeitswissenschaftliche Diskurse und (in der deutschsprachigen Historiographie) auf Westdeutschland und die Schweiz in der ersten Hälfte des 20. Jahrhunderts fokussierten.[92]

---

88 Bernet, Brigitta: Vom „Berufsautomaten" zum „flexiblen Mitarbeiter". Die Krise der Organisation und der Umbau der Personallehren um 1970, in: Dietz, Bernhard/Neuheiser, Jörg (Hg.): Wertewandel in der Wirtschaft und Arbeitswelt Arbeit, Leistung und Führung in den 1970er und 1980er Jahren in der Bundesrepublik Deutschland, Berlin 2017, S. 31–54; dies.: Mitbestimmung oder Selbstverwirklichung? Kritik und Krise des „organisierten Unternehmens" um 1970, in: Ludi, Regula/Ruoss, Matthias/Schmitter, Leena (Hg.): Zwang zur Freiheit. Krisen und Neoliberalismus in der Schweiz, Zürich 2018, S. 61–84.

89 Angeregt hat dies z. B.: Streckeisen, Peter: Die Macht des ökonomischen Denkens. Streifzüge durch die neoliberale Schweiz, in: Mäder, Ueli (Hg.): macht.ch. Geld und Macht in der Schweiz, Zürich 2015, S. 449–482, hier: S. 451.

90 Diese doppelte Perspektive habe ich im Begriff „Politik der Vermarktlichung" zusammengeführt: Grob, Leo: Politik der Vermarktlichung. Das Krisenmanagement der Alusuisse nach dem Boom, in: Ludi, Regula/Ruoss, Matthias/Schmitter, Leena (Hg.): Zwang zur Freiheit. Krisen und Neoliberalismus in der Schweiz, Zürich 2018, S. 85–109.

91 Die Geschichte der Deindustrialisierung in der Schweiz ist kaum erforscht. Eines der wenigen Werke: Bärtschi, Hans-Peter: Die industrielle Schweiz vom 18. ins 21. Jahrhundert. Aufgebaut und ausverkauft, Baden 2011.

92 Für Westdeutschland: Kleinschmidt, Christian: Der produktive Blick. Wahrnehmung amerikanischer und japanischer Management- und Produktionsmethoden durch deutsche Unternehmer 1950–1985

Gliederung und Quellen

Dieses Buch nähert sich dem Untersuchungsgegenstand auf zwei Ebenen. Zum einen fokussieren die Kapitel 1, 3 und 5 das Denken und Handeln auf den Führungsetagen, insbesondere in der Zürcher Zentrale. Hierfür ist das Firmenarchiv von Alusuisse ein hervorragender Ausgangspunkt.[93] Aus der Fülle der Materialien bieten sich die sogenannten Neujahresbriefe als serielle Quellen an. Darin informierte Emanuel Meyer in seiner Funktion als Generaldirektor andere Topmanager seit 1960 über drängende Probleme und drohende Gefahren. Ab 1977 formalisierte man diese jährlichen Briefe als „Richtlinien der Unternehmenspolitik" zu

---

(Jahrbuch für Wirtschaftsgeschichte, Beihefte 1), Berlin 2002; Rosenberger, Ruth: Experten für Humankapital. Die Entdeckung des Personalmanagements in der Bundesrepublik Deutschland (Ordnungssysteme – Studien zur Ideengeschichte der Neuzeit 26), München 2008; Luks, Timo: Der Betrieb als Ort der Moderne. Zur Geschichte von Industriearbeit, Ordnungsdenken und Social Engineering im 20. Jahrhundert (Histoire 14), Bielefeld 2010; Bluma, Lars/Uhl, Karsten (Hg.): Kontrollierte Arbeit – disziplinierte Körper?. Zur Sozial- und Kulturgeschichte der Industriearbeit im 19. und 20. Jahrhundert (Histoire 27), Bielefeld 2012; Dietz, Bernhard/Neuheiser, Jörg (Hg.): Wertewandel in der Wirtschaft und Arbeitswelt. Arbeit, Leistung und Führung in den 1970er und 1980er Jahren in der Bundesrepublik Deutschland (Wertewandel im 20. Jahrhundert 2), Berlin 2017. Für die Schweiz in der ersten Hälfte des 20. Jahrhunderts mit Fokus auf die Rationalisierungs- und Produktivitätsbewegung: Jaun, Rudolf: Management und Arbeiterschaft. Verwissenschaftlichung, Amerikanisierung und Rationalisierung der Arbeitsverhältnisse in der Schweiz, 1873–1959, Zürich 1986; Walter-Busch, Emil: Faktor Mensch. Formen angewandter Sozialforschung der Wirtschaft in Europa und den USA, 1890–1950, Konstanz 2006. Für die Westschweizer Rationalisierungsbewegung: Leimgruber, Matthieu: Taylorisme et management en Suisse romande 1917–1950 (Histoire et société contemporaines 21), Lausanne 2001. Zum Wandel der Unternehmenskulturen und neuen Managementmethoden in der Schweiz der Nachkriegsjahrzehnte vgl. Pfoertner, André: Unternehmenskultur und Amerikanisierung. Studien zur Betriebswirtschaftslehre in der Schweiz unter besonderer Berücksichtigung der Periode 1945–1965, Lizentiatsarbeit, Basel 1996. Aus einer ernährungshistorischen Perspektive auf industrielle Beziehungen vgl. Tanner: Fabrikmahlzeit. Zur betrieblichen Sozialpolitik von 1937–1967: Fasel, Andreas: Fabrikgesellschaft. Rationalisierung, Sozialpolitik und Wohnungsbau in der Schweizer Maschinenindustrie, 1937–1967, Zürich 2021. Für einen arbeitshistorischen Überblick über die Erosion des Betriebskapitalismus in der Schweiz in der zweiten Hälfte des 20. Jahrhunderts vgl. Bernet, Brigitta/Tanner, Jakob: Einleitung. Ausser Betrieb. Metamorphosen der Arbeit in der Schweiz, in: dies. (Hg.): Ausser Betrieb. Metamorphosen der Arbeit in der Schweiz, Zürich 2015, S. 7–38. Aus einer wissenshistorischen Perspektive auf das Personalmanagement in der zweiten Hälfte des 20. Jahrhunderts. vgl. Bernet, Brigitta/Gugerli, David: Sputniks Resonanzen. Der Aufstieg der Humankapitaltheorie im Kalten Krieg – eine Argumentationsskizze, in: Historische Anthropologie 19/3 (2011), S. 433–446; Bernet, Brigitta: Insourcing and Outsourcing. Anthropologien der modernen Arbeit, in: Historische Anthropologie 24/2 (2016), S. 272–293. Zur Entwicklung der industriellen Beziehungen in der Schweiz im 20. Jahrhundert: Degen, Bernard: Arbeit und Kapital, in: Halbeisen, Patrick/Müller, Margrit/Veyrassat, Béatrice (Hg.): Wirtschaftsgeschichte der Schweiz im 20. Jahrhundert, Basel 2012, S. 873–922.

93 SWA, PA 600.

internen Strategiepapieren. Zum Kern des Quellenkorpus zählen außerdem die Unterlagen, die im Rahmen der regelmäßig stattfindenden Managementkonferenzen entstanden sind – von Strategiepapieren über Präsentationsfolien und Vortragsverschriftlichungen bis hin zu Rationalisierungsprogrammen. Bei diesen sogenannten Geschäftsführerkonferenzen versammelte sich das gesamte obere Management – von der Konzernleitung über die Leiter der Unternehmensbereiche bis hin zum lokalen Management von Tochterfirmen und einzelnen Produktionsstandorten. Nach der ersten Geschäftsführerkonferenz 1966 folgten weitere in etwa fünfjährigem Abstand: 1970 in Lausanne, 1975 auf dem Bürgenstock, 1980 in Lugano und 1985 in Interlaken.[94] Nach 1985 – verbunden mit dem Ende der ‚Ära Meyer‘ – verabschiedete sich das Management von den pompösen Treffen an exklusiven Orten. Stattdessen traf man sich in kleinerem Rahmen und wechselnder Zusammensetzung zu kürzeren, jedoch häufigeren Treffen an den sogenannten Kaderrapporten. Zudem flossen Gesprächsprotokolle von Interviews ein, die der Unternehmenshistoriker Adrian Knoepfli mit führenden Mitarbeitenden der Alusuisse geführt hat.[95]

Zum anderen beleuchten die Kapitel 2, 4 und 6 drei wichtige Stationen der konzerninternen Produktionskette: Australien, Italien und die Schweiz. Jeder Standort dient dazu, exemplarisch eine der drei untersuchten Zeitperioden vertieft zu analysieren und das Arbeitsmanagement im Handgemenge der Akteur:innen heranzuzoomen. Das Kapitel 2 fokussiert die Expansionsphase der 1960er Jahre am Beispiel des australischen Standorts. Kapitel 4 geht auf den italienischen Standort im Übergang zum Krisenjahrzehnt nach 1970 ein. Für die Phase der Vermarktlichung der 1980er und 1990er Jahre verschiebt sich der Fokus in Kapitel 6 auf die Schweizer Betriebe im Wallis.

Kapitel 1 fragt nach den konkreten betrieblichen *Préoccupations* und arbeitsmanagerialen Mitteln während der Boom-Phase der 1960er Jahre, die geprägt waren von einer globalen Expansion, sinkender Profitabilität und starker Kostenzunahme. Kapitel 2 beleuchtet die Expansion nach Australien und fokussiert auf die Planung des Standorts. Das Kapitel gründet auf den Australien-Reiseberichten der Alusuisse-Manager und auf den ausführlichen Planungsunterlagen des unternehmenseigenen Ingenieursbüros. Ein Zeitzeuginnen-Gespräch mit einer ehemaligen Bewohnerin der von Alusuisse erbauten Stadt erlaubt zudem einen Einblick in die Erfahrungen einer Alusuisse-Angestellten in Australien.[96]

Kapitel 3 folgt den multiplen managerialen Krisenwahrnehmungen und -erzählungen, die mit der Aluminiumkrise von 1971 einsetzten und bis in die frühen 1980er Jahre andauerten. In Kapitel 4 wird der Anfang dieser Krisenphase

---

94 Die Unterlagen der Geschäftsführerkonferenz von 1970 in Lausanne sind leider im Firmenarchiv nicht vorhanden.

95 Dieses Material ist nun im SWA archiviert, vgl. SWA, PA 572 B 2-3.

96 Interview mit U. E., Interviewer: Leo Grob, 5.7.2018, Bern.

am Beispiel der italienischen Tochterfirma SAVA untersucht. Die Nachlässe des SAVA-Verwaltungsrates Paul Ruegger und des SAVA-Generaldirektors Heinz W. Frech im Archiv für Zeitgeschichte sowie die Protokolle der Alusuisse-Verwaltungsratssitzungen helfen die Seite des Managements zu beleuchten.[97] Für die Seite der Arbeitskräfte kann diese Arbeit zum einen auf das Privatarchiv des ehemaligen SAVA-Arbeiters und Gewerkschafters Germano Antonini zurück-greifen.[98] Weiter konnte ich auf Quellen und regionalgeschichtliche Literatur aus dem Centro studi Ettore Luccini (CSEL) in Padua, aus dem Istituto veneziano per la storia della Resistenza (Iveser) in Venedig und dem Centro di documenta-zione di storia locale di Marghera zurückgreifen.[99] Das Quellenkorpus runden Zeitzeug:innen-Gespräche ab.[100]

Kapitel 5 behandelt die 1980er und frühen 1990er Jahre als Durchbruchsperiode der Vermarktlichung des Unternehmens. Kapitel 6 fokussiert die Schweizer Betriebe im Wallis. Ich greife dabei auf einen Teilbestand der Walliser SMUV-Sektion im Staatsarchiv Wallis (StAW) zurück.[101] Aus dem Firmenarchiv von Alusuisse wird eine Studie des Beratungsunternehmen Hayek Engineering AG herangezogen. Als Quellen dienten zudem die Personalzeitung der Walliser Werke sowie Presseberichte.[102]

---

97 AfZ, NL Paul Ruegger und NL Heinz Frech.

98 Das Privatarchiv zitiere ich wie folgt: Privatarchiv Germano Antonini (AGA). Es befindet sich zurzeit in Mestre im Privatbesitz der Lehrerin, Historikerin und Witwe Antoninis Chiara Puppini. In Zukunft soll das Archiv im Iveser in Venedig archiviert werden.

99 Centro Studi Ettore Luccini (CSEL), Camera del Lavoro CGIL Venezia; CSEL, Liviero Bruno und CSEL, Giuseppe Scaboro.

100 Interview mit Italo Mattiussi, Interviewerin: Albanese, Giulia, 17.3.2001, in: Chinello, Cesco (Hg.): Metalmeccanici. Vita, lavoro e sindacato in 126 interviste, Rom 2002, S. 55–58; Interview mit Giovanni Finco, Interviewer: Camerini, Ivo, in: Camerini, Ivo: Giovanni Finco. Un fimmino di confine tra la laguna di Venezia e il resto d'Italia, 2008, online: https://online.cisl.it/arc.storico/I0C192C8D [22.10.2021]; Interview mit Giorgio Brazzolotto [La vertenza Sava vista daglia operai], Interviewer: Aiello, Alfredo, 22.2.2002, in: Aiello, Alfredo (Hg.): Ciminiere ammainate. Trent'anni di opposizione al declino industriale, Portogruaro 2006, S. 131–140; Interview mit Bruno Geromin [Transkript], Interviewerin: Puppini, Chiara, 12.1.2011, in: AGA, Busta 2, Fascicolo 6. Eigene Interviews: Mit der Witwe des ehemaligen SAVA-Arbeiters und Gewerkschafters Germano Antonini: Interview mit Chiara Puppini, Interviewer: Grob, Leo, 11.3.2017, Mestre; Interview (Fortsetzung) mit Chiara Puppini, Interviewer: Grob, Leo, 11.3.2017, Mestre; Interview mit ehemaligen Arbeitern der Alusuisse-Tochterunternehmen Alucentro und Leghe Leggere: Interview mit Marino Bullo/Claudio Spolaor/Renato Darsiè/Marino de Gaspari, Interviewer: Leo Grob, 12.7.2017, Martellago; Interview mit einem ehemaligen SAVA-Angestellten: Interview Nr. 1 mit Franco Orlandi, Interviewer: Grob, Leo, 10.3.2017, Marghera; Interview Nr. 2 mit Franco Orlandi, Interviewer: Grob, Leo, 6.12.2017, Marghera.

101 Staatsarchiv Wallis (StAW), FTMH.

102 Die Personalzeitung *Allô Chippis*, später *Aluval*, ist in der Schweizerischen Nationalbibliothek in Bern einsehbar; vgl. die Signaturen: Pq 10029 Allô Chippis; Pq 29553 Aluval.

Teil I

1. Den Betrieb rationalisieren (1960–1971)

Als der Alusuisse-Generaldirektor Emanuel Meyer Mitte der 1960er Jahre im Verwaltungsrat seine Vision für die Zukunft skizzierte, fiel es ihm leicht, die Errungenschaften des Schweizer Konzerns zu benennen. Nur acht Jahre hatte ‚sein' Unternehmen benötigt, um das während 70 Jahre herangewachsene Produktionsvolumen von Rohaluminium auf jährlich 200.000 Tonnen zu verdoppeln.[1] Auch erreichte der Konzern unter seiner Führung erstmals einen Umsatz von einer Milliarde Schweizer Franken. Für den Generaldirektor war evident, dass Produktionsausstoß und Umsatz – kurzum: Größe – den unternehmerischen Erfolg zuverlässig repräsentierten. Zugleich war für Meyer offenkundig, welche Probleme dem Unternehmen zusetzten und welche Lösungsansätze Abhilfe schaffen konnten. So müsste das Unternehmen, nach Meyer, angesichts der überall steigenden Kosten Sparmaßnahmen und eine „weitestgehende Rationalisierung der Produktionsstätten" durchführen.

1.1 Ambivalente Gegenwartsdiagnose – Die industrielle Welt im Zustand der unprofitablen Prosperität

Der Glaube an die Fortdauer ökonomischer Prosperität war auf den Führungsetagen am Zürcher Hauptsitz von Alusuisse in den 1960er Jahren weit verbreitet. Zum goldenen Zeitalter der Aluminiumindustrie erklärte man das Jahrzehnt allerdings erst im historischen Rückblick. Insbesondere aus der Warte der krisengeschüttelten 1970er Jahre beschrieben Führungskräfte von Alusuisse die Hochkonjunktur als „fette Jahre"[2] und „Sturm und Drang"[3]-Zeit. Die zeitgenössischen Diagnosen waren ambivalenter. In einem Neujahresbrief an die Generaldirektion stellte Meyer 1965 fest, dass die Alusuisse, ja gar die gesamte industrielle Welt, sich in einem Zustand der „profitless prosperity" befände.[4] Die widersprüchliche Zeitdiagnose mag ein rhetorisches Mittel Meyers gewesen sein, um die Dringlichkeit seiner Appelle zu unterstreichen, haltlos war sie indes nicht. Denn das Unternehmen steigerte zwar seine Produktionskapazitäten massiv, expandierte in alle Himmelsrichtungen und

---

1 Ganzer Abschnitt: Alusuisse-VR-Protokoll der 308. Sitzung (14.12.1965), S. 4, in: SWA, PA 600b D 2-1.
2 Meyer, Emanuel: Vom Sturm und Drang zur Prosperität (10.1975), S. 4, in: SWA, PA 600b D 9-12.
3 Ebd.
4 Meyer, Emanuel: Neujahresbrief 1965 (31.12.1965), S. 1, in: SWA, PA 600b D 4-2.

integrierte mehr und mehr Produktionsschritte unter dem eigenen Dach. Aber zugleich stagnierten Rentabilität und Gewinne.

Seit 1945 war die Aluminiumbranche stark gewachsen – in den drei Jahrzehnten nach dem Ende des Zweiten Weltkrieges beinahe doppelt so schnell wie die Gesamtwirtschaft. Der jährliche Aluminiumverbrauch kletterte in der westlichen Welt in dieser Zeit von 800.000 Tonnen auf über elf Millionen Tonnen.[5] In der Schweiz stieg der Pro-Kopf-Verbrauch von Aluminium allein in den 1950er Jahren um das Dreifache.[6] Unmittelbar nach dem Ende des Zweiten Weltkrieges hatten die großen Aluminiumhersteller noch befürchtet, die im Krieg hochgefahrene Produktion nicht länger absetzen zu können.[7] Doch eine zunehmende zivile Nachfrage in der Bau- und in der Verkehrsbranche (Eisenbahnwagen, Busse und Schiffe) sorgte für volle Auftragsbücher. Auch die Nachfrage der Rüstungsindustrie blieb aufgrund des Korea-Krieges und des Kalten Krieges hoch. Für Alusuisse war das eine günstige Situation, nicht zuletzt weil die Betriebe auf Schweizer Boden beide Seiten des Eisernen Vorhanges belieferten.[8] Der stark steigende Verbrauch stimmte die Branche optimistisch und verleitete die Großproduzenten zu einem regelrechten Wettlauf um größere Produktionskapazitäten.[9]

Der Schweizer Aluminiumhersteller konnte allerdings mit der Entwicklung der globalen Konkurrenz nicht mithalten. Während des Zweiten Weltkrieges hatte sich die geographische Verteilung der Rohaluminiumherstellung stark verschoben und die AIAG hatte ihre vormalige Führungsposition eingebüßt.[10] Der Schwerpunkt der globalen Aluminiumproduktion hatte bis zum Zweiten Weltkrieg noch in Europa gelegen, verlagerte sich danach schwerpunktmäßig in die USA, Kanada und die Sowjetunion. 1960 konzentrierten sich über 40 Prozent der weltweiten Aluminiumproduktion in den USA, weitere 20 Prozent fielen auf die Sowjetunion.[11] Der Anteil der AIAG hatte 1939 noch bei 9,2 Prozent gelegen – bis 1960 sank er auf 3,2 Prozent.[12] 1960 war die AIAG fast ausschließlich im Aluminiumbereich tätig und geographisch stark auf Europa fokussiert. Eine eigene solide Rohstoffbasis fehlte.

Vor diesem Hintergrund beschloss die Konzernleitung – mit dem Vier-Punkte-Programm Expansion, Integration, Diversifikation und Innovation – einen for-

---

5 Knauer: Hundert, S. 235.

6 In den USA betrug der jährliche Pro-Kopf-Verbrauch an Aluminium im Jahr 1960 10,3, in der Schweiz 9,7, in Grossbritannien 8,9 und in der BRD 7,7 Kilogramm; Knoepfli: Zeichen, S. 45.

7 Rauh: Aluminium, S. 340.

8 Ebd., S. 346 f.

9 Knoepfli: Zeichen, S. 48.

10 Ebd., S. 46.

11 Ebd.

12 Ebd., S. 47.

cierten Expansionskurs, so wie dies beispielsweise der europäische Konkurrenz Pechiney auch tat.[13] Alusuisse steigerte die Rohaluminiumproduktion mit Hütten im Walliser Steg, im italienischen Fusina, im US-amerikanischen New Johnsonville und im norwegischen Mosjöen,[14] beteiligte sich an einer Aluminafabrik im westafrikanischen Guinea und baute eigene Rohstoffbetriebe in Sierra Leone und Australien auf.[15] „Unsere Werke waren vollbeschäftigt", meinte Meyer rückblickend, „man stieß überall an die Leistungsgrenze. Wir mussten mehr erzeugen, neue Produktionsstätten gründen".[16]

Mit Blick auf die Zukunft machte der Generaldirektor aber – trotz forcierter Expansion – mehrere düstere Wolken am Horizont aus. Als Folge der europäischen Wirtschaftsintegration beunruhigten Meyer die schwindenden Zollschutzmaßnahmen und die zunehmende Konkurrenz. Darüber hinaus begann sich eine weltweite Überkapazität von Rohaluminium abzuzeichnen.[17] Und auch die Profite gerieten unter Druck: Meyer machte hierfür die unabwendbar gewordene Senkung des Schweizer Rohmetallpreises, sinkende Erträge in den italienischen Fabriken und die allgemeine Teuerung verantwortlich.[18] Aber auch die Tatsache, dass das massive Expansionsprogramm mit geliehenem Geld finanziert wurde – die Schulden beliefen sich zu Beginn der 1960er Jahre bereits auf über eine halbe Milliarde Schweizer Franken –, schlug negativ zu Buche: Konnte der Gewinn zwischen 1955 und 1960 noch verdoppelt werden, stagnierte er danach.[19] 1964 lag er nur leicht über dem Wert von 1960. Die Rentabilität sank ebenfalls: Während zwischen 1955 und 1960 der Gewinn im Verhältnis zu Umsatz und Eigenkapital stetig zugenommen hatte, war er nach 1960 im Sinken begriffen. 1964 hatte sich das Verhältnis von Gewinn zu Umsatz und Eigenkapital im Vergleich zu 1955 halbiert.

---

13 Barjot, Dominique/Lanthier, Pierre: Développement local et stratégie globale de deux multinationales de l'aluminium au XXe siècle. Alcan et Pechiney, in: Entreprises et histoire 89/4 (2017), S. 21–38, hier: S. 30.

14 Meyer, Emanuel: Neujahrsbrief 1961 (30.12.1961), S. 2, in: SWA, PA 600b D 4-2.

15 Knoepfli: Zeichen, S. 68–70.

16 Meyer, Emanuel: Vom Sturm und Drang zur Prosperität (10.1975), S. 4, in: SWA, PA 600b D 9-12.

17 Meyer, Emanuel: Neujahrsbrief 1960 (30.12.1960), S. 1, in: SWA, PA 600b D 4-2.

18 Meyer, Emanuel: Neujahrsbrief 1963 (31.12.1963), S. 1, in: SWA, PA 600b D 4-2.

19 Alusuisse: Konsolidierter Finanzindex. Folie Nr. 490 (3.1966); Alusuisse: Konsolidierter Finanzindex. Folie Nr. 491 (3.1966), beide in: SWA, PA 600b D 9-6.

1.2 Mittel der Kostenreduktion – Auslese, Erziehung und Rationalisierungswissen

Angesichts der unbefriedigenden Erträge und der zunehmenden Verschuldung stellte Meyer nicht etwa die Unternehmensstrategie grundlegend in Frage. Er forderte stattdessen das Topmanagement wiederholt zu Sparsamkeit und Rationalisierung auf und betonte, dass die Kosten die „praktisch einzige beeinflussbare Komponente der Ertragsrechnung"[20] seien.[21] Ins Visier nahm er etwa die steigenden Personalbestände – insbesondere bei der Zentralverwaltung in Zürich, wo die Zahl der Beschäftigten von 1959 bis 1961 um ein Drittel auf 282 Personen zugenommen hatte.[22] Allerdings stieg die Zahl der Mitarbeitenden – trotz der jährlich wiederkehrenden Sparappelle Meyers – weiter. Im Januar 1967 arbeiteten in der Zürcher Zentrale 402 Beschäftigte. Bis im Dezember 1970 verdoppelte sich deren Zahl auf 818.[23] „So geht es nicht weiter", folgerte Meyer und verfügte einen „Personaleinstellungsstopp".[24]

Mit der Problematisierung steigender Kosten und Mitarbeitendenzahlen zielte Meyer nicht nur auf kurzfristige Sofortmaßnahmen. Auch skizzierte er selbst mögliche Auswege oder versuchte seine Führungskräfte zu Sparmaßnahmen zu animieren und ihr Rationalisierungswissen zu erschließen. Diese Bemühungen und die sich daraus ergebenden managerialen Debatten drehten sich um die Beeinflussung von Einstellungen und Leistung von Mitarbeitenden und geben Einblick in die personalpolitischen Rhetoriken, Vorstellungen und Praktiken wie sie auf den Führungsetagen von Alusuisse kursierten.

Leistungsorientierte Auslese von Managern und Arbeitskräften

Im Fokus von Meyers Sparappellen standen nicht etwa die technische Rationalisierung, die Produktionstechniken oder der Maschinenpark, sondern der Mensch und seine Leistung. Vordergründig folgte er personalpolitischen Vorstellungen, die den Menschen in den Mittelpunkt ihrer Überlegungen zu setzen behaupteten. Wie Ruth Rosenberger für die BRD gezeigt hat, markierte der Gemeinplatz vom Menschen im Mittelpunkt seit dem Ende der 1940er Jahre den Ausgangspunkt für die personalpolitischen Debatten der Zeit.[25]

---

20 Meyer, Emanuel: Neujahrsbrief 1962 (29.12.1962), S. 3, in: SWA, PA 600b D 4-2.
21 Feucht, Patrick: Engineering und Management am Ende des „goldenen Zeitalters". Krise und Technologie bei der Alusuisse, 1960–1987, Masterarbeit, Zürich 2018, S. 44 f.
22 Meyer, Emanuel: Neujahrsbrief 1961 (30.12.1961), S. 4, in: SWA, PA 600b D 4-2.
23 Meyer, Emanuel: Neujahrsbrief 1970 (30.12.1970), S. 4, in: SWA, PA 600b D 4-2.
24 Ebd.
25 Rosenberger: Experten, S. 127.

Meyer strich heraus, „dass der Mensch der ausschlaggebende Faktor im Gedeihen eines Unternehmens ist. Je nach Charakter und Fähigkeiten ihrer Kader prosperiert, stagniert oder geht eine Firma zugrunde."[26] Besondere Bedeutung sprach er den Vorgesetzten zu, ähnlich wie dies bereits in den deutschsprachigen arbeitswissenschaftlichen Diskussionen der 1930er Jahren problematisiert worden war.[27] Er rahmte Kostenkontrolle folglich als nicht primär technische Frage der Rationalisierung, sondern als Führungsproblem.[28] Er forderte das Management zum einen dazu auf, Sparsamkeit und Rationalisierung zur ersten Priorität zu machen: „Noch billiger produzieren – hier liegt der Schlüssel zum Erfolg. Kosten senken ist für jeden von uns die allererste, alles überragende Aufgabe."[29] Zum anderen folgerte er, dass die Auswahl der Führungskräfte zentral war.[30] Im Unterschied zum Konzept der „sozialen Betriebsgestaltung" zielten Meyers anthropozentrische Rhetoriken nicht auf die Linderung betrieblicher Reibungen zwischen Betriebsleitung und Belegschaft, sondern begründeten lediglich eine striktere Selektion der unternehmerischen Kader. Der Mensch stand bei ihm nur insofern im Mittelpunkt als seine Leistung interessierte und daher – so die krude Logik – die Auslese guter Kader mehr Erfolg bedeutete.

Meyers Rede vom Faktor Mensch war mit der Vorstellung eines sozialdarwinistischen Überlebenskampfes verknüpft und dabei nur vordergründig geschlechterindifferent. Sie war rhetorisch eng mit Männlichkeitsvorstellungen verbunden, was sich beispielhaft darin zeigt, dass Meyer die Beziehung von Alusuisse zu Konkurrenten als Wettbewerb unter Männern rahmte:[31]

Im Kampf um niedrigere Kosten, bessere Qualität, höheren Cashflow, im Kampf um Bedeutung und Prosperität der Alusuisse spielt der Mensch, wo immer er wirkt, die entscheidende Rolle. Konkurrenz zwischen Unternehmungen einer Branche ist Leistungswettkampf zwischen Männern. Siegen wird die Firma mit den tüchtigeren Führern und den tüchtigeren Mitarbeitern.[32]

---

26 Meyer, Emanuel: Neujahresbrief 1966 (30.12.1966), S. 2, in: SWA, PA 600b D 4-2.
27 Für Deutschland vgl. Uhl: Rationalisierung, S. 340. Für die Schweiz ist hier Alfred Carrards Führungspsychologie für Industriekader hervorzuheben; vgl. Jaun: Management, S. 137–153.
28 Rosenberger: Experten, S. 323.
29 Meyer, Emanuel: Neujahresbrief 1961 (30.12.1961), S. 1 f., in: SWA, PA 600b D 4-2.
30 Meyer, Emanuel: Neujahresbrief 1967 (28.12.1967), S. 2, in: SWA, PA 600b D 4-2.
31 Erst in den 1980er Jahren verbreitete sich die Rede von der „feminine leadership"; vgl. Dietz: Aufstieg, S. 388–401. Bei Alusuisse stieß mit Dominique Damon erst 1991 die erste Frau ins Topmanagement vor.
32 Meyer, Emanuel: Neujahresbrief 1965 (31.12.1965), S. 2, in: SWA, PA 600b D 4-2.

Wie das Zitat zeigt, knüpfte Meyer an eine wettbewerbsorientierte Männlichkeit an, die Leistung, Wettbewerb und beruflichen Erfolg als männliche Eigenschaften betonte.[33] Diese Form von Männlichkeit, die stets nur prekär sein kann und kontinuierlich validiert werden muss, konnte so instrumentalisiert werden, um zu mehr Leistung anzuspornen.[34]

Mit dem Gemeinplatz des Menschen im Mittelpunkt begründete Meyer zudem eine ‚negative' Auslese von Arbeitskräften, mit dem Ziel unproduktive Elemente aus der Belegschaft zu entfernen. Der Generaldirektor forderte wiederholt „mediokre"[35], „mittelmässige Mitarbeiter" zu entfernen, da diese dem Erfolg des Unternehmens als „schlimmstes Handicap"[36] im Wege stehen würden. „Entfernen wir die Mittelmässigen, sie finden anderswo leicht Unterkunft!"[37], forderte Meyer seine leitenden Angestellten auf. Um diese „Mittelmässigen" zu entfernen, müssten sich neuerdings alle Mitarbeitenden beim Stab der Zentralverwaltung und der Konzernwerke einer vierteljährlichen Überprüfung unterziehen.[38] So sollten die Zentralverwaltung und die Forschungsanstalt durchkämmt werden, um die „schlechtesten fünf Prozent des Personals endgültig [zu] entfernen."[39]

Erziehung zur Sparsamkeit

Meyer ging aber davon aus, dass der Kostenzunahme nicht allein durch Kaderauswahl und Ausschluss unproduktiver Arbeitskräfte beizukommen war. Er betonte, dass die „Masse von Einzelkosten" am schwersten zu kontrollieren sei, weil diese vom „Kostenbewusstsein der unteren Kader und der Arbeiterschaft" abhingen.[40] Sowohl die Betriebsleiter als auch die Beschäftigten in den Büros und Fabriken mussten erfolgreich eingebunden werden, wollten die Sparübungen nachhaltig wirken: „Einiges ist schon erreicht, wenn dieser Imperativ allen Leuten bis zum Arbeiter in Fleisch und Blut übergeht."[41]

---

33 Kerfoot, Deborah/Knights, David: Management, Masculinity and Manipulation. From Paternalism to Corporate Strategy in Financial Services in Britain, in: Journal of Management Studies 30/4 (1993), S. 659–677.

34 Worley, Jody A.: Masculinity at Work, in: Marques, Joan (Hg.): Exploring Gender at Work. Multiple Perspectives, Cham 2021, S. 103–122, hier: S. 110–112.

35 Meyer, Emanuel: Neujahresbrief 1965 (31.12.1965), S. 2, in: SWA, PA 600b D 4-2.

36 Ebd.

37 Meyer, Emanuel: Neujahresbrief 1963 (31.12.1963), S. 3, in: SWA, PA 600b D 4-2.

38 Meyer, Emanuel: Neujahresbrief 1965 (31.12.1965), S. 2, in: SWA, PA 600b D 4-2.

39 Ebd.

40 Meyer, Emanuel: Neujahresbrief 1964 (31.12.1964), S. 1, in: SWA, PA 600b D 4-2.

41 Meyer, Emanuel: Neujahresbrief 1960 (30.12.1960), S. 1, in: SWA, PA 600b D 4-2.

Um dieses Bewusstsein in den Beschäftigten zu verankern, setzte Meyer auf „methodische Erziehungsarbeit":[42] Die Arbeiter sollten mit kontinuierlichen Sparappellen und konsequenter Aufklärungsarbeit zu „kostenbewusstem Denken" erzogen werden, wozu auch die zahlreichen Werkszeitungen zu nutzen waren.[43] Dass Meyer allerdings diese „Erziehung zum kostenbewussten Handeln jedes Arbeiters"[44] immer wieder fordern musste, zeigt, dass die Zielvorgabe nicht leicht zu erreichen war. Ein weiteres Mittel für die Erziehung zur Sparsamkeit waren Prämien. Meyer verlangte von seinen Kadern, zu prüfen, ob die Arbeiterschaft nicht mittels finanzieller Anreize zielgerichtet beeinflusst werden könnte. Diese Idee war alles andere als neu, experimentierten europäische Unternehmer doch bereits im dritten Viertel des 19. Jahrhunderts mit Leistungslöhnen.[45] Im Neujahresbrief 1962 gibt er beispielsweise zu bedenken, ob sich die „Arbeiterschaft nicht durch vermehrten Gebrauch von Prämien anspornen" ließe, „rationeller zu produzieren".[46]

Meyer bemühte sich zudem den Wissensstand der Konzernzentrale über den Erfolg einzelner Betriebe zu verbessern. Immer wieder kreisten seine Überlegungen darum, die Rationalisierungs- und Sparerfolge messbar zu machen, um davon ausgehend einen unternehmensinternen Wettkampf unter den Werksleitungen zu schaffen. Ab 1961 verlangte er, dass die Tonerdefabriken, Aluminiumhütten und Verarbeitungswerke exakte Zielwerte für Stundenaufwand, Energie- und Materialverbrauch sowie Abfallzahlen bereitstellten.[47] Wie die Protokolle der jährlichen technischen „Hüttenkonferenzen", bei denen technische Leiter, Forschungsmitarbeitende und Manager zusammenkamen, zeigen, produzierten die Elektrolysebetriebe im Verlauf der 1960er Jahre mehr, genauere und zeitnahe Statistiken und Auswertungen.[48] Berücksichtigt wurden technische Kennzahlen, aber auch Aspekte wie Unfälle, Arbeitszeiten oder die Altersstruktur der Belegschaft. 1964 verlangte die Zürcher Zentrale auf der Hüttenkonferenz vereinheitlichte Angaben in den Monatsberichten der Werke und einheitliche Berechnungen für den Stundenaufwand.[49]

Solche Quantifizierungen betrieblicher Abläufe wollte Meyer bereits 1960 für „Inter-Werks-Wettbewerbe mit Prämien"[50] nutzbar machen. Die Idee, das Kosten-

---

42 Ebd.

43 Meyer, Emanuel: Neujahresbrief 1960 (30.12.1960), S. 1, in: SWA, PA 600b D 4-2.

44 Meyer, Emanuel: Neujahresbrief 1961 (30.12.1961), S. 2, in: SWA, PA 600b D 4-2.

45 Hobsbawm, Eric: Das lange 19. Jahrhundert. Bd. 2: Die Blütezeit des Kapitals 1848–1875, Darmstadt 2022, S. 270.

46 Meyer, Emanuel: Neujahresbrief 1962 (29.12.1962), S. 3, in: SWA, PA 600b D 4-2.

47 Meyer, Emanuel: Neujahresbrief 1960 (30.12.1960), S. 1, in: SWA, PA 600b D 4-2.

48 Feucht: Engineering, S. 23 f.

49 Ebd., S. 24.

50 Meyer, Emanuel: Neujahresbrief 1960 (30.12.1960), S. 1, in: SWA, PA 600b D 4-2.

bewusstsein der unteren Kader und der Belegschaft durch einen Wettbewerb zu fördern, nahm er 1964 nochmals auf:

> Könnte man unter den Geschäftsleitern der einzelnen Werke und Konzerngesellschaften einen Wettbewerb veranstalten, wo diejenigen Direktoren massiv belohnt werden, welche die wirksamste, am breitesten angelegte Aktion zur Verminderung der Produktionskosten aushecken und durchführen? […] entscheidend wäre, den Mann in der Werkstatt, am Autoklav, in der Ofenhalle, Walzgerüst, kurz den Mitarbeiter auf der untersten Stufe für die Idee zu gewinnen. Also einen Wettbewerb für den besten Wettbewerb.[51]

Die Idee einen Ideenwettbewerb unter Managern zu veranstalten, schloss an das betriebliche Vorschlagswesen an, mit dem zahlreiche Industriebetriebe – die ersten bereits im frühen 20. Jahrhundert – versuchten, das (informelle) Wissen der Arbeitskräfte zur Rationalisierung des Arbeitsprozesses zu nutzen.[52] In den Walliser Alusuisse-Werken etwa hatte die Betriebsleitung in der zweiten Hälfte der 1950er Jahre zu solchen „Ideenwettbewerben" aufgerufen: Die Belegschaft sollte Vorschläge zur Verbesserung von Arbeitsprozessen und Produktionsanlagen einreichen, die besten Eingaben wurden von der Direktion mit Prämien belohnt.[53] Meyer übertrug also ein personalpolitisches Mittel, das bisher auf die Belegschaft zielte, auf die Betriebsleiter.

Rationalisierungs-Wissen dank Ideenwettbewerb

Nur ein Jahr später war der Wettbewerb in die Tat umgesetzt worden: Alle Direktoren, Vizedirektoren und Geschäftsführer von Alusuisse-Werken und Tochterfirmen waren zur freiwilligen Teilnahme eingeladen. Begründet wurde der Ideenwettbewerb mit der „Wendung" um 1960, mit der die „seit dem Zweiten Weltkrieg fast ununterbrochene Serie guter Geschäftsabschlüsse" zu Ende ging und eine Phase begann, in der das „investierte Kapital" nur noch eine „zunehmend sinkende Rendite" abgeworfen habe.[54] Im Februar 1965 versammelte die Generaldirektion die

---

51 Meyer, Emanuel: Neujahresbrief 1964 (31.12.1964), S. 2 f., in: SWA, PA 600b D 4-2.

52 Uhl: Rationalisierung, S. 214 f.

53 Vgl. z. B. Allô-Chippis 20 (1.3.1958), S. 5. In der Personalzeitung der italienischen Alusuisse-Tochter SAVA wurden 1958 die ersten Prämien für solche Verbesserungsvorschläge ausbezahlt. Vgl. Bollettino SAVA. Mensile dei dipendenti del gruppo SAVA 9/1-2 (2.1958). Dass die Möglichkeit des Vorschlagswesens von Arbeiter:innen oft genutzt wurde, um ihren Dissens mit ihrer betrieblichen Realität auszudrücken, zeigt Fasel: Fabrikgesellschaft, S. 64–70.

54 Gesamter Abschnitt: Meyer, Emanuel/V/Generaldirektion: Betriebsrationalisierung auf Belegschaftsebene. Ideenwettbewerb, Bd. 1: Zusammenfassung des Wettbewerbs (11.2.1966), S. 1, in: SWA, PA 600b D 9-6.

Leitungsgremien der einzelnen Werke und Tochterfirmen und informierte über die sinkende Rentabilität. Die Teilnehmenden mussten „Rechenschaft über die Kosten" ablegen. Zwar präsentierte die Generaldirektion anhand einer Kostenanalyse richtungsweisende Vorschläge zur Kosteneinsparung im „Belegschaftsbereich". Dennoch bezweckte sie keine *Top-down*-Sparpolitik. Vielmehr beabsichtigte sie, die Denkleistung der leitenden Angestellten zu aktivieren, um durch „intensive Gedankenarbeit Mittel und Wege [zu] finden, um dieses brachliegende Ertragspotential auszuschöpfen", wie es in der Wettbewerbsbeschreibung hieß.

Die Preissumme belief sich auf insgesamt 124.000 Schweizer Franken, die als Bonus unter den Managern verteilt werden konnten – 50.000 an das Siegerprojekt. Der Ideenwettbewerb verfolgte ambitionierte Ziele: 30 Millionen Schweizer Franken sollten jährlich durch die „Betriebsrationalisierung auf Belegschaftsebene"[55] eingespart werden – das überstieg den Reingewinn jedes Jahres seit 1960.[56] Gefordert waren praxisnahe Vorschläge, die bereits „Vorlagen für Dienstanweisungen, Mitteilungen ans Personal, Formulare usw."[57] umfassten. Zu einem späteren Zeitpunkt wurde der Erfolg der Maßnahmen überprüft.[58] Die Vorschläge mussten auf Zielformulierungen, Vorgehen, erwartete Einsparungen, Möglichkeiten der Erfolgskontrolle, Art der betriebsinternen Wettbewerbe und allfällige auszuschüttende Prämien oder Preise eingehen. Keine leichte Aufgabe: Wie die Generaldirektion betonte, hingen die Kosten von „der Arbeit und dem Einsatz von 20.000 Mitarbeitern"[59] ab. Deren Motivation herbeizuführen, war schwierig, wie man eingestand:

Wenn es schon nicht selbstverständlich ist, die zweihundert engsten, aus gut qualifizierten, erfahrenen und loyalen Kräften rekrutierten Mitarbeiter auf optimale Leistung auszurichten, wieviel schwieriger hält es, die Masse ungelernter, nur zum Teil williger Arbeitnehmer zur bestmöglichen Dienstleistung zu bewegen?[60]

Das Ziel des Wettbewerbs ging also über eine schlichte Personalreduktion hinaus. Vielmehr beabsichtigte das Topmanagement, einen Lernprozess anzustoßen – vor den Fabrikarbeitern zu den Werksleitern.

---

55 Ebd.

56 Reingewinn in Schweizer Franken: 1960: 18.159.742, 1961: 19.149.597, 1962: 21.406.399, 1963 22.574.527, 1964: 24.389.275, 1965: 25.816.070; vgl. Geschäftsberichte 1960–1965, SWA, PA 600b C 1.

57 Meyer, Emanuel/V: Reglement für den Ideenwettbewerb betreffend Betriebsrationalisierung auf Belegschaftsebene (8.2.1965), in: SWA, PA 600b D 9-6.

58 Vgl. SWA, PA 600b D 9-14 und PA 600b D 9-47.

59 Meyer, Emanuel/V/Generaldirektion: Betriebsrationalisierung auf Belegschaftsebene. Ideenwettbewerb, Bd. 1: Zusammenfassung des Wettbewerbs (11.2.1966), S. 1, in: SWA, PA 600b D 9-6.

60 Ebd., S. 2.

Das Fazit des Topmanagements fiel positiv aus. Es beteiligten sich Werksleitungen aus Deutschland, Österreich, der Schweiz, Belgien und Italien und die 13 eingegangenen Arbeiten umfassten über 1.000 Seiten – eine „Fundgrube des Konzerns"[61], wie es in der Würdigung des Wettbewerbs hieß. Diese Fundgrube sollte nicht ungenutzt bleiben. Meyer stellte fest, dass Probleme sichtbar gemacht worden waren, die auf Konzernebene „im direkten Gespräch mit den Geschäftsführern"[62] behandelt werden mussten.

Die Generaldirektion nahm dies zum Anlass, um für das Jahr 1966 eine sogenannte „Geschäftsführerkonferenz" einzuberufen. Damit instituierte man ein bis 1985 zentrales Austauschforum des oberen Managements. Erstmals versammelten sich bei einer Konferenz alle Mitglieder der Generaldirektion mit den Führungskräften von Tochterunternehmen und Konzernwerken. Schwerpunktmäßig befasste sich diese erste Geschäftsführerkonferenz mit Fragen der Personalführung und möglichen Rationalisierungsmaßnahmen. Zur Vorbereitung ließ die Generaldirektion die prämierten Vorschläge in zwei Bänden zusammenfassen und allen Teilnehmern zukommen, damit diese sie „auf die Möglichkeit der Übernahme im eigenen Bereich"[63] prüfen konnten. Auf der Geschäftsführerkonferenz referierten zudem Alusuisse-Manager zur Produktentwicklung, zur Lage von Alusuisse im Vergleich mit der internationalen Konkurrenz und zu den Grundlagen betrieblicher Personalführung.[64] Letzteres erlaubt einen Einblick in die damaligen personalpolitischen Leitbilder.

1.3 Personallehren von gestern für das Unternehmen von morgen

Auf wen fiel die Wahl des Referenten, der die Grundlagen der betrieblichen Personalbewirtschaftung bei der Geschäftsführerkonferenz präsentieren sollte? Bezeichnenderweise traf es keine Nachwuchskraft und keinen US-amerikanischen Management-Experten, sondern Dr. Hans Constantin Paulssen,[65] der seit 45 Jah-

---

61 Ebd., S. 3.

62 Meyer, Emanuel: Neujahrsbrief 1965 (31.12.1965), S. 7 in: SWA, PA 600b D 4-2.

63 Meyer, Emanuel/V/Generaldirektion: Betriebsrationalisierung auf Belegschaftsebene. Ideenwettbewerb, Bd. 1: Zusammenfassung des Wettbewerbs (11.2.1966), S. 3, in: SWA, PA 600b D 9-6.

64 Paulssen, Hans Constantin: Psychologie der Unternehmensführung (3.1966), in: SWA, PA 600b D 9-6. Die beiden anderen Referate behandelten die Produktentwicklung und die internationale Konkurrenz in der Aluminiumbranche; vgl. Meyer, Emanuel: Stärken und Schwächen der Alusuisse im internationalen Wettbewerb (3.1966), in: SWA, PA 600b D 9-6; Dirilgen, N.: Produkte-Entwicklung (3.1966), in: SWA, PA 600b D 9-6.

65 Hans Constantin Paulssen war nach einem Jura-Studium Kriegsfreiwilliger im Ersten Weltkrieg und führte zwischen 1918 und 1920 als Oberstleutnant ein Freikorps-Bataillon. Seit 1920 war er im Dienst der Singener Walzwerke, die kurz darauf zu einer Tochtergesellschaft der Alusuisse wur-

ren in leitender Stellung bei den Alusuisse-Werken im deutschen Singen tätig war und (in der BRD) als Vertreter eines sozialpartnerschaftlichen und paternalistisch-autoritären Führungsstil galt.

Wie der Titel von Paulssens Vortrag („Psychologie der Unternehmensführung ') zeigt, rezipierte man auch in den Führungsetagen von Alusuisse arbeitswissenschaftliche beziehungsweise betriebspsychologische Debatten. Paulssen befasste sich mit der „persönlichen Haltung und Leistung aller Mitarbeiter, die durch die Unternehmensführung gestaltet werden kann."[66] Als primäres Ziel dieser psychologischen Seite der Unternehmensführung definierte er ein „gutes Betriebsklima", das wiederum die Grundlage schaffe für eine „gleichmässige, ungestörte, gute Produktion". Dieser doppelte Fokus auf die Haltung der Arbeitskräfte und eine störungsfreie Produktion lässt sich zum einen auf produktionstechnische und -organisatorische Veränderungen zurückführen. Denn mit der zunehmenden Mechanisierung und dem Einsatz integrierter Produktionssysteme in der Hochkonjunktur der 1950er und 1960er Jahre verschob sich der arbeitsmanageriale Fokus von der Verausgabung individueller Arbeitskraft zur Einhaltung des Tempos des Gesamtbetriebs.[67]

Paulssens Zielsetzung und die verwendeten Begrifflichkeiten legen zum anderen nahe, dass er sich auf die seit den 1950er Jahren in der BRD und der Schweiz dominierenden personalpolitischen Debatten bezog, insbesondere auf das Konzept der „sozialen Betriebsgestaltung" und die US-amerikanische *Human-Relations*-Schule. Der in der BRD ab 1947 breit rezipierte Ansatz der „sozialen Betriebsgestaltung" konzipierte das Unternehmen als betont sozialen Ort, forderte die Einbindung humanwissenschaftlichen Wissens und bezweckte eine auf das Individuum und seine Psyche ausgerichtete Integration in den Betrieb – im Unterschied zu betrieblichen Sozialleistungen oder der Idee der Betriebsgemeinschaft im Nationalsozialismus.[68]

---

den. Während der nationalsozialistischen Herrschaft war Paulssen zwar nicht Parteimitglied der NSDAP, übernahm aber regionale Leitungsfunktionen in der nationalsozialistischen Rüstungsindustrie. Der 1940 zum „Wehrwirtschaftsführer" ausgezeichnete und mittlerweile zum Generaldirektor aufgestiegene Paulssen konnte die kriegswichtige Produktion von Aluminiumprodukten massiv steigern. Seine mangelnde Distanz zum Nationalsozialismus hinderte die badische Regierung in der Nachkriegszeit nicht, ihn zum Marshall-Plan-Beauftragten zu ernennen und 1953 übernahm er das Präsidentenamt der Bundesvereinigung der Arbeitgeberverbände Deutschlands, dem Spitzenverband Deutscher Unternehmer. Laut Cornelia Rauh galt Paulssen in der deutschen Öffentlichkeit als „Exponent des sozialpartnerschaftlich geprägten Unternehmerflügels". Für eine ausführliche Biographie Hans C. Paulssens siehe Rauh-Kühne, Cornelia: Hans Constantin Paulssen. Sozialpartnerschaft aus dem Geiste der Kriegskameradschaft, in: Erker, Paul (Hg.): Deutsche Unternehmer zwischen Kriegswirtschaft und Wiederaufbau. Studien zur Erfahrungsbildung von Industrie-Eliten, München 1999, S. 109–192.

66 Paulssen, Hans Constantin: Psychologie der Unternehmensführung (3.1966), S. 1 f., in: SWA, PA 600b D 9-6.

67 Fasel: Fabrikgesellschaft, S. 125.

68 Rosenberger: Experten, S. 119 f.

Die *Human-Relations*-Schule propagierte einen Zusammenhang zwischen Betriebs-
atmosphäre und Produktivität: Basierend auf den (später in wesentlichen Punkten
widerlegten) arbeitswissenschaftlichen Hawthorne-Experimenten popularisierten
Vertreter der *Human Relations* die Erzählung, dass ein kollegialer Führungsstil, der
zudem auf die psychische Verfassung des Einzelnen eingeht, eine Verbesserung der
zwischenmenschlichen Beziehungen und höhere Arbeitszufriedenheit erreichen
und ungeahnte Produktivitätsreserven freisetzen konnte.[69] Ein wichtiges Ergebnis
der Hawthorne-Untersuchungen war zudem, wie Andreas Fasel hervorhebt, dass
die Arbeitsleistung von gruppenspezifischen Beziehungen und Werten der Arbei-
ter:innen abhing und folglich durch eine geschickte Förderung der emotionalen
Betriebsbindung in unternehmerisch sinnvolle Bahnen gelenkt werden konnte.[70]

Führung, Autorität und die betriebliche Integration der Arbeitskräfte

Wie in den arbeitswissenschaftlichen Debatten der Psychotechnik oder der *Human-
Relations*-Schule verschob Paulssen den arbeitsmanagerialen Fokus von einem
‚Arbeiterproblem‘ zum ‚Vorgesetztenproblem‘.[71] Wichtig war laut Paulssen eine systematische, „immer gleichbleibende, möglichst fehlerlose Führungslinie".[72] Diese
stringente Führungslinie sollte die emotionale Integration der Mitarbeiter:innen in
den Betrieb ermöglichen, indem sie Willkür minimierte, innerbetriebliche Gerechtigkeit aber stärkte. So sollte ein Gefühl der Sicherheit und des Vertrauens unter
den Mitarbeitenden geschaffen werden.

Konkret forderte Paulssen, dass jede Arbeitskraft einem ihren Fähigkeiten entsprechenden Arbeitsplatz zugeteilt sei, sodass diese „willig" ihre „Arbeit verrichtet,
gern zur Arbeit geht, zufrieden von der Arbeit heimkehrt."[73] Allgemein sollte
auf eine „grösstmögliche Gerechtigkeit" im Betrieb geachtet werden: Arbeitskräfte

---

69 Donauer: Faktor, S. 121–127.

70 Fasel: Fabrikgesellschaft, S. 123 f.

71 Uhl, Karsten: Der Faktor Mensch und das Management. Führungsstile und Machtbeziehungen
   im industriellen Betrieb des 20. Jahrhunderts, in: Neue Politische Literatur 55 (2010), S. 233–254,
   hier: S. 241 f. Die Psychotechnik verbreitete sich im Zuge der Rationalisierungsbemühungen der
   1920er Jahre in Deutschland und der Schweiz in Industriebetrieben und Hochschulen. Rosenberger:
   Experten, S. 60; Bernet: Insourcing, S. 272. Europaweit einflussreich und an Bildungseinrichtungen in
   Genf und Zürich institutionalisiert, fand die Psychotechnik insbesondere in der Schweiz Verbreitung.
   Sie versprach leistungsfähigere Mitarbeitende, indem eignungsdiagnostische Verfahren eine rationale
   Allokation an die jeweiligen Arbeitsplätze garantierten. Vgl. Leimgruber: Taylorisme, S. 22–30, und
   Jaun: Management, S. 137–153.

72 Paulssen, Hans Constantin: Psychologie der Unternehmensführung (3.1966), S. 19, in: SWA, PA
   600b D 9-6.

73 Ebd.

sollten Schutz „gegen versagende, ungerechte oder ungenügend vorgebildete Vorgesetzte" genießen und auf eine „leistungsgerechte" Entlöhnung und leistungsbasierte
„Aufstiegsmöglichkeiten" vertrauen.

Außerdem regte Paulssen an, dass nach Möglichkeit „menschlich" an den Mitarbeiter zu denken sei. Eindringlich forderte er seine Kollegen auf, eine Politik der
„offenen Tür" zu betreiben und Arbeitskräfte als Individuen mit psychologischen
Bedürfnissen zu betrachten. Vorgesetzte sollten auf die „Lebens- und Arbeits-
schwierigkeiten" ihrer Untergebenen eingehen, weil dies die „Vertrauensgrundlage
in die Leitung", „die Voraussetzung für das ‚Sich-Geborgen-Fühlen'" darstellen
würde. Zu seinen „Untergebenen" müsse der Vorgesetzte ein interessiertes und
fürsorgendes Auftreten wählen und etwa deren Namen, Alter, Familienverhältnisse
und dergleichen kennen.

Viel Wert legte Paulssen darauf, dass Vorgesetzte Autorität ausstrahlten. Mutmaßlich rezipierte er dabei die bundesdeutsche Diskussion über autoritäres Verhalten
deutscher Unternehmensführer, die eine sozialwissenschaftliche Studie Ende der
1950er Jahre ausgelöst hatte.[74] Wie der Autor der Studie unterschied Paulssen implizit zwischen einer aus der individuellen Haltung und Leistung hervorgehenden
funktionalen Autorität und einer einzig aus der betrieblichen Hierarchie resultie-
renden kreditiven Autorität.[75] Paulssen meinte folglich, dass eine „gleichmässige,
beherrschte und dadurch Autorität ausstrahlende Haltung der Vorgesetzten" es
den „Untergebenen leicht und selbstverständlich" machen müsse, „sich unterzuord-
nen" und dem guten Vorbild nachzueifern.[76] Manager müssten „beispielgebend'
vorangehen, während „alles menschliche, allzu menschliche, alles undisziplinierte
Sichgehenlassen" zu kontrollieren war. Das verlange einen „Willen zur Selbstbeherrschung"[77]: „ständige Selbstbeherrschung, Vermeiden von wilden Zornausbrüchen,
Selbstdisziplin und Pünktlichkeit."[78]

„Werksgemeinschaft" und Betriebsidentität

Ein weiterer Schwerpunkt von Paulssens Ausführungen lag auf der Schaffung einer
„Werksgemeinschaft". Solche Bemühungen zielten darauf ab, wie Sabine Donauer
betont, einen „Arbeitertypus hervor[zu]bringen, der stolz auf das eigene Unternehmen war, sich in der Arbeit ‚zu Hause' fühlte und auch über den Feierabend hinaus

---

74 Vgl. Hartmann, Heinz: Authority and Organization in German Management, Princeton 1959.
75 Dietz: Aufstieg, S. 115–123.
76 Paulssen, Hans Constantin: Psychologie der Unternehmensführung (3.1966), S. 3, in: SWA, PA 600b
   D 9-6.
77 Ebd., S. 15.
78 Ebd., S. 14.

in der ‚Werksgemeinschaft' seine Freizeit verbrachte."[79] Unternehmer brachten solche Vorstellungen nicht zuletzt gegen Arbeitergemeinschaften und eine klassenbewusste Arbeiter:innenbewegung in Position. In der Schweizer Metall- und Maschinenindustrie hatte dieses Vergemeinschaftungs-Modell einen institutionalisierten Platz in den industriellen Beziehungen, so verpflichteten sich Unternehmer und Gewerkschaften mit dem sogenannten Friedensabkommen von 1937 gleichermaßen zur Wahrung der Betriebsgemeinschaft.[80] Hier orientierte sich Paulssen also weniger an der *Human-Relations*-Schule oder dem Konzept der „sozialen Betriebsgestaltung", sondern an Vorstellungen aus der Zwischenkriegszeit.

Zur Bildung einer „Werksgemeinschaft" sah Paulssen vor, die Informationspolitik als „wichtiges psychologisches Führungsmittel" zu nutzen.[81] Die Werksgemeinschaft sollte durch Arbeitskräfte gebildet sein, die über die betrieblichen Abläufe umfassend informiert waren. Denn eine „gute Mitarbeit", so Paulssens Vermutung, beruhe darauf, dass die Arbeitskraft „Sinn und Bedeutung [ihrer] Arbeit im Rahmen des Ganzen" verstehe und einsehe, „dass jedes kleine Rädchen die grosse Maschine mitdreht." Wie der Vertreter der Psychotechnik Alfred Carrard schien Paulssen davon auszugehen, dass Sinn nicht durch industrielle Arbeitstätigkeit an sich, sondern durch einen Dienst an einer imaginierten Gemeinschaft zu erreichen sei.[82] Ein Mittel, um eine „Gemeinschaft der im Werk Schaffenden" zu bilden, sollte daher die Werkzeitung sein. Aber auch Betriebsversammlungen konnten dazu beitragen und, dank allgemeinverständlicher Lageberichte, das betriebliche Verständnis der Belegschaft stärken. Zur ideologischen Beeinflussung empfahl Paulssen Aus- und Weiterbildungskurse. Zwar würden viele dieser Kurse „nicht so sehr Fachkenntnisse" vermitteln, dafür „allgemeine politische, wirtschafts- und sozialpolitische und menschliche Weiterbildung" anstreben und eine „Immunisierung gegen Kommunismus, gegen Indolenz und geistige Stumpfheit" ermöglichen. Von solchen Maßnahmen erwartete Paulssen mehr Nutzen als von Lohnerhöhungen, weil „soziale Zugeständnisse" keinen „allgemeinen erzieherischen Wert" hätten.

Zur Stärkung einer betrieblichen Gemeinschaft und beruflicher Identität schlug er weiter vor, spezifische Berufsgruppen (z. B. „‚die Schlosser', ‚die Feinwalzer'") gelegentlich hervorzuheben und ihnen Anerkennung auszusprechen.[83] Gleichzeitig

---

79 Donauer: Satisfaction, S. 349 f.

80 Jaun: Management, S. 72 und 349.

81 Alle Zitate Paulssens in diesem Abschnitt: Paulssen, Hans Constantin: Psychologie der Unternehmensführung (3.1966), S. 5, in: SWA, PA 600b D 9-6.

82 Vgl. Jaun: Management, S. 143.

83 Ganzer Abschnitt: Paulssen, Hans Constantin: Psychologie der Unternehmensführung (3.1966), S. 10 f., in: SWA, PA 600b D 9-6.

sollte der „Zusammenhalt" und der „Berufs- und Werksstolz" durch „gemeinsame Ausflüge, gesellige Zusammenkünfte" einzelner Berufsgruppen oder ganzer Betriebsabteilungen gefördert werden. Die Werksleitung müsse sich bemühen, den Betrieb regional zu verankern, sodass er „für ein gutes, erfolgreiches und sozialverantwortliches Unternehmen gehalten wird." Auch einzelne in der Öffentlichkeit bekannte Betriebsangestellte, etwa Gemeinderäte oder Fußballspieler, müssten hervorgehoben werden, um die Eingliederung der „Werksgemeinschaft" in das Gemeinwesen zu belegen. Öffentlichkeitswirksam ließen sich „Weihnachtsaufführungen, Chor- und musikalische Darbietungen, Jubilar-Ehrungen, aber auch besondere Arbeitsleistungen, technische Preisverteilungen und Belobigungen" nutzen. Dies hebe den „Gemeinschaftsgeist" und erzeuge Stolz auf die Arbeitsstätte: „‚Wir Aluminianer!', ‚wir Singener', ‚wir Martinswerker', ‚wir Rheinfelder!', das ist der erwünschte Ausdruck des Werksstolzes". Von dieser Gemeinschaft ausgenommen waren hingegen die „ausländischen Gastarbeiter", denen unterstellt wurde, nur an hohen Löhnen interessiert zu sein.

Dass Paulssens Anleihen bei der *Human-Relations*-Ideologie nicht im Widerspruch zu seinen „patriarchalisch-autoritären Prägungen"[84] stand, zeigte sich nicht zuletzt am besonderen Gefallen, den er an militärisch organisierten Werksfeuerwehren und Wach- und Ordnungsdiensten fand. Diese schätzte er insbesondere wegen ihrer antikommunistischen Funktion. Wie Paulssen betonte, hatte er bereits während des „ersten Zusammenbruchs Deutschlands" in den 1920er Jahren mit einer Werksfeuerwehr die „ordnungswilligen Elemente gegenüber allen Unordnungsfaktoren" stärken können.[85] Völkische Körper-Metaphern nutzend folgerte Paulssen, dass diese Gruppen dank der „typischen Erziehung im Dienste des Gemeinwohles für das Werk, in Kameradschaft zwischen allen Graden der Mitarbeiter, in halbmilitärischer Ordnung und Unterordnung" diese Gruppen zu „Kristallisationskörper[n] der […] wertvollsten Elemente" mache.[86]

1.4 Der lange Schatten des Taylorismus – Leistungslöhne und Persönlichkeitsbewertung

Im Unterschied zu Paulssens Ausführungen oder den Annahmen der *Human-Relations*-Schule zielten zahlreiche Maßnahmen, die im Rahmen des Ideenwettbewerbs vorgeschlagen worden waren, nicht auf eine Verbesserung des Betriebs-

---

84 Cornelia Rauh-Kühne: Paulssen, Hans Constantin (2001), S. 131, online: www.deutsche-biographie.de/pnd11873962X.html [20.10.2021].

85 Paulssen, Hans Constantin: Psychologie der Unternehmensführung (3.1966), S. 10, in: SWA, PA 600b D 9-6.

86 Ebd.

klimas ab. Sie gingen vielmehr von der Prämisse aus, dass gute Arbeitsleistungen mittels finanzieller Anreize erwirkt werden konnten.[87] Ein wiederkehrender managerialer Topos in den Ideenwettbewerb-Unterlagen war die „Mobilisierung der in jedem grösseren Betrieb brachliegenden menschlichen Leistungsreserven".[88] Diese Suche und Erschließung von versteckten Leistungsreserven gehörte zu den Obsessionen der wissenschaftlichen Betriebsführung und sollte meist mit diversen Anreiz-Lohnsystemen (Akkordlöhne) bewerkstelligt werden.[89]

Die Leistungsreserven zu erschließen, schien allerdings in Zeiten der Vollbeschäftigung besonders schwierig. So stellte beispielsweise die Direktion der Salzburger Aluminium GmbH (SAG) im österreichischen Lend fest, dass man in den vergangenen Jahren mit „häufigeren Arbeitskonflikte[n], zunehmenden Fluktuationen der Arbeitskräfte, verminderter Leistungsbereitschaft u. a. m." zu kämpfen hatte.[90] Und dies obschon das Werk sowohl bei den Löhnen als auch den betrieblichen Sozialleistungen nicht hinter der Konkurrenz zurücklag: Die SAG-Mitarbeitenden seien nicht nur einkommensmäßig gleich gut wie bei konkurrierenden Betrieben entlohnt, sie profitierten auch von verbilligten Werkswohnungen, „werkseigenen Lebensmittel[n], […] Kohleverbilligungsaktionen, Einkellerungsbeihilfen [und] Stromdeputat".[91] Auch das „Sozialprogramm des Werkes", das der „Förderung des Gefühls der Zusammengehörigkeit und Zusammenarbeit" diene, sei umfangreich.[92] Solche betrieblichen Sozialmaßnahmen, so die SAG-Leitung, hätten sich aber als ungenügend erwiesen, weil damit „immer nur ein Teil der menschlichen Reserven mobilisierbar" sei. Wichtig sei sowohl ein „günstiges Arbeits- und Betriebsklima" als auch „die Anerkennung und die gerechte Honorierung der Leistung" für die „optimale Leistung in einer Arbeitsgemeinschaft."[93] Die Lösung dieses Dilemmas, darüber waren sich die Wettbewerbsteilnehmer einig, lag in präziseren und neu ausgerichteten Anreizen im Lohnsystem.[94]

---

87 Wettbewerb-Vorschlag (Martinswerk), S. 1, in: SWA, PA 600b D 9-6.

88 Wettewerb-Vorschlag (SAG) (24.9.1965), S. 309, in: SWA, PA 600b D 9-6.

89 Jaun: Management, S. 79.

90 Wettbewerb-Vorschlag (SAG) (24.9.1965), S. 309, in: SWA, PA 600b D 9-6.

91 Ebd., S. 310.

92 Das Sozialprogramm umfasste kulturelle Angebote wie „Weihnachtsfeiern mit Bescherung für Kinder und Erwachsene, Jubilarenfeiern, Werkszeitung ‚wir vom Aluminium', Theaterkarten"; sanitäre Angebote wie „Familienbad, Höhensonne-Anlage, Reihenuntersuchungen in Turnus von zwei Jahren"; Sportangebote wie „Wintersportveranstaltungen" und sonstige Angebote wie „Gefolgschaftshilfe für Pensionierte, Witwen, Waisen; Heirats-, Geburten- und Sterbebeihilfen, Ausbildungsbeihilfen, Werksküche." Ebd., S. 311.

93 Ebd.

94 Auf die mangelnde Erforschung der Ausgestaltung von Arbeitslöhnen mittels Prämiensystemen, Akkord- und Zeitlohnsystemen weist hin: Raphael, Lutz: Arbeit im Kapitalismus, in: Arbeit – Bewegung – Geschichte. Zeitschrift für historische Studien 19/1 (2020), S. 7–25, hier: S. 13 f.

Als Sieger des Ideenwettbewerbs ging die Direktion des Martinswerks hervor. Sie schlug unter anderem drei Maßnahmen vor, mit denen die Lohnordnung reformiert und den neuen betrieblichen Anforderungen angepasst werden sollten. Erstens sollte das, auf tayloristischen Studien fußende, Mittel des Zeitakkords ausgeweitet werden – zum Beispiel auf Reparatur- und Instandhaltungsarbeiten.[95] Diese Arbeiten waren in der technologieintensiven, störungsanfälligen Aluminafabrik Martinswerk von besonderer Bedeutung.[96] Mit tayloristischen Ansätzen wie Zeitstudien und der Zerlegung der Reparaturarbeiten in einzelne Arbeitsschritte sollte der Zeitakkord auch bei Reparaturarbeiten stärker lohnrelevant sein – sein Anteil stieg von 22 auf fast 50 Prozent. Tayloristische Praktiken gehörten also weiterhin zum Repertoire der Personalpolitik, sollten hier gar auf weitere Gruppen von Beschäftigten ausgedehnt werden. Dem Zeitakkord wurde folglich immer noch Innovationspotential zugesprochen, obschon er in der Schweizer Maschinenindustrie bereits in den 1950er Jahren flächendeckend eingesetzt wurde.[97]

Beispielhaft für viele vorgeschlagene Maßnahmen setzte die Betriebsleitung des Martinswerkes zweitens auf „persönliche", das heißt stärker individualisierte, „Leistungszulagen".[98] Neben der Leistungssteigerung zielten diese Zulagen auch darauf ab, das Arbeiterverhalten zu beeinflussen. Das Ziel war, einen Arbeitertypus zu modellieren, der den Anforderungen des zunehmend mechanisierten, teilweise bereits automatisierten Betriebes besser entsprach – denn die physische Leistung des Einzelnen verlor gegenüber der allgemeinen Aufrechterhaltung des Produktionsablaufs und -tempos an Bedeutung. So betonten die Manager, dass „Verantwortungsgefühl, Zuverlässigkeit, Gewissenhaftigkeit und vielseitige Verwendbarkeit der Arbeiter" bei „komplizierten Verfahrensgängen, teuren Apparaturen [und der] Zusammenlegung von Arbeitsaufgaben" immer wichtiger wurden.[99] Während das Dienstalter aus den Kriterien verschwand, fügte man das Kriterium „vielseitige Verwendbarkeit" neu hinzu. Vorgesetzte sollten neu vier Faktoren berücksichtigen: „1. Sorgfalt der Arbeitsausführung, 2. Quantität des Arbeitsresultates, 3. Vielseitige Verwendbarkeit [und] 4. betriebsgerichtetes Verhalten". Durch die Integration solcher Persönlichkeitsbewertungen wurde die Lohnordnung selbst zu einem Mittel der Steuerung des Arbeiter:innen-Verhaltens.

Drittens hoffte man durch Prämien eigensinniges und konfrontatives Verhalten der Belegschaft, das durch die hohe Arbeitskräftenachfrage der 1960er Jahre be-

---

95 Beim Zeitakkord erhalten Arbeitskräfte einen Lohnzuschlag, wenn sie eine Vorgabezeit unterbieten können. Fasel: Fabrikgesellschaft, S. 39.
96 Wettbewerb-Vorschlag (Martinswerk), S. 80–82, in: SWA, PA 600b D 9-6.
97 Fasel: Fabrikgesellschaft, S. 39. Vgl. zudem Degen, Bernard: Lohn, Historisches Lexikon der Schweiz (12.11.2012), online: www.hls-dhs-dss.ch/textes/d/D13919.php?topdf=1 [30.10.2021].
98 Wettbewerb-Vorschlag (Martinswerk), S. 85–87, in: SWA, PA 600b D 9-6.
99 Ebd., S. 85.

günstigt wurde, besser zu kontrollieren. Beispielhaft hierfür war die die Einführung einer Anwesenheitsprämie im Martinswerk.[100] Die Betriebsleitung hatte festgestellt, dass „sich die Fälle unbegründeten ‚Krankfeierns‘ seit der gesetzlich vorgeschriebenen und 1961 weiter verbesserten ‚Lohnfortzahlung im Krankheitsfall‘“ gehäuft hatten.[101] Weil der Arbeitgeber verpflichtet war im Krankheitsfall das Krankengeld auf den vollen bisherigen Nettolohn aufzustocken, hätten Arbeiter praktisch keinen Lohnausfall mehr zu befürchten und seien „versucht öfters krank zu feiern“.[102] Arbeitskräfte, die kaum fehlten, sollten daher mit einer Anwesenheitsprämie belohnt werden. Auch in diesem Fall zielten die Prämien weniger auf die eigentliche Arbeitsproduktivität, sondern eher auf die Zuverlässigkeit der Mitarbeiter:innen. Die planbare, zuverlässige Bereitstellung der Arbeitskraft war im „vollkontinuierlichen Betrieb“ zentral, entsprechend schwer waren die Schäden durch den Absentismus. Als „Zusatzeffekt“ der Prämie erwartete die Werksleitung, dass der „Zwang für alle Führungskräfte zu einer dichteren und detaillierteren Absenzenkontrolle“ führen würde. Mittels Lohnordnung sollten also auch die Spielräume für eigensinniges Verhalten der Belegschaft, wie das unentschuldigte Fernbleiben vom Arbeitsplatz, stärker eingegrenzt werden.

Auch die Leitung der Walliser Werke setzte auf finanzielle Anreize. Ihr Ziel war es, „dem Arbeiter das ‚penser patron‘ beizubringen“,[103] was laut den Walliser Direktoren in der Großindustrie weit schwieriger als im handwerklichen Kleinbetrieb zu erreichen war. In ihrem Wettbewerb-Beitrag diskutierten die Betriebsleiter verschiedene Lohnanreize:[104] Den bisherigen „Umweg des Stückakkordes und der Prämien“ hielten sie für ungeeignet, weil er sich teilweise negativ auf die Produktqualität ausgewirkt hatte. Auch im Hinblick auf gesundheitliche Überlegungen und wegen des „Widerstands der Gewerkschaften“ waren diesen Anreizen Grenzen gesetzt. Eine Gewinnbeteiligung schien hingegen nicht erfolgversprechend, weil sie zu diffus wirken und nicht direkt die Leistung des Einzelnen ins Visier nehmen würde.

Der Lösungsansatz der Walliser Betriebsleiter sah daher vor, die finanziellen Interessen der Belegschaft an die erfolgreiche Rationalisierung zu knüpfen: „man muss die direkt beteiligten Leute am Rationalisierungserfolg interessieren und zwar relativ spektakulär, einzeln bzw. in kleinen Gruppen.“[105] Um diese Mitwirkung

---

100 Ebd., S. 79–99.
101 Ebd.
102 Tatsächlich mehrten sich die eintägigen Krankheitsfälle, wobei sich Absenzen an Montagen statistisch häuften. Am wenigsten Absenzen gab es vor bezahlten Feiertagen, weil sonst die Feiertagsbezahlung wegfiel.
103 Wettbewerb-Vorschlag (Walliser Werke) (20.9.1965), S. 438, in: SWA, PA 600b D 9-6.
104 Ebd.
105 Ebd., S. 438 f.

sicherzustellen, war der Rationalisierungserfolg hälftig zwischen Arbeitskräften und Unternehmen aufzuteilen. Dadurch sollten Einsparungen erzielt werden, die „lediglich durch die Mitwirkung der Betriebsbelegschaft" erreicht werden konnten.[106] Einmal mehr griff man dabei auf die Werkzeugkiste des Taylorismus zurück: Vorgesetzte bestimmten Normwerte für einzelne Arbeitsschritte oder Problembereiche, die zur Kostenreduktion beitragen konnten.[107] Konkret definierte man etwa Zielwerte für Abfälle im Walzwerk oder einen maximalen Energieverbrauch für einen spezifischen Arbeitsschritt. Um diese Norm zu erreichen, musste der Ablauf in maximal einer Minute absolviert werden. Konnten die Arbeitskräfte die Arbeitsintensivierung einhalten, würden sie an den Einsparungen hälftig beteiligt. Ein gestufter Verteilungsschlüssel sorgte zudem dafür, dass der Anteil an der Rationalisierungsprämie größer war für Arbeitskräfte, die am fraglichen Produktionsprozess direkt beteiligt waren.[108] Um gewerkschaftlichen Widerständen zuvorzukommen, sah die Walliser Direktion vor, mit einer Informationsschrift auf hoher Stufe der „Gewerkschafts-Hierarchie" zu intervenieren.[109] Obschon die Rationalisierungserfolge vorerst hälftig zwischen Unternehmen und Belegschaft geteilt werden sollten, überwogen die finanziellen Vorteile für die Unternehmensseite: Sobald die Arbeiterschaft die Zielwerte mehrere Jahre halten würde, wäre die Prämie von maximal 2.500 Schweizer Franken pro Arbeitskraft und Jahr auf 1.000 Franken gesunken.[110] Der Vorschlag der Walliser Werke zielte auf eine feinere Mechanik der Belohnung ab, auf ein perfektioniertes Anreizsystem, das betriebliche Rationalisierungsziele und Arbeitsleistung in die Lohnform und -höhe einschrieb. Es ist aber festzuhalten, dass damit noch keine individuellen Löhne implementiert waren, denn die Prämien waren an bestimmte Arbeitsschritte oder Produktionsabschnitte gekoppelt und mussten daher gruppenweise ausbezahlt werden. Die Stoßrichtung hin zu individualisierten, leistungsabhängigen Lohnmodellen war indes klar erkennbar.

Den skizzierten Maßnahmen lag eine Anthropologie zugrunde, in der Geld als Hauptmotivator diente. Die Walliser Werkleiter formulierten dies wie folgt: „Dieses Interesse [am Rationalisierungserfolg] kann beim Arbeiter nur geldlicher Natur sein. Bei der Frage, was einen unbegüterten Menschen zur Arbeit, zur Leistung

---

106 Ebd., S. 441.
107 Ebd., S. 451.
108 „Produktionsarbeiter" und „direkt interessierte Betriebskader" konnten 100 Prozent der Prämie erhalten, „Arbeiter, welche die Produktivität nur indirekt beeinflussen" noch 25–50 Prozent, während „Belegschaftsmitglieder ohne direkten Einfluss auf die Produktion" mit maximal 15 Prozent der Prämie rechnen konnten. Ein Ausgleichsfonds sorgte zudem dafür, dass auch Abteilungen, die keine Rationalisierungsprämie erzielen konnten, einen Anteil erhielten. Ebd., S. 444.
109 Ebd.
110 Ebd.

treibt, stoßen wir praktisch immer auf Geld [...]."[111] Das implementierte Anreiz-system orientierte sich an einem *Homo incentivus*, der nutzenmaximierend und zweckrational auf Anreize reagierte. Wie die Rede von der Erziehung zur Spar-samkeit und zur Leistung nahelegt, stellte das ausgeklügelte Anreizsystem einen Versuch dar, ebendiesen Arbeitertypus durch stetige externe Impulse erst zu er-schaffen und das Verhalten und die Leistung der Belegschaft dadurch berechenbar und steuerbar zu machen. Motivationstheoretisch war diese Vorstellung indes noch weit entfernt von den *Human-Resources*-Ansätzen, die ebensolche externen Mo-tivatoren ablehnten und stattdessen nach Wegen suchten, die Eigenmotivation, Selbstkontrolle und Verantwortlichkeit der Subjekte zur Leistungssteigerung zu erschließen.[112] Auch zeigt sich, dass die Mittel des *Scientific Management* durch neuere Schulen der Arbeitswissenschaften, etwa die *Human-Relations*-Doktrin, keineswegs verdrängt worden war.[113] Denn auch noch Mitte der 1960er Jahre frag-ten sich Betriebsleiter bei Alusuisse, wie sie vermeintliche Leistungsreserven mit finanziellen Anreizen nutzbar oder mit tayloristischen Zeitstudien den Zeitakkord breiter einsetzen konnten. Als sekundärer Effekt der Rationalisierungsmaßnahmen vertiefte sich das Wissen über betriebliche Prozesse. Wie der Vorschlag der Walliser Werke zeigt, kamen zur Abgleichung von Soll- und Ist-Werten die neuen „Daten-verarbeitungsanlagen" zur Anwendung.[114] Die gesteigerten Rechenmöglichkeiten und -leistungen ermöglichten, neue Kennwerte (z. B. Materialausnutzungsraten) anzuwenden. Wie die Werkleiter betonten, erlaubten die genaueren Zahlen eine „unabhängige Kontrolle" und erleichterten eine „Einwirkung auf das Betriebskader" sowie eine bessere „Grundlage für die Aufstellung von Budgets."

Ergänzend zur eigentlichen Lohnordnung setzten viele Maßnahmen auf „die sportliche Art des Wettbewerbes", wie es die Leiter der SAG nannten.[115] Als An-reizsystem versprach das ‚In-Wettbewerb-Setzen' der Beschäftigten nahezu unbe-schränkte Anwendungsbereiche und es schien die gruppeninternen Dynamiken von Arbeiter:innen, etwa ihre Solidaritätsbeziehungen, der managerialen Mode-ration erschließen zu können. Die Leitung des Martinswerks meinte damit das „Grundbedürfnis des Menschen" „nach Anerkennung" befriedigen und gleichzeitig den „sportlichen Ehrgeiz" wecken zu können.[116] Der Wettbewerb sei „eine wir-kungsvolle psychologische Maßnahme, um Leistungsreserven zu mobilisieren." Auch die SAG-Leiter sahen darin eine Möglichkeit, die emotionale Bindung an die Arbeit im eigenen Sinne zu beeinflussen: Weil Wettbewerbe den Mitarbeitenden

---

111 Ebd., S. 438.
112 Donauer: Satisfaction, S. 358–361.
113 Uhl: Faktor, S. 236.
114 Wettbewerb-Vorschlag (Walliser Werke) (20.9.1965), S. 454–456, in: SWA, PA 600b D 9-6.
115 Wettbewerb-Vorschlag (SAG) (24.9.1965), S. 305–314, in: SWA, PA 600b D 9-6.
116 Wettbewerb-Vorschlag (Martinswerk), S. 1, in: SWA, PA 600b D 9-6.

„das Gefühl der Anerkennung für [ihre] Leistung, den Wunsch und die Möglichkeit zum Mitdenken und Mitgestalten in [ihrer] beruflichen Tätigkeit" vermitteln können, würden sie den „Willen zur besseren Leistung" stärken. Die Vorteile für das Unternehmen waren offensichtlich: Mit einem (kostengünstigen) psychologischen Kniff und ohne die eigentlichen Arbeitsprozesse und Arbeitsbedingungen verändern zu müssen, sollten die Mitarbeitenden aus ihrer Tätigkeit „mehr Befriedigung als bisher erlangen" und dadurch mehr leisten.[117]

Wie sollte das bewerkstelligt werden? Die SAG-Leitung zielte darauf ab, den „in den meisten Menschen vorhandenen Sparwille[n]" und den „Wunsch, ein kleiner Kapitalist zu werden" anzusprechen.[118] Ein „Punkte- und Prämiensystem" sollte die Mitarbeiter:innen animieren, Punkte in einem persönlichen Sammelbuch zu akkumulieren, um Prämien zu gewinnen. Das Resultat war erneut eine lohnrelevante Persönlichkeitsbewertung. Plus- oder Minuspunkte gab es für betriebsorientiertes Verhalten – etwa für die „Beteiligung am betrieblichen Vorschlagswesen", die „freiwillige Verschiebung des ganzen Urlaubes aus den Sommermonaten" oder „unfallfreies Arbeiten, gute Präsenz und Zeiteinhaltung, halbjährliche Qualifikation durch zuständige Meister und Betriebsleiter, Verursachen von Schäden an Maschinen und Einrichtungen."[119] Am Jahresende würden die Mitarbeitenden mit der höchsten Punktezahl ermittelt und mit Prämien belohnt, die anteilsmäßig – die Rede war von 15 bis 20 Prozent – aus den erzielten Einsparungen ausgeschüttet würden. Auch im Martinswerk dienten die Wettbewerbe der Persönlichkeitsbewertung. Vier Bereiche standen im Fokus: Erstens wurden Abteilungen für ihren „Betriebszustand" beurteilt.[120] Kriterien waren Pflege und Zustand der Apparaturen, Ordnung und Sauberkeit. Die besten drei Abteilungen sollten mit einer Geldprämie belohnt werden. Zweitens erhielten Handwerker Prämien für besonders gelungene Arbeiten. Drittens sollten Vorgesetzte zur Teilnahme an Aus- und Weiterbildungskursen motiviert werden, indem man die besten Abschlüsse prämierte. Der vierte Wettbewerb sah vor, die Abteilungen in einen „Unfallverhütungs-Wettbewerb" zu setzen. Die Abteilung, die Ausfalltage durch Unfälle am stärksten reduzieren konnte, wurde mit einer Prämie bedacht.

---

117 Man war hier offensichtlich noch weit entfernt von den nach 1970 rasch an Popularität gewinnenden neuen Personallehren der *Human Resources*, vgl. Bernet: Mitbestimmung, S. 61–84.

118 Wettbewerb-Vorschlag (SAG) (24.9.1965). S. 311, in: SWA, PA 600b D 9-6.

119 Ebd., S. 305 f.

120 Wettbewerb-Vorschlag (Martinswerk), S. 3, in: SWA, PA 600b D 9-6.

2. Australien: Die gesellschaftliche Fabrik planen. Streikprävention, Wohnmaschinen und die Grenzen des Plans

Social reproduction is about the creation and maintenance of social bonds. One part of this has to do with the ties between the generations – so, birthing and raising children and caring for the elderly. Another part is about sustaining horizontal ties among friends, family, neighborhoods, and community. This sort of activity is absolutely essential to society. Simultaneously affective and material, it supplies the „social glue" that underpins social cooperation. Without it, there would be no social organization – no economy, no polity, no culture. Historically, social reproduction has been gendered. The lion's share of responsibility for it has been assigned to women, although men have always performed some of it too.[1]

Ich denke die Nabalco [Alusuisse-Tochterunternehmen in Australien] hat eigentlich materiell das Maximum gemacht. Aber, die Art wie Menschen sind, ist ihnen in die Quere gekommen. Die haben wirklich versucht ein gutes Umfeld zu schaffen. Aber durch die Abgeschiedenheit, die Eintönigkeit dieses Alltags […]. Ich glaube, wir sind nicht gemacht für das.[2]

„Rote Bauxitabbrüche, weisse Sandküsten und grosse grüne Waldflachen"[3] präsentierten sich Walter Lepori, als er erstmals den Sehnsuchtsort des Schweizer Konzerns hoch im Norden Australiens anflog. Der Alusuisse-Ingenieur fuhr auf einer mit „rotem Bauxitstaub bedeckten Strasse" ins Prospektionscamp – vorbei an „gespensterhaften zerfallenen Baracken umgeben von rostigen Fässern", die von der früheren „Prospektionstätigkeit der British Aluminium" zeugten. Die Luft „zitterte unter der Sonne". Ihn begleiteten ein Schweizer Geologe, ein Ökonom und ein australischer Bauingenieur. Am Nachmittag füllten sie Bauxitproben ab, um diese in die Versuchsanlage nach Venedig zu schicken. Um das Gebiet zu vermessen, musste der Geometer danach mit den „argwöhnischen Stammesältesten" der 600-köpfigen, in der Region lebenden Gruppe von Aborigines verhandeln. „Nach

---

1 Fraser, Nancy: Capitalism's Crisis of Care, in: Dissent 63/4 (2016), S. 30–37, hier: S. 30.

2 Interview mit U. E., Min. 21:10–21:50.

3 Alle zitierten Stellen: Lepori, Walter: Tagebuch ueber die Reise nach Gove, N.T. Australien vom 7.11 bis 17.11.65 (22.11.1965), S. 4–7, in: SWA, PA 600b L 2-6-2. Vgl. zudem: Lepori, Walter: Das Bauxit- und Tonerdeprojekt der Alusuisse in Australien. 1. Teil: Überblick und Organisation, in: Schweizerische Bauzeitung 90/45 (1972), S. 1143–1151.

Dundas Point Plant Site from West Woody Island

Abb. 2 Luftaufnahme Gove Halbinsel (Bericht „Progress Report Number
   Three", 1967, S. 27, in: PA 600b L 2-5).

den Briten und Franzosen kommen nun die Schweizer, fest entschlossen aus dem
Gove-Bauxit etwas zu machen", hielt Lepori in seinem Reisebericht fest.

   Dass die Aborigines sich gegen die Ausbeutung der Ressourcen wehrten und 1963
(erstmals in der Geschichte Australiens) formell die Anerkennung ihrer Landrechte
bei der australischen Regierung einforderten, brachte Alusuisse nicht von ihren
Plänen ab. Es war ein Standort der Superlativen, den der Schweizer Konzern 1972
im äußersten Nordosten Australiens, auf der Gove Halbinsel im Northern Territory,
eröffnete.[4] Über 14.000 Kilometer trennten den Standort vom Zürcher Hauptsitz.
Und selbst bis zur nächsten größeren Stadt maß die Distanz über 650 Kilometer.

---

4 Teile dieses Kapitel basieren auf: Grob, Leo: Manageriale Macht und die Mikropolitik der Raumordnung. Streikprävention und Städtebau bei Alusuisse in Australien um 1970, in: traverse. Zeitschrift
   für Geschichte – Revue d'histoire 3 (2019), S. 151–165.

Das Projekt war die größte ausländische Direktinvestition eines Schweizer Unternehmens und gleichzeitig der teuerste je in Australien von einem ausländischen Konzern verwirklichte Industriestandort. Über 1,4 Milliarden Schweizer Franken flossen in den Komplex von Bauxitmine, Aluminafabrik, Hochseehafen, Kraftwerk und Stadt.[5] Das Bauxitvorkommen wurde auf 250 Millionen Tonnen geschätzt und sollte die Rohstoffversorgung des Schweizer Konzerns für bis zu einem Jahrhundert sichern.[6] Die neben dem Bauxit-Abbaugebiet errichtete Aluminafabrik produzierte jährlich eine Million Tonnen des weißen Pulvers, das in den Elektrolysehütten Europas und der USA zu Rohaluminium verarbeitet wurde – das entsprach fünf Prozent der weltweiten Produktionsmenge.[7] Die Größe des Produktionsstandorts machte eine beträchtliche Zahl von Arbeitskräften nötig. Nicht zuletzt weil Alusuisse die in der Region wohnhaften Aborigines nicht beschäftigen wollte, entschied der Aluminiumkonzern, eine *Company Town* für 5.000 Personen zu bauen.

Dieser Gigantismus brachte Nachteile mit sich. Der Standort band langfristig hohe Kapitalsummen, bedurfte zeit- und personalaufwändiger Recherchen und setzte die Produktionskette des vertikal integrierten Konzerns großen Risiken aus. Die Führung ging das Wagnis dennoch ein, nicht zuletzt weil sie die Langfristigkeit und den Planungsaufwand als gesteigerte Planungsmacht zu erkennen glaubte. Das Projekt kann als beispielhaft betrachtet werden für die Hochphase des Fordismus in Europa, die durch sozialwissenschaftlich informierte, modernisierungstheoretisch grundierte Ordnungsvorstellungen geprägt war.[8] Sowohl staatliche als auch unternehmerische Machttechniken waren in dieser Zeit von der fortschrittsgläubigen Erwartungshaltung geprägt, die ökonomische Entwicklung und die Gesellschaft planen und steuern zu können. Westeuropäische Staaten richteten etwa zentralisierte Planungsinstanzen ein, um den Fortgang der Hochkonjunktur planmäßig abzusichern.[9] Die bereits seit Taylor und Ford angestrebte Ausdehnung von effizienzorientierten Grundsätzen auf außerbetriebliche Bereiche erhielt neue Impulse.[10]

Die Möglichkeit, einen Produktionsstandort samt Wohnanlagen nach eigenen Vorstellungen zu gestalten, befeuerte bei Alusuisse sozialtechnologische Steuerungs-

5 Alusuisse: Anhang Nr. 865, Tonerdeprojekt Australien, Wirtschaftlichkeitsrechnung (6.1968), in: SWA, PA 600b D 2-1.

6 Nabalco: The Gove Project (8.1970), in: SWA, PA 600b N 40-4.

7 Nabalco: Feasibility Report, Supporting Volume VII, Economics (3.1968), in: SWA, PA 600b L 2-5.

8 Doering-Manteuffel, Anselm: Konturen von „Ordnung" in den Zeitschichten des 20. Jahrhunderts, in: Etzemüller, Thomas (Hg.): Die Ordnung der Moderne. Social Engineering im 20. Jahrhundert, Bielefeld 2009, S. 41–64, hier: S. 43 f.

9 O'Hara, Glen: From Dreams to Disillusionment. Economic and Social Planning in 1960s Britain, Basingstoke/New York 2007; van Laak, Dirk: Planung. Geschichte und Gegenwart des Vorgriffs auf die Zukunft, in: Geschichte und Gesellschaft 34/3 (2008), S. 305–326, hier: S. 316 f.

10 Hachtmann, Rüdiger/von Saldern, Adelheid: Das fordistische Jahrhundert. Eine Einleitung, in: Zeithistorische Forschungen 6/2 (2009), S. 174–185, hier: S. 180.

fantasien – etwa die Vorstellung, arbeitsmanageriale Funktionen in die Raumordnung einschreiben zu können.[11] So zeugen die Planungsunterlagen denn auch von einer ausgesprochen planungseuphorischen Zukunftsgewissheit.[12]

Abb. 3 Titelbild Alusuisse-Broschüre über Gove-Projekt (o. D.,
in: SWA, PA 600b E 6-1-31).

Um diese Tendenz zur Rationalisierung außerbetrieblicher Bereiche einzufangen, ist die Perspektive vom Betrieb zu dezentrieren.[13] Die Planungsmacht von Alusuisse konzentrierte sich am australischen Standort stark auf die gebaute Umwelt – auch über die eigentlichen Produktionsanlagen hinaus. Die Stadtplaner, Architekten und Ingenieure von Alusuisse wollten durch eine gezielte Gestaltung der Raumordnung

11 Borges, Marcelo J./Torres, Susana B.: Company Towns. Concepts, Historiography, and Approaches, in: dies. (Hg.): Company Towns. Labor, Space, and Power Relations across Time and Continents, New York 2012, S. 1–40, hier: S. 9.

12 Doering-Manteuffel/Raphael: Boom, S. 39.

13 Zur Dezentrierung des Betriebs als Forschungsperspektive vgl. Bernet/Tanner: Einleitung, S. 25–28.

das Verhalten von Bewohner:innen und Arbeitskräften beeinflussen. Weil Räume durch ansozialisierte, routinisierte Handlungen auf wiederkehrende Art und Weise konstituiert werden, stellen sie gewissermaßen Handlungsaufforderungen her, können Handlungen „vorkonfigurierend" lenken, zu gewissen Handlungen einladen, andere hingegen erschweren oder verunmöglichen.[14] Somit können mittels Stadtplanung und Architektur gewisse Verhaltensweisen angezeigt werden.[15] Zudem beeinflussen Symbole und räumliche Atmosphären die Subjektkulturen und Gefühle von Menschen.[16] Diese Machttechnik, die der Geograph Andrew Herod treffend als „social engineering through spatial engineering"[17] bezeichnete, war indes eng mit der geschlechtlichen Arbeitsteilung verschränkt.[18]

So zielte sie explizit auch auf außerbetriebliche Bereiche – genauer: auf die Wiederherstellung von Arbeitskräften und Gemeinschaft, also auf die soziale Reproduktion. Der *Social Reproduction Theory*[19] folgend sichert soziale Reproduktionsarbeit „the making of people through the tasks of daily life."[20] Dazu gehören folglich Haushaltsarbeiten wie Kochen, Waschen oder Aufräumen, aber auch die Umsorgung

---

14 Egger, Jan: Häuser machen Schule. Eine architektursoziologische Analyse gebauter Bildung (Rekonstruktive Bildungsforschung 27), Wiesbaden 2019, S. 2.

15 Löw, Martina: Raumsoziologie (Suhrkamp Taschenbuch Wissenschaft 1506), Frankfurt am Main 2017, S. 161–166.

16 Ebd., S. 204.

17 Herod, Andrew: Social Engineering through Spatial Engineering. Company Towns and the Geographical Imagination, in: Vergara, Angela/Dinius, Oliver J. (Hg.): Company Towns in the Americas. Landscape, Power, and Working-class Communities, Athens 2011, S. 21–44.

18 Mitchell, Katharyne/Marston, Sallie A./Katz, Cindi: Life's Work: An Introduction, Review and Critique, in: dies. (Hg.): Life's Work. Geographies of Social Reproduction, Chichester 2004, S. 1–26. Forschungen zu *Company Towns* haben zwar den Einfluss von Unternehmen auf das Privatleben der Arbeitskräfte (z. B. Wohnungspolitik) berücksichtigt, es fehlt aber an Arbeiten, die die umfassendere Sphäre der sozialen Reproduktion und damit verknüpfte Fragen nach der Geschlechterordnung fokussieren. Vgl. Borges, Marcelo J./Torres, Susana B. (Hg.): Company Towns. Labor, Space, and Power Relations across Time and Continents, New York 2012; Vergara, Angela/Dinius, Oliver J. (Hg.): Company Towns in the Americas. Landscape, Power, and Working-class Communities, Athens 2011; Perchard, Andrew: Aluminiumville. Government, Global Business and the Scottish Highlands, Lancaster 2012; White, Neil: Company Towns. Corporate Order and Community, Toronto 2012. Eine Ausnahme stellt die Dissertation von Betty Duff dar: Duff, Betty: Class and Gender Roles in the Company Towns of Millinocket and East Millinocket, Maine, and Benham and Lynch, Kentucky, 1901–2004. A Comparative History, Dissertation, Maine 2004, online: http://digitalcommons.library. umaine.edu/etd/183 [30.10.2021].

19 Vgl. Bhattacharya, Tithi (Hg.): Social Reproduction Theory. Remapping Class, Recentering Oppression, London 2017; Norton, Jack/Katz, Cindi: Social Reproduction, in: Richardson, Douglas/Castree, Noel/Goodchild, Michael F. u. a. (Hg.): International Encyclopedia of Geography. People, the Earth, Environment and Technology, Oxford 2016, S. 1–11.

20 Boris, Eileen: Making the Woman Worker. Precarious Labor and the Fight for Global Standards, 1919–2019, New York 2019, S. 7.

der Familienmitglieder, die Sozialisierung von Kindern, die Pflege von Kranken und Alten sowie die soziale Organisation von Sexualität. Soziale Reproduktion umfasst daher mentale, manuelle und emotionale Arbeiten, „aimed at providing the historically and socially, as well as biologically, defined care necessary to maintain the existing life and to reproduce the next generation.“[21] Dabei produzieren diese Tätigkeiten soziale Beziehungen, sie bilden Gemeinschaft – sie sind „the ‚social glue‘ that underpins social cooperation.“[22]

Während diese Reproduktionsarbeit die unverzichtbare Basis des kapitalistischen Wirtschaftens (re)generiert, werden deren Kosten meist an private Haushalte externalisiert.[23] Ökonomie und soziale Reproduktion erscheinen als zwei getrennte Sphären, wobei Letztere mit dem weiblichen Geschlecht assoziiert und in ihrer Bedeutung systematisch abgewertet wird.[24] Aus dieser simultanen Abhängigkeit und Abwertung leitet Nancy Fraser eine systemische Instabilität des Kapitalismus ab: Die nicht selbsttragende kapitalistische Ökonomie baut auf der ihr externen Sphäre der sozialen Reproduktion auf, bedroht Letztere aber aufgrund immanenter Wachstumszwänge permanent. Diesen Widerspruch überbrückte Alusuisse, analog zu den westlichen Wohlfahrtsstaaten des „state-managed capitalism“[25], indem sie eine gewisse Verantwortung für die Wohlfahrt der Bevölkerung übernahm.

Die planmäßige Kolonisierung weiter gesellschaftlicher Felder durch Fabrikanforderungen und -logiken, die – auch räumliche – Organisation von Gesellschaft in Funktion zur Fabrik und die damit einhergehende Einbindung der gesellschaftlichen Reproduktion der Bevölkerung in arbeitsmanageriale Überlegungen beschreibe ich in diesem Kapitel als Tendenz zur gesellschaftlichen Fabrik.[26]

---

21 Laslett, Barbara/Brenner, Johanna: Gender and Social Reproduction. Historical Perspectives, in: Annual Review of Sociology 15 (1989), S. 381–404, hier: S. 383.

22 Fraser: Capitalism, S. 30.

23 Dies.: Crisis of Care? On the Social-Reproductive Contradictions of Contemporary Capitalism, in: Bhattacharya, Tithi (Hg.): Social Reproduction Theory. Remapping Class, Recentering Oppression, London 2017, S. 21–36, hier: S. 23; Hopkins/Wallerstein, Patterns, S. 128; Dunaway, Wilma A. (Hg.): Gendered Commodity Chains. Seeing Women's Work and Households in Global Production, Stanford 2014.

24 Fraser: Crisis, S. 24.

25 Ebd., S. 29.

26 Zum Konzept der gesellschaftlichen Fabrik vgl. Tronti, Mario: Operai e capitale, Rom 2013, S. 35; Palazzo, David Peter: The „Social Factory" in Postwar Italian Radical Thought From Operaismo to Autonomia, Dissertation, New York 2014; Campbell, Stephen: Anthropology and the Social Factory, in: Dialectical Anthropology 42/3 (2018), S. 227–239; Clare, Nick: Composing the Social Factory. An Autonomist Urban Geography of Buenos Aires, in: Environment and Planning D: Society and Space 37/2 (2019), S. 255–275.

Abb. 4 Karte Gove-Halbinsel (o. D.: in: SWA, FA 600b N 40-4).

2.1 Störpotentiale und der Fluss der Produktion

Bereits seit dem Ende des Ersten Weltkrieges verfügte Alusuisse über eine vertikal integrierte, global vernetzte Produktionskette – vom Bauxitabbau über die Alumina-Herstellung bis hin zur Rohaluminiumproduktion. Während der Expansionsphase der 1960er Jahre drängten die prospektiv massiv steigenden Rohaluminiumkapazitäten den Konzern dazu, die unteren Glieder der Produktionskette auszubauen. Hierzu fehlte indes eine eigene Rohstoffbasis.[27] Beim weltweiten Wettlauf um Bauxit in der ersten Hälfte des 20. Jahrhunderts gehörte Alusuisse eindeutig nicht zu den Gewinnerinnen.[28] Denn Verstaatlichungen in den realsozialistischen Staaten Ungarn, Rumänien und Jugoslawien hatten den Schweizer Konzern ohne langfristige Rohstoffbasis zurückgelassen. Die verbleibenden Bauxitminen in Frankreich und Italien waren indes zu klein. 1960 musste Alusuisse Bauxit aus Jugoslawien, Griechenland, Indien und Niederländisch-Guayana hinzukaufen, was dem damaligen Trend zur vertikalen Integration entgegenlief.[29] Auch eine in den frühen 1960er Jahren in Betrieb genommene Bauxitmine in Sierra Leone konnte die steigende konzerninterne Rohstoffnachfrage nicht decken.[30] Im Vergleich mit der internationalen Konkurrenz, so betonte Generaldirektor Emanuel Meyer 1966, musste Alusuisse „den teuersten Bauxit" und die „wohl mit Abstand höchsten Einstandspreise für Tonerde und Rohmetall" bewältigen.[31]

Folgerichtig bewarb sich Alusuisse um eine Konzession für den Abbau eines enormen Bauxitvorkommens auf der Gove-Halbinsel im Norden Australiens. Australien war erst ab den 1950er Jahren zum Schauplatz der globalen Aluminiumindustrie geworden. Während des Zweiten Weltkrieges hatte die australische Regierung mit der Gründung der *Australian Aluminium Production Commission* auf die Abhängigkeit vom strategisch wichtigen Aluminium reagiert.[32] Diese staatliche Agentur plante die erste Aluminiumhütte auf australischem Territorium und förderte die Exploration nach Bauxit. Die lokalisierten Bauxitvorkommen lockten ab den 1960er Jahren zahlreiche multinationale Unternehmen nach Australien.[33] Bereits 1972

---

27 Meyer, Emanuel: Stärken und Schwächen der Alusuisse im internationalen Wettbewerb. Stichworte und Tabellen zum Vortrag von Herrn Generaldirektor E. Meyer (3.1966), in: SWA, PA 600b D 9-6.

28 Storli, Espen: The Global Race for Bauxite, 1900–1940, in: Gendron, Robin S./Ingulstad, Mats/Storli, Espen (Hg.): Aluminum Ore. The Political Economy of the Global Bauxite Industry, Vancouver/ Toronto 2013, S. 24–52.

29 Knoepfli: Zeichen, S. 42.

30 Vgl. SWA, PA 600b N 98.

31 Meyer, Emanuel: Neujahresbrief 1966 (30.12.1966), S. 4, in: SWA, PA 600b D 4-2.

32 Howitt, Richard: Aborigines, Mining and Regional Restructuring in Northeast Arnhem Land (ER-RRU working paper 10), Sydney 1992, S. 5.

33 Cross, Bradley: White Metal. Bauxite, Labour, and the Land under Alcan in Twentieth-Century Guyana, Jamaica, and Australia, in: Gendron, Robin S./Ingulstad, Mats/Storli, Espen (Hg.): Alu-

lieferte das Land 21 Prozent des weltweiten Bedarfs an Bauxit und avancierte zum größten Bauxitexporteur.[34] Die Lagerstätte auf der Gove-Halbinsel hatten Geologen während der Explorationsbemühungen des Zweiten Weltkrieges lokalisiert.[35] 1963 löste die Regierung eine über 36.000 Hektar große Fläche aus der 1931 eingerichteten *Arnhem Land Aboriginal Reserve* für die Konzession heraus.[36] Rücksprache mit der auf der Gove-Halbinsel ansässigen indigenen Bevölkerung nahm man nicht.[37]

Nach einer zweijährigen „Konzessionsschlacht"[38], wie Meyer die Zeit rückblickend nannte, erhielt Alusuisse im September 1965 den Zuschlag. Wie von der australischen Regierung eingefordert, erarbeitete der Schweizer Konzern in den Jahren 1966 und 1967 eine detaillierte Machbarkeitsstudie. Der Verwaltungsrat erteilte dem Projekt im Dezember 1967 grünes Licht – auch mit dem Argument, dass der Standort nicht nur die Rohstoffbasis für 50 bis 100 Jahre, sondern das Verbleiben des Konzerns in der „Spitzenklasse" sichern würde.[39] Der Umfang des Vorkommens, die Lage direkt am Meer und die politische Stabilität Australiens betrachteten die Verwaltungsräte als Pluspunkte.[40] Ein dermaßen abgelegener und großer Produktionsstandort machte allerdings den Bau einer *Company Town* notwendig. Anstatt ein externes Unternehmen mit der Projektierung zu beauftragen, gründete man für die Planung von Stadt, Produktionsanlagen und Logistik eine eigene Firma: die Nabalco Engineering Pty. Damit setzte der Konzern auf das hauseigene Ingenieurswissen, das man mittlerweile auch als Dienstleistungsabteilung

minum Ore. The Political Economy of the Global Bauxite Industry, Vancouver/Toronto 2013. S. 302–327, hier: S. 314.

34 Mioche, Philippe: L'Australie, nouvel entrant dans l'aluminium (1955–1985), in: Entreprises et histoire 89 (2017), S. 96–112; Nappi, Carmine: L'industrie internationale de l'aluminium. Changements structurels et perspectives, 1970–2020, in: Barjot, Dominique/Bertilorenzi, Marco (Hg.): Aluminium. Du métal de luxe au métal de masse (XIXe–XXIe siècle). From Precious Metal to Mass Commodity (19th–21st century), Paris 2014, S. 151–171, hier: S. 151.

35 Young, Elspeth: Third World in the First. Development and Indigenous Peoples, London 1995, S. 164.

36 Howitt: Aborigines, S. 4–7.

37 Auf die Herauslösung von Gebieten aus der *Aboriginal Reserve* reagierten die betroffenen Aborigines 1963 mit der sogenannten *Yirrkala Bark Petition* an das australische Repräsentantenhaus. Die Vorschläge des in der Folge eingesetzten Parlamentskomitees wurden aber nicht befolgt. Die Petition bildete dennoch einen folgenreichen Schritt auf dem Weg zu tatsächlichen Landrechten der Aborigines Australiens. Vgl. Weidkuhn, Peter: Der Fall Gove. Schweizerische Aluminium-Industrie in einem Reservat australischer Ureinwohner, Zürich 1974, S. 43–49.

38 Meyer, Emanuel/Müller, Paul H.: Australienreise September 1965 (2.9.1965), in: SWA, PA 600b D 2-8.

39 Alusuisse-VR-Protokoll der 324. Sitzung (13.12.1967), S. 1–3, in: SWA, PA 600b D 2-1.

40 Celio, Nello/Meyer, Emanuel/Müller, Paul H.: Verpflichtung zum Bau einer Tonerdefabrik in Gove. Protokoll der Sitzung vom 25. August 1965 (27.8.1965), S. 5, in: SWA, PA 600b L 2-6-2.

Abb. 5 Bauxitabbau Gove-Halbinsel (Alusuisse-Broschüre, o. D., in: SWA, PA 600b E 6-1-31).

(AIAG-Engineering AG, später Alesa Engineering AG) in die ganze Welt exportierte.[41] Bei der Namensgebung der Stadt folgte das Unternehmen der Ortsbezeichnung der in der Region lebenden Aborigines und nannte die Planstadt Nhulunbuy.[42] Anders als in den vielen postkolonialen Bauxitabbaugebieten bestimmte die australische Regierung wesentliche Eckpunkte des Projekts. So gaben die Behörden vor, dass neben einer Bauxitmine auch eine Aluminafabrik mit einer Kapazität von jährlich mindestens 500.000 Tonnen zu errichten war.[43] Zudem verlangten sie, dass das Vorhaben mit australischen Unternehmen als Joint Venture finanziert werden musste. Für das operative Management gründeten Alusuisse und ihre australischen Partner das Unternehmen Nabalco Pty. Limited.

Das Großprojekt brachte allerdings beträchtliche Schwierigkeiten mit sich. Die Projektstudie legte nahe, dass die Jahreskapazität der Aluminafabrik aus Rentabilitätsgründen auf eine Million Tonnen zu verdoppeln war.[44] Der Bau der an sich bereits kapitalintensiven Aluminafabrik verteuerte sich damit zusätzlich. Der höhe-

---

41 Schweizerische Aluminium AG: Alusuisse, S. 20; Knoepfli: Zeichen, S. 102 f.

42 Nabalco Personnel Department: An Introduction to Nabalco (7.1973), in: SWA, PA 600b L 2-5.

43 Nabalco: The Gove Project (8.1970), S. 1, in: SWA, PA 600b N 40-4.

44 Nabalco: Feasibility Report, Supporting Volume VII, Economics (3.1968), in: SWA, PA 600b L 2-5.

re Strombedarf bedurfte eines leistungsstärkeren Ölkraftwerks und die zusätzlich benötigten Fabrikarbeiter:innen verteuerten Wohnungsbau und Infrastruktur weiter. Alusuisse sah vor, die Investitionskosten von über 1,4 Milliarden Schweizer Franken hälftig mit den australischen Partnerinnen zu tragen.[45] Doch die prognostizierte niedrige Rentabilität schreckte die australischen Unternehmen ab, sodass der Schweizer Konzern letztlich 70 Prozent der Investitionen selbst tragen musste, um die australischen Partnerinnen für das Joint Venture zu gewinnen.

Manager und Ingenieure reisen um die Welt

Das australische Projekt entwickelte sich rasch zur Chefsache: noch vor der Konzessionsvergabe im September 1965 reisten Kadermitarbeiter zwölf Mal nach Australien. Die erste Australienreise unternahm der ehemalige Generaldirektor Fritz Schnorf. Auf ihn folgten die Topmanager Emanuel Meyer und Paul Müller. Diese Manager sowie ausgewählte Ingenieure trafen Regierungsvertreter, vernetzten sich mit möglichen Geschäftspartnern, besuchten australische Minenbetriebe und -städte oder durchstreiften in Entdeckermanier die Gove-Halbinsel im Geländewagen (Abb. 6).

Während dieser Reisen sammelten die Manager und Ingenieure Informationen über die australischen Verhältnisse. Ein zentraler Fokus lag auf den Arbeitskräften: Wen konnte man an diesem abgeschiedenen Standort beschäftigen? Wie konnte die Fluktuation und damit die Einarbeitungskosten geringgehalten werden? Musste man mit Konflikten mit der Belegschaft rechnen?

Eine wichtige Anlaufstelle für diese Fragen waren die australischen Behörden. Schnorf besuchte das *Department of Labour and National Services* und ließ sich dort detailliert über Lohnstrukturen, Arbeitszeiten und die Stärke der Gewerkschaften informieren. Bereits während des ersten Treffens mit dem Amt für Bergbau der *Northern Territories Administration* diskutierte Schnorf mit den Beamten die Streikhäufigkeit in der Region und inwiefern Aborigines als Arbeitskräfte eingesetzt werden könnten.[46] In seinem Reisebericht hielt er fest, dass keiner der 18.000 Indigenen im Northern Territory in der Minenindustrie beschäftigt sei, auch wenn sie laut dem Beamten als Fahrzeugführer ausgebildet werden könnten. Allerdings zweifelten die Manager des Schweizer Konzerns an der Eignung der Aborigines als industrielle Arbeitskräfte. In ihrem fortschrittsgläubigen Denken betrachteten

---

45 Alusuisse: Anhang Nr. 865, Tonerdeprojekt Australien, Wirtschaftlichkeitsrechnung (6.1968), in: SWA, PA 600b D 2-1.

46 Das Northern Territory zählte zu dieser Zeit insgesamt 45.000 Einwohner:innen, davon waren laut des Beamten des Bergbauamtes 18.000 Aborigines; vgl. Schnorf, Fritz: Reise nach Australien und Indien, 12.6.–26.6.1963 (28.6.1963), in: SWA, PA 600b L 2-6-2.

Abb. 6 Der Geländewagen der Manager bleibt stecken (Reisebericht „Trip to Gove and Darwin", 1966, in: SWA, PA 600b L 2-6-2).

sie sich als Mitglieder einer überlegenen Zivilisation und die Indigenen als Rückständige. Auf dem Weg zu Fortschritt und Prosperität, so die Logik der Schweizer Manager, würde die Anpassung der Aborigines an die „civilisation of the 20th century" noch viel „time and patience"[47] benötigen.

Eine zweite Informationsquelle waren Manager anderer Industriebetriebe. Oft vermittelten die Behörden Kontakte zu anderen Unternehmen, sodass Kader von Alusuisse Betriebe und Arbeitersiedlungen in ganz Australien besuchten. Auf Anraten des Administrators des Northern Territory bereisten einige Topmanager von Alusuisse im Mai 1964 beispielsweise die Uranmine in Rum Jungle und die dortige „Mustersiedlung".[48] So gelangte Alusuisse auch an genaue Kostenschätzungen: Dank einem Besuch in der Kupfermine in Tenant Creek im April 1964 erhielten die Manager beispielsweise genaue Aufstellungen für Verpflegungs- und Wohnungsbaukosten. Auch der zukünftige australische Geschäftspartner Colonial Sugar Refining Company (CSR) versorgte Alusuisse mit praxiserprobtem Wissen über die Kosten für Arbeiterwohnungen und deren Möblierung in ihrer Asbestminen-Stadt

---

47 Alusuisse: The Gove Project (o. D.), S. 3, in: SWA, PA 600b L 2-5.
48 Meyer, Emanuel/Müller, Paul H.: Australienreise. 24. April–3. Mai 1964 (4.5.1964), in: SWA, PA 600b D 2-8.

im westaustralischen Wittenoo. Um Informationen über die Arbeitsbeziehungen, die Stadtplanung und Unterkünfte zu sammeln, reiste das Nabalco-Management gar bis ins westafrikanische Guinea.[49] Von der dort kurz zuvor eröffneten Aluminafabrik des Konkurrenten Pechiney erhoffte man sich wertvolle Erkenntnisse, denn der Standort war ebenfalls stark isoliert und wies vergleichbare klimatische Bedingungen auf.[50]

Befriedete industrielle Beziehungen und streikpräventive Produktionsanlagen

Bei ihren Recherchen erhielten die Manager und Planer von Alusuisse nicht nur bereitwillige Unterstützung von staatlichen Stellen, diese teilten offensichtlich auch das Problembewusstsein des Unternehmens: So warb ein Beamter des regionalen Amtes für Bergbau bereits während der ersten Australienreise Schnorfs damit, dass das Northern Territory nahezu streikfrei sei. Nur kleinere Arbeitsniederlegungen und ein einziger Streik in einer „schlecht geführten"[51] Uranmine hätten in der vergangenen Jahren verzeichnet werden müssen. Die Alusuisse-Manager hofften auf stabile industrielle Beziehungen. In optimistischem Ton hielt Schnorf hierzu fest, dass Lohnverträge eine „Lebenskosten-Anpassungsklausel" beinhalteten und Streitigkeiten meist durch Schiedsgerichte gelöst werden konnten. Auch wenn die Behörden versuchten, die Schlagkraft der Gewerkschaften herunterzuspielen, ging Alusuisse davon aus, mit starken Gewerkschaften verhandeln zu müssen. 50 Prozent der regionalen Arbeiterschaft waren Mitglied der *North Australian Workers Union* (NAWU), wie das *Labour Department* mitteilte.[52] Das Management rechnete zwar mit starken Gewerkschaften, machte sich aber um indigene *Pressure Groups* oder Gruppierungen der Linken wenig Sorgen, wie die Notizen Schnorfs zeigen: „Alle Arbeiter werden in Gewerkschaften sein. Nicht zu vermeiden. Kommunisten haben höchstens „nuisance value" (keine Kommunisten im Parlament)."[53] Wie der spätere australische Generaldirektor Walter Lepori erläuterte, zählte man die australischen

49 Nabalco: Report on Trip of Nabalco Management. Visiting Cairns, Weipa, Groote, Gove, Tennant Creek, Mt. Isa and Mary Kathleen. 20.4.–27 4.1966 (2.5.1966), in: SWA, PA 600b L 2-6-2.

50 Report on Visit of Messrs. W. Lepori and H. G. Head to Fria (13.11.1967), in: SWA, PA 600b L 2-6-6.

51 Schnorf, Fritz: Reise nach Australien und Indien, 12.6.–26.6.1963 (28.6.1963), in: SWA, PA 600b L 2-6-2.

52 Gove Project, Preliminary Investigations in Darwin and Brisbane (29.9.1965), S. 15, in: SWA, PA 600b L 2-6-2.

53 Schnorf, Fritz: Reise nach Australien und Indien, 12.6.–26.6.1963 (28.6.1963), in: SWA, PA 600b L 2-6-2.

Gewerkschaften zu den weltweit kämpferischsten und schlug daher vor, von Beginn an „union-acceptable salaries and conditions"[54] anzubieten.

Wie wollte man solche verhandlungsorientierten, befriedeten industriellen Beziehungen erreichen? Vorbeugend, noch ohne direkten gewerkschaftlichen Druck, und bereits zu Beginn der Bauphase trat das Unternehmen dem Rahmenabkommen der australischen Aluminiumindustrie, dem *Federal Aluminium Industry Award*, bei. In der Machbarkeitsstudie hielt man dazu fest:

> This would ensure that the working conditions for the operating period would be firmly established prior to commencement of construction and would thus lessen the possibility of any undesirable features, which may develop during construction being carried over into the operating period.[55]

Unbedingt wollte man verhindern, dass Konflikte von der Bauphase in den ordentlichen Betrieb übergreifen konnten. Ein störungsfreier Betrieb hatte absolute Priorität.

Darüber hinaus wurden streikpräventive Überlegungen auch in der Planung von Produktionsstätte und Logistik berücksichtigt, wie eine Broschüre explizit festhält: „During the design stages of the Bauxite Treatment Plant and other facilities Nabalco has given particular consideration to the long term labour and union relations aspect."[56] Die Störpotentiale der Belegschaft für Produktion und Zirkulation sollten möglichst klein gehalten werden. Diese Bemühungen setzten etwa bei der Größe der Belegschaft an: So war Nabalco bestrebt, die Zahl der Beschäftigten zu begrenzen, sowohl um Kosten als auch um die gewerkschaftlichen Einflussmöglichkeiten zu minimieren. Mit Blick auf den Materialfluss zwischen den Produktionsschritten sorgten sich die Planer um den 18 Kilometer weiten Transport des Bauxits vom Bauxitabbaugebiet bis zur Aluminafabrik (Abb. 8).

Verschiedene Transportmöglichkeiten, etwa Lastwagen, Eisenbahn oder ein Förderband, standen zur Diskussion. Die Investitionskosten waren in etwa gleich, das automatisierte Förderband benötigte aber weniger Arbeitskräfte und konnte von einem zentralen Kontrollraum gesteuert werden. Die niedrigeren Infrastrukturkosten für die Beschäftigten und die geringere Streikanfälligkeit gaben daher den Ausschlag für diese Lösung. Das Förderband endete in gigantischen Zwischenlagern (Abb. 9), bei deren Planung streikpräventive Überlegungen wiederum eine wesentliche Rolle spielten: Würde in der Bauxitmine ein Streik ausbrechen und die Versorgung

---

54 Alusuisse: The Gove Project (o. D.), S. 3, in: SWA, PA 600b L 2-5.

55 Nabalco: Feasibility Report, Supporting Volume II, Organization and General Services (3.1968), S. 40 f., in: SWA, PA 600b L 2-5.

56 Austraswiss: Description of the Gove Project (2.1972), S. 26, in: SWA, PA 600b L 2-5.

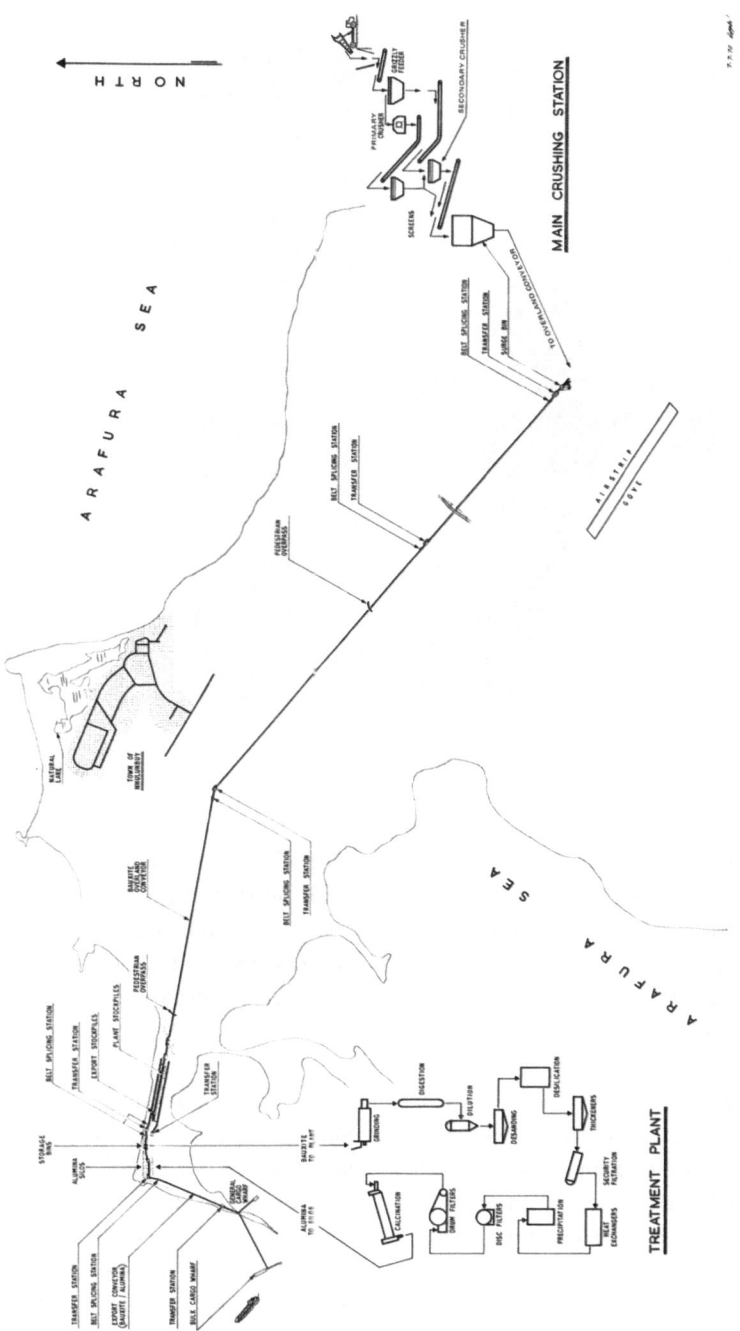

Abb. 7 Übersicht Produktionsschritte (Broschüre „The Gove Project", 1970, in: SWA, PA 600b N 40-4).

Abb. 8 Voll automatisiertes Bauxit-Förderband (Alusuisse-Broschüre,
o. D., in: SWA, PA 600b E 6-1-31).

mit Bauxit unterbrochen werden, könnte die Aluminafabrik den Betrieb dank der Zwischenlager noch weitere zwei Monate sicherstellen. Im nächsten Produktionsschritt – der Aluminafabrik – spielte Streikprävention ebenfalls eine wichtige Rolle. Hier setzte man – und dies zu einem vergleichsweise frühen Zeitpunkt – auf computerkompatible Technologie. Für die verschiedenen Produktionsabschnitte oder Maschinen kamen elektronische statt pneumatischer Sensoren zum Einsatz. Die Sensorinformationen konnten dadurch über weite Distanzen transportiert werden, machten dezentrale Kontroll- und Bedienungspulte weitgehend überflüssig, erlaubten es aber, die gesamte Aluminafabrik (und das Transportband) aus einem zentralen Kontrollraum zu überwachen und teilweise zu steuern (Abb. 10). Dies reduzierte die Anzahl erforderlicher Arbeitskräfte stark und zentralisierte die Kontrolle des Produktionsprozesses. Im Streikfall sollten Fabrikarbeiter durch Angestellte ersetzt werden können, die dank des zentralen Kontrollraumes in der Lage sein würden, den Betrieb der Aluminafabrik einige Wochen aufrechtzuerhal-

Abb. 9 Luftaufnahme der Aluminafabrik samt Bauxitlager und Hochseehafen (Alusuisse-Broschüre, o. D., in: SWA, PA 600b N 40).

ten. Die technische Organisation der Produktionsanlagen sollte also im Falle eines Streiks sicherstellen, dass die Produktion durch wenige loyale Beschäftigte fortgeführt werden konnte.[57] *Last but not least* berücksichtigte das Unternehmen die Machtpotentiale von Arbeiter:innen auch beim Weitertransport der produzierten Güter: So gründete Alusuisse eine Transportfirma mit eigenen Frachtschiffen, um die hohen Frachtkosten und den hohen gewerkschaftlichen Organisationsgrad von australischen Transportunternehmen zu umgehen.

---

57 Austraswiss: Description of the Gove Project (2.1972), S. 26 f., und Alusuisse: The Gove Project (o. D.), S. 95, beide in: SWA, PA 600b L 2-5.

Abb. 10 Zentraler Kontrollraum (Alusuisse-Broschüre, o. D., in: SWA, PA 600b E 6-1-31).

2.2 Frauen, Familien und die Stabilisierung der Belegschaft

Sorgen bereitete dem Unternehmen auch die Rekrutierung und Stabilisierung der Belegschaft. Ein regionaler Arbeitsmarkt fehlte, die lokal ansässigen Aborigines wollte Alusuisse nicht beschäftigen und die Abgeschiedenheit vom urbanen Australien erschwerte den Nachschub an Arbeitskräften. 650 Kilometer lagen zwischen der Gove-Halbinsel und der nächstgrößeren Stadt Darwin. Weil keine ganzjährig passierbare Straßenverbindung existierte, war der Standort nur über Luft und Meer an urbane Zentren angebunden. Wie sollten Arbeiter:innen an diesen abgeschiedenen Standort rekrutiert werden? Und wie konnte sichergestellt werden, dass sie nicht nach kurzer Zeit abreisten und das in sie investierte Geld verloren ging? Wie ließ sich also die Fluktuation der Belegschaft minimieren?

Wieso Alusuisse die ansässige Aborigine-Bevölkerung nicht als Arbeitskräfte in Betracht zog, ist nicht eindeutig zu klären. Zum Zeitpunkt, als das Unternehmen Mitarbeiter:innen für ihr Projekt rekrutierte, waren gleiche Löhne für indigene Bevölkerungsgruppen mittlerweile etabliert, das heißt, ein klarer finanzieller Vorteil war nicht aus der Beschäftigung der Aborigines zu gewinnen.[58] Andere australische Minenbetreiber berichteten sowohl über positive wie negative Erfahrungen mit indigenen Arbeitskräften, sodass der Einsatz von Aborigines dem Schweizer Unternehmen womöglich als Risiko erschien, zumal diese dem Projekt alles andere als gut gesinnt waren.[59] Wahrscheinlich ist, dass der Protest der auf der Gove-Halbinsel ansässigen Yolngu-Aborigines gegen die industrielle Erschließung ihrer Territorien den Aluminiumkonzern abschreckte.[60]

Jedenfalls entschied sich das Alusuisse-Management, das Problem des Personalmangels durch eine permanente Ansiedlung nicht-indigener Arbeitskräfte zu lösen. Eine solche Permanenz – und damit eine stabile Belegschaft – zu erreichen, war keine leichte Aufgabe. Das „Personalproblem" werde „am schwersten zu lösen" sein, bemerkte der Kadermitarbeiter W. G. in einem Reisebericht.[61] Er ging davon aus, dass ein „überdurchschnittlicher Verdienst" keine langfristige Stabilisierung sichern konnte und mit einem „grossen Personalumsatz" zu rechnen sei. Dies wog umso schwerer, als die Aluminafabrik zahlreiche qualifizierte Arbeitskräfte benötigte. Nicht nur die aufwändige Rekrutierung und der weite Reiseweg für die Beschäftigten verteuerten die Arbeitskraft. Viele mussten zudem in mehrmonatigen Weiterbildungen für die Arbeit in der Aluminafabrik und für Vorgesetztenpositionen qualifiziert werden. Die Stabilität der Belegschaft, so fasste die Machbarkeitsstudie zusammen, war für einen effizienten Fabrikbetrieb fundamental, denn „the higher the labour turnover the greater this cost would be".[62]

„What methods should be used to encourage stability amongst employees at Gove", fragten sich die Manager und Planer.[63] Antworten hofften sie zu finden, indem sie die Hintergründe von Personalfluktuationen in anderen sehr abgeschiedenen Produktionsstätten analysierten. Ein Vergleich mit Guinea hatte ergeben, dass es in Australien nicht möglich sein würde, die Fluktuation durch langfristige Arbeitsverträge zu verhindern.[64] Die von australischen Regierungsvertretern vorgeschlagene, staatlich subventionierte Anwerbung von Arbeitsmigrant:innen aus Griechenland oder Süditalien konnte die Schweizer auch nicht überzeugen.

---

58 Stevens, Frank: Aboriginal Labour, in: The Australian Quarterly 43/1 (1971), S. 70–78, hier: S. 74.

59 Ebd.

60 Vgl. Crough, Greg J.: Eine schäbige Geschichte. Alusuisse in Australien, in: Bauer, Tobias/Crough, Greg J./Davidsson, Elias u. a.: Silbersonne am Horizont. Alusuisse. Eine Schweizer Kolonialgeschichte, Zürich 1989, S. 176–193; Weidkuhn: Fall.

61 Gysel, Walter H.: Australien Reisebericht. Reise vom 29.5.–12.6.1970 (24.6.1970), in: SWA, PA 600b N 40-29.

62 Nabalco: Feasibility Report, Supporting Volume II, Organization and General Services (3.1968), S. 42, in: SWA, PA 600b L 2-5.

63 Nabalco: Report on Personnel Studies (30 6.1967), in: SWA, PA 600b L 2-6-2.

64 Meyer, Emanuel/Müller, Paul H./Hermann, W.: Australienreise 17.–30. März 1964 (31.3.1964), in: SWA, PA 600b D 2-8.

Im Zuge der Recherchen kristallisierten sich mehrere Interventionsmöglichkeiten heraus, um die Rekrutierung und Stabilität der Belegschaft sicherzustellen. Einerseits hielt das Unternehmen eine demographische Steuerung der Wohnbevölkerung für wichtig, andererseits bemühte es sich, die alltägliche Reproduktion der Arbeitskräfte eingehend vorzubereiten.

Die Recherchen von Alusuisse wiesen eindeutig darauf hin, dass der Familienstand der Mitarbeiter:innen und das Geschlechterverhältnis der Wohnbevölkerung wichtige Steuerungsfaktoren sein konnten, um die Fluktuation der Arbeitskräfte positiv zu beeinflussen. Man wusste, dass diese bei alleinstehenden Männern in abgelegenen Gebieten 200 Prozent im Jahr überstieg.[65] Das hieß, die Belegschaft müsste in einem Jahr zwei Mal vollständig neu rekrutiert werden, was hohe Kosten verursacht hätte. Bei Verheirateten, denen gute Unterkünfte und ein ausgebautes Infrastrukturangebot bereitgestellt wurden, sank die jährliche Fluktuation laut Recherchen auf nur 10 Prozent.[66]

Nabalco setzte sich daher eine spezifische Zusammensetzung der Bevölkerung zum Ziel. 60 Prozent der Arbeitskräfte sollten verheiratet sein.[67] Entsprechend sollte das Wohnangebot gestaltet werden:

> Considering the high direct and indirect costs resulting from a large labour turnover the company adopted the policy to provide accommodation on the basis of a 60:40 family/single accommodation ratio and so trying to stabilise the workforce.[68]

Ein höherer Anteil verheirateter Arbeitskräfte wäre zwar wünschenswert gewesen, die Kosten für Wohnungsbau und Infrastruktur sprachen aber dagegen. Wie die Machbarkeitsstudie zeigt, bemühten sich die Planer nicht weiter, die geringere Fluktuation von Verheirateten zu erklären. Implizit gingen sie davon aus, dass soziale und familiäre Beziehungen einer stabilen Belegschaft zuträglich waren. Dies zeigt sich etwa darin, dass sie die schädlichen Effekte thematisierten, die überlange Arbeitstage auf das Familienleben und – so leiteten sie ab – auf die Zufriedenheit der Bevölkerung hatten:

---

65 Nabalco: Feasibility Report, Supporting Volume II, Organization and General Services (3.1968), S. 42, in: SWA, PA 600b L 2-5.

66 Ebd.

67 Ebd.

68 Austraswiss: Description of the Gove Project (2.1972), S. 28, in: SWA, PA 600b L 2-5.

With the relatively high proportion of married men proposed for Gove, family and social relationships will be important for the well-being and contentment of the community. Excessive demands on employees could have an adverse effect on family life.[69]

Um diese sozialen Beziehungen gedeihen zu lassen, war das Unternehmen gar bereit kurzfristige Einbussen der Arbeitsproduktivität in Kauf zu nehmen und verzichtete darauf, die Arbeitskräfte mittels Überstunden maximal zu beanspruchen, wie dies in anderen australischen Minenprojekten üblich war. Um den angestrebten hohen Anteil von Familien zu erreichen, setzte man außerdem auf eine familienspezifische städtische Infrastruktur mit Einrichtungen wie Schulen, pädiatrisch spezialisierten Ärzten oder Schwimmbädern.

Über die Bevölkerungszusammensetzung hinaus plante Nabalco auch die alltägliche Reproduktion der Belegschaft und setzte hier einen Schwerpunkt der Recherchen auf Fragen der Ernährung, Unterbringung und Wohlfahrt. So berechnete das Unternehmen bereits für die Bauperiode die Kosten für „feeding, housing, and supplying the workers [...] and of attending to their welfare".[70] In dieser Phase entschied man sich für einen externen Catering-Dienstleister, der sich um Verpflegung und Zimmerreinigung kümmerte. Um dessen Kostenvoranschlag zu überprüfen, rechnete Nabalco den Aufwand eigenständig nach. Die Planer mussten sich daher früh und intensiv mit der alltäglichen Reproduktion der Belegschaft beschäftigen und wussten um deren Bedeutung. Man sah die funktionierende Versorgung der Arbeitskräfte auch als Präventionsmaßnahme, um Konflikte und kostspielige Arbeitskämpfe zu vermeiden:

Other pressing problems could divert the attention of the Manager from the all-important task of supplying adequate and well-cooked food. This could cause industrial problems and raise the cost of catering well above the cost quoted by the contractors.[71]

Für den Normalbetrieb des Standorts verzichtete Nabalco hingegen weitgehend auf marktvermittelte Catering-Leistungen. Nur bei ledigen Arbeitskräften wollte man für die Reinigung der Unterkünfte und die Zubereitung von Speisen auf einen

---

69 Nabalco: Feasibility Report, Supporting Volume II, Organization and General Services (3.1963), S. 43, in: SWA, PA 600b L 2-5.

70 Ebd., S. 80.

71 Description of Town Operations and Town Operation Cost Estimate (o. D.), S. 5, in: SWA PA 600b L 2-5. Nabalco errechnete die genauen Kosten des Caterer, um die Korrektheit der Preise einzuschätzen. Einzelne Posten waren Essen inkl. Transport und Einkaufpreise; Arbeitskosten für Kochen und Essen servieren, Bettwäsche waschen, Betten machen in Zimmer der Arbeitskräfte; Sachwerte wie Geschirr; Transportkosten am Standort.

Dienstleister zurückgreifen. Bei Verheirateten ging man hingegen davon aus, dass die Ehepartnerinnen diese Arbeiten unentgeltlich verrichten würden. Zugleich sollte das Potential weiblicher Arbeitskraft nicht brachliegen gelassen werden. Nabalco wollte den Zugang von Frauen zum Arbeitsmarkt sicherstellen und verpflichtete sich zu einer „progressive policy with regards to the employment of both married and single women".[72] Davon erhoffte man sich auch, die langfristige Ansiedlung von ledigen und verheirateten Frauen in Nhulunbuy zu begünstigen. Wie aus der Erzählung einer ehemaligen Bewohnerin Nhulunbuys hervorgeht, ähnelte weibliche Erwerbsarbeit mitunter allerdings eher einem Beschäftigungsprogramm und stellte keine effiziente Nutzung weiblicher Arbeitskraft dar.[73]

Im Rahmen der Machbarkeitsstudie erstellte Alusuisse genaue Prognosen, wie viele Arbeitskräfte für welche Tätigkeiten notwendig sein würden. Die Planer beschränkten sich nicht auf die Fabrikarbeiten, sondern berücksichtigten auch Bereiche wie die Nahrungsmittelherstellung, die Gesundheitsversorgung oder den Schulbetrieb. Weil das Unternehmen die Arbeitskräfte dabei nach Geschlecht unterschied, lässt sich die unternehmerische Planung der geschlechtlichen Arbeitsteilung nachzeichnen: Für die Zeitspanne von 1975 bis 1980 rechnete Nabalco mit insgesamt 1.490 Arbeitskräften.[74] Davon sollten nur 185 Frauen sein, die in wenigen Bereichen überhaupt zu beschäftigen waren. Für die Arbeit in der Bauxitmine und in Mechanikbereichen waren nur Männer vorgesehen; bei den 526 Arbeitskräften in der Aluminafabrik sollte der Anteil weiblicher Arbeitskräfte bei knapp zehn Prozent liegen.[75] Weiter sah man vor, Frauen als Bäckerinnen, in der Milchverarbeitung, im Kommunikationsbereich, bei Banken und Versicherungen, im Verkauf und in der Stadtverwaltung einzusetzen. Eine Mehrheit stellten Frauen im Krankenhaus, in der Gastronomie und bei den Putzkräften. Allein für die Haushaltsarbeit in den Zimmern der 500 ledigen, männlichen Arbeitskräfte rechnete Nabalco damit, 48 Personen zu beschäftigen.[76]

---

72 Nabalco: Feasibility Report, Supporting Volume II, Organization and General Services (3.1968), S. 43, in: SWA, PA 600b L 2-5.

73 So erzählt die Ende der 1970er Jahre als Stenographin angestellte U. E. rückblickend, dass sich ihre Arbeitsleistung auf eine Inventarführung beschränkte, die lediglich einige Stunden im Monat benötigte. Selbst nach Rücksprache mit Vorgesetzten änderte sich an dieser Unterbeschäftigung nichts. Interview mit U. E., Min. 17:30–18:50.

74 Description of Town Operations and Town Operation Cost Estimate (o. D.), in: SWA, PA 600b L 2-5.

75 Ebd.

76 Volume VI Annexure 7.5A. Accomodation and Board for Single People (o. D.), in: SWA, PA 600b L 2-5.

Damit reproduzierten die Planer die geschlechtliche Arbeitsteilung, die Praktiken der sozialen Reproduktion den Frauen zuordnet.[77] Und sie machten sich die
niedrigen Löhne für Frauen zunutze. In den Bereichen, in denen Nabalco mehrheitlich weibliche Arbeitskräfte einzusetzen gedachte, veranschlagte das Unternehmen
systematisch niedrigere Gehälter. Zwar sollten Frauen Teil der Erwerbsbevölke-
rung sein, das Ernährer-Hausfrauen-Modell wurde durch das als Zusatzverdienst
verstandene Einkommen der Ehefrauen allerdings explizit nicht in Frage gestellt.[78]

Zudem berücksichtigte das Unternehmen bei der Ansiedlung von Frauen auch
biopolitische Überlegungen. So sollte die Rekrutierung von Frauen nicht nur den
Arbeitsmarkt mit Arbeitskräften, sondern auch den Heiratsmarkt mit ledigen Frau-
en versorgen. Darauf verweisen etwa die Anmerkungen des Kadermitarbeiters W.
G. nach einer Australienreise. Er gab zu bedenken, dass es schwierig sein könnte,
„Schreibkräfte an diesen abgelegenen Ort zu gewinnen, ohne die Gefahr zu laufen,
dass sich nur solche melden, die sich durch irgendwelche Vorkommnisse enttäuscht
in die Einsamkeit zurückziehen möchten".[79] Selbst die Fertilität der zukünftigen
Bevölkerung versuchte man für demographische Prognosen zu berücksichtigen.
Nabalco ermittelte die genauen Fertilitätsraten von Frauen – nach Alterskatego-
rie aufgeschlüsselt.[80] Da jüngere Altersgruppen höhere Fertilitätsraten aufwiesen,
wurden sie vermutlich bei der Rekrutierung bevorzugt. Darauf deuten zumindest
die Prognose hin, dass der Anteil der Verheirateten mit der Zeit steigen werde, weil
vor allem Junge nach Gove übersiedeln und später heiraten würden.[81]

2.3 *Suburbia* – Geschlechterarchitektur, serielle Wohnmaschinen und soziale Reproduktion

Wie übersetzte sich die manageriale Sorge um die Fluktuation der Belegschaft in
die städtebauliche Planung? Wie nutzte das Unternehmen seine planerischen Möglichkeiten, um die erwünschte Zusammensetzung der Bevölkerung zu erreichen?
Und welche Geschlechterordnung konstituierte sich damit?

Bauplanerisch stellte das Vorhaben eine Herausforderung dar, wie die Ingenieure
in der Machbarkeitsstudie herausstrichen. Die Stadt musste möglichst rasch in

---

77 Fraser: Capitalism, S. 30.
78 Vgl. Markusen, Ann R.: City Spatial Structure, Women's Household Work, and National Urban
    Policy, in: Signs: Journal of Women in Culture and Society 5/3 (1980), S. 23–44, hier: S. 29 f.
79 Gysel, Walter H.: Australien Reisebericht. Reise vom 29.5–12.6.1970 (24.6.1970), in: SWA, PA 500b
    N 40-29.
80 Nabalco: Feasibility Report, Supporting Volume VI, Town (3.1968), S. 8, in: SWA, PA 600b L 2-5.
81 Ebd., S. 8 f.

ganzem Ausmass bereitstehen, konnte also nicht langsam wachsen – und sollte
dennoch nicht als unattraktive Planstadt wahrgenommen werden:

> The town to be built at Gove poses unusual problems. It must be large immediately – larger
> than all but two existing towns in the Northern Territory – it must be well sited, both
> for the men who will travel each day to the works and for the women and children who
> will stay home; it must be attractive enough for its inhabitants to feel proud of it; it must
> possess the quality of permanence; and it must provide its own avenues for recreation.[82]

Demnach befassten sich die Ingenieure nicht allein mit rein technischen Fragen.
Auch die Emotionen und Identitäten der zukünftigen Bewohnenden betrachteten
sie als planerisch gestaltbare Faktoren. Das Zitat verweist auf mehrere sozialtechnologische Ziele, zu deren Verwirklichung die Stadt beitragen sollte: Erstens wollte
Alusuisse eine *rationelle Stadt*, die rasch und kosteneffizient gebaut werden konnte
und die gleichzeitig das Leben der Einwohner:innen rationalisierte. Zweitens imaginierten die Planer eine *geschlechtergeordnete Stadt*, in der Männer und Frauen –
einer binären, arbeitsteiligen Geschlechterordnung folgend – verschiedene soziale
Aufgaben erfüllten, funktional differenzierte Räume benutzten und so ein funktio-
nierendes Arrangement für die soziale Reproduktion der Belegschaft konstituierten.
Drittens trachtete das Unternehmen nach einer *einbindenden Stadt*, die attraktiv
und beständig genug war, um Arbeitskräfte und deren Familien anzuziehen und
ein emotionales und identitätsbezogenes Engagement zu ermöglichen. Viertens
wollte das Unternehmen eine *unterhaltende Stadt*, in der die Einwohner:innen
konsumieren und Freizeitaktivitäten nachgehen konnten.

Suburban Dream als Anreiz

Mit Luftaufnahmen, Karten und Begehungen lokalisierten die Planer den Standort
der Stadt, der in optimaler Distanz zur Fabrik – mit kurzen Arbeitswegen und
akzeptabler Luftbelastung durch Fabrik und Mine – und zudem in der Nähe male-
rischer Strände lag. Der Standort musste auch genügend Raum für ein städtisches
Wachstum auf 10.000 Einwohner:innen bieten und ein topographisch interessantes,
die Orientierung erleichterndes Terrain mit guten Aussichten aufweisen.[83] Nabalco
entschied sich für ein Gebiet zwischen Mt. Saunders und Meer (Abb. 11). Der
Berg sollte einer allzu uniformen, flachen Stadtmorphologie entgegenwirken. Seine

---

82 Ebd., S. 1.
83 Ebd., S. 12–14.

Materialität sollte helfen, eine „strong town identity"[84] hervorzubringen, wie in der Machtbarkeitsstudie ausgeführt wurde.

Wie die dort enthaltenen Beschreibungen und Pläne zeigen, orientierte sich Alusuisse an städtebaulichen Vorstellungen, wie sie die Geographin Louise C. Johnson als charakteristisch für die australische *Suburb* beschrieb:

> Thus, the idea of a single storied, freestanding dwelling on a relatively large allotment, in a mainly residential area, with strong local identity and limited governance, located midway between the city centre and rural lands, where women tend to children and community while their husbands journeyed elsewhere for paid work, encapsulates the Australian suburb.[85]

Dabei folgte Alusuisse dem Vorbild zahlreicher seit den 1950er Jahren erbauter australischer Minenstädte, die auf städtebauliche Modelle mittelständischer Vorstädte zurückgegriffen hatten.[86] Die Planer dieser Minenstädte waren davon ausgegangen, dass mittels Wohnungsbau nicht nur die Rekrutierung und Stabilisierung der Belegschaft gesteuert, sondern auch Streiks minimiert werden konnten.[87]

Für das suburbane städtebauliche Modell sprach auch, dass damit die vermuteten Präferenzen der zukünftigen Arbeitskräfte befriedigt werden konnten: „The decision to plan a traditional suburban living area of low density was taken knowing it would serve the majority of the population with a form of dwelling suited to their needs."[88] Wie die australische Historikerin Diane Menghetti herausgearbeitet hat, verbanden große Teile der Arbeiter:innenklasse Australiens seit den 1950er Jahren sozialen Aufstieg mit dem Leben in einer *Suburb*.[89] Oft führte allerdings nur der Umweg über die Arbeit in Minenprojekten zu diesem *suburban dream*: Daher schickten Arbeiter:innen-Familien ihre *breadwinners* in die unwirtlichen *Company Towns*, wo

---

84 Ebd., S. 24.

85 Johnson, Louise C.: Style Wars. Revolution in the Suburbs?, in: Australian Geographer 37/2 (2006), S. 259–277, hier: S. 261.

86 Hannah Robertson, „All That Glitters Is Not Gold. The Effect of Mining Activities and Royalties on the Built Environment of Remote North East Arnhem Land", in: Proceedings of the Society of Architectural Historians, Australia and New Zealand 33 (2016), S. 578–590, hier: S. 580.

87 Neil, Cecily C.: Housing Symbolism in New Remote Mining Communities in Australia. Implication for Innovative Versus Conventional Design and Siting of Houses in Harsh Environments, in: Journal of Environmental Psychology 2/3 (1982), S. 201–220, hier: S. 202.

88 Alusuisse: The Gove Project (o. D.), S. 124, in: SWA, PA 600b L 2-5.

89 Harris, Richard: The Suburban Worker in the History of Labor, in: International Labor and Working-Class History 64 (2003), S. 8–24.

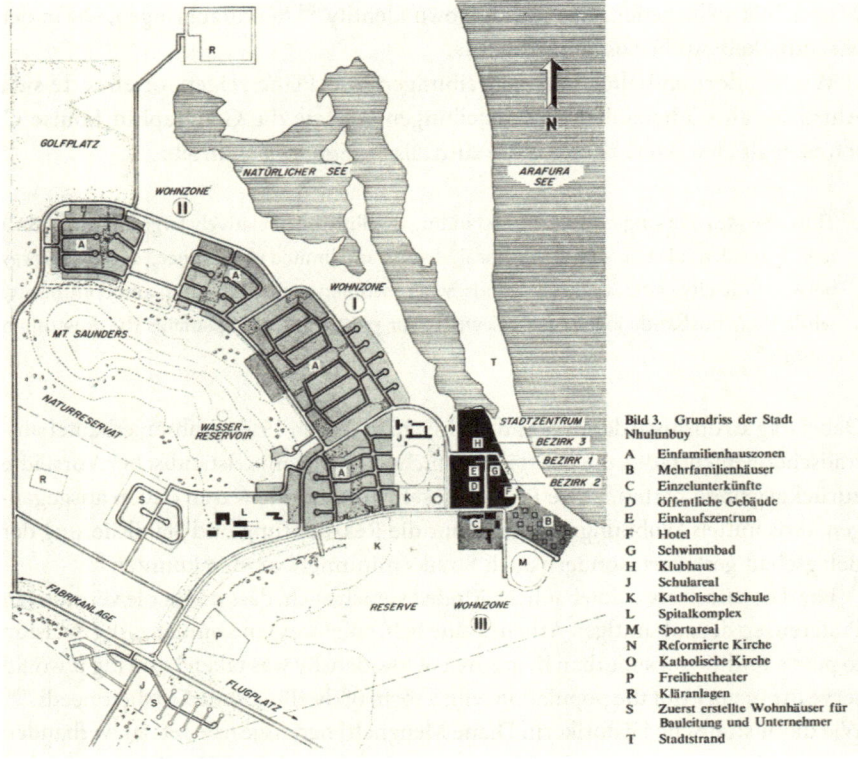

Bild 3. Grundriss der Stadt Nhulunbuy

A Einfamilienhauszonen
B Mehrfamilienhäuser
C Einzelunterkünfte
D Öffentliche Gebäude
E Einkaufszentrum
F Hotel
G Schwimmbad
H Klubhaus
J Schularbeal
K Katholische Schule
L Spitalkomplex
M Sportareal
N Reformierte Kirche
O Katholische Kirche
P Freilichttheater
R Kläranlagen
S Zuerst erstellte Wohnhäuser für Bauleitung und Unternehmer
T Stadtstrand

Abb. 11 Stadtplan Nhulunbuy (Broschüre „The Gove Project", o. D., in: SWA, PA 600b L 2-5).

die verhältnismäßig hohen Löhne erlaubten, später ein suburbanes Einfamilienhaus zu kaufen.[90]

Alusuisse bemühte sich mit anderen Minenprojekten vergleichbare Löhne zu zahlen – also „to match conditions offered by other employers competing for labour".[91] Das Unternehmen übernahm die Kosten für inländische Flugtickets der Beschäftigten, damit diese einmal im Jahr ihre Verwandten besuchen konnten. Daher rechnete man mit sehr hohen Lohnnebenkosten von 42 Prozent.[92] Lohnanreize allein hielt man allerdings für ungenügend, wie in der Machbarkeitsstudie festgehalten wurde: „To attract and hold men of the required standard, not only must

---

90 Menghetti, Diane: Mount Isa. A Town like Alice?, in: Australian Historical Studies 27/109 (1997), S. 21–32, hier: S. 23.

91 Nabalco: Feasibility Report, Supporting Volume II, Organization and General Services (3.1968), S. 45 f., in: SWA, PA 600b L 2-5.

92 Zum Vergleich: In Sydney lagen diese bei gerade mal gut 15 Prozent; ebd.

Abb. 12 Einfamilienhaus mit Rasen, Veranda und Auffahrt (Broschüre „General Information on Living in Gove", 1980, in: SWA, PA 600b N 40-4).

wages and conditions of employment be competitive, but the housing, amenities and facilities to be established must be good."[93] Auch das städtische Leben selbst sollte folglich als Anreiz dienen.

Obwohl Alusuisse – anders als in anderen australischen Minenprojekten – den Arbeitskräften den Hausbesitz verwehrte und damit dem *suburban dream* den materiellen Kern entzog, reproduzierte man dennoch suburbane Symbole:[94] Das Unternehmen baute großzügige Einfamilienhäuser mit Garten und Pkw-Stellplatz in den Auffahrten. „I moved into a nice house – air-conditioned, fully furnished, suburb",[95] erinnert sich ein ehemaliger Bewohner Nhulunbuys. Zwar mussten die Arbeitskräfte den Traum des Eigenheims aufschieben, konnten aber zumindest den suburbanen Lebensstil praktizieren und mit besseren Unterkünften als in ihren Herkunftsregionen oder anderen Minensiedlungen rechnen.[96] Nach einigen Arbeitsjahren ermöglichten die vergleichsweise hohen Löhne den ersehnten Hauskauf in einer anderen Region Australiens.[97]

---

93 Ebd., S. 34.
94 White: Company, S. 80 f.
95 Humphris, Kate, „Remembering Old Nhulunbuy", in ABC, 20.7.2009, online: www.abc.net.au/local/stories/2009/07/20/2630933.htm [30.10.2021].
96 Neil: Housing.
97 Interview mit U. E. U. E. reiste in den 1970er Jahren mit ihrem Mann nach Nhulunbuy. Vgl. außerdem Menghetti: Mount.

Konsum, Freizeitaktivitäten und Vereinsleben

Die städtebauliche Struktur folgte einer funktionalistischen Logik und orientierte sich an der – als besonders kosteneffizient geltenden – Idealform des Kreises. Mit zwei funktional differenzierten Zonen definierten die Planer die elementaren Lebensbereiche der zukünftigen Stadt: zum einen die Wohngebiete, zum anderen eine Zone für Freizeit, Konsum und öffentliche Dienstleistungen.

Das Zentrum der kreisförmigen Stadtanlage war auf die Verkehrsachse zwischen Mine und Fabrik ausgerichtet und beherbergte alle Dienstleistungsangebote, Freizeiträume und Einkaufsmöglichkeiten. Insgesamt drei Nachbarschaften für jeweils 600 Familien lagen konzentrisch um die im Zentrum liegende Primarschule. So sollte die Stadt kompakt bleiben und logistisch effizient sein.[98]

Das Stadtzentrum sollte trotz minimalem Angebot vielfältige Konsummöglichkeiten und Freizeitangebote bieten und ein Gefühl von Lebendigkeit bei den Einwohner:innen hervorrufen:

> It is essential that the Town Centre be the principle focus of town life and offers as diverse a range of attractions as possible. By themselves, shops, or a club or even a hotel would make little impact. Concentrated together they will provide a diversity of activity which will create a sense of liveliness and variety. A sense of identity can be fostered by the selection of a town centre location which has a distinct topographical quality – an „inbuilt" identity.[99]

In Abgrenzung zu vielen rustikalen, amorphen und unwirtlichen *Company Towns* bemühten sich die Stadtplaner um ein gepflegtes, ordentliches Stadtzentrum: „These areas will be completely landscaped and will include lawns and formal planting. This should give the town a well-cared for and orderly appearance both of which are considered to be important."[100]

Das Infrastrukturangebot war auf einen konsum- und freizeitorientierten Lebensstil ausgerichtet. „Nabalco has made and is making every effort to provide facilities that will enable you to enjoy a comfortable and well-settled existence in this remote but exciting part of Australia",[101] verkündete eine Broschüre für frisch rekrutierte Arbeitskräfte. Im Stadtzentrum befanden sich neben einem Einkaufszentrum auch eine Bibliothek, ein Vereinsgebäude, ein Gemeindesaal und ein Sportzentrum. Zudem waren eine Poststelle, ein Polizeirevier, ein Gerichtsgebäude,

---

98 Nabalco: Feasibility Report, Supporting Volume VI, Town (3.1968), S. 20–23, in: SWA, PA 600b L 2-5.

99 Ebd., S. 24.

100 Ebd.

101 Nabalco: An Introduction to Gove (o. D.), S. 1, in: SWA, PA 600b N 40-4.

Abb. 13 Werbefotografien der Freizeitmögl.chkeiten Nhulunbuys (Broschüre „Nabalco", o. D., in: SWA, PA 600b N 40-4).

eine Bank, ein Hotel, ein Wettbüro, eine (interkonfessionelle) Kirche, eine Zahnklinik und ein Krankenhaus vorgesehen.[102] Eine Primarschule sollte bis zu 800 Schüler:innen eine Grundbildung bieten; später sollte die schulische Ausbildung bis zum Abitur ermöglicht werden.[103] Der *Social Club* im Stadtzentrum umfasste ein Restaurant für 100 Personen mit Biergarten und Loungebereich, eine Tanzfläche samt Podium, eine Bowlingbahn sowie Infrastruktur für Filmvorführungen. D.e Räumlichkeiten des *Social Club* waren multifunktional konzipiert und wurden auch von den Sport- und Freizeitvereinen genutzt.[104] Wie der vermutlich von Alusuisse in Auftrag gegebene Bericht einer Schweizerin, die in den 1970er Jahren mehrere Jahre in Gove lebte, zu bestätigen scheint, nahmen Einwohner:innen die Stadt und das Infrastrukturangebot durchaus positiv wahr:

---

102 Austraswiss: Description of the Gove Project (2.1972), S. 11–13, in: SWA, PA 600b L 2-5.
103 Ebd., S. 13.
104 Nabalco: Feasibility Report, Supporting Volume VI, Town (3.1968), S. 34 f., in: SWA, PA 600b L 2-5.

Gove gilt als eine der schönsten Minenstädte Australiens. Trotz Abgeschiedenheit ist in dieser kleinen Stadt all das vorhanden, was man für ein bequemes tägliches Leben braucht: ein gut ausgebautes Geschäftszentrum, Schule, Spital, Zahnarzt, Kino, Bibliothek usw.[105]

Für die alleinstehenden, männlichen Arbeiter errichtete Nabalco ein *Bachelor Club House*, das Essen, alkoholische Getränke und Geselligkeit bieten sollte.[106] Die Planer hielten diese Einrichtung für „essential for the morale of manual workers". Als städtebaulicher Fluchtpunkt fungierte indes ein Platz, an dem die zentrale Shoppingmall lag und der im Norden durch den *Social Club* begrenzt wurde. Vom Platz aus eröffnete sich der Blick auf den Strand und das weite Meer.[107] Das öffentliche Leben der zukünftigen Gemeinschaft, so lässt sich die raumplanerische Anordnung lesen, drehte sich um Einkaufen sowie Freizeit- und Vereinsaktivitäten.

Wie eine Informationsbroschüre für Neuzugezogene aus den 1970er Jahren zeigt, sollte die Stadt über ein vielfältiges Vereinsleben verfügen.[108] Bereits in den ersten Jahren konnte sich die Bevölkerung in 26 verschiedenen Vereinen engagieren. Nur wenige Jahre später hatten diese Aktivitäten stark zugenommen: Eine 1980 aktualisierte Broschüre verzeichnete insgesamt 76 Vereine oder Zusammenschlüsse in den Bereichen Wohlfahrt, Sport, Jugend, Soziales, Kunst, Kirche und Schule. Es war ein sehr breites Angebot entstanden – von der *Red Cross Society* über den Tennis-, den Weight-Watchers-Club oder einen Athlet:innen-Verein bis hin zur *Gove Film Society*, kirchlichen Gruppen oder dem Elternschulrat.[109]

Nabalco hatte durchaus ein Interesse am Gedeihen dieser Vereinskultur. Denn die Vereins- und Freizeitaktivitäten ließen sich zur Anwerbung neuer Arbeitskräfte nutzen, erleichterten die Integration neuer Einwohner:innen und halfen soziale Netzwerke herauszubilden, wie der Bericht einer ehemaligen Bewohnerin Nhulunbuys um 1980 nahelegt:

Ich wurde zu „Morning-Teas" eingeladen und zu „Meetings" der verschiedenen Organisationen mitgenommen. Ich merkte bald, dass Gove ein weites Beschäftigungsfeld für jede Person bietet, sei diese nun mehr an handwerklicher, praktischer oder mehr an geistiger Arbeit interessiert. An der Volkshochschule gibt es eine Vielfalt von Tages- und Abendkursen. Sprachkurse, Vorlesungen über die Geschichte von Arnhemland und der Aborigines, Näh-, Töpfer-, Webkurse, Arbeiten mit Holz und Metall, „Keep-fit" und

---

105 Australien. Bericht einer Schweizerin aus Gove (29.9.1980), S. 1, in: SWA, PA 600b E 6-1-31.
106 Nabalco: Feasibility Report, Supporting Volume VI, Town (3.1968), S. 34, in: SWA, PA 600b L 2-5.
107 Ebd., S. 24–26.
108 Nabalco: Nhulunbuy. General Information (21.8.1973), in: SWA, PA 600b N 40-4.
109 Nabalco: General Information on Living in Gove (1980), S. 6, in: SWA, PA 600b N 40-4.

Yoga wurden angeboten. Die lokalen Zweigstellen der verschiedenen Organisationen wie Rot Kreuz [sic], „Arts council" usw., sowie die Verwaltung der vielen Sportclubs werden vielfach von den in Gove lebenden Frauen geführt. Dasselbe gilt für Hilfsarbeiten im Spital, in der Schule und im Geschäftszentrum, überall sind neue Helfer willkommen.[110]

Den Frauen kam demnach die zentrale Rolle in der Schaffung und Erhaltung von sozialen Beziehungen und Gemeinschaft zu. Das Unternehmen bemühte sich indes, die Rahmenbedingungen hierfür zu schaffen: „Nabalco has built the town. It's the people who build the community."[111]

Rationalisierter Wohnungsbau

Durch ihre Recherchen wussten die Manager, dass Arbeitskräfte in australischen *Company Towns* oft in sehr prekären Unterkünften untergebracht waren – bisweilen in Zelten mit Holzböden.[112] In Gove hingegen setzte Alusuisse auf vollklimatisierte Wohngebäude, die einen hohen Wohnstandard und eine kosteneffiziente Instandhaltung ermöglichen sollten.[113] Als Hauptbaustoff verwendete man kosteneffizienten und zugleich beständigen Beton. Der Baustoff besaß allerdings gewichtige Nachteile, die sich aber erst im Verlauf der Zeit herausstellten.[114]

Alusuisse folgte im Wohnungsbau dem Vorbild der australischen Armeebasis in Lavarack, die aus vorgefertigten Beton-Modulen bestand. Von dieser Form rationalisierten Wohnungsbaus erhoffte sich das Unternehmen viele Vorteile: Es sollte das Termitenproblem lösen und nur minimale Abfälle generieren. Zugleich wollte man Lohnkosten einsparen: „Not only were unit costs for the project surprisingly low but quick erection resulted in considerable savings in labour costs."[115] Ein „minimum of delay from weather or from labour problems"[116] sollte eine kurze Konstruktionsphase erlauben. Nabalco entschied sich gar dazu, die Arbeiten an den Gebäuden zu überdachen, um „industrial disputes generated by working under heat and rain conditions" zu vermeiden.[117] Als besonders kosteneffiziente Lösung kamen dabei

---

110 Australien. Bericht einer Schweizerin aus Gove (29.9.1980), S. 4, in: SWA, PA 600b E 6-1-31.

111 Nabalco: The Gove Project (10.1971), in: SWA, PA 600b N 40-4.

112 Report on Trip to Gove and Darwin November 7th–18th, 1965 (7.12.1965), S. 44–48, in: SWA, PA 600b L 2-6-2.

113 Austraswiss: Description of the Gove Project (2.1972), S. 28 f., in: SWA, PA 600b L 2-5.

114 Die Klimatisierung musste für alle, selbst für leerstehende, Gebäude permanent sichergestellt werden, sowohl um für angenehme Wohntemperaturen zu sorgen wie auch um Schimmelbildung und den Zerfall der Bausubstanz zu verhindern. Dies führte dazu, dass viele Fenster permanent verschlossen bleiben mussten; vgl. Robertson: Glitters, S. 583 f.

115 Nabalco: Feasibility Report, Supporting Volume VI, Town (3.1968), S. 15, in: SWA, PA 600b L 2-5.

116 Ebd.

117 Ebd.

Abb. 14 Luftaufnahme Nhulunbuy (Alusuisse-Broschüre,
o. D., in: SWA, PA 600b N 40-4).

vorgefertigte asbesthaltige Wände zum Einsatz, die vorteilhafte wärmeisolierende Eigenschaften mit relativ geringem Gewicht verbanden.[118] Die gesundheitsschädigenden Konsequenzen sollte die Bevölkerung Nhulunbuys allerdings noch lange tragen müssen.[119]

Segregierte Wohnzonen – verschiedene Arrangements sozialer Reproduktion

Nabalco segregierte die Einwohner:innen in Quartiere mit unterschiedlicher Wohnqualität. Anders als in vielen *Company Towns* verlief die Hierarchisierung von Wohnraum nicht entlang betrieblicher Positionen. Die Distinktion basierte viel-

---

118 Ebd., S. 18 f.
119 Robertson: Glitters, S. 586.

mehr auf Familienstand und Fertilität.[120] So unterschied das Unternehmen nur bedingt zwischen Angestellten und Arbeiter:innen – einzig *Senior Managers* erhielten eine bessere Unterkunft: „Allotment sizes, material and space standards do not vary between salaried staff and wage earners, including aborigines; management and executive houses being the only exception."[121] Anders als hier suggeriert, scheinen die Aborigines von diesen Wohnmöglichkeiten ausgeschlossen geblieben zu sein. Sie wohnten weiterhin in der nahegelegenen Aborigine-Siedlung Yirrkala.[122]

Ledigen Arbeitskräften wies man eigene Quartiere zu. Für Familien sah man „attractively designed but economic dwellings"[123] vor. Dabei spiegelte die räumliche Positionierung auch eine soziale Verortung wider und war zugleich mitkonstitutiv für die geschlechtliche Arbeitsteilung, wie sich etwa an der Wohnanlage für ledige Frauen zeigen lässt. Dieses Quartier positionierte man in der Nähe der „family residential areas", der Schule und des Krankenhauses. Das war kein Zufall, schließlich sollten laut der unternehmerischen Planung im Krankenhaus und in den Schulen vor allem Frauen arbeiten. Diese räumliche Anordnung verkürzte also die Arbeitswege und zeigte städtebaulich auf sublime Art an, welche Institutionen in der Lebenswelt der Frauen wichtig werden sollten. Das Quartier der *Bachelors* positionierte man nahe dem Stadtzentrum, sodass die ledigen Männer zwar getrennt, aber nicht komplett isoliert von der Gemeinschaft waren.[124] Die besten, geräumigsten und teuersten Wohnlösungen erhielten Familien mit mindestens zwei Kindern.

Der Wohnungsbau war eine Gratwanderung zwischen architektonischer Vielfalt und kosteneffizienter Standardisierung: „Uniformity and monotony of housing types have been avoided and as much variety of style has been introduced as the budget permits".[125] In der Praxis folgte man sieben standardisierten Gebäudedesigns. Die Familienhäuser waren als alleinstehende Einfamilienhäuser mit umgebendem Grundstück für Familien ab zwei Kinder vorgesehen und verfügten über drei bis

---

120 In anderen *Company Towns* reflektierten sich betriebliche Stellungen präziser und direkter; vgl. White, Neil: Creating Community. Industrial Paternalism and Town Planning in Corner Brook, Newfoundland, 1923–1955, in: Urban History Review/Revue d'histoire urbaine 32/2 (2004), S. 45–58, hier: S. 48; Cross, Brad: Modern Living „hewn out of the unknown wilderness". Aluminum, City Planning, and Alcan's British Columbian Industrial Town of Kitimat in the 1950s, in: Urban History Review/Revue d'histoire urbaine 45/1 (2016), S. 7–17, hier: S. 13; Van Zee, Marynel Ryan: Form and Reform. The Garden City of Hellerau-bei-Dresden, Germany, between Company Town and Model Town, in: Borges, Marcelo J./Torres, Susana B. (Hg.): Company Towns. Labor, Space, and Power Relations across Time and Continents, New York 2012, S. 41–67, hier: S. 55.
121 Nabalco: Feasibility Report, Supporting Volume VI, Town (3.1968), S. 32, in: SWA, PA 600b L 2-5.
122 Interview mit U. E.
123 Nabalco: Feasibility Report, Supporting Volume VI, Town (3.1968), S. 5, in: SWA, PA 600b L 2-5.
124 Ebd.
125 Ebd., S. 32.

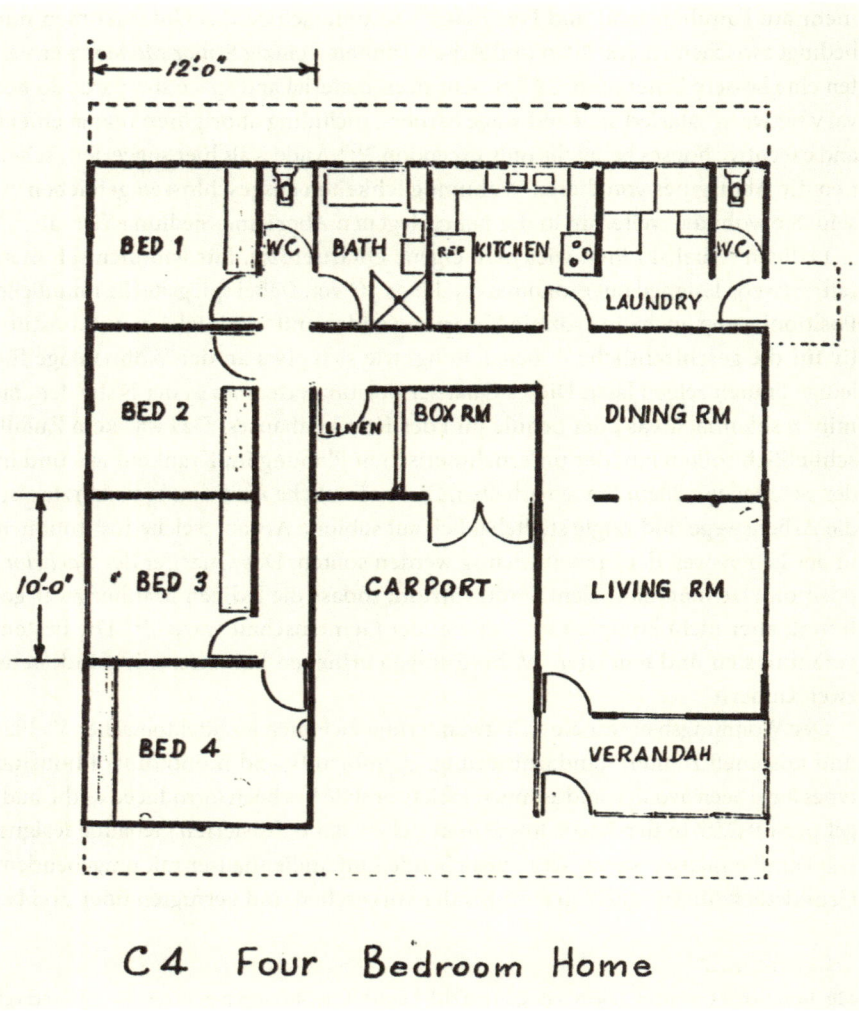

Abb. 15 Grundriss Einfamilienhaus (Feasibility Report, Supporting Volume VI, Town, 1968, in: SWA
PA 600b N 40-4).

vier Schlafzimmer (Abb. 15). Wie der Grundriss nahelegt, waren diese Häuser auf
effiziente Hausarbeit ausgelegt: Bad, Küche und Waschküche lagen unmittelbar
nebeneinander und bildeten eine Einheit, um die andere Räume organisiert waren.[126] An diesen Haushalt-Mittelpunkt schloss einerseits ein kombiniertes Ess- und

126 Ebd.

Wohnzimmer an, andererseits ein Raum für das Wäschetrocknen sowie ein Autoun-terstand, der zugleich als Spielbereich für die Kinder vorgesehen war. Der geplanten geschlechtlichen Arbeitsteilung des Unternehmens folgend, besteht kein Zweifel, dass die Mütter, Haus- und Ehefrauen das Personal dieser Hauswirtschaft bilden mussten. Der kompakte, mit Haushaltsgeräten bestückte Mittelpunkt rationalisierte die Hausarbeit für Ehemann und Kinder: Frauen konnten mit modernen Gerä-ten – zeit- und wegsparend – die Schlafzimmer reinigen, die Familie im Esszimmer verköstigen oder während der Hausarbeit das Spiel der Kinder beaufsichtigen. Für verheiratete Paare ohne Kinder oder mit einem Kind baute man weniger großzügig bemessene Familienwohnungen.[127] In zweistöckigen Gebäuden waren jeweils vier Wohnungen integriert, die sich einen Waschraum teilten. Diese Wohnungen boten weniger Privatsphäre, was die Planer aus Kostengründen aber in Kauf nahmen.

Alleinstehende Männer waren in ein- bis zweistöckigen Gebäuden beim *Bachelor Club House* in 9 m² kleinen, spartanisch mit Einbauschrank, Waschbecken, Tisch und Bett möblierten Zimmern untergebracht (Abb. 16).[128] Zehn Männer teilten sich jeweils einen Sanitärbereich mit Toiletten, Duschen und Waschmaschinen. Anders als während der Bauphase waren diese alleinstehenden männlichen Ar-beitskräfte selbst für die Reinigung ihrer Räume und ihrer Wäsche zuständig. Ein Teil der Reproduktionsarbeit, für den in den Einfamilienhäusern aller Wahrschein-lichkeit nach die Ehefrauen verantwortlich waren, mussten diese alleinstehenden Arbeiter in der Freizeit leisten. Es darf vermutet werden, dass nicht zuletzt solche Mehrbelastungen zur hohen Fluktuation von ledigen Arbeitskräften beitrugen. Alleinstehende Frauen teilten sich jeweils zu zweit eine Wohnung.[129]

Suburbia als *Architecture of Gender*

Die suburbane Raumordnung transportierte ein vergeschlechtlichtes Arrangement sozialer Reproduktion, das Frauen und Männern klare Rollen zuwies. Wie die Stadtforscherin Ann Markusen betont hat, bediente diese Raumordnung sowohl betriebliche Anforderungen als auch eine patriarchale Geschlechterordnung.[130] Mit der Stadttheoretikerin Dolores Hayden kann sie als „architecture of gender" gelesen werden, wobei das suburbane Haus die materielle Bühne bildete, um Frauen als sozialstatushebendes Mittel des Mannes, als Sexobjekt und als fleißige Haushälterin zu inszenieren.[131]

---

127 Ebd., S. 33.
128 Ebd.
129 Ebd., S. 34.
130 Markusen: City, S. 23.
131 Hayden, Dolores: Redesigning the American Dream. The Future of Housing, Work, and Family Life, New York/London 2002, S. 17.

An interior view of a typical room for single personnel living in the Hostel complex. Only the main furnishings are supplied by Nabalco. Occupants may provide additional accessories approved by the Hostel Management.

13

Abb. 16 Innenansicht eines Zimmers für ledige Arbeiter (Broschüre „Nhulunbuy. General Information", 1973, in: SWA PA 600b N 40-4).

Bereits die Prototypen suburbaner Häuser des 19. Jahrhunderts waren als Raum für die Hausarbeit von Frauen für (Ehe-)Mann und Kinder konzipiert worden.[132] Für Männer war damit das Bild des Ernährers sowie des begabten Handwerkers und Mechanikers verknüpft.[133] Als Haushaltsvorstand erfuhren Männer in diesem Geschlechterarrangement eine symbolische Aufwertung.[134] Der vergeschlechtliche Habitus, der mit diesen Häusern einherging, läßt sich auch an der von den Planern

---

132 Ebd., S. 20–23.
133 Ebd., S. 17.
134 Markusen: City, S. 32.

nahegelegten Ausstattung ablesen. Vor ihrer Anreise erhielten Arbeitskräfte eine penible Liste der verfügbaren Einrichtungs- und Haushaltsgegenstände sowie eine Aufstellung mit Vorschlägen für mitzubringende Gegenstände.[135] Zum einen sind dort Dinge wie Gartenwerkzeuge, Rasenmäher und Werkzeuge für die Autoreparatur aufgelistet, die vermutlich für den Mann, zum anderen Gegenstände wie Gardinenringe, Bügeleisen oder Kinderspielzeuge, die wohl für die Hausfrau gedacht waren.

Die seriellen, vor allem durch motorisierten Verkehr vernetzten Einfamilienhäuser atomisierten die Organisation sozialer Reproduktion – in starkem Kontrast zur kooperativen, arbeitsteiligen Organisation der Lohnarbeit in den Fabriken oder der Mine.[136] Die Serialität der Einfamilienhäuser übersetzte sich in den seriellen, vereinzelten Alltag der Hausfrauen und Mütter. Jedes Haus konstituierte Haushalte materiell und symbolisch als möglichst autarke Reproduktionseinheiten. Andere Organisationsformen sozialer Reproduktion wie die Großfamilie oder gemeinschaftliche Formen waren nicht vorgesehen.[137]

Auch die vielerorts in industrieller Gemeinschaften tradierte Unterstützung der Hausfrauen durch Familienangehörige fiel weg. Wie die Historikerin Tamara K. Hareven gezeigt hat, war die familiäre Unterstützung für Industriearbeiterinnen, insbesondere in herausfordernden Zeiten, bei Arbeitslosigkeit oder Arbeitskämpfen, bei persönlichen und familiären Ausnahmesituationen wie Krankheit, Geburt oder Todesfall, sehr wichtig.[138] In Nhulunbuy waren Hausfrauen auch in Krisensituationen stärker auf sich allein gestellt. Die Raumordnung Nhulunbuys erschwerte kollektive Formen von Reproduktionsarbeit. Einer der wenigen dafür vorgesehenen Orte, wo sich Hausfrauen und Kinder treffen konnten, waren die aus einer

---

135 Nabalco: General Information on Living in Gove (1980), in: SWA, PA 600b N 40-4.

136 Die Feministin Silvia Federici betrachtet diese gegenteilige Logik – „Kooperation in der Produktion, Spaltung und Vereinzelung in der Reproduktion" – als charakteristisch für die Organisation von Produktion und sozialer Reproduktion unter kapitalistischen Bedingungen; vgl. Federici, Silvia: Feminismus und die Politik der Commons in den Zeiten der ursprünglichen Akkumulation, in: dies.: Die Welt wieder verzaubern. Feminismus, Marxismus & Commons, Wien/Berlin 2020, S. 156–175, hier: S. 172.

137 Markusen: City, S. 31.

138 Hareven, Tamara K.: Family Time and Industrial Time. The Relationship Between the Family and Work in a New England Industrial Community, Cambridge 1984, S. 101. Bei den untersuchten Familien einer industriellen Gemeinschaft in New Hampshire im ersten Drittel des 20. Jahrhunderts stellt Hareven fest, dass Großeltern und Tanten in fortgeschrittenem Alter sich oft um die Enkelkinder oder Neffen und Nichten kümmerten. Auch kochten sie, putzten das Haus und reparierten Kleider. Ältere weibliche Verwandte unterstützten junge Frauen während Schwangerschaft, Geburt und in der Kinderbetreuung. Hausarbeit war in dieser Gemeinschaft keine isolierte Tätigkeit einzelner Hausfrauen.

Schaukel und einem Klettergerüst bestehenden minimalistischen Spielplätze. Auf Parkanlagen und dergleichen verzichtete das Unternehmen explizit.[139]

Die Einfamilienhäuser, ihr Interieur und die unmittelbare Umgebung machten viele Instandhaltungsarbeiten nötig, die von Hausfrauen als statuserhaltende oder -optimierende Arbeit im Dienste der Familie versehen wurden.[140] Wie Feministinnen ab den 1960er Jahren betonten, konnte das suburbane Haus als Container verstanden werden, der mit Konsumgütern gefüllt werden sollte.[141] Die Materialität des Hauses verlangte geradezu danach: Teppiche benötigten einen Staubsauger, Gardinen und Polster verlangten spezielle Reinigungsprodukte. Verstärkt wurde diese Tendenz durch die Werbeindustrie, die seit dem frühen 20. Jahrhundert – oft mit vergeschlechtlichten Rollenbildern – die neuen industriellen Massenprodukte anpries und gerade die Anschaffung von Haushaltsgeräten und Konsumgegenständen als Mittel zur ehelichen Pflichterfüllung darstellte.[142]

Diesen Konsummustern sollte das Einkaufszentrum im Stadtkern nachkommen: „A number of shops and day-to-day amenities will be situated within a pedestrian mall. Special consideration will be given to the daily needs of housewives and children."[143] Den Bemühungen zum Trotz waren der Arbeit am Haus in Nhulunbuy enge Grenzen gesetzt. Das Unternehmen stellte nämlich viele Einrichtungsgegenstände und sämtliche Möbel zur Verfügung. So wiederholte sich von Wohnung zu Wohnung dieselbe Anordnung derselben Sofas, Sessel und Salontische. „Ein Problem war, dass Leute sich schön einrichten wollten, es aber keine Möglichkeiten hierzu gab", erinnert sich eine Bewohnerin.[144]

2.4 Die Grenzen des Plans

Wie erfolgreich und nachhaltig konnte Alusuisse ihre unternehmerische Planungsmacht nutzen? Waren die streikpräventiven Maßnahmen erfolgreich und gelang es, die Fluktuation der Belegschaft geringzuhalten?

---

139 Nabalco: Feasibility Report, Supporting Volume VI, Town (3.1968), S. 27 f., in: SWA, PA 600b L 2-5.

140 Loyd, Bonnie: Women, Home, and Status, in: Duncan, James S. (Hg.): Housing and Identity. Cross-Cultural Perspectives, London 1981, S. 181–197.

141 Hayden: Redesigning, S. 50.

142 Ebd., S. 76 f.

143 Nabalco: Feasibility Report, Supporting Volume VI, Town (3.1968), S. 5, in: SWA, PA 600b L 2-5.

144 Interview mit U. E., Min. 11:20.

Hohe Kosten, konzentrierte Risiken

Wie von der Unternehmensleitung bezweckt, sicherte der australische Standort eine langfristige Rohstoffgrundlage. Diese Langfristigkeit brachte allerdings schwerwiegende Probleme mit sich. In den 1960er Jahren erachtete das Management die hohen Investitionen und die bescheidene Rentabilität des Standorts noch als verkraftbar. Der Bau der Stadt drückte mit 14 Prozent der gesamten Baukosten auf die Rentabilität des Standorts.[145] Die Kosten für Infrastruktur und Wohnungsbau trugen wesentlich dazu bei. Die hohen Investitionskosten zwangen das Unternehmen, das Produktionsvolumen der Aluminafabrik – entgegen den anfänglichen Absichten – von 500.000 t/a auf 1.000.000 t/a zu verdoppeln.[146] So sollten die hohen Kosten für die Wohnsiedlung und insbesondere für die Transport- und Hafenanlage finanziell tragbar gemacht werden: Dank des erhöhten Produktionsvolumens reduzierte sich der Anteil für die Transport- und Hafenanlage von knapp einem Viertel auf 19 Prozent der Gesamtkosten.[147] Die größere Aluminafabrik senkte auch die relativen Kosten für den Faktor Arbeit: sowohl die anfänglichen Baukosten für Wohnanlagen als auch die laufenden Kosten für Löhne. Trotz Verdopplung des Produktionsvolumens stieg die Zahl der benötigten Arbeitskräfte lediglich von 509 auf 708 um ungefähr 70 Prozent.[148] Die Arbeitsproduktivität konnte so um 40 Prozent gesteigert werden.[149] Aber die finanzielle Belastung stieg dennoch. 1977 war ein Viertel aller Anlagewerte von Alusuisse in Gove konzentriert.[150] Damit blockierte der Standort neue Investitionen in andere Konzernbereiche und Standorte.

Die hohen Kosten bedeuteten auch eine Risikoballung. So erschien der Standort, der zu Zeiten geplant wurde, als die Aluminiumindustrie boomte, die Zukunftsaussichten positiv eingeschätzt wurden und gute Profite zu erzielen waren, mit den aufkommenden neuen Risiken wie Währungsfluktuationen und steigenden Energiepreisen in den 1970er Jahren wie aus der Zeit gerückt. Durch die Währungsfluktuationen machte die Beteiligungsgesellschaft Austraswiss, an der Alusuisse mit 70 Prozent des Aktienkapitals beteiligt war, Währungsverluste in der Höhe von

---

145 Die Kosten für die Stadt lagen faktisch höher. So wurde das Kraftwerk, das die Aluminafabrik wie auch die Stadt mit Energie versorgte, in den projektierten Kosten gänzlich der Aluminafabrik zugeordnet.

146 Nabalco: Feasibility Report, Supporting Volume VII, Economics (3.1968), in: SWA, PA 600b L 2-5.

147 Alusuisse: Anhang Nr. 865, Tonerdeprojekt Australien, Wirtschaftlichkeitsrechnung (6.1968), in: SWA, PA 600b D 2-1.

148 Nabalco: Feasibility Report, Supporting Volume IV, Bauxite Treatment Plant (3.1968), S. 20, in: SWA, PA 600b L 2-5.

149 Bei einer Produktionskapazität von 500.000 t: 2,24h/t; bei 1.000.000 t: 1,57h/t; ebd.

150 Knoepfli: Zeichen, S. 116.

4,8 Millionen australischen Dollar.[151] Durch Kurssteigerungen des australischen und Abwertungen des US-amerikanischen Dollar war das in Australien produzierte Alumina bereits 1973 im US-Dollarraum nicht mehr konkurrenzfähig – dies betraf drei Viertel der Produktion.[152] Mit den steigenden Rohölpreisen erwies sich auch das gebaute Kraftwerk als nachteilige Technologiewahl. Unter diesen Bedingungen stellten sich die langfristig ausgerichteten Abnahmeverträge für australisches Alumina als gewichtiger Nachteil für Alusuisse heraus.[153]

Das Alusuisse-Management war in den 1960er Jahren – noch mit Planungseuphorie und einem Gefühl der Zukunftssicherheit – angetreten, eines der größten Investitionsprojekte in der Geschichte des Schweizer Konzerns zu verwirklichen, nur um dann jäh einsehen zu müssen, dass die ihren Prognosen zugrunde liegenden politökonomischen Annahmen anachronistisch geworden waren. Nach knapp zehnjähriger Planungs- und Bauphase eröffnete Alusuisse den neuen Standort just in den Jahren, als die Nachfrage nach Aluminium in Europa und den USA erstmals seit über 20 Jahren eingebrochen war, in den Chefetagen der Aluminiumgiganten die Rede von einer Aluminiumkrise kursierte und der Reingewinn von Alusuisse auf die Hälfte zusammenschmolz.[154]

Die Verschuldung des Konzerns hatte durch die Investitionen in Australien stark zugenommen. In den frühen 1980er Jahren mischten sich die großen Schweizer Banken als Kreditgeberinnen direkt in die Unternehmenspolitik ein und forderten einschneidende Maßnahmen, um die Kreditwürdigkeit des Konzerns aufrechtzuerhalten. Massive Devestitionen und Sparmaßnahmen setzten ein. Gove entging nur knapp der teilweisen Devestition. Nur zehn Jahre nach der Eröffnung des Standorts, den Alusuisse bis zu einem Jahrhundert halten wollte, musste das Management bereits wieder über den Rückzug des investierten Kapitals diskutieren.[155]

Eigensinnige und renitente Arbeitskräfte

Alusuisse setzte wie gesagt ihre Planungsmacht ein, um das Verhalten der Beschäftigten zu steuern und deren Machtpotentiale zu limitieren. Die Maßnahmen zur Stabilisierung der Bevölkerung scheinen recht erfolgreich gewesen zu sein. In den frühen Betriebsjahren waren die Fluktuationsraten zwar noch hoch. Der vermutete

---

151 Crough: Geschichte, S. 189.
152 Knoepfli: Zeichen, S. 118.
153 Gespräch Adrian Knoepfli mit Kurt Wolfensberger (26.11.2009), in: SWA, PA 572 B 2-3.
154 Knoepfli: Zeichen, S. 106.
155 Notes on discussion with potential financial advisers at Gove on July 2, 1982 (6.7.1982), in: SWA, PA 600b N 32-17. Three-Step-Plan for the Divestiture of 49 % of Interest in Gove. Progress Report and Recommandations. [Bericht für die Verwaltungsratssitzung vom 8.10.1982] (4.10.1982), in: SWA, PA 600b D 2-13.

Unterschied zwischen ledigen und verheirateten Arbeitskräften bestätigte sich in der Praxis, wie Fritz Schnorf 1973 nach einer Australienreise festhielt: „The large discrepancy between the turnover of single and married operations wages personnel is continuing."[156] 1972 bewegte sich die Fluktuationsrate zwischen 52,7 Prozent für Angestellte und 94,7 Prozent für Arbeiter im Stundenlohn.[157] In den folgenden fünf Jahren sank die Fluktuation auf durchschnittlich unter 20 Prozent.[158] Bis 1985 sank sie gar weiter unter 15 Prozent.[159] Hierfür musste das Unternehmen allerdings den Anteil an Verheirateten weit über die anfangs vorgesehenen 60 Prozent erhöhen. 1980 lag deren Anteil bei über 90 Prozent.[160]

Und doch zeigten sich im Gove-Projekt die Grenzen von Planung und Verhaltenssteuerung. Die Berichte der Manager zum neuen Standort zeigen, dass das Unternehmen von Beginn an mit der Belegschaft unzufrieden war. Fritz Schnorf beklagte etwa 1973: „There is no doubt that we are disappointed by the quality of manpower, probably most by those represented by the Chemical Workers Union."[161] Schnorf führte die Probleme auf die überstürzte Rekrutierungspraxis zurück, mit der die anfänglich große Nachfrage nach Arbeitskräften befriedigt werden musste. Er beklagte die fehlende Erfahrung von Vorgesetzten im Umgang mit unmotivierten Arbeitskräften: „This is especially important in a social atmosphere where the individual worker is not too keen on doing a really good job."[162]

Die streikpräventiven Maßnahmen konnten Streiks indes nicht verhindern. Wie die Jahresberichte der Alusuisse-Tochter Austraswiss zeigen, war der Standort von Anfang an von Streiks betroffen – in der ersten Dekade wahrscheinlich jedes Jahr.[163] In ihren Reiseberichten zeigten sich die Manager negativ überrascht über das hohe Konfliktpotential: „All aspects of ‚industrial relations' absorb a large part of the attention and working time of top management"[164], berichtete etwa Fritz Schnorf 1973. Bereits vor der offiziellen Eröffnung stiegen die Streiktage um 50 Prozent und lagen knapp unter dem – in diesen Jahren sehr hohen – nationalen Durchschnitt.[165] In der ersten Hälfte des Jahres 1973 fielen 12,5 Prozent der gesamten Arbeitszeit Streiks zum Opfer. Bis 1980 bewegte sich die durch Streiks verlorene Arbeitszeit im

---

156 Schnorf, Fritz: Visit to Australia (22.6.1973), S. 28, in: SWA, PA 600b N 40-29.

157 Austraswiss: Annual Report 1977 (14.2.1978), S. 24, in: SWA, PA 600b N 32-4.

158 Ebd.

159 Austraswiss: Annual Report 1985 (21.2.1986), in: SWA, PA 600b N 32-4.

160 Austraswiss: Annual Report 1980 (5.3.1981), S. 3, in: SWA, PA 600b N 32-4.

161 Schnorf, Fritz: Visit to Australia (22.6.1973), S. 19, in: SWA, PA 600b N 40-29.

162 Ebd.

163 Für die Jahre 1972, 1975 bis 1976 konnten keine Angaben gefunden werden. Vgl. Jahresberichte Austraswiss, in: SWA, PA 600b N 32-4.

164 Schnorf, Fritz: Visit to Australia (22.6.1973), S. 20–24, in: SWA, PA 600b N 40-29.

165 Jahresberichte Austraswiss, in: SWA, PA 600b N 32-4; Bramble, Thomas: Trade Unionism in Australia. A History from Flood to Ebb Tide, Cambridge/New York 2008, S. 41–71.

einstelligen Prozentniveau. Wie aus einer Notiz des Personalverantwortlichen der Nabalco vom Juni 1973 hervorgeht, verursachte die Doppelrolle des Unternehmens als Arbeitgeber und para-staatliche Autorität Reibungen mit Arbeitskräften und Gewerkschaften.[166] In einem Kurzstreik Ende Mai 1973 forderte etwa die *Chemical Workers Union* (CWU) die Wiedereinstellung eines Arbeiters, der aufgrund eines Fehlverhaltens im Hostel entlassen worden war. Die Gewerkschaft störte sich insbesondere daran, dass das Unternehmen das Verhalten in der Freizeit sanktionierte. Die Unterlagen lassen auch erahnen, dass das Potential für Insubordination erheblich war und eine schlechte Arbeitsdisziplin von den Gewerkschaften gestützt wurde. Denn die CWU-Mitglieder forderten auch, Arbeitskräfte, die zu spät am Arbeitsplatz erschienen, nicht mehr namentlich zu erfassen. Nachdem der Streik mehrmals verlängert und die Verhandlungen stets gescheitert waren, rief die CWU einen unbefristeten Streik aus. Nun forderte sie die Wiedereinstellung eines zweiten Arbeiters. Dieser hatte es vorgezogen, Fischen zu gehen, statt zu seiner Schicht zu erscheinen. Später beleidigte er einen Vorgesetzten und entfernte sich erneut unentschuldigt vom Arbeitsplatz. Mitte Juni breitete sich der Streik auf „essential services" wie Abwasserentsorgung und Benzinnachschub für Krankenhaus, Hostel, Wäscherei, Bäckerei und Werkstatt aus. Erst dank der Vermittlung der *Commonwealth Conciliation & Arbitration Commission* konnte der Konflikt beigelegt werden.[167] Wie an diesem Beispiel deutlich wurde, war es Alusuisse nicht gelungen, ihre Vision befriedeter industrieller Beziehungen zu verwirklichen.

1981 erschütterte ein weiterer Streik den Standort auf der Gove-Halbinsel. Auslöser war das Auslaufen des Systems der Preisindexierung, das seit 1975 für die Lohnanpassungen angewendet worden war.[168] Zudem forderten die Gewerkschaften eine Senkung der Wochenarbeitszeit von 40 auf 35–36 Stunden. Eine Mehrheit der Gewerkschaften unterstützte den Streik, der am 14. August 1981 begann und ganze elf Wochen dauern sollte.[169] Wie es die streikpräventive Organisation der Produktionsanlagen vorsah, übernahmen Angestellte – gemäß Geschäftsführer Powell „leitende Angestellte und Sekretärinnen"[170] – Aufgaben der Fabrikarbeiter und hielten so einen Teil der Aluminafabrik in Betrieb. Die Kapazität der Fabrik musste dennoch gedrosselt und der Bauxitabbau vollständig eingestellt werden. Der Streik führte dazu, dass kein Bauxit mehr exportiert werden konnte und ein Loch von 120.000 Tonnen Alumina im jährlichen Produktionsoutput klaffte.[171] Im

---

166 Douglas, K. M.: Strike – Chemical Workers Union (14.6.1973), in: SWA, PA 600b N 40-29.

167 Schnorf, Fritz: Visit to Australia (22.6.1973), S. 20–24, in: SWA, PA 600b N 40-29.

168 Austraswiss: Annual Report 1981 (12.3.1982), S. 7, in: SWA, PA 600b N 32-17.

169 Ebd., S. 2.

170 Studer, Margaret: In die Zange geraten. Probleme mit Konjunktur, Staat und Gewerkschaften nagen am Optimismus, in: Schweizerische Handelszeitung (SHZ) (26.8.1982).

171 Austraswiss: Annual Report 1981 (12.3.1982), S. 7, in: SWA, PA 600b N 32-17.

Zuge der Auseinandersetzung nutzte Nabalco seine Macht auf dem Wohnungsmarkt aus und erhöhte die Wohnungsmieten um 800 Prozent für die streikenden Arbeitskräfte.[172]

Erst ein weltweiter Nachfragerückgang schwächte die Position der Arbeiter:innen und zwang sie zurück an ihre Arbeitsplätze. Im Herbst folgten aber weitere kürzere Streiks.[173] Auch 1982 blieb die Produktionsmenge von Alumina noch unter dem Niveau der vergangenen Jahre. So fielen die Ergebnisse von Nabalco für die Jahre 1981 und 1982 aufgrund der Arbeitskämpfe weit schlechter als erwartet aus; 1981 resultierte gar ein kleiner Verlust. Die ausgefallene Arbeitszeit verdreifachte sich 1981 im Vergleich zum Vorjahr auf 23 Prozent, womit nahezu ein Viertel der Jahresarbeitszeit den Streiks zum Opfer fiel.[174] Die geographische Abgeschiedenheit – so strich der Geschäftsführer der Nabalco in einem Zeitungsinterview hervor – konnte den Standort auf der Gove-Halbinsel nicht von Arbeitskonflikten abschirmen. Vielmehr wurde deutlich, dass der Standort eine erhöhte Vulnerabilität aufwies.[175] Trotz Lohnzugeständnissen von 17 Prozent im Jahr 1981 rechnete Powell mit weiteren Streiks. Bezüglich der Wochenarbeitszeit hatte das Unternehmen dem gewerkschaftlichen Druck nachgegeben und die Einführung der 35-Stunden-Woche angekündigt.[176] Dieser Arbeitskampf ereignete sich für Alusuisse zu einem sehr ungünstigen Zeitpunkt – nämlich just als der Konzern im Gespräch mit potenziellen Investoren war, um sich durch eine Teildevestition von Gove aus der Verschuldungsfalle zu retten. Den Investoren entging dieses Ereignis freilich nicht. „Will it happen again? If not, why not? What action is being taken to ensure that it will not happen again?",[177] fragten sie die Alusuisse-Manager. Die Teildevestition kam schließlich nicht zustande.

Gescheiterter *Suburb*-Symbolismus?

Wie erfolgreich war der Versuch mit einem suburbanen Setting, die Bedürfnisse und Aspirationen der Arbeitskräfte zu befriedigen und ihre Fluktuation zu mindern? Hinweise gibt eine psychologische Untersuchung, die auf Interviews mit Einwohner:innen Nhulunbuys im Jahr 1975 basiert. Die Studie untersuchte, ob zwischen den Erwartungen der Arbeitskräfte bezüglich Wohnstandard und -form

---

172 Howitt: Aborigines, S. 21.
173 Austraswiss: Annual Report 1981 (12.3.1982), S. 7, in: SWA, PA 600b N 32-17.
174 Studer, Margaret: In die Zange geraten. Probleme mit Konjunktur, Staat und Gewerkschaften nagen am Optimismus, in: SHZ (26.8.1982).
175 Ebd.
176 Ebd.
177 Notes on discussion with potential financial advisers at Gove on July 2, 1982 (6.7.1982), S. 1 f., in: SWA, PA 600b N 32-17.

und der Fluktuationsrate ein Zusammenhang festgestellt werden konnte.[178] Die
Planer hätten nicht beachtet, dass das suburbane Haus in einem regulären urbanen
Setting Funktionen für die Bewohnenden erfüllt, die in Nhulunbuy verunmöglicht
worden waren. So hätten Studien in australischen *Suburbs* gezeigt, dass Einwoh-
ner:innen ihre Wohngebäude als Ausdruck ihres Selbstbildes, ihres sozialen Status
und ihrer Errungenschaften ansahen. Die Migrationserfahrung der Bevölkerung
Nhulunbuys führte gar zu einem gesteigerten Bedürfnis, sich mit der Einrichtung
des Hauses der eigenen Identität zu vergewissern.[179] Dort aber konnten die Einwoh-
ner:innen ihr Haus nicht auswählen, sondern es wurde ihnen vom Unternehmen
zugewiesen. Ebenso wenig konnten sie es baulich verändern. Obschon die Gebäude architektonisch mit denjenigen in australischen *Suburbs* vergleichbar waren,
erfüllten sie ihre symbolische Funktion in diesem Kontext, der weder Vielfalt noch
Wahlfreiheit bot, nicht.[180] Wie beschrieben wurde, stießen die Bewohner:innen,
besonders die Hausfrauen, bei der Inneneinrichtung auch schnell an Grenzen,
weil die beschränkten Einkaufsmöglichkeiten keine individualisierte Einrichtung
erlaubten. Während das Gebäude also die symbolische Aufforderung transportierte, ein suburbanes Traumhaus mit Konsumgütern auszustatten und einzurichten,
konnten Hausfrauen diese habitualisierte Praxis nicht vollziehen.[181] Die Studie kam
zum Schluss, dass bei verheirateten Männern kein signifikanter Zusammenhang
zwischen Aufenthaltsdauer und Zufriedenheit mit der Wohnungssituation festgestellt werden konnte.[182] Für Frauen ließ sich zumindest nicht ausschließen, dass
ein Zusammenhang bestehe zwischen „the length of household stay and the ability
of women to use the imagery associated with their Nhulunbuy home in certain
social or psychological processes."[183]

Psychologische Belastungen – *Going Troppo*

Das Setting des australischen Standorts wirkte sich negativ auf die psychische Gesundheit der Einwohner:innen Nhulunbuys aus, wie eine ehemalige Bewohnerin
in einem Interview erzählte.[184] Die kaufmännische Angestellte U. E. und ihr Mann
waren in den frühen 1970er Jahren aus der Schweiz nach Australien gereist – als
der Arbeitskräftemangel die Regierung dazu bewogen hatte, Sprachkurse und Reisekosten für ausländische Arbeitskräfte zu übernehmen. Die beiden wurden durch

---

178 Neil: Housing.
179 Ebd., S. 204.
180 Ebd., S. 203 f.
181 Hayden: Redesigning, S. 34.
182 Neil: Housing, S. 210.
183 Ebd., S. 217.
184 Interview mit U. E., Min. 15:30–16:10.

ein ganzseitiges Inserat in einer australischen Zeitung auf das Alusuisse-Projekt aufmerksam, in dem Nabalco mit günstigen Unterkünften und kostenlosem Transport für das Gove-Projekt warb. Für das junge Paar schien damit die Gelegenheit gekommen, Geld für eine Reise ansparen zu können.

In der zweiten Hälfte der 1970er Jahre landete ihr Flugzeug in Gove. Exakt zwei Jahre lebte und arbeitete U. E. in Nhulunbuy. Unterschritt man als Arbeitskraft die vertraglich vereinbarte Mindestaufenthaltsdauer von zwei Jahren, mussten die gesamten Reisekosten dem Arbeitgeber zurückerstattet werden. Wie U. E. rückblickend feststellt, war dies einer der Gründe, wieso ein „psychologischer Druck"[185] auf den Einwohner:innen Nhulunbuys lastete.

Die große Abgeschiedenheit und die durchgeplante Raumordnung Nhulunbuys erinnert sie als irritierende Erfahrung: „Man ist wie in einer Blase, du triffst immer dieselben Leute, du gehst immer die gleichen Wege, nach ungefähr drei Monaten gibt's nichts mehr Neues zu entdecken."[186] Diese Erfahrung lässt sich damit erklären, dass die Raumordnung Nhulunbuys ein Übermaß an Handlungssicherheit schuf: Vom Städtebau über die Architektur bis hin zu den Innenräumen war sie auf effiziente Routinen vorkonfiguriert, sodass individuelle Aneignungen durch die Subjekte erschwert waren. Besondere Bedeutung hatten daher private Flohmärkte, die Einwohner:innen veranstalteten, bevor sie Nhulunbuy verließen. Sie boten eine seltene Gelegenheit, an neue Gegenstände zu gelangen. Wie U. E. erzählt, gingen Männer auch dazu über, Holz im Busch zu sammeln, um Möbel anzufertigen. So versuchte man, etwas der eigenen Persönlichkeit Ausdruck Verleihendes in die Wohnungseinrichtung zu integrieren. „Der Wunsch nach Individualität war in dieser Umgebung sehr stark gewachsen. Weil alles so normiert war."[187]

U. E. bringt diese Raumerfahrung auch in Verbindung mit Symptomen psychischer Belastung. Da sie Sportkurse in Nhulunbuy anbot, gewann sie einen Einblick in eine Vielzahl physischer und psychischer Beschwerden der Einwohner:innen. Auffällig viele klagten über diffuse Symptome wie Kopfschmerzen, Migräne und Bauchschmerzen.[188] Dass die Symptome recht verbreitet waren, bestätigt die Existenz eines eigenen alltagssprachlichen Ausdrucks: „going troppo".[189] Dieser Begriff war keine Neuerfindung, sondern geht vermutlich auf australische Truppen im Pazifik während des Zweiten Weltkrieges zurück und bezeichnet die Vorstellung, dass tropische klimatische Bedingungen die psychische Gesundheit beeinträchtigen. U. E. erinnert sich an weitere Episoden, die auf soziale Probleme in Nhulunbuy

---

185 Ebd. 00:30–06:00.
186 Ebd., Min. 16:00.
187 Ebd., Min. 12:00.
188 Ebd., Min. 22:10–23:10.
189 Ebd., Min. 15:25

hinweisen: „Es gab sehr viele Leute, die abgebrochen haben, es gab sehr viele Schei-
dungen, weil Frauen es nicht aushielten; Frauen vereinsamten; in rascher Abfolge
zwei Kinder, aber dann die Familie nicht bei sich."[190] Die Nachbarin von U. E. litt
unter Weinkrämpfen, sodass sie regelmäßig von einem Arzt aufgesucht wurde, bis
sie plötzlich abreiste.[191]

Wie Hayden festhält, griffen Frauen in Krisensituationen oft auf die Unterstützung anderer Frauen zurück – seien es Mütter, Schwestern oder Freundinnen.[192]
Ebendiese Unterstützung machte die Abgeschiedenheit Goves unmöglich. Auch
ausgeprägter Alkoholkonsum war weitverbreitet. U. E. erinnert sich, dass zu jeder
Gelegenheit – im Pub, bei Zusammenkünften, beim Grillen – viel Alkohol konsu-
miert wurde. Der physischen Gesundheit aber auch dem allgemeinen Wohlbefinden
abträglich war zudem die schlechte Versorgung mit Nahrungsmitteln. Frische Produkte wie Früchte oder Gemüse waren Mangelware.[193] Sämtliche Milchprodukte,
Eier und Brot wurden nur tiefgekühlt angeliefert. In hinreichenden Mengen waren
ausschließlich tiefgekühlte Fertiggerichte erhältlich. Das führte dazu, dass sobald
ein Schiff oder Flugzeug mit einer Lieferung frischer Lebensmittel gesichtet wurde,
ein Sturm auf den Einkaufsmarkt einsetzte. Angesichts dieser unbefriedigenden
Versorgung, versuchten einzelne Einwohner:innen selbst Gemüse anzubauen oder
Brot zu backen. Einen Garten konnten allerdings nur Personen anlegen, die das
Privileg eines Einfamilienhauses mit Grundstück besaßen.

2.5 Synthese Teil I

In der hier behandelten Zeitperiode zwischen 1960 bis 1971 expandierte Alusuisse
weltweit und baute seine Produktionskapazitäten stark aus. Es waren die goldenen
Jahre der globalen Aluminiumindustrie, zugleich sah sich der Schweizer Konzern
seit 1960 mit einer sinkenden Rentabilität konfrontiert, was das Management zur
ambivalenten Zeitdiagnose der „profitless prosperity" veranlasste.

Alles andere als problemfrei war auch das Verhältnis zwischen Unternehmen
und Belegschaft. Das Bild der Arbeitskräfte, das sich aus den managerialen *Préoccupations* dieser Zeitperiode heraus zeichnen lässt, verweist auf beachtliche arbeitsmanageriale Schwierigkeiten wie unkontrolliert steigende Personalkosten,
unbefriedigende Arbeitsdisziplin und Leistung, hohe Fluktuation und reger Absentismus sowie bisweilen offener Widerstand und Streiks. Die Personalpolitik die

---

190 Ebd., Min. 15:25.
191 Ebd., Min. 22:10. U. E. erwähnt auch, dass nicht alle solche Schwierigkeiten hatten. Insbesondere
     australische Familien seien besser damit zurechtgekommen.
192 Hayden: Redesigning, S. 66.
193 Interview mit U. E., Min. 31:15–36:50.

das Management demgegenüber in Anschlag brachte, zielte hauptsächlich auf Leistungssteigerung und einer möglichst störungsfreien Produktionsprozess, wobei Letzteres auch vor dem Hintergrund zunehmender Mechanisierung, Kapitalintensität und Investitionskonzentration zu verstehen ist.

Diese personalpolitischen Mittel lassen sich grob in drei Gruppen aufteilen. Wo dies möglich war, antizipierte man strukturelle oder organisationale Machtpotentiale der Arbeitskräfte, Streiks und hohe Fluktuationsraten bereits in der technischen, räumlichen und arbeitsorganisatorischen Architektur von Produktionsprozess und – wie in Australien – Reproduktionssphäre. Hier waren Planung, Prävention und Versuche sozialtechnologischer Steuerung zentral. Eruierte man Produktionssequenzen mit gesteigerten Machtpotentialen der Arbeitskräfte oder hohem gewerkschaftlichen Organisationsgrad, versuchte das Management diese zu umgehen, Puffer in den Produktionsfluss einzubauen oder Aufgaben an loyale Mitarbeiter:innen zu delegieren. Wie am Beispiel Australiens gezeigt wurde, wiesen diese Bemühungen auch über die Betriebsgrenzen hinaus. Basierend auf ausgedehnten empirischen Studien plante das Unternehmen spezifische infrastrukturelle Rahmenbedingungen, um dank einer vergeschlechtlichten Arbeitsteilung die in reinen Männerbelegschaften prekäre soziale Reproduktion zu sichern und so optimale Bedingungen für eine geringe Fluktuation zu schaffen.

Ein zweiter Strang arbeitsmanagerialer Mittel zielte auf eine betriebsorientierte Vergemeinschaftung der Arbeitskräfte. Hier schlossen die Manager an die in den 1950er Jahren in Europa populären Rhetoriken der *Human-Relations*-Schule, an das Konzept der „sozialen Betriebsgestaltung" oder an korporatistische Modelle der Betriebsgemeinschaft aus der Zwischenkriegszeit an. Diese Personallehren zielten auf die Integration der Arbeitskräfte in den Betrieb und ein gutes Betriebsklima ab, das wiederum einen ungestörten Produktionsprozess und eine höhere Arbeitsproduktivität ermöglichen sollte. Das Arbeitsmanagement sollte zum einen auf das Individuum und seine Psyche ausgerichtet sein, zum anderen aber diese Individuen zu einem betrieblichen Kollektiv formen. Im arbeitsmanagerialen Visier waren daher die Haltung, die Emotionen und Identitäten der Mitarbeiter:innen sowie deren Beziehungen untereinander. Diese verborgenen Elemente der Arbeitskraft sollten beeinflusst werden, indem man ihre vermeintlichen psychologischen Bedürfnisse erkannte und für unternehmerische Zwecke befriedigte beziehungsweise instrumentalisierte.

Schließlich stellte das Arbeitsmanagement aber auch weiterhin, und dies stand im Gegensatz zur *Human-Relations*-Ideologie, auf finanzielle Anreize ab. Der tayloristische Geist war unter den Alusuisse-Managern höchst lebendig, und man suchte nach versteckten Leistungsreserven, trachtete danach, die leistungsbelohnende Mechanik zu perfektionieren, und ergänzte sie mit einer Persönlichkeitsbewertung, um das betriebsorientierte Verhalten zu stärken. Die Anreizsysteme operationalisierten die anthropologische Vorstellung eines *Homo incentivus*, der nutzenmaximierend und zweckrational auf finanzielle und psychologische Anreize reagiert. Zugleich hatten die Systeme einen erzieherischen Anspruch und lassen sich als Versuch werten, diesen anreizresponsiven Arbeitertypus erst zu erschaffen, um Verhalten und Leistung kalkulierbar und lenkbar zu machen.

Dass gleichzeitig *Human-Relations*-Maßnahmen, Vorstellungen von Betriebsgemeinschaft und tayloristische Lohnanreize propagiert wurden, zeigt, dass das Arbeitsmanagement bei Alusuisse in den 1960er Jahren nicht einer kohärenten Personallehre folgte. Während wissenshistorische Arbeiten eine klare Abfolge arbeitswissenschaftlicher Diskurse nachzeichnen, ergibt der Blick auf konkrete arbeitsmanageriale Diskurse und Praktiken im Unternehmen eine weniger eindeutige Erzählung: Auch wenn einige der arbeitswissenschaftlichen Trends der Zeit in der unternehmerischen Praxis zu finden sind, koexistierten Maßnahmen aus verschiedenen, sich in gewissen Punkten widersprechenden Personallehren. Für diese Überlagerung alter Praktiken durch neue scheint daher ein geologisches Schichtenmodell passender als ein wissenshistorisches Stufenmodell. Im Allgemeinen waren die Manager wenig innovationsfreudig und orientierten sich an bereits seit langem etablierten personalpolitischen Maßnahmen und Personallehren und versuchten, diese allenfalls auszudehnen oder zu perfektionieren. Neuere Personallehren, die an das Menschenbild der humanistischen Psychologie anschlossen und die Selbstverwirklichung im Arbeitsprozess als wichtigsten Motivator propagierten, waren in den Chefetagen von Alusuisse noch nicht angekommen.[194]

Allgemein bereitete dem Management während der Expansionsphase nach 1960 bis zum Einbruch des globalen Aluminiummarktes 1971 weder die Definition von Zielen oder Problembereichen noch die Suche nach Lösungsansätzen besondere Mühe. Dass das Arbeitsmanagement dabei eine hohe Priorität genoss und dass Kostenkontrolle mittels der Rationalisierung der Betriebe zu erreichen war, schien dem Topmanagement evident. Diese Selbstverständlichkeit im managerialen Handeln verweist auf einen Verhaltensmodus ökonomischer Akteur:innen, den Hansjörg Siegenthaler als „Routinelernen"[195] bezeichnet und als „regelgebundene Selektion und Interpretation verfügbarer Informationen"[196] beschrieben hat. In diesem Modus agieren Akteur:innen routinisiert: Sie vertrauen darauf, wichtige Informationen eruieren zu können, sie nach funktionierenden Regeln zu interpretieren und für

---

194 Bernet: Mitbestimmung, S. 64 f.

195 Siegenthaler, Hansjörg: Regelvertrauen, Prosperität und Krisen. Konjunkturgeschichte als Gegenstand der Wirtschafts- und Mentalitätsgeschichte, in: David, Thomas/Mathieu, Jon/Schaufelbühl, Janick Maria u. a. (Hg.): Krisen. Ursachen, Deutungen und Folgen (Schweizerisches Jahrbuch für Wirtschafts- und Sozialgeschichte 27), Zürich 2012, S. 31–44.

196 Ebd., S. 33.

ihre „Kommunikationsgemeinschaft"[197] handlungsrelevante Erwartungshaltungen auszubilden. Allfällige Unsicherheiten können durch Informationsbeschaffungen abgebaut werden.[198]

Siegenthalers begrifflic[k]es Instrumentarium hilft an dieser Stelle, eine Periodisierung der managerialen *Préoccupations* zu treffen. Denn, auch wenn die 1960er Jahre in der Geschichte der Alusuisse den Zeitgenoss:innen nicht als goldenes Jahrzehnt, sondern als eher ambivalente Phase von Wachstum und sinkenden Renditen erschienen, war die Dekade doch von Optimismus und Zukunftsgewissheit geprägt und forderte das Regelvertrauen der Manager kaum heraus. Noch klarer lassen sich die 1960er Jahre als eigenständige unternehmenshistorische Phase fassen, wenn man sie – wie der Blick auf den australischen Standort offenbart hat – den Entwicklungen ab den frühen 197[0]er Jahren gegenüberstellt.

---

197 Siegenthaler, Hansjörg: Re[g]elvertrauen, Prosperität und Krisen. Die Ungleichmäßigkeit wirtsc[h]aft-licher und sozialer Entwicklung als E[r]gebnis individuellen Handelns und sozialen Lernens (Die Einheit der Gesellschaftsw[i]ssenschaften 81), Tübingen 1993, S. 43.
198 Siegenthaler: Regelvertra[u]en (2012), S. 34.

Teil II

3. Die Krisen managen (1971–1985)

„Aluminium market crisis", „energy crisis", „economic crisis", „monetary crisis", „corporate environment' crisis" – mit dieser Krisen-Palette umschrieb Thomas Gasser, der Leiter des Aluminiumbereichs, die 1970er Jahre.[1] Auf der Geschäftsführerkonferenz 1980 in Lugano erzählte er die Geschichte der Alusuisse seit 1971 als eng getaktete Abfolge von Krisen: 1971/1972 hätten sich ein Überangebot von Rohaluminium, kollabierende Preise und steigende Lagerbestände zu einer „Aluminium market crisis" aufsummiert. 1973 sorgten steil ansteigende Ölpreise für eine Energiekrise, die nicht nur die Industrie stark beschädigte, sondern der Öffentlichkeit auch die „Grenzen des Wachstums" vor Augen führte. In der Weltwirtschaftskrise ab 1974 verbanden sich laut Gasser Inflation und Massenarbeitslosigkeit mit einer weltweiten Rezession. In dieser Erzählung folgte ab 1977 eine Währungskrise, die Risiken und Unsicherheiten explodieren ließ und wettbewerbsverzerrende Währungsfluktuationen auslöste. Die Narration des Krisenjahrzehnts rundete eine „'corporate environment' crisis" ab, in der neue staatliche Regulierungen, öffentlicher Druck, neue Forderungen der „dritten Welt" und Forderungen nach betrieblicher Mitbestimmung die Spielräume für multinationale Konzerne einschränkten.

Wie diese Erzählstränge andeuten, hatte sich auf den Führungsetagen im Verlauf der 1970er Jahre ein vielschichtiges Krisenbewusstsein herausgebildet. Verunsicherung breitete sich im Topmanagement aus und nährte sich aus der Einsicht, dass die bisherigen Lösungsstrategien keinen Erfolg mehr versprachen.[2] Das „Regelvertrauen"[3] der Manager, um auf Hansjörg Siegenthalers Begrifflichkeiten zurückzukommen, ihr Vertrauen in die „Routine [ihres] Denken[s]"[4] war erschüttert. Der eingespielte Modus Operandi, um Informationen einzuordnen und Prognosen aufzustellen, geriet ins Stocken. Damit verloren die managerialen Erzählungen

---

1 Gasser, Thomas Peter: Alusuisse in the Seventies (9.1980), S. 4–6, in: SWA, PA 600b D 9-5. Thomas Peter Gasser (*1933) studierte an der Hochschule St. Gallen (HSG) und promovierte 1959 in Volkswirtschaft an der Universität Zürich. Er war seit den frühen 1960er Jahren als Berater bei McKinsey tätig, wechselte 1969 zu Alusuisse. 1982 verließ er den Schweizer Aluminiumkonzern und wurde 1988 CEO der BBC (später ABB).

2 Diesen Zustand der Verunsicherung teilten Manager mit Akteur:innen anderer Gesellschaftsbereiche; vgl. Doering-Manteuffel/Raphael: Boom, S. 53; Steiner, André: Die siebziger Jahre als Kristallisationspunkt des wirtschaftlichen Strukturwandels in West und Ost?, in: Jarausch, Konrad H. (Hg.) Das Ende der Zuversicht? Die siebziger Jahre als Geschichte, Göttingen 2008, S. 29–48, hier: S. 43.

3 Siegenthaler: Regelvertrauen (2012).

4 Ebd., S. 33.

über Vergangenheit und Zukunft ihre orientierende Kraft und erschwerten die Herausbildung kollektiver Erwartungshaltungen. Die ubiquitäre Rede von Krisen war in diesem Sinne einer genuinen Verunsicherung und Desorientierung der unternehmerischen Leitung geschuldet.

Allerdings diente die rhetorische Figur der Krise zugleich als diskursiver Referenzpunkt neuer Erzählungen und wurde genutzt, um Haltungen und Gefühlslagen zu modellieren und Mitarbeitende zu mobilisieren.[5] Die dabei skizzierten Sprachbilder waren keine neutralen Realitätsbeschreibungen. Sie waren vielmehr Teil von Deutungskämpfen innerhalb des Unternehmens, denn sie wiesen Verantwortung bzw. Schuld zu und ließen bestimmte Lösungsansätze als evident erscheinen.[6] Dieses Kapitel beleuchtet, schwerpunktmäßig anhand der Geschäftsführerkonferenzen 1975 und 1980, die managerialen Krisendiskurse sowie die daraus hervorgehenden Lösungsstrategien.[7]

3.1 Manageriale Krisendiagnosen

„Hat das Aluminium im Rahmen des längerfristigen Konzernkonzepts wirklich noch eine Daseinsberechtigung?"[8], fragte Thomas Gasser auf der Geschäftsführerkonferenz 1975.[9] Generaldirektor Emanuel Meyer kündigte indes das Ende der „Sturm- und Drangzeit" an und gestand ein, dass Planungsunsicherheit die Gegenwart und Ungewissheit die Zukunft prägte: „Wir haben keine Ahnung, was in Zukunft hinter der Nebelwand der Unsicherheit an wirtschaftlicher Realität verborgen liegt."[10]

---

5 Tanner, Jakob: Krise, in: Dejung, Christof/Dommann, Monika/Speich Chassé, Daniel (Hg.): Auf der Suche nach der Ökonomie. Historische Annäherungen, Tübingen 2014, S. 153–181, hier: S. 158 f.

6 Rossfeld, Roman/Köhler, Ingo: Wirtschaftskrisen und Krisendiskurse: Vorwort der Herausgeber, in: Jahrbuch für Wirtschaftsgeschichte/Economic History Yearbook 57/2 (2016), S. 299–303, hier: S. 301.

7 Teile dieses Kapitels basieren auf Grob: Vermarktlichung.

8 Gasser, Thomas Peter: Nah- und Fernziele im Aluminiumbereich (10.1975), S. 25, in: SWA, PA 600b D 9-12.

9 Basierend auf einer Studie des Beratungsunternehmen McKinsey aus dem Jahr 1970 war das Unternehmen in die sechs Divisionen Aluminium, Bergbau, Chemie, Dienstleistungen, Energie und Forschung aufgeteilt worden. Jede Division war zudem in einer Verwaltungsabteilung an der Zürcher Konzernzentrale und geographisch orientierten Gruppe (meist Ländergruppen) organisiert und von einem Bereichsleiter geführt, der direkt der Generaldirektion unterstellt war. Generaldirektion und Bereichsleiter wurden von sieben funktionsorientierten Sparten unterstützt (Administration, Finanzen, Führungsnachwuchs, kommerzielle Dienste, Perspektiven und Koordination, Wirtschaftsstudien, Recht und Steuern); vgl. Feucht: Engineering, S. 47 f.

10 Meyer, Emanuel: Vom Sturm und Drang zur Prosperität (10.1975), S. 9–15, in: SWA, PA 600b D 9-12.

Die bisherigen unternehmerischen Routinen schienen anachronistisch geworden zu sein – etwa die ritualisierte Praxis von Gegenwartsanalyse und Prognose. „Schon eine Diagnose des Ist-Zustandes gibt Rätsel auf"[11], betonte Meyer 1974. Noch schwieriger seien „Voraussagen selbst für die allernächste Zeit. Annahmen für die üblichen Fünfjahrespläne sind bestenfalls Denkmodelle. Man kann sich nicht darauf verlassen."[12] Als neue Konstante erschien Meyer nur die permanente Veränderung: „Heute ändern die Konjunkturbilder rasch und plötzlich, nicht langsam und graduell wie in den letzten 25 Jahren [sic]. Fast über Nacht schlugen Marktverhältnisse ins Gegenteil um: Zuviel wird Zuwenig, teuer billig, und umgekehrt."

Ganz akzeptieren wollte Meyer aber die Vorstellung eines permanent krisenhaften Zustandes vorerst nicht. Bis in die zweite Hälfte der 1970er Jahre erkannte er wiederholt Silberstreifen am Horizont und betrachtete die Schwierigkeiten des Konzerns als hauptsächlich konjunkturbedingt: „Das Unternehmen ist strukturell gesund. Was wir brauchen, ist eine halbwegs normale Wirtschaft."[13] Auf der Geschäftsführerkonferenz 1980 in Lugano erhärtete sich allerdings allmählich die Einsicht, dass die ökonomischen Zukunftsaussichten düster bleiben würden: Die 1970er Jahre erschienen nun, beispielsweise in der Rede Gassers, als ein verlorenes Jahrzehnt: „In summary: No prosperity, slow growth coupled with high inflation, little predictability, extreme and short cycles."[14] Und diese negative Rückschau lieferte die Grundlage, wie Meyers Referat „Alusuisse in the eighties" zeigt, für ebenso negative Prognosen: Neben geopolitischen Ungleichgewichten und makroökonomischen Problemen betonte er, dass sich der Konzern fortan in einer „volatilen, verwirrenden, unvorhersehbaren und feindlichen Umwelt"[15] zurechtfinden und einen Umgang mit beschleunigtem Wandel und kürzeren Konjunkturzyklen finden müsse.

Dem Management präsentierte sich eine komplexe Problemkonstellation, die widersprüchliche Lösungsansätze zu verlangen schien, wie Gasser auf der Geschäftsführerkonferenz 1975 ausführte.[16] Es bräuchte genauere Rentabilitätsberechnungen und -kontrollen, die aber durch unkontrollierbare Faktoren, etwa das neue Währungssystem freischwebender Wechselkurse, erschwert werde. Der „Internationalisierung des Wettbewerbs" sah Gasser eine zunehmende protektionistische Abschottung „nationaler Märkte" gegenüber. Und während sich Unternehmen

---

11 Meyer, Emanuel: Neujahrsbrief 1974 (30.12.1974), S. 1, in: SWA, PA 600b D 4-2.

12 Ebd.

13 Richtlinien der Unternehmenspolitik 1977 (9.12.1976), S. 2, in: SWA, PA 600b D 2-8.

14 Gasser, Thomas Peter: Alusuisse in the Seventies (9.1980), S. 6, in: SWA, PA 600b D 9-5.

15 Meyer, Emanuel: Alusuisse in the Eighties (9.1980), S. 2, in: SWA, PA 600b D 9-5.

16 Gasser, Thomas Peter: Nah- und Fernziele im Aluminiumbereich (10.1975), S. 32, in: SWA, PA 600b D 9-12.

stärker und rascher der Marktumgebung anpassen müssten, diagnostizierte er eine „zunehmende Inflexibilität" aufgrund hierarchischer Entscheidungsstrukturen und erhöhter Produktionskosten in den Betrieben. „Steigende Kapitalbedürfnisse" kollidierten zudem mit „sinkenden Gewinnmargen", ein „wachsendes Bedürfnis nach breiter Risikostreuung" stand „immer grösser werdenden Werkseinheiten" gegenüber. *Last but not least* sah er die „wachsende Grösse der Alusuisse" im Widerspruch zu einer „immer mehr beschränkten" unternehmerischen „Manövrierfreiheit". Zusammenfassend hielt Meyer 1975 fest: „wir stecken mitten in einer Weltwirtschaftskrise."[17] Die „Sturm- und Drangperiode gleichzeitiger Expansion, Integration und Diversifikation ist vorbei."[18]

Ökonomische Turbulenzen nach dem Boom

Diese Krisendiagnosen wurden vor dem Hintergrund der Erosion von bis dahin als stabil erachteten Markttendenzen und makroökonomischen Arrangements gestellt. Etwa die Preisbildung von Rohaluminium: Lange Zeit vermochten die kartellmäßig organisierten Großproduzenten den Weltmarktpreis durch Listenpreise auszuhebeln. In den 1970er Jahren geriet diese Praxis mehr und mehr unter Druck.[19] Denn Aluminium hatte durch Produkte aus Kunststoff ernsthafte Konkurrenz erhalten. Zudem drangen neue private und staatliche Aluminiumproduzenten auf den Markt, was den Wettbewerbsdruck und die Produktionsmengen ansteigen ließ. Insbesondere Hersteller aus sogenannten Entwicklungsländern unterboten dabei die Listenpreise, um an Devisen zu gelangen. In Europa begannen Regierungen derweil Gesetze zur Einschränkung von Kartellbildung umzusetzen.[20] Mit dem erstmaligen Handel von Rohaluminium an der London Metal Exchange (LME) im Jahr 1978 entglitt den großen Aluminiumproduzenten die Kontrolle über den Preis endgültig.[21]

Auch die Produktionskosten, die Nachfrage nach Aluminium sowie das globale Wechselkurssystem gerieten unter großen Veränderungsdruck. Das Ende des Fixkurssystems von Bretton Woods im Jahr 1973 und der damit einhergehende Wertzerfall des US-Dollars verursachten bei Alusuisse erhebliche Gewinneinbußen.

---

17 Meyer, Emanuel: Vom Sturm und Drang zur Prosperität (10.1975), S. 13, in: SWA, PA 600b D 9-12.

18 Ebd., S. 12.

19 Nappi: Industrie, S. 163.

20 Bertilorenzi, Marco: Alufinance & Trade Ltd. Cartelisation and Financial Regulation in the European Aluminium Industry during the 1970s, in: Barjot, Dominique/Bertilorenzi, Marco (Hg.): Aluminium. Du métal de luxe au métal de masse (XIXe–XXIe siècle). From Precious Metal to Mass Commodity (19th–21st century), Paris 2014, S. 171–188, hier: S. 172 f.

21 Nappi: Industrie, S. 163.

Und die neuerdings großen Währungskursschwankungen verkomplizierten die Geschäftsumgebung.[22] Die im Zuge der Ölpreiskrisen von 1973 und 1979 gestiegenen Energiepreise sowie neue Umweltschutzauflagen trieben indes die Produktionskosten in die Höhe. Begleitet wurde all dies von einer schwächelnden Nachfrage nach Aluminium: Während die jährliche Wachstumsrate zwischen 1945 und 1972 bei knapp zehn Prozent lag, sank sie in den Jahren bis 2010 auf lediglich drei Prozent.[23] In den Jahren 1980 und 1981 war die Nachfrage gar rückläufig.[24] Die Folgen dieser ökonomischen Turbulenzen zeigten sich nicht zuletzt darin, dass um 1980 die Lage vieler europäischer Aluminiumbetriebe derart prekär geworden war, dass der Staat eingriff und sie verstaatlichte.[25]

Trotz dieser stürmischen Zeiten hatte Alusuisse allerdings große Mühe, das Steuerrad neu auszurichten und den Wachstumskurs der Hochkonjunktur hinter sich zu lassen. So musste das Unternehmen seine Produktionskapazitäten weiter ausbauen, um die großen Mengen an Bauxit und Tonerde zu absorbieren, die aus dem 1971 fertiggestellten Riesenprojekt in Australien stammten.[26] Zudem hatten die hoch technologisierten Produktionsbetriebe eine Größe und Kapitalintensität erreicht, die selbst für umsatzstarke Aluminiumkonzerne schwer zu bewältigen waren.[27] So banden die Produktionsmittel für eine Tonne Tonerde 1975 doppelt so viel Kapital wie zehn Jahre zuvor.[28] Parallel nahmen auch alle anderen relevanten Kostenstellen wie Energie, Rohstoffe und Personal zu. Diese Tendenzen spiegelten sich im unternehmerischen Erfolg: 1971 brach der Umsatz von Alusuisse um rund zehn Prozent ein, der ausgewiesene Reingewinn halbierte sich.[29] In der Branche war von einer Aluminiumkrise die Rede. Erst 1974 konnte Alusuisse kurzfristig wieder positive Resultate erzielen. Doch bereits 1974/1975 traf die Rezession die für die Aluminiumindustrie zentrale Bau- und Automobilbranche derart schwer, dass die sinkende Nachfrage zum erstmaligen Einbruch der Primäraluminiumproduktion seit 1945 führte.[30] 1975 musste Alusuisse einen Verlust von 21 Millionen Schweizer Franken verbuchen. Nach einigen ertragsstarken Jahren folgte 1981 bereits der nächste Einbruch in die roten Zahlen. „Die hohen Zinslasten drücken

---

22 Knoepfli: Zeichen, S. 112.
23 Nappi: Industrie, S. 159.
24 Knoepfli: Zeichen, S. 112.
25 Bertilorenzi: Alufinance, S. 187.
26 Knoepfli: Zeichen, S. 113.
27 Gasser, Thomas Peter: Nah- und Fernziele im Aluminiumbereich (10.1975), S. 28–33, in: SWA, PA 600b D 9-12.
28 Ebd., S. 28.
29 Knoepfli: Zeichen, S. 106.
30 Ebd., 110–112.

auf die Ergebnisse",[31] stellte man hierzu in einem internen Strategiepapier fest. Auf das „für die Aluminiumindustrie […] miserable Jahr"[32] und die weltweit sich aufblähenden Rohaluminiumlager reagierte die Unternehmensleitung, indem sie ihr Investitionsprogramm redimensionierte und vorübergehend Produktionskapazitäten reduzierte.[33] Auch 1982 und 1983 vermeldete Alusuisse weitere Verluste.[34] Meyer musste erneut eine „Krise"[35] konstatieren und wieder hielt man in einem Strategiepapier fest, dass „niemand […] zum heutigen Zeitpunkt in der Lage" sei, über einen kurzfristigen Zeithorizont hinaus „eine vernünftige Vorhersage zu machen".[36] In diesen frühen 1980er Jahren mehrten sich die öffentliche Kritik ebenso wie selbstkritische Diskussionen im Verwaltungsrat.[37] Um die Verluste und die problematische Verschuldung zu entschärfen, rekurrierte das Topmanagement auf eine fragwürdige bilanztechnische Operation und ließ die Bauxit-Abbaurechte in Australien als 700 Millionen schweres Aktivum in die Bilanz einschreiben.[38] 1985 machte die Revisionsgesellschaft Fides allerdings auf die nicht länger übersehbaren Probleme des Konzerns aufmerksam. Auch die kreditgebenden Schweizer Banken hatten sich in diesen frühen 1980er Jahren aktiv ins operative Geschäft eingemischt und erzwangen 1985 gar einen Personalwechsel im Topmanagement.[39]

Eingeschränkte Freiheiten, kritische Öffentlichkeiten und streikende Belegschaften

Wie sich anhand der Geschäftsführerkonferenz 1975 zeigen lässt, beschränkten sich die diagnostizierten Krisenphänomene keineswegs auf die Wirtschaft im engeren Sinne. So klagte Thomas Gasser, dass Alusuisse in ihrer „Manövrierfreiheit"[40] eingeschränkt sei. Hierzu trage die gestiegene Kapitalkonzentration an einzelnen Produktionsstätten bei. Als Beispiel für diese ungewollte Risikokonzentration zog Gasser die Bauxit- und Tonerdebetriebe in Australien heran, die 60 Prozent der konzerneigenen Nachfrage abdeckten. Er warnte, dass der Konzern im Falle von

---

31 Richtlinien der Unternehmenspolitik 1982 (9.2.1982), S. 3, in: SWA, PA 600b D 2-8.
32 Ebd., S. 6.
33 Vgl. Kapitel 6.3.
34 Knoepfli: Zeichen, S. 169.
35 Ebd.
36 Richtlinien der Unternehmenspolitik 1983 (7.2.1983), S. 1, in: SWA, PA 600b D 2-8.
37 Knoepfli: Zeichen, S. 170 f.
38 Ebd., S. 169 f.
39 Ebd., S. 172 f. Vgl. Kapitel 5.
40 Gasser, Thomas Peter: Nah- und Fernziele im Aluminiumbereich (10.1975), S. 29, in: SWA, PA 600b D 9-12.

„Streiks, Währungsfluktuationen, staatlichen Eingriffen und Naturkatastrophen"[41] besonders verwundbar sei.

Die gehemmte „Manövrierfreiheit" führte er zudem auf die „Interessen [von Minderheitsaktionären, Partnern, Belegschaftsvertretern und lokalen Behörden" zurück, die die „Vorteile der geographischen Diversität oft illusorisch" machten. Er fuhr fort:

> Wir können in Europa nicht mehr einfach die kostenungünstige Elektrolyse abschalten und den lokalen Metallbedarf aus dem Ausland importieren. Wir sind kaum mehr im Stande, die Auslastung von Walzwerken durch Umlagern von Aufträgen zu beeinflussen. Kurz, ein rein wirtschaftlich orientiertes Verhalten ist selten mehr möglich.[42]

Die „optimale Produktionsprogrammierung und Marktversorgung", die „zentrale Transportlogistik" und auch die „Steuerung von Cashflow und Erträgen" konnten, so Gassers Kritik, nicht mehr frei nach unternehmerischen Kriterien organisiert werden. Doch nicht nur von diesen Stakeholdern außerhalb der Unternehmensleitung sah man sich beeinträchtigt, auch die öffentliche Meinung wurde als zunehmend unternehmenskritisch wahrgenommen.

Wie viele andere westeuropäische Konzerne sah sich Alusuisse immer häufiger der Kritik von Medien und zivilgesellschaftlichen Gruppierungen ausgesetzt.[43] „Alles ist im Fluss", sinnierte Meyer, die „einzige Konstante ist der Wechsel. Ideen, Wertmassstäbe, Institutionen ändern laufend. […] Früher genoss die Industrie in weiten Kreisen der Bevölkerung Ansehen und Sympathie. Heute sitzt sie auf der Anklagebank."[44] Eine wohlgesinnte Öffentlichkeit sei nicht mehr selbstverständlich. Vielmehr würde die Wirtschaft für Krisen verantwortlich gemacht und grundsätzlich als „kapitalistisch, ausbeuterisch, multinational und imperialistisch" gebrandmarkt. Meyer rief daher seine Kollegen zur Imagepflege auf: „Wir müssen uns darum bemühen und dem Ruf der Firma als Ganzes und dem Image der einzelnen Konzerngesellschaften Sorge tragen."[45]

In nicht minder düsterem Licht zeichnete Meyer die Beziehungen zur Belegschaft. „Was nützen uns die besten Verfahren und Produkte […], wenn in unseren Fabriken

---

41 Ebd., S. 30.
42 Ebd., S. 29.
43 Kurzlechner, Werner: Von der Semantik der Klage zu einer offensiven Medienpolitik. Selbstbild und Wahrnehmung westdeutscher Unternehmer 1965 bis 1975, in: Reitmayer, Morten/Rosenberger, Ruth (Hg.): Unternehmen am Ende des „goldenen Zeitalters". Die 1970er Jahre in unternehmens- und wirtschaftshistorischer Perspektive, Essen 2008, S. 289–318; Dietz: Aufstieg, S. 228–232.
44 Meyer, Emanuel: Vom Sturm und Drang zur Prosperität (10.1975), S. 22 f., in: SWA, PA 600b D 9-12.
45 Ebd., 23.

gestreikt oder Pfuscharbeit geleistet wird?"[46], fragte er 1975. In der Tat sah sich Alusuisse seit Ende der 1960er Jahre immer wieder mit Streiks konfrontiert, wie ein Blick in die Geschäftsberichte zeigt.[47] Nach dem Streik von 1954 im Walliser Chippis wurden bis 1962 keine Streiks erwähnt. 1962 und 1963, dann ab 1966 bis 1971 jährlich, erschütterten Arbeitskämpfe die italienischen Betriebe. 1967 und nochmals 1968 trafen wilde Streiks die größte Aluminiumhütte des Konzerns in New Johnsonville im US-amerikanischen Bundestaat Tennessee. Ebenfalls in den USA kam 1969 der Bau eines thermischen Kraftwerks zum Stehen, weil die Belegschaft eines Zulieferers die Arbeit niederlegte. Die Welle von Arbeitskämpfen rund um den Mai 1968 schwappte indes auch in die südfranzösischen Alusuisse-Werke, die im Mai und Juni 1968 bestreikt wurden. 1973 brach ein Streik in der noch jungen südafrikanischen Elektrolysehütte der ALUSAF aus, an der die Alusuisse eine Beteiligung von 22 Prozent hielt.[48] Im selben Jahr legten auch die Beschäftigten im gerade erst eröffneten australischen Prestigeobjekt in Gove die Arbeit nieder.[49] Meyer folgerte, dass „Arbeitsfriede und Disziplin in den Werken" als prioritäre Aufgabe der Geschäftsleitung behandelt werden müssen.[50] Auch Gasser bekundete Sorge über die „sozialen Umwälzungen und politische Instabilität", die „selbst in den industrialisierten Ländern Europas zur Tagesordnung"[51] gehören würden. Laut Meyer waren gute Beziehungen zur Belegschaft abhängig vom „Geschick und der Sorgfalt" der Werkleiter, die sich intensiver und „persönlich" um die „Arbeiter und Angestellten" zu kümmern hätten. Während sich das Topmanagement im Verlauf der 1960er Jahre regelmäßig mit Fragen des Arbeitsmanagements auf Betriebsebene befasst hatte, waren diese Aufgaben jetzt an untere Managementebenen delegiert.

Das Unternehmen sah sich also sowohl durch die sich rasch wandelnden ökonomischen Bedingungen als auch durch den Widerspruch verschiedener Akteur:innen unter Druck gesetzt. „Was tut der kluge Mann in dieser Situation?"[52] fragte Meyer auf der Geschäftsführerkonferenz 1975 rhetorisch: „Vor allem müssen wir überleben, den seit langem schwersten Stoss gegen das Wirtschaftsgefüge der kapitalistischen Welt ohne bleibenden Schaden auffangen." Das erforderliche „Krisenmanagement" delegierte Meyer, sich abermals aus der Schusslinie für Kritik nehmend, an die Bereichsleiter. Letztere forderte er auf, Gegenmaßnahmen zu

---

46 Ebd.

47 Alusuisse: Geschäftsberichte, in: SWA, PA 600b C 1.

48 Knoepfli: Zeichen, S. 87–90.

49 Austraswiss: Annual Report 1973 (11.4.1974), S. 10, in: SWA, PA 600b N 32-4.

50 Meyer, Emanuel: Vom Sturm und Drang zur Prosperität (10.1975), S. 23, in: SWA, PA 600b D 9-12.

51 Gasser, Thomas Peter: Nah- und Fernziele im Aluminiumbereich (10.1975), S. 27, in: SWA, PA 600b D 9-12.

52 Meyer, Emanuel: Vom Sturm und Drang zur Prosperität (10.1975), S. 13 f., in: SWA, PA 600b D 9-12.

präsentieren. Mit welchen Lösungsansätzen wollte dieses Krisenmanagement das Unternehmen aus den multiplen Krisen herausführen?

3.2 Rentabilitätsorientierung, unternehmensinterne Vergleiche und Sparmaßnahmen

Die vielgestaltigen Krisen seit 1971 interpretierten die Manager, wie in der ursprünglichen altgriechischen Bedeutung, als Entscheidungsmoment oder Wendepunkt.[53] Wiederholt betonte Meyer, dass Krisen stets auch als Chance zu begreifen seien – in seinen blumigen Worten: „Wir beackern heute einen steinigen Boden. Sicher liegen unter den vielen Steinen auch Edelsteine verborgen."[54] Topmanager wie Gasser oder Meyer forderten, die bisherigen Strategien und Zielsetzungen zu überdenken und neue „Stossrichtungen" zu erarbeiten. Die Ungewissheit über die unternehmerische Zukunft sollte als Bedrohung, aber auch als ein sich öffnendes Feld von Entwicklungsmöglichkeiten, verstanden werden.

Die Manager hoben die massiven Probleme des Konzerns hervor und sprachen von „Gewittern"[55], „turmhohen Schwierigkeiten"[56] oder „allgemeiner Mutlosigkeit und Resignation"[57]. An diese Krisensemantiken koppelten sie Austeritätsrhetoriken. Meyer griff etwa auf Körpermetaphern zurück, die Fettleibigkeit problematisierten.[58] Er sprach von „Fettpolstern" und „Fettschichten" bei Alusuisse, die man sich nicht mehr „leisten" könne und derer man sich – wie die Metapher implizierte – nur durch Bewegung entledigen könnte.[59] Auch Gasser bediente sich biotischer Metaphern und beschrieb den Wettbewerb unter Unternehmen als sozialdarwinistischen Überlebenskampf: Er wies auf die mangelnde „Kapitalbildungskraft" hin und fragte, ob der Aluminiumbereich auf ständige Zuschüsse anderer Konzernbereiche angewiesen sein werde, um „überhaupt lebensfähig" zu sein.[60] Gleichzeitig instrumentalisierte er die Figur des Überlebenskampfes, um die Kader zu aktivieren, indem er anfügte, dass „die Hände in den Schoss legen" keine Option sei und eine „bessere Zukunft" „durch uns selbst erarbeitet" werden müsse.

---

53 Tanner: Krise, S. 156.

54 Meyer, Emanuel: Vom Sturm und Drang zur Prosperität (10.1975), S. 23, in: SWA, PA 600b D 9-12.

55 Meyer, Emanuel: Neujahresbrief 1972 (29.12.1972), S. 1, in: SWA, PA 600b D 4-2.

56 Meyer, Emanuel/ew: Neujahresbrief 1971 (30.12.1971), S. 5, in: SWA, PA 600b D 4-2.

57 Meyer, Emanuel: Neujahresbrief 1975 (30.12.1975), S. 1, in: SWA, PA 600b D 4-2.

58 Vgl. Martschukat, Jürgen: Das Zeitalter der Fitness. Wie der Körper zum Zeichen für Erfolg und Leistung wurde, Frankfurt am Main 2019.

59 Meyer, Emanuel/ew: Neujahresbrief 1971 (30.12.1971), S. 3, in: SWA, PA 600b D 4-2.

60 Gasser, Thomas Peter: Nah- und Fernziele im Aluminiumbereich (10.1975), S. 25, in: SWA, PA 600b D 9-12.

Gasser folgerte auf der Geschäftsführerkonferenz 1975, dass „langjährige Zielsetzungen" sowie „liebgewordene Denkmodelle und Verhaltensweisen" kritisch zu hinterfragen seien.[61] Meyer machte klar, welches „Denkmodell" gemeint war: „Wir wollen am Aluminium mehr verdienen als bisher und daher qualitativ wachsen und weniger quantitativ, vom Tonnen-Denken abrücken und mehr auf Wertschöpfung achten".[62] Er träumte von „internationalen Produktionskonsortien", in die Alusuisse kein Kapital, dafür ihre „Rohstoffposition" einbringen, ihr „kommerzielles Potential" verwirklichen und Ingenieursdienstleistungen verkaufen konnte. „Der Akzent liegt auf dem Faktor Mensch und nicht mehr, weil zu knapp, auf dem Faktor Kapital".[63] Zu dieser Einsicht hatte mutmaßlich die hohe Kapitalbindung an dem australischen Standort beigetragen sowie die damit zusammenhängende stark angestiegene Verschuldung. Meyer rechnete vor: „Der Anteil des langfristigen Fremdkapitals ist [...] [zwischen 1960 und 1975] von 15 auf 53 % gestiegen."[64] Alusuisse sei daher an der „Grenze ihrer borrowing power" angelangt. Während also der Verschuldungsgrad sinken sollte, erwartete das Topmanagement, dass das „eingesetzte Risikokapital" eine höhere Rendite abwarf: „Ertragskraft, eine bessere Rendite, nachhaltig höhere Gewinne, das wollen wir". Alusuisse war hierbei kein Einzelfall, auch Manager in anderen Branchen verfolgten ab Mitte der 1970er Jahre eine striktere Renditeorientierung.[65]

Daraus folgte, dass Gewinne nicht mehr in die Betriebe reinvestiert wurden, die sie erwirtschaftet hatten. Die verschiedenen Konzerndivisionen mussten nun um Investitionskapital konkurrieren, wie Gasser ausführte: „Und schliesslich konkurrieren wir heute mit anderen Konzern-Bereichen um das zur Verfügung stehende Kapital."[66] Auch innerhalb der Divisionen sollte das Investitionskapital neu stärker in Abhängigkeit von der prognostizierten Rentabilität und den Folgen für die Liquidität in die jeweiligen Betriebe gelenkt werden. „Kurz- und mittelfristig sind deshalb diejenigen Projekte vorzuziehen, welche den Cashflow und die Kapital-Rentabilität im Bereich verbessern sowie die Kapitalbedürfnisse reduzieren."[67] Beispielhaft vollzog Alusuisse damit eine Krisenstrategie, die die Ökonomie als Liquiditätspräferenz diskutiert.[68] Das Unternehmen bemühte sich, in Produkte

---

61 Ebd.
62 Meyer, Emanuel: Vom Sturm und Drang zur Prosperität (10.1975), S. 15, in: SWA, PA 600b D 9-12.
63 Ebd.
64 Ebd., S. 9.
65 Marx: Manager, S. 74.
66 Gasser, Thomas Peter: Nah- und Fernziele im Aluminiumbereich (10.1975), S. 33, in: SWA, PA 600b D 9-12.
67 Ebd., S. 37.
68 Siegenthaler: Regelvertrauen (2012), S. 40.

zu investieren, die möglichst gut und zu einem zuverlässigen Preis zu verkaufen waren.

Dieser firmeninterne Wettbewerb wurde mittels größerer Erfolgsverantwortung der Manager implementiert, wofür ein präziseres, auf Rentabilität ausgerichtetes Kontrollsystem eingeführt wurde. Gasser führte dazu aus:

> Die Verantwortung für die Nutzung des investierten Kapitals ist in den einzelnen Werken auch unteren Führungsstufen zuzuordnen. [...] Den Verantwortlichen sind quantitative Ziele zu setzen, und deren Erreichung ist zu kontrollieren. Dafür sind unsere üblichen Führungsinformationen, wie Preis pro Kilo verkauftes Metall, durchgesetzte Tonnen, Abteilungskosten oder Umsatzrenditen leider nicht sehr aussagekräftige Hilfsmittel.[69]

Für eine konsequente Rentabilitätsorientierung brauchte das Management allerdings genauere Informationen. Auf diese Problematik wiesen die Topmanager wiederholt hin. „Heute aber sind die wenigsten europäischen Werke in der Lage, die Kapitalrendite ihrer Fabrikationszweige zu bestimmen. Wo sollen unter diesen Umständen gezielte Massnahmen zur Rentabilitätsverbesserung einsetzen?", fragte Gasser kritisch.[70] Folgerichtig forderte er eine „spezifische Rentabilitätsrechnung, welche für wichtige Produkte, Produktgruppen und Fabrikationszweige den effektiven Ertrag und die Rendite des investierten Kapitals aufzeigen".[71] Meyer schlug in dieselbe Kerbe und betonte, dass „kapitalintensive Unternehmen [...] ihre Anlagen voll ausnützen" mussten.[72] In einer Situation, in der eine volle Auslastung nicht mehr möglich sei, müsse die Frage beantwortet werden: „wo stellt man wann wieviel Kapazität ab?" Hierzu war aber nicht nur die Rentabilität der Betriebe zu berücksichtigen, vielmehr schwebte Meyer eine Auswirkungsanalyse vor, die für den Fall einer Schließung oder Drosselung zeigte, wie die Produktionskette beeinflusst wurde oder ob Proteste drohen könnten. Meyer bekräftigte daher, dass man Informationen zur „Liquidität, der Rückwirkungen auf die vor- und nachgelagerten Produktionsstufen und das Sozialklima" benötige.

Audits und Vergleiche

Die Forderung, Konzernbetriebe sollten genauere und standardisierte Produktionsdaten übermitteln, hatte Meyer bereits in den frühen 1960er Jahren aufgestellt (vgl. Kapitel 1.2). In den 1970er Jahren ging die Konzernführung nun dazu über,

---

69 Gasser, Thomas Peter: Nah- und Fernziele im Aluminiumbereich (10.1975), S. 39, in: SWA, PA 500b D 9-12.

70 Ebd., S. 36.

71 Ebd., S. 29.

72 Meyer, Emanuel: Neujahresbrief 1974 (30.12.1974), S. 5, in: SWA, PA 600b D 4-2.

eigenes betriebliches Wissen – durch den Einsatz betriebsexterner Experten – zu sammeln. Ein Beispiel hierfür ist eine vergleichende Studie zum Stundenaufwand in Elektrolysebetrieben, die der Konzernführung Ende 1971 vorlag.[73] Wie die Studienanlage zeigt, wollte das Topmanagement seine Informationslage verbessern, allerdings ohne auf die Zusammenarbeit mit den Werksleitern angewiesen zu sein. Daher übertrug es die Recherchearbeit einer Kommission aus drei Mitarbeitern der Walliser Werke, die 14 Aluminiumhütten durchleuchteten.[74] Die Kommission verschickte einerseits einen Fragebogen an die Betriebe und besichtigte andererseits Werke in Deutschland, Österreich, Italien, Island, Norwegen, in den Niederlanden, den USA und in der Schweiz. Das Ziel waren neue, für alle Konzernwerke und Tochterunternehmen verbindliche Vorgaben für die Sollbelegschaft. Waren die Personalbestände bis zu diesem Zeitpunkt Sache der Betriebsleiter, versuchte das Konzernmanagement diese Kompetenz nun an sich zu reißen.

Doch die Bestimmung einer für die „wirtschaftlichste Betriebsführung"[75] maximale Belegschaftsgröße war schwieriger als erwartet. Die verschiedenen „Fabrikationsprogramme", „technischen Einrichtungen" und „örtlichen Arbeitsverhältnisse" erschwerten einen Vergleich.[76] Für einen direkten Zahlenvergleich fehlte es an einheitlichen Tätigkeitsbeschreibungen oder Arbeitsorganisationen. Erschwerend kam der unterschiedliche Einsatz von Festangestellten, Überstunden oder Regiearbeit hinzu. Dennoch konnte die Studie aufzeigen, dass die geleisteten Arbeitsstunden und Beschäftigungsmodi zwischen den Standorten stark variierten. In gewissen Hütten machten Überstunden und ausgelagerte Regiearbeiten bis zu 25 Prozent der geleisteten Arbeitszeit aus.[77] Und während die Jahresarbeitszeit im isländischen Straumsvik mit 1.900 Stunden am tiefsten war, arbeiteten die Arbeitskräfte im Wallis mit 2.150 Stunden am längsten.[78]

Die Kommission erarbeitete eine detaillierte Liste, die eine „einheitliche Erfassung der Fertigungs-, Hilfs- und Reparaturstunden im Aluminium-Betrieb"

---

73 Belegschaft und Stundenaufwand der Aluminiumhütten. Schlussbericht der Untersuchungskommission (31.12.1971), in: SWA, PA 600b L 2-1.

74 Die eingesetzte Kommission untersuchte die Alusuisse-Elektrolysen in Chippis, Rheinfelden, Porto Marghera, Lend, Steg, Fusina, Husnes, Delfzijl, New Johnsonville, Straumsvik, Ludwigshafen, Essen, Lake Charles sowie das Giulini-Werk der Aluminium Martigny SA.

75 Ebd., S. 8.

76 Ebd., S. 15–18.

77 Ebd., S. 8.

78 2.150 Stunden: Chippis, Martigny, Steg; 2.050 Stunden: Porto Marghera, Fusina, Essen; 2.000 Stunden: Rheinfelden, Ludwigshafen, New Johnsonville, Lake Charles; 1.950 Stunden: Husnes, Delfzijl, Lend; 1.900 Stunden: Straumsvik. Die Wochenarbeitszeit schwankte zwischen mind. 38 Stunden in Delfzijl (NL) und 45 Stunden in Martigny (CH), die jährlichen Ferien zwischen zwei Wochen in New Johnsonville (USA) und sieben Wochen Straumsvik (ISL). Ebd.

ermöglichen sollte. Die Studie enthielt zudem Angaben für Ist- und Sollbelegschaften nach spezifischen Gruppen sowie Werte für die Arbeitsproduktivität ("Stunden pro Tonne Aluminium"). In einer Grafik wurden nun die Arbeitsproduktivitätswerte aller Werke in Relation zu einer rechnerischen Sollkurve dargestellt. Erstmals konnten die Werke anhand einheitlicher Kennzahlen direkt verglichen werden.

Die Kommission empfahl eine Reduktion von insgesamt 1.262 Arbeitskräften – rund 16 Prozent von insgesamt 8.071 Beschäftigten.[79] Kein Betrieb erfüllte das neue Belegschaftssoll, alle mussten Personal reduzieren. In den italienischen Werken und der Hütte im US-amerikanischen New Johnsonville lagen die geforderten Personaleinsparungen zwischen 23 bis 40 Prozent. Weiter kritisierte die Kommission die bisherige Praxis der Datengenerierung und -verarbeitung. "Anzustreben", so der Schlussbericht, wäre "eine Angleichung, wenn möglich sogar eine Vereinheitlichung der Betriebskontenpläne". Erst dadurch könnte die zehnjährige Forderung nach einem Kostenvergleich eingelöst werden. Als Übergangslösung sollten die Betriebe halbjährlich Zahlen für den durchschnittlichen Stundenaufwand anhand einer standardisierten Definition an die Zentrale melden.[80]

Solche Bemühungen mehrten sich und wurden ab Mitte der 1970er an einer – den Betrieb möglichst kleinteilig erfassenden – Rentabilitäts-Metrik ausgerichtet. 1977 hielt das Topmanagement in einem Strategiepapier fest, dass es in der Verantwortung des "betrieblichen Rechnungswesens" liege, die Produkte mit der höchsten Rentabilität zu eruieren.[81] Auf der Geschäftsführerkonferenz 1980 präsentierte man die neue Abteilung "Corporate Audit"[82] und betonte, dass eine systematische Überprüfung von Betrieben und Unternehmenseinheiten in Zukunft eine hohe Priorität haben sollte. Offensichtlich wollte die Konzernleitung die Prüfungen weniger an externe Beratungsfirmen vergeben und stattdessen der Überprüfungsfunktion einen festen Platz in der Unternehmensorganisation einräumen. Denn die Kosten für das Auditing waren hoch: Allein 1979 wendete Alusuisse für die Überprüfung von 75 Betrieben durch 23 externe Prüfungsunternehmen 5,3 Millionen Schweizer Franken auf.[83] Die neue Abteilung vereinte drei Hauptfunktionen: erstens das "Management Audit", zweitens das "Internal Audit" und drittens das "Business Analysis".

Fortan sollten alle Unternehmenseinheiten einer komparativen Analyse unterliegen – basierend auf standardisierten "key operational values" wie "cost develop-

---

79 Die Zahlen beziehen sich jeweils nur auf die Alusuisse-Werke, da die Studie auch eine nicht zu Alusuisse gehörende Elektrolysehütte in Martigny untersuchte.

80 Ebd., S. 51.

81 Richtlinien der Unternehmenspolitik 1977 (9.12.1976), S. 4, in: SWA, PA 600b D 2-8.

82 Weibel, Edwin A.: Purpose and Scope of Corporate Audit (9.1980), in: SWA, PA 600b D 9-5.

83 Ebd., S. 3.

ment, financing, borrowing, mode of depreciation".[84] Diese quantitativen Leistungs-
kennzahlen boten den Vorteil, dass betriebswirtschaftlich geschulte Manager ohne
produktionstechnische Kenntnisse eine bessere Entscheidungsgrundlage gewannen.
Sie stärkten zudem die Position des Topmanagements innerhalb des Unternehmens:
Während externe Audits als Werkzeug von Shareholdern und Kreditgebern betrachtet wurden, sollte die konzerneigene Audit-Abteilung den Interessen der Unternehmensleitung nachkommen und einem „entrepreneurial approach" verpflichtet
sein.[85] Die Praxis der Überprüfung von Unternehmenseinheiten durch interne
und externe Prüfer konstituierte ein Verfahren mit legitimatorischer Kraft. Unter
Einhaltung der prädefinierten, handlungsleitenden Regeln – also der Standardisierung von Informationen und deren Vergleich anhand einheitlicher Kennzahlen –
strukturierte ein solches Verfahren die Handlungsmöglichkeiten vor und trug zur
Legitimation der daraus abgeleiteten Entscheidungen bei. Dies war insbesondere
für Sparmaßnahmen oder Devestitionen von Bedeutung.

Sparprogramme und Devestitionen

Als direktesten Wege, um die Renditen zu steigern und Liquidität zu gewinnen, peil-
te das Management erneut Kostenreduktionen an, die nun allerdings nicht mehr als
Rationalisierung (vgl. Kapitel 1), sondern als Sparmaßnahmen gefasst wurden. Mit
dem Einbruch des Aluminiummarktes 1971 schien das Topmanagement die Gunst
der Stunde nutzen zu wollen, um Sparmaßnahmen durchzusetzen, wie sie Meyer
seit seiner Ernennung zum Generaldirektor vergebens eingefordert hatte. 1971
beauftragte die Konzernleitung eine interne Arbeitsgruppe und das Beratungsunternehmen Stanford Research Institute damit, die Zürcher Konzernzentrale und die
europäischen Konzernwerke zu durchleuchten und ein Sparprogramm durchzuführen. Auf Körpermetaphern zurückgreifend, erklärte Meyer, dass Unternehmen habe
„im Verlaufe der Zeit Fettpolster"[86] angesetzt, die nun abgebaut werden mussten:
„Unter dem Motto ‚Kosten senken, dass die Schwarten krachen', sind alle Gebiete
des Einkaufs, der Produktion, des Verkaufs und der Administration systematisch
nach Sparmöglichkeiten zu durchleuchten."[87]
     Angesichts der sich verschlechternden Ertragslage entschied die Generaldirekti-
on 1971 zudem einen allgemeinen Investitionsstopp und einen Personalabbau bei
der Zentralverwaltung.[88] 1972 folgte ein „Kostenreduktionsprogramm" mit dem

---

84 Ebd., S. 10.
85 Ebd., S. 12.
86 Meyer, Emanuel/ew: Neujahresbrief 1971 (30.12.1971), S. 3, in: SWA, PA 600b D 4-2.
87 Ebd.
88 Alusuisse-VR-Protokoll der 345. Sitzung (24.6.1971), S. 4, in: SWA, PA 600b D 2-1.

Ziel auf Konzernebene 100 Millionen Schweizer Franken einzusparen.[89] 1974 verfügte die Generaldirektion einen konzernweiten Einstellungsstopp. Entlassungen sollten dabei allerdings vermieden werden. Denn, so betonte Meyer, „in unsicheren und in Krisenzeiten" hing „das ‚Image' der Alusuisse in der Öffentlichkeit" von der Personalpolitik ab.[90] Auf keinen Fall wollte er Proteste oder Streiks auslösen. Sollten aufgrund von „Betriebseinschränkungen" Arbeitskräfte „überzählig" werden, galten geographisch spezifische Richtlinien. In den USA wollte man „keine Rücksicht nehmen", während in Europa „Härtefälle [zu] vermeiden" waren. In der Schweiz sollten „keine Personalentlassungen" angeordnet, sondern eine „sinnvolle Ersatzarbeit" gesucht werden. Begründet wurde diese Abstufung nicht. Dass Meyer vor den Imageschäden bei Entlassungen warnte und die Bedeutung der Public Relations betonte, deutet aber daraufhin, dass das länderspezifische Vorgehen mit den managerialen Sorge um die öffentlichen Reaktionen zusammenhing.

Bereits 1976 gab die Konzernleitung ihre Zurückhaltung gegenüber Personalreduktionen in der Schweiz auf. In einem vertraulichen Papier erklärte sie dem VR, dass man bisher aus „Rücksicht auf unser ‚Image'" und „aus der Sorge um das Knowhow-Potential" die Zürcher Zentrale und das Forschungsinstitut „vor einschneidenden Sparmassnahmen" „verschont" habe.[91] Diese Schonfrist war nun abgelaufen „Heute ist dieses Konzept überholt. Die prekäre Ertragslage erforderte entschlossenes Handeln." Mit „ausserordentlichen Sparmassnahmen in der Schweiz" wollte die Unternehmensleitung „Sparwillen" durch „glaubwürdige, zwangsläufig schmerzliche Vorkehren demonstrieren" und „signifikante Einsparungen erzielen", wie die Konzernleitung in einem internen Dokument festhielt.[92] Zugleich versuchte man „soziale Härten aus[zu]schliessen, die Mitarbeiter nicht [zu] demoralisieren, das Know-how-Potential [zu] sichern [und] ungünstige Reaktionen in der Öffentlichkeit [zu] vermeiden". Von „Massenentlassungen"[93] sollte weiterhin abgesehen werden, stattdessen wollte man „durch gezielte Einzelmassnahmen […] bis Ende Jahr etwa 5 % des Personals ‚unter der Hand' abbauen".

Die Vorsicht im Umgang mit Personalreduktionen ging in den folgenden Jahren gänzlich verloren. Mit insgesamt 45.080 erreichte die Zahl der Beschäftigten im Jahr 1980 ihren Zenit – kurz bevor die zweite Ölpreiskrise dem hoch verschuldeten Konzern massive Verluste bescherte.[94] Alusuisse reagierte mit einem Devestitionsprogramm, im Zuge dessen auch die Zahl der Beschäftigten radikal reduziert

---

89 Meyer, Emanuel: Neujahresbrief 1972 (29.12.1972), S. 3, in: SWA, PA 600b D 4-2.
90 Meyer, Emanuel: Neujahresbrief 1974 (30.12.1974), S. 4, in: SWA, PA 600b D 4-2.
91 Konzernleitung: Ausserordentliche Sparmassnahmen in der Schweiz (24.2.1976), S. 1, in: SWA, PA 600b D 2-13.
92 Ebd.
93 Ebd., S. 6.
94 Knoepfli: Zeichen, S. 168.

wurde. 1986 beschäftigte Alusuisse noch gut 24.000 Personen.[95] Gegenüber 1980 war das fast eine Halbierung.

Eine „stagnierende Weltwirtschaft", „hohe Zinssätze", „Währungsschwankungen" und eine erneute „Aluminiumkrise": Ende 1981 lieferte das Topmanagement eine Lageeinschätzung, die erneut düster anmutete.[96] In einem vertraulichen Bericht an den Verwaltungsrat wurden mögliche Gegenmaßnahmen diskutiert. So sollten die Schulden in „zinsbilligere" Schweizer Franken getauscht und Investitionen aufgeschoben werden.[97] Um Liquidität zu gewinnen, wollte man die Lagerbestände (insbesondere von Alumina und Rohaluminium) verringern. Man schlug vor, den Produktionsausstoß in zwei US-amerikanischen Aluminiumhütten massiv zu senken – auch wenn die Kosten mit 44 Millionen US-Dollar für ein einziges Jahr prohibitiv hoch waren.[98] Der Bericht hielt dazu fest: „Eines hat die Aluminiumindustrie durch Schaden gelernt: Produktionseinschränkungen, so schmerzhaft sie sind, kosten weniger als ein Preiskampf aufs Messer."[99] Zu guter Letzt erhoffte man liquide Mittel aus Devestitionen gewinnen zu können – zur Diskussion stellte man Beteiligungen in Brasilien, Venezuela und Südafrika.

Offensichtlich gingen diese Bemühungen den kreditgebenden Schweizer Großbanken Schweizerische Bankgesellschaft (SBG), Schweizerischer Bankverein (SBV) und Schweizerische Kreditanstalt (SKA) nicht weit genug. Einmal mehr bewiesen sie ihren Einfluss auf die Unternehmenspolitik eines Schweizer Industrieunternehmens:[100] In einem gemeinsamen Brief an die Konzernleitung forderten sie 1982 umfassende Informationen zu Budgets, „Massnahmen zur Ertragsverbesserung mit allfälligen Sanierungsprogrammen" und „vorgesehenen Desinvestitionen".[101] Daraufhin entwickelte die Alusuisse-Führung einen weitergehenden Maßnahmenkatalog, der eine Reduktion von mehr als einem Drittel der Beschäftigten in Verwaltung, Forschung und einer Tochtergesellschaft[102] sowie massive Devestitionen in Australien, Brasilien, Island, Südafrika und Venezuela vorsah.[103] Nach der Umsetzung dieses Devestitionsprogramms blieben von den weltweit 27

---

95 Ebd., S. 184.

96 Em/ew: Unsere Ertragslage: Analyse und Massnahmen. Sitzung des Verwaltungsrates vom 4. Dezember 1981 (vertraulich) (17.11.1981), S. 1, in: SWA, PA 600b D 2-11.

97 Ebd., S. 6 f.

98 Ebd., S. 8.

99 Ebd.

100 David, Thomas/Mach, André: Corporate Governance, in: Halbeisen, Patrick/Müller, Margrit/Veyrassat, Béatrice (Hg.): Wirtschaftsgeschichte der Schweiz im 20. Jahrhundert, Basel 2012, S. 831–872; David/Mach/Lüpold u. a.: Forteresse.

101 Schweizerische Bankgesellschaft/Schweizerischer Bankverein/Schweizerische Kreditanstalt: Brief an die Geschäftsleitung der Alusuisse (26.4.1982), in: SWA, PA 600b D 2-11.

102 Meyer, Emanuel: Massnahmen zur Ertragsverbesserung (14.6.1982), in: SWA, PA 600b D 2-11.

103 Meyer, Emanuel: Recommended Actionplan for Divestitures (9.6.1982), in: SWA, PA 600b D 2-11.

Alusuisse-Aluminiumhütten nur noch sieben übrig. Weiter veräußerte Alusuisse zwei Tochterfirmen in Frankreich und Brasilien und baute die Zahl der Produktionsstätten im Vereinigten Königreich ab.[104] Allein zwischen 1982 und 1984, rechnete CEO Bruno Sorato[105] 1985 vor, hatte Alusuisse die Zahl der Beschäftigten um 10.000 reduziert: „We had a reduction of close to 10.000 People, 20 %. In the meantime sales increased by about 21 %. So we fought hard, increasing substantially our productivity."[106] Und die Suche nach möglichen Personalreduktionen ging weiter: „We have to increase productivity further", äußerte der stellvertretende Leiter der Aluminiumdivision Dietrich Ernst auf der Geschäftsführerkonferenz 1985: „That means we have to reduce the number of people. I can see that we still have about 1.000 people too many in our operations."[107]

Um bessere Unternehmensergebnisse, hauptsächlich eine höhere Rentabilität, zu erreichen, fokussierte das Management nach 1971 nicht auf Rationalisierung, sondern auf Sparmaßnahmen und eine Erhöhung der Arbeitsproduktivität durch Personalreduktionen. Angesichts der kritischen Verschuldung und dem Druck der Banken ging man in den frühen 1980er Jahren dazu über, wenig profitable Unternehmensteile zu devestieren. Dieses Krisenmanagement erscheint vor dem Hintergrund der managerialen Wahrnehmung, die eigene Handlungsfreiheit sei durch die öffentliche Meinung, durch Regierungen oder Belegschaften eingeschränkt, als Flucht nach vorne. Die mit den managerialen Krisenerzählungen transportierte Behauptung, dass Einsparungen alternativlos waren, blieb in der Folge nicht ohne Widerspruch. Wo die Rhetorik der Alternativlosigkeit nicht zu überzeugen vermochte, mussten Sparmaßnahmen, Personalreduktionen oder Devestitionen trotz kritischer Öffentlichkeit und gegen Belegschaften, Bevölkerung und Behörden durchgesetzt werden. Aktive Behinderungen der neuen Rentabilitätsstrategie und Sparmaßnahmen waren nicht nur lästig, sie konnten andere Restrukturierungen gefährden. Das Management wollte daher Härte zeigen. 1971 meinte Meyer etwa zum anlaufenden Sparprogramm: „Das Sparprogramm ist mit zäher Konsequenz durchzuführen, wobei wir mögliche Reaktionen in der Öffentlichkeit von Fall zu Fall abwägen und bewerten wollen."[108] Dass die Härte dem strategischen Ziel die-

104 Ernst, Dietrich N.: Aluminium Division Strategy (6.9.1985), S. 77, in: SWA, PA 600b D 9-5.

105 Bruno F. Sorato (*1922, †2017) amtierte zwischen 1983 und 1986 als CEO von Alusuisse. Am Anfang seiner beruflichen Laufbahn arbeitete der in Italien geborene Sorato für den Arbeitgeberverband der Region Venedig. Noch in den 1940er Jahren wechselte er als Personalchef zur italienischen Alusuisse-Tochter SAVA. Für Alusuisse arbeitete er später in Brasilien und Australien. Steiner, Walter: Bruno Sorato: Gondoliere mit Stehvermögen, in: SHZ (14.7.1983).

106 Sorato, Bruno: Alusuisse on the Doorsteps of the Nineties. Review 1980–1984 (5.9.1985), S. 29, in: SWA, PA 600b D 9-5.

107 Ernst, Dietrich N.: Aluminium Division Strategy (6.9.1985), S. 87–108, in: SWA, PA 600b D 9-5.

108 Meyer, Emanuel/ew: Neujahresbrief 1971 (30.12.1971), S. 3, in: SWA, PA 600b D 4-2.

nen sollte, den Widerstand gegen Restrukturierungen zu brechen und andere von dessen Sinnlosigkeit zu überzeugen, zeigte sich etwa im Nachgang zu den Streiks in der US-amerikanischen Aluminiumhütte in New Johnsonville Ende der 1960er Jahre. In seinem Neujahrsbrief an die Mitglieder der Generaldirektion führte Meyer aus, dass die Produktion möglichst rasch wieder aufgenommen werden müsse: „Nur so können wir beweisen, dass sich die harte Linie gegenüber der Gewerkschaft gelohnt hat und wir 500 Personen einsparen."[109] Wie das Alusuisse-Management auf diese harte Linie einschwenkte und welche Probleme sich damit stellten, zeigt sich an einem der wichtigsten Alusuisse-Standorte in Europa: Italien.

---

109 Meyer, Emanuel: Neujahresbrief 1970 (30.12.1970), S. 4 f., in: SWA, PA 600b D 4-2.

4. Italien: Die roten Fabriken schließen. Streiks, Restrukturierungen und staatliche Konfliktdämpfung

„Chi non lavora non fa l'amore"
Questo mi ha detto ieri mia moglie
Questo mi ha detto ieri mia moglie
A casa stanco ieri ritornai
Mi son seduto, niente c'era in tavola
Arrabbiata lei mi grida che ho scioperato due giorni su tre

Coi soldi che le do non ce la fa più
Ed ha deciso che, lei fa lo sciopero contro di me
„Chi non lavora non fa l'amore"
Questo mi ha detto ieri mia moglie
Allora andai a lavorare
Mentre eran tutti a scioperare
E un grosso pugno in faccia mi arrivo
Andai a piedi alla guardia medica
C'era lo sciopero anche dei tranvai
Arrivo lì, ma il dottore non c'è
È in sciopero anche lui, Che gioco è! Ma?!
Ma come finirà
C'è il caos nella città
Non so più cosa far
Se non sciopero mi picchiano
Se sciopero mia moglie dice

„Chi non lavora non fa l'amore"
Dammi l'aumento signor padrone
Così vedrai che in casa tua
E in ogni casa entra l'amore

(Adriano Celentano)

Noch qualmten die Brandherde des italienischen „heißen Herbstes" von 1969, als Adriano Celentano im Februar 1970 mit dem Lied „Chi non lavora non fa l'amore" den wichtigsten italienischen Musikwettbewerb gewann.[1] Der im Lied besungene Arbeiter steckt in einer Zwickmühle: Weil er „zwei von drei Tagen" streikte, hängt der Hausfrieden schief: „Wer streikt, bekommt keine Liebe", verkündet die streik-müde Ehefrau und verweigert ihm Essen, eheliche Zuneigung und Sex. Daher solle der „liebe Arbeitgeber" doch bitte die Lohnerhöhung gewähren, bittet der Arbeiter schließlich, damit der soziale Friede – in Celentanos Worten „die Liebe" – wieder einkehre. Von der Linken als streikfeindlicher Song kritisiert, zeugt dessen Erfolg nichtsdestotrotz von der Ubiquität des Streiks in Alltag und Imagination Italiens um 1970.

Just in diesen Jahren der sozialen Konflikte und Arbeitskämpfe machte sich Alusuisse daran, ihre italienischen Betriebe zu restrukturieren. Sie galten aller-dings als rote Fabriken, als Bastion der Kommunistischen Partei Italiens und ihrer Gewerkschaft. Das folgende Kapitel fokussiert auf die explosive Mischung von unternehmerischen Restrukturierungsbemühungen, sich verschlechternden öko-nomischen Rahmenbedingungen und einer kämpferischen Belegschaft.[2]

4.1 Die Alusuisse-Fabriken vor Venedig

Auf kartographischen Darstellungen des globalen Produktionsnetzwerks der Alusu-isse wies die italienische Halbinsel zahlreiche Markierungen auf. Insbesondere in Porto Marghera, dem Industriehafen auf dem Festland vor Venedig, war die Kon-zentration von Alusuisse-Betrieben hoch. Der 1917 gegründete Industriehafen lockte dank staatlicher Fördermaßnahmen, kostengünstiger Energie und eines gro-ßen Arbeitskräftereservoirs aus den umliegenden ruralen Gebieten in kurzer Zeit zahlreiche Industrien an, die vorwiegend über den Seeweg angelieferte Rohstoffe zu einfachen Zwischenprodukten verarbeiteten.[3]

---

1 Als „heißer Herbst" wird ein Zyklus von Arbeitskämpfen in Norditalien vom Herbst 1969 bis ungefähr Mitte 1970 im Rahmen der Tarifverhandlungen der Maschinen- und Metallbranche bezeichnet.

2 Dieses Kapitel basiert teilweise auf Grob, Leo/Pitteloud, Sabine: Multinationale et fermetures de filiales. Les conséquences sociales et politiques de décisions économiques, in: Entreprises et histoire 97/4 (2019), S. 97–109; Grob, Leo: Umkämpfte Deindustrialisierung. Streiks und Restrukturierungen bei Alusuisse in Italien um 1970, in: Bürgi, Lisia/Keller, Eva (Hg.): Ausgeschlossen einflussreich. Handlungsspielräume an den Rändern etablierter Machtstrukturen. Festschrift für Brigitte Studer zum 65. Geburtstag, Basel 2020, S. 85–101.

3 Zazzara, Gilda: L'„autunno caldo" di Porto Marghera, in: Grispigni, Marco (Hg.): Quando gli operai volevano tutto, Rom 2019, S. 77–93, hier: S. 77; dies.: I cento anni di Porto Marghera (1917–2017), in: Italia Contemporanea 284 (2017), S. 209–236, hier: S. 210 f.; Cerasi, Laura: Perdonare Marghera. La città del lavoro nella memoria post-industriale (Temi di storia 106), Mailand 2007, S. 36.

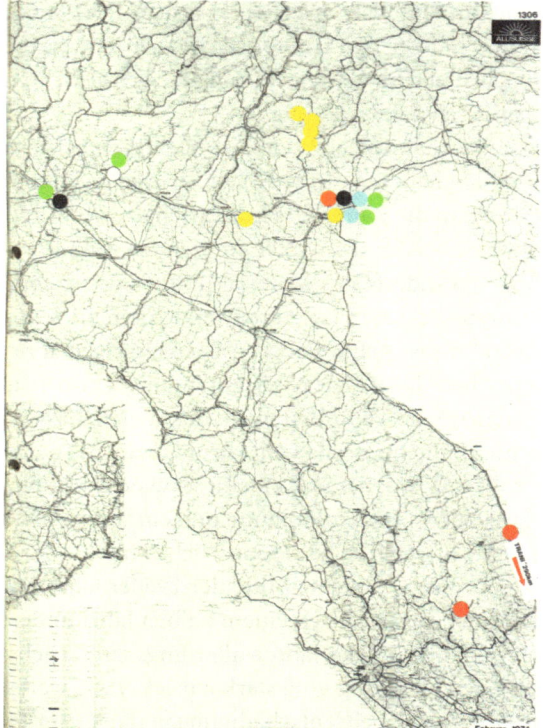

Abb. 17 Karte Standorte SAVA (VR-Protokoll, 8.2.1971, in:
SWA, PA 600b D 2-1).

Es war Marco Barnabò, ein Parteifreund Benito Mussolinis, der die Alusuisse (damals AIAG) als Hauptaktionärin mit 85 Prozent des Aktienkapitals für die von ihm 1927 gegründete Società Alluminio Veneto Anonima (SAVA) verpflichten konnte.[4] Dadurch verfügte Alusuisse in Italien über eine vollständige Produktionskette mit Bauxitminen in Apulien und den Abruzzen, einer Anoden- und einer Aluminafabrik sowie einer Aluminiumhütte in Porto Marghera. Die italienische Tochtergesellschaft war daher eine perfekte Kaderschmiede, in der junge Führungskräfte das Zusammenspiel verschiedener Produktionsstätten erlernen konnten.[5]

---

4 Frech, Heinz W.: Baumwolle, Stahl und Stolpersteine. 40 Jahre mit Volkart, Alusuisse und Von Roll, Frauenfeld/Stuttgart/Wien 2001, S. 122–124.

5 Auch Emanuel Meyer hatte die SAVA in den 1950er Jahren als administrativer Leiter geführt. Er sprach fließend Italienisch und lernte seine zukünftige Ehefrau in der Region kennen. Dies erklärt, wieso er sich stark für den italienischen Standort interessierte und sich auch persönlich in die Verhandlungen mit der Belegschaft und den staatlichen Stellen einschaltete. Ebd., S. 121.

Dank der geographischen Nähe und ihrer Bündelung auf italienischem Territorium fielen zudem keine Zollabgaben und nur geringe Transportkosten an, sodass die SAVA umso sattere Gewinne verbuchen und hohe Dividenden und Lizenzgebühren an die Familie Barnabò und Alusuisse auszahlen konnte.[6]

Die Betriebe der SAVA stellten einfache Zwischenprodukte her, entsprachen also dem Profil der meisten der in Porto Marghera angesiedelten Industrien. Frachtschiffe lieferten den Rohstoff Bauxit direkt in die Kanäle des Industriehafens.[7] Mittels Kränen entluden Arbeiter die rote Erde bei der ans Wasser grenzenden Aluminafabrik. Zu Alumina weiterverarbeitet, wanderte das Material in die angrenzende Elektrolyse, für deren Energieversorgung eigene Wasserkraftwerke sorgten.[8] Selbst die Anoden für den elektrolytischen Prozess stellte die SAVA in einem eigenen Betrieb – ebenfalls in Porto Marghera – her.[9] Ein Teil des Rohaluminiums verarbeitete man im 1931 in Betrieb genommenen Walz- und Presswerk der Società Lavorazione Leghe Leggere (LLL), die zur Hälfte im Besitz von Alusuisse war.[10] In den frühen 1960er Jahren expandierte die SAVA weiter und investierte über 100 Millionen Schweizer Franken in eine zusätzliche Aluminiumhütte und ein thermisches Kraftwerk in Fusina, der noch jungen Erweiterung des Industriehafens.[11]

Der Industriehafen von Porto Marghera erreichte Mitte der 1960er Jahre mit ungefähr 45.000 Arbeitskräften seinen Zenit.[12] Nach einem halben Jahrhundert kontinuierlicher Expansion kam es in den 1970er Jahren allerdings zu Betriebsschließungen und die industrielle Beschäftigung ging stark zurück. 1985 waren 14 Prozent der Beschäftigten auf die Kurzarbeitsentschädigungen der *Cassa Integrazione* angewiesen, die seit den späten 1960er Jahren zur Abfederung von Restrukturierungen eingesetzt worden war.[13] Bis 1990 war die industrielle Beschäf-

---

6 Ebd., S. 123.

7 1971 stammte das in der SAVA verarbeitete Bauxit zu einem Viertel aus den eigenen Bauxitminen in Apulien und den Abruzzen, der Rest kam aus Sierra Leone, Jugoslawien und Indien. Vgl. Protokoll SAVA-VR-Sitzung (3.5.1971), S. 3, in: AfZ, NL Paul Ruegger 48.2.22.1.

8 Knoepfli: Zeichen, S. 24 f.

9 Bis in die 1970er Jahre war für diesen Arbeitsschritt viel Handarbeit gefragt. Das erforderliche Pech wurde von Hand verarbeitet, die Arbeitskräfte waren entsprechend den giftigen Dämpfen ausgesetzt. Viele erkrankten an Kehlkopfkrebs. „Viele unserer Kollegen sind daran gestorben", erinnert sich der Alucentro-Arbeiter Renato Darsiè: Interview mit Bullo/Spolaor/Darsiè/de Gaspari, Min 44:20.

10 Protokoll SAVA-VR-Sitzung (3.5.1971), S. 3, in: AfZ, NL Paul Ruegger 48.2.22.1.

11 Alusuisse-VR-Protokoll der 297. Sitzung (12.12.1962), S. 3, in: SWA, PA 600b D 2-1.

12 Sbrogiò, Gianni: Introduzione, in: Sacchetto, Devi/Sbrogiò, Gianni (Hg.): Quando il potere è operaio. Autonomia e soggettività politica a Porto Marghera, 1960–1980, Rom 2009, S. 9–11, hier: S. 10; Zazzara: Cento, S. 224.

13 Zazzara, Gilda: La disparition de l'Italie industrielle. Porto Marghera en Vénétie, in: 20 & 21. Revue d'histoire 144/4 (2019), S. 147–160, hier: S. 154.

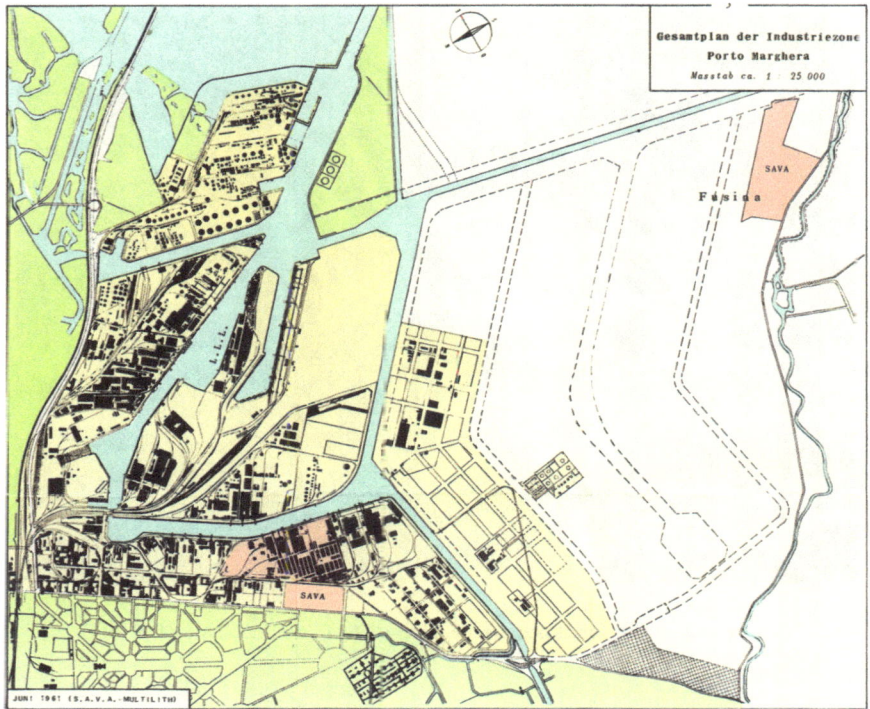

Abb. 18 Industriezone Porto Marghera (o. D., in: SWA, PA 600b N 0-14).

tigung auf 20.000 Arbeitskräfte eingebrochen und damit wieder auf Vorkriegsniveau angelangt.[14]

4.2 Manageriale Klagen über steigende Lohnkosten und die Probe der Konfrontation

Ab den frühen 1960er Jahren mehrten sich unter SAVA- und Alusuisse-Managern die Klagen über steigende Lohnkosten und Streiks. Erstmals 1962, als die SAVA im Rahmen der nationalen Tarifverhandlungen 20 Streiktage in Kauf nehmen musste, stellte deren Verwaltungsrat eine Betriebsschließung zur Diskussion, suchte aber letztlich nach einer Kompromisslösung, um die Belegschaft zu befrieden.[15]

---

14 Zazzara: Cento, S. 233.
15 Protokoll SAVA-VR-Sitzung (1.4.1963), in: AfZ, NL Paul Ruegger 48.2.13.1. Das Alusuisse-Topmanagement und der Verwaltungsrat der SAVA überschnitten sich personell: So saßen die Alusuisse-Manager Emanuel Meyer und Paul Müller auch im SAVA-Verwaltungsrat. Außerdem im

Abb. 19 Luftaufnahme SAVA-Fabrikareal samt Fußballfeld (o. D., in: SWA, PA 600b N 0-14).

Während die Tarifverhandlungen zwischen Arbeitgeberverband Confindustria und Gewerkschaften noch im Gange waren, brach das SAVA-Management gar die Einheit der Arbeitgeber und unterzeichnete ein separates Abkommen auf Betriebs-ebene, um weitere Produktionsstörungen zu minimieren.

Die italienische Tochter geriet nun vermehrt ins Visier von Generaldirektor Emanuel Meyer. Ende 1962 beklagte er: „Bei der S.A.V.A. beobachten wir seit ei-nigen Monaten eine beängstigende Verschlechterung der Ertragslage. Man wird das Gefühl nicht los, dass sich die Geschäftsleitung vom Lauf der Dinge treiben lässt. Italien ist ein Grundpfeiler unseres Konzerns. Er muss stark bleiben.“[16] Ein Jahr später monierte er, dass die Gewinne mitten in der Hochkonjunktur einge-brochen seien, und fragte maliziös, ob die „örtliche Leitung die Hand und [den] eisernen Willen" habe, um „auf breiter Basis Abwehrmassnahmen zu treffen".[17] Im Alusuisse-VR stellte Meyer derweil die Schließung gewisser italienischer Betriebe zur Diskussion:

SAVA-VR: der Nationalrat und spätere Bundesrat Nello Celio, Marco und Alessandro Barnabò für die Familie Barnabò als Minderheitsaktionärin, sowie Manilio Fabro und der ehemalige Vorsitzende des Internationalen Komitees vom Roten Kreuz (IKRK) Paul Ruegger.

16 Meyer, Emanuel: Neujahresbrief 1962 (29.12.1962), S. 1, in: SWA, PA 600b D 4-2.
17 Meyer, Emanuel: Neujahresbrief 1963 (31.12.1963), S. 2, in: SWA, PA 600b D 4-2.

Die Lohnkosten haben sich in den letzten 10 Jahren mehr als verdoppelt, und die Soziallasten machen heute über 50 % der gesamten Lohnkosten aus; überdies sind die Arbeitsstunden pro Tonne gestiegen. Wir müssen uns überlegen, ob wir nach der Inbetriebnahme der neuen Hütte Fusina einen Teil der unwirtschaftlich gewordenen Produktion in Porto Marghera abschalten wollen.[18]

Die Kritik an den italienischen Betrieben riss nicht ab. 1965 hielt man im Verwaltungsrat von Alusuisse fest: „Auch der Lohnkostenauftrieb und die ständigen Streiks machen uns Sorge. Die Ertragslage ist unbefriedigend."[19] Italien war nicht der einzige Standort, für den die hohen Lohnkosten beanstandet wurden, wie die Klagen im Alusuisse-Geschäftsbericht von 1966 zeigen: „In Westdeutschland, Italien und Grossbritannien litt das finanzielle Ergebnis bei höherem Ausstoss unter gedrückten Verkaufspreisen und steigenden Löhnen."[20] Allerdings schien der Lohnauftrieb in Italien besonders groß.[21]

Tatsächlich verschlechterte sich die Ertragslage der SAVA in diesen Jahren, wie die Entwicklung des buchhalterischen Jahresüberschusses nahelegt:[22] 1961 erwirtschaftete die SAVA noch 575 Millionen Lire.[23] 1962 sank der Überschuss auf 451 Millionen Lire.[24] In den Jahren 1963 bis 1965 schwankten die Jahresüberschüsse auf viel tieferem Niveau zwischen 115 und 148 Millionen Lire.[25] 1966 wurde gar nur ein Überschuss von 35 Millionen Lire ausgewiesen.[26] Meyer intensivierte in der Folge die Kontrolle und verpflichtete die SAVA-Kader 1962 und 1963 dazu, „Kassavoranschlag, Erfolgsbudget und Kalkulationen durch[zu]exerzieren und

---

18 Alusuisse-VR-Protokoll der 301. Sitzung (26.9.1963), S. 8, in: SWA, PA 600b D 2-1.
19 Alusuisse-VR-Protokoll der 309. Sitzung (12.3.1965), S. 3 f., in: SWA, PA 600b D 2-1.
20 Alusuisse: 78. Geschäftsbericht 1966, S. 18, in: SWA, PA 600b C 1.
21 Emanuel Meyers Klagen im Alusuisse-VR im Jahr 1963 deuten darauf hin, dass die Löhne sich in den vergangenen Jahren verdoppelt hätten; Alusuisse-VR-Protokoll der 301. Sitzung (26.9.1963), S. 8, in: SWA, PA 600b D 2-1. In den SAVA-VR-Protokollen sind Lohnsteigerungen leider nicht systematisch erfasst. Für das Jahr 1961 wird von einer Lohnsteigerung von 12,4 Prozent (ohne Teuerung) gesprochen; vgl. Protokoll SAVA-VR-Sitzung (6.3.1962), S. 26; für das Jahr 1962 ist eine Lohnzunahme von 10,7 Prozent protokolliert; vgl. Protokoll SAVA-VR-Sitzung (1.4.1963), S 27, beide in: AfZ, NL Paul Ruegger 48.2.15.1.
22 Der Jahresüberschuss entspricht nicht dem Gewinn. Letzterer wurde leider nicht ausgewiesen. Der Jahresüberschuss entspricht dem Saldo aller Erträge und Aufwände. Er ist die Grundlage für Rückstellungen, Reserven oder Dividenden und in diesem Sinne durchaus ein Indikator für die Ertragsleistung eines Unternehmens.
23 Protokoll SAVA-VR-Sitzung (6.3.1962), S. 3, in: AfZ, NL Paul Ruegger 48.2.12.1.
24 Protokoll SAVA-VR-Sitzung (1.4.1963), S. 4, in: AfZ, NL Paul Ruegger 48.2.13.1.
25 Protokoll SAVA-Generalversammlung (1.6.1964), S. 10, in: AfZ, NL Paul Ruegger 48.2.15.2; Protokoll SAVA-VR-Sitzung (16.4.1966), S. 10, in: AfZ, NL Paul Ruegger 48.2.17.1.
26 Protokoll SAVA-VR-Sitzung (29.3.1967), S. 15, in: AfZ, NL Paul Ruegger 48.2.18.1.

Mittel und Wege zu einer normalen Ertragslage [zu] studieren".[27] 1964 beschloss der SAVA-Verwaltungsrat, und dies wiederholte sich jährlich bis zum Ende des Jahrzehnts, keine Dividenden auszuzahlen.[28]

Brisant ist allerdings, dass die Einkünfte von Alusuisse aus der italienischen Tochtergesellschaft dieser Ertragsentwicklung nicht entsprechen. Wie eine Aufstellung zeigt, die 1971 im Verwaltungsrat von Alusuisse diskutiert wurde, blieben die Zahlungen an den Mutterkonzern von den ertragsschwachen Zahlen der SAVA komplett unberührt. In den schwierigen Jahren von 1963 bis 1966 floss gar mehr Geld als in den vorangehenden vier Jahren.[29] Während also Dividenden gestrichen wurden (womit auch deren Besteuerung und die Auszahlung der Minderheitsaktionäre umgangen werden konnte) und das Management über hohe Löhne klagte, stiegen die Zahlungen der SAVA an den Mutterkonzern Alusuisse weiter an.

Als sich 1966 größere Konflikte in den SAVA-Betrieben anbahnten und das Management sich entschied, gegenüber den Forderungen der Belegschaft standhaft zu bleiben, war dies demnach keine unvermeidliche Reaktion auf ökonomische Zwänge.[30] Vielmehr war es ein arbeitsmanageriales Experiment, um die Folgen einer konfrontativeren Strategie besser abzuschätzen und um einen Eindruck des Kräfteverhältnisses, der Konfliktdynamik und der Organisationsmacht der Belegschaft zu gewinnen. 1966 standen Verhandlungen des Branchentarifvertrages der Metallindustrie an und die Produktion der SAVA war durch die damit einhergehenden Streikaktionen stark beeinträchtigt.[31] Von Februar bis Juli kam es an 54 Tagen zu Streiks, wobei die ältere Aluminiumhütte in Porto Marghera und die Aluminafabrik mit überdurchschnittlich vielen verlorenen Arbeitsstunden betroffen waren.[32] Die zahlreichen Streiks hatten den Produktionsausstoß reduziert und die Reparaturkosten in die Höhe getrieben.[33] Das Alusuisse-Management beklagte die „Obstruktion der kommunistischen Partei", die die „grösste Gewerkschaft des Landes" kontrolliere.[34] Ein Dorn im Auge waren insbesondere die „scioperi articolati",

27 Meyer, Emanuel: Neujahresbrief 1963 (31.12.1963), S. 2, in: SWA, PA 600b D 4-2.

28 Alusuisse: Italien: Rendite unserer Investition von 1961 bis 1970 (ohne LLL) (Februar 1971), in: AfZ, NL Heinz Frech 22.

29 Ebd. Von 1959 bis 1962 flossen 31,2 Millionen Schweizer Franken an den Mutterkonzern, in den Jahren 1963 bis 1966 hingegen 40,2 Millionen Schweizer Franken.

30 Auch bei den Leghe Leggere, an denen Alusuisse beteiligt war, kam es zu Streiks, nachdem das Unternehmen Entlassungen ausgesprochen hatte. Die Gewerkschaften eskalierten die Auseinandersetzung in der Folge bis zu einem lokalen Generalstreik; vgl. Zazzara: Cento, S. 224.

31 Ebd.

32 SAVA: Besprechung im Zusammenhang mit der durch die Streiks eingetretenen Lage (29.7. und 1.8.1966), S. 1, in: AfZ, NL Paul Ruegger 48.2.17.2. Diese Fabriken waren später besonders von Restrukturierungen betroffen.

33 Protokoll SAVA-VR-Sitzung (17.10.1966), S. 3, in: AfZ, NL Paul Ruegger 48.2.17.1.

34 Alusuisse-VR-Protokoll der 317. Sitzung (15.9.1966), S. 1, in: SWA, PA 600b D 2-1.

die maximalen Schaden anrichteten, aber minimale Lohneinbußen für die Arbeitskräfte zur Folge hatten, dadurch lange andauernde Arbeitskämpfe erleichterten und zugleich die gewerkschaftliche Stärke im Betrieb unter Beweis stellten.[35] Diese ausgeklügelten Streikformen verlangten ein hohes Maß an Koordination: etwa beim Schachbrettstreik, bei dem sich verschiedene Produktionssequenzen mit kurzen Arbeitsunterbrechungen abwechselten, was die Produktion dennoch nachhaltig beeinträchtigte, oder beim Schluckaufstreik, bei dem ebenfalls nur kurze, synchrone Arbeitsniederlegungen die Produktion unterbrachen. Meyer vermutete, dass die Gewerkschaften die SAVA-Betriebe übermäßig ins Visier nahmen. Denn die Streikstunden lagen, wie er vorrechnete, mit 212 weit über dem Branchendurchschnitt von 120 Stunden: „[…] die SAVA war einem viel größeren gewerkschaftlichen Druck ausgesetzt als alle anderen Betriebe der Metallindustrie".[36]

Dass es dem Management um das Kräfteverhältnis zur Belegschaft ging, zeigen auch die internen Debatten. Alusuisse-Verwaltungsratsmitglied und späteres Mitglied des Schweizer Bundesrat Nello Celio sprach explizit von einer „Machtprobe"[37]. Die SAVA-Direktion müsse angesichts dieser Lage „fest bleiben [sic], denn unsere Sache ist gerecht".[38] Meyer folgte dieser machtpolitischen Lageanalyse und sah den Moment gekommen, gegenüber der Belegschaft Härte zu zeigen, wie das Protokoll einer Besprechung zwischen SAVA-Direktion und Alusuisse-Generaldirektion belegt:

> Herr Generaldirektor Meyer stellt einleitend fest, dass heute der Moment gekommen ist, Massnahmen zu treffen, um den Arbeitern zu zeigen, dass wir es mit den seit Jahren gemachten Drohungen bei Streiks die Produktion einzustellen oder zu reduzieren, ernst machen [sic].[39]

Das SAVA-Management versuchte in der Folge, die Belegschaft mit harten Maßnahmen zum Einlenken zu bewegen. Es kündigte die Schließung mehrerer Produktionshallen der älteren Aluminiumhütte an und begründete dies mit dem

---

35 Protokoll SAVA-VR-Sitzung (17.10.1966), S. 3, in: AfZ, NL Paul Ruegger 48.2.17.1.

36 Ebd., S. 4.

37 SAVA: Massnahmen im Zusammenhang mit den Streiks. Besprechungen vom 23./26. September 1966 in Porto Marghera (23./26.9.1966), S. 5, in: AfZ, NL Paul Ruegger 48.2.17.2.

38 Ebd.

39 SAVA: Besprechung im Zusammenhang mit der durch die Streiks eingetretenen Lage (29.7. und 1.8.1966), S. 3 f., in: AfZ, NL Paul Ruegger 48.2.17.2. In einem Brief an das SAVA-Verwaltungsratsmitglied Paul Ruegger berichtete Meyer: „Ob unsere konsequente Haltung Weiterungen auslöst oder nicht, bleibt abzuwarten. Etwas anderes können wir nicht tun, wenn wir gegenüber der Belegschaft nicht auch noch den letzten Rest an Glaubwürdigkeit verlieren wollen." Vgl. Meyer, Emanuel: Brief an SAVA-VR Paul Ruegger (9.9.1966), in: AfZ, NL Paul Ruegger 48.2.17.2.

streikbedingten Mangel an Alumina aus der Aluminafabrik. Im Herbst sollten die Ofenhallen stillgelegt werden – denn dies hielt man für den „psychologisch richtigen Zeitpunkt".[40] Wie die VR-Protokolle zeigen, hatte die SAVA durchaus die Möglichkeit, Alumina zu kaufen und ohne Mehrkosten die Produktion aufrechtzuhalten.[41] Das Management entschied sich allerdings bewusst dagegen und probte die Konfrontation.

Dies war nicht der einzige taktische Kniff, auf den das Management zurückgriff. Emanuel Meyer, der die Gespräche mit den Arbeitern der Arbeiterkommission (*Commissioni interne*[42]) persönlich führte, behauptete etwa – wider besseres Wissen –, dass es an anderen Standorten noch nie zu Streiks gekommen war.[43] Um den Druck zu erhöhen, drohte er den Arbeitern unverhohlen mit Arbeitslosigkeit: „Sie oder ihre Gewerkschaften haben es daher in der Hand, durch Fortsetzung der Streiks die SAVA zu vernichten und zwar sehr rasch. Die Folgen, die sich für Sie ergeben, sind klar vorauszusehen."[44] Den Schließungsbeschluss kommunizierte das Management wohl bedacht nicht im Betrieb, wo sich kollektive Empörung schnell hätte ausbreiten können. Stattdessen erhielten „sämtliche Arbeiter und deren Familien" einen Brief „an ihre Privat-Adresse", in dem sie vor den „bei weiterer Streiks entstehenden Folgen" gewarnt wurden.[45] Zudem drohte man in dem Schreiben, bei erneuten Produktionsproblemen in den Alumina- oder Elektroden-Fabriken weitere Anpassungen bei Produktionskapazitäten und Belegschaft zu machen.[46] Die Gewerkschaften deuteten die Schließung als politischen Angriff auf das Streikrecht und schenkten den Argumentationen des Unternehmens keinen Glauben.[47] Die Auseinandersetzung endete mit einer Ende November 1966 unterzeichneten Vereinbarung. Die einzige Konzession der Belegschaft war, die Mindestbelegung in den Elektrolysehallen für zukünftige Streiks neu festzulegen. Die suspendierten Arbeitskräfte wurden wieder eingestellt und entschädigt – mit einer Summe, die ungefähr ihrem Lohnverlust entsprach.[48] Wie die Auseinandersetzung 1966 und die managerialen Debatten zeigen, gelang es der SAVA-Belegschaft im Verlauf

---

40 SAVA: Besprechung im Zusammenhang mit der durch die Streiks eingetretenen Lage (29.7. und 1.8.1966), S. 4, in: AfZ, NL Paul Ruegger 48.2.17.2.

41 Ebd., S. 3.

42 Mitglieder der *Commissioni interne* waren Gewerkschaftsmitglieder und wurden in betriebsweiten Wahlen gewählt.

43 SAVA: Besprechung im Zusammenhang mit der durch die Streiks eingetretenen Lage (29.7. und 1.8.1966), S. 11, in: AfZ, NL Paul Ruegger 48.2.17.2.

44 Ebd.

45 Ebd., S. 4.

46 Direktion der SAVA: Brief an die Belegschaft (2.8.1966), in: CSEL, Liviero Bruno 02.03.09.03.

47 Segreterie provinciali FIM CISL, FIOM CGIL, UILM UIL: Quali obiettivi persegue la SAVA? (28.9.1966), in: CSEL, Liviero Bruno 02.03.09.03.

48 Direktion der SAVA: Brief an die Belegschaft (29.11.1966), in: CSEL, Liviero Bruno 02.04.10.02.

der 1960er Jahre wiederholt Verhandlungserfolge zu erzielen. Woraus zogen diese Arbeiter ihre Stärke?

4.3 Betriebliche Sozialpolitik und kommunistische Organisationsmacht

Die SAVA-Betriebe waren in der Hochkonjunktur der 1950er und 1960er Jahre regelrechte ‚rote Fabriken' – fest in der Hand des *Partito Comunista Italiano* (PCI) und des kommunistischen Gewerkschaftsbundes CGIL. Die organisatorische Stärke der Belegschaft basierte auf den Allianzmöglichkeiten und der institutionellen Einbindung von PCI und CGIL.[49] Darüber hinaus erwuchs die Organisationsmacht der SAVA-Belegschaft aus einer hohen betrieblichen Kohäsion, die sich wiederum aus einem Zusammenspiel von gemeinsamen Alltagserfahrungen, Klassen- und Arbeiteridentitäten sowie einem dichten Netzwerk sozialer Interaktionen und Beziehungen speiste. Hierfür spielten die Agitationen des PCI und der CGIL, die Arbeiterkultur im Alltag, aber auch die – im regionalen Vergleich hervorstechende – betriebliche Sozialpolitik der SAVA eine Rolle.

Liebe zum Betrieb

„Ich liebe die SAVA"[50], sagte der pensionierte SAVA-Angestellte Franco Orlandi zu Beginn eines Interviews im Jahr 2017. 31 Jahre lang hatte er in den Diensten der SAVA gestanden und war damit den Fußtapfen seines Vaters gefolgt. Orlandi blieb dem Unternehmen stets loyal verbunden. Auch als Rentner blickte er gerne zurück, besuchte regelmäßig das ehemalige Verwaltungsgebäude der SAVA: „[..] bei der SAVA zu arbeiten, das hielt man damals für besser als eine Stelle bei einer Bank",[51] erinnerte sich Orlandi nostalgisch an das hohe Ansehen, das mit einer Stelle bei der Alusuisse-Tochter einherging. Die SAVA-Arbeitskräfte profitierten von zahlreichen betrieblichen Sozialmaßnahmen. Wie viele andere SAVA-Beschäftigte bewohnte Orlandi eine vergünstigte Wohnung, die das Unternehmen gebaut hatte. Während andere Unternehmen den Umstand nutzten, dass ihre Mitarbeiter:innen aus der ländlich geprägten Umgebung zum Arbeitsort pendelten, betätigte sich die SAVA im betrieblichen Wohnungsbau und ließ in Marghera, aber auch in den nahen Gemeinden Zelarino und Chirignago über 100 Wohnungen bauen. Diese

---

49 In der Systematik des *Power Ressources Approaches* werden diese beiden Machtressourcen von Arbeitskräften oder Gewerkschaften als *Institutional Power* und *Coalition Power* bezeichnet. Vgl. Schmalz/Ludwig/Webster: Power, S. 121–123.

50 Interview Nr. 1 mit Orlandi, Min. 01:55.

51 Ebd., Min. 00:15.

waren zuerst nur für Angestellte und später auch für Arbeiter zugänglich.[52] Bis in die frühen 1970er Jahren bot die SAVA morgens, mittags und abends einen Shuttle-Dienst für ihre Arbeitskräfte, sodass sie zu Hause essen konnten.[53] Zugleich unterhielt das Unternehmen zwei Kantinen:[54] Im „Arbeiter-Refektorium" aßen Arbeiter an großen Tischen mit Bänken, während in der „Angestellten-Mensa" die Angestellten an gedeckten Vierertischen von Serviceangestellten bedient wurden. Ausgeschlossen von diesen Angeboten waren hingegen die Zeitarbeiter.[55]

Die unternehmerischen Sozialmaßnahmen richteten sich auch an die Familien der Arbeitskräfte. So schrieb die SAVA beispielsweise Stipendien für die Kinder der Beschäftigten aus.[56] Eine betriebliche Sozialarbeiterin beriet Arbeiter bei familiären Problemen.[57] In der Personalzeitung listete man Heiraten und Geburten auf.[58] Als erstes Unternehmen in Porto Marghera verfügte die SAVA über einen Freizeitverein für die Belegschaft. Dieser CRAL (*Circolo Ricreativo Aziendale dei Lavoratori*) organisierte Skiferien für die gesamte Familie oder auch erschwingliche, in Raten bezahlbare Tagesausflüge.[59] Alljährlich organisierte der CRAL ein Neujahrsfest. „[...] um die Leute zusammenzuhalten"[60], meinte Franco Orlandi. Der CRAL verkaufte außerdem verbilligte Eintritte für Kino und Theater.[61] Für die Kinder bot er Ferienlager an – eine seltene Gelegenheit für Kinder aus Arbeiterfamilien, eine Sommerwoche in den Bergen oder am Meer zu verbringen. Wie Franco Orlandi erzählte, konnte er so als Fünfjähriger mit seinen vier Geschwistern in den Sommerferien verreisen, auch wenn sein Vater verstorben und die verwitwete Mutter kaum Einkünfte hatte. Wie der ehemalige LLL-Fabrikarbeiter Marino de Gasperi in einem Interview berichtete, intensivierten die Kinderfreundschaften auch die Kontakte unter den Arbeitskräften.[62] Zum Netz sozialer Kontakte trugen zudem die Tage der offenen Tür bei, bei denen sich Arbeiterfamilien kennenlernen konnten.[63] Zu den Aktivitäten des CRAL gehörten auch sportliche Anlässe wie regelmäßige Ausflüge für Fahrradbegeisterte oder Jagd- und Fischereiwettbewerbe.

---

52 Ebd., Min 03.50. Puppini, Chiara: Marghera 1971. L'inizio di una fine, Portogruaro 2015, S. 26.
53 Interview Nr. 2 mit Orlandi, Min. 12:45.
54 Interview mit Gastone Santoro, Interviewer: Zazzara, Gilda, [2001], o. O., Min. 31:20.
55 Interview mit Giovanni Finco.
56 I concorsi della Gazzetta per i lavoratori, in: Bollettino SAVA 4/3-5 (5.1953).
57 Interviste, in: Bollettino SAVA 9/1-2 (2.1958).
58 Vgl. Bollettino SAVA.
59 Interview Nr. 2 mit Orlandi, Min. 33:10.
60 Ebd.
61 Puppini: Marghera, S. 26.
62 Interview mit Bullo/Spolaor/Darsiè/de Gaspari, Min. 66:30.
63 Ebd., Min. 65:40.

Selbst einen eigenen Fußballplatz besaß das Unternehmen.[64] Der CRAL betrieb
außerdem einen Supermarkt, in dem gesundheitlich angeschlagene Beschäftigte
Nahrungsmittel zu vergünstigten Preisen verkauften.[65] Die SAVA unterstützte zudem die betriebsorientierte Arbeiterkultur mit einer Bibliothek, Fotografie- und
Malerei-Ausstellungen und zahlreichen Wettbewerben für Malerei, Bildhauerei
oder literarisches Schreiben von Arbeitern.[66] Die ausgebaute betriebliche Sozialpolitik und – die damit zusammenhängende – verhandlungsorientierte Politik
der SAVA-Betriebsleitung gegenüber Gewerkschaften und Belegschaft waren ein
Spezifikum in der Region.[67] Die zahlreichen betrieblichen Sozialmaßnahmen zielten darauf ab, betriebsorientierte Einstellungen unter den Arbeitern zu fördern,
generierten dabei aber auch soziale Kontakte unter den Arbeitskräften, die – von
der Erfahrung von Klassenidentität und -solidarität befruchtet – den Agitationen
der Arbeiter:innenbewegung zugutekommen konnten.

Organisationsmacht in den roten Fabriken

Der PCI konnte in den SAVA-Betrieben früh Fuß fassen. Wie Italo Mattiussi, ehemaliger SAVA-Arbeiter und PCI-Mitglied, in einem Interview erzählte, gründete
man bereits 1946 eine Arbeiterkommission – die sogenannte *Commissione inter-
na*.[68] 1947 folgte die Gründung einer PCI-Fabrik-Zelle. So gelang es einem Kern
von PCI-Aktivist:innen, rasch wichtige Funktionen in den *Commissioni interne*
einzunehmen.[69] Der PCI war in den SAVA-Fabriken besonders gut verankert und
organisiert.[70]

Bei den Wahlen für die *Commissioni interne* dominierte in den 1950er und
1960er Jahren der kommunistische Gewerkschaftsbund CGIL und die dazugehörige Metallarbeitergewerkschaft *Federazione Impiegati Operai Metallurgici* (FIOM) in
sämtlichen SAVA-Fabriken in Porto Marghera – insbesondere in der Aluminafabrik
und der alten Aluminiumhütte, etwas weniger eindeutig in der neueren Aluminiumhütte Fusina.[71] Die christdemokratische Gewerkschaft *Confederazione Italiana*

---

64 Die betriebliche Liebe zum Fußball ging so weit, das berichtete zumindest der ehemalige SAVA-
Angestellte Franco Orlandi, dass ein Techniker bei der Anstellung neuer Arbeiter für die Elektrolyse
jeweils deren fußballerische Fähigkeiten berücksichtigte. Interview Nr. 2 mit Orlandi, Min. 35:25.
Die Personalzeitung berichtete in jeder Ausgabe ausgiebig über die SAVA-Fußballmannschaft.

65 Interview Nr. 2 mit Orlandi, Min 35.25.

66 Vgl. Bollettino SAVA.

67 Zazzara: Cento, S. 220.

68 Interview mit Italo Mattiussi, S. 1.

69 Puppini: Marghera, S. 18.

70 Interview mit Italo Mattiussi, S. 4.

71 Chinello, Cesco: Sindacato, PCI, movimenti negli anni sessanta. Porto Marghera, Venezia, 1955–1970
   (Collana dell'Istituto nazionale per la storia del movimento di liberazione in Italia 35), Mailand

Sindacati Lavoratori (CISL) hingegen hatte lediglich unter den Angestellten eine gewisse Bedeutung.[72] 1970 zählte die FIOM 592 Mitglieder in der älteren Aluminiumhütte, 359 in der Aluminafabrik und 102 in der neuen Hütte in Fusina.[73] Der Druck der CGIL beizutreten war unter den Fabrikarbeitern sehr hoch, wie der ehemalige technische Angestellte und CISL-Mitglied Gastone Santoro berichtete: „Für einen der bei der SAVA arbeitete, war es nicht einfach, eine andere Gewerkschaft als die CGIL zu wählen, das war nicht einfach."[74] Die Frage der politischen Zugehörigkeit spielte in den Fabrikhallen für die Beziehungen unter den Arbeitskräften eine wichtige Rolle:

> In den Produktionsabteilungen war das eine Sünde [lacht], eine Ursünde eigentlich. […] Da kam es wirklich zu Ausgrenzung, also, in den Pausen wurdest du aus den Gesprächen ausgeschlossen, vielleicht wurde auch dein Spind täglich verunstaltet. […] Also ich habe Leute weinen sehen wegen solcher Dinge.[75]

In den SAVA-Betrieben war eine Gewerkschaftspolitik einflussreich, die als Produktivismus bezeichnet werden kann. Dazu gehörte die Bemühung, die betrieblichen Veränderungen zu verstehen, die sich mit der tayloristisch-fordistischen Arbeitsorganisation nach dem Zweiten Weltkrieg in den italienischen Fabriken eingestellt hatten: Insbesondere die technische Organisation der Arbeit, die Lohnstruktur und die neuen ‚wissenschaftlichen' Managementmethoden sollten genauer analysiert werden.[76] Die gewerkschaftliche Aushandlung sollte sich nicht mehr auf die Remuneration beschränken, sondern auf Aspekte der Arbeitsorganisation und betriebsspezifische Fragen ausgedehnt werden.[77] Der Produktivismus war durch eine optimistische Haltung gegenüber dem technologischen Wandel geprägt: Produktionstechnische Neuerungen in den Fabriken beurteilte die CGIL dabei als fortschrittliche, nahezu neutrale und begrüßenswerte Entwicklung.[78] Auch die unternehmerischen Bemühungen, die industrielle Produktivität zu steigern, bewertete man grundsätzlich als positiv. Daher betrachteten einige Gewerkschafter die

---

1996, S. 57. CI-Wahlen 1956: SAVA Alluminio: 87 % Fiom, SAVA Allumina: 82 % Fiom; 1958: SAVA Alluminio: 86.7 % CGIL, SAVA Allumina: 82,7 % CGIL; 1960: SAVA Alluminio: 87,6 % CGIL, SAVA Allumina: 83,8 % CGIL; 1964: SAVA Alluminio: 78,7 % CGIL, SAVA Allumina: 100 % (CISL stellt keine Liste auf); 1967: SAVA Alluminio: 77,7 % FIOM; Sava Allumina: 69,4 % FIOM; SAVA Fusina: 43,8 % FIOM. Alle Zahlen stammen aus: Chinello: Sindacato, S. 57, 109, 161, 310, 512.

72 Interview mit Italo Mattiussi, S. 3.
73 Chinello: Sindacato, S. 816.
74 Interview mit Gastone Santoro, Min. 38:30.
75 Ebd., Min. 40:20.
76 Chinello: Sindacato, S. 33–36.
77 Ebd., S. 36.
78 Ebd., S. 37 f.

Kopplung von Löhnen an die Produktivität als Möglichkeit, um die Akkordlöhne zu reformieren.[79]

Als Ausdruck der produktivistischen Linie der CGIL lassen sich die Produktionskonferenzen (*Conferenze di produzione*) verstehen, die der Gewerkschaftsbund von 1950 bis 1953 in den alteingesessenen Fabriken Porto Margheras durchführte.[80] Im Rahmen dieser Tagungen unter Führung des Ingenieurs und CGIL- und PCI-Mitglieds Fioravante Pagnin kamen Arbeiter, Techniker und Angestellte zusammen, um ausgehend von ihren Erfahrungen und ihrem Wissen die betriebliche Arbeitsorganisation in ihren Fabriken zu analysieren.[81] Das strategische Ziel war eine betriebliche Arbeiter-Avantgarde zu bilden, die dank ihres kollektiven Wissens Verhandlungen auf Betriebsebene führen konnte.[82] Pagnin betrachtete die Produktionskonferenzen als proletarische Wiederaneignung von (Produktions-)Wissen, das er – in der Form des *Scientific Managements* – in den Händen der Arbeitgeber konzentriert sah.[83]

Wie die Produktionskonferenz im Oktober 1951 zeigt, trug diese gewerkschaftliche Initiative durchaus Früchte. Die zusammengekommenen Arbeitskräfte sammelten sowohl für gewerkschaftliche Verhandlungen wertvolle Informationen wie auch Organisationserfahrungen. Beides war langfristig für die Verhandlungskraft der SAVA-Belegschaft wichtig.[84] Laut Pagnin versammelten sich 500 Arbeitskräfte, was immerhin einem Viertel der Belegschaft der zwei größten SAVA-Fabriken entsprach.[85] Sie trugen viel Zahlenmaterial zusammen, berechneten Produktionskosten, verglichen diese mit den Verkaufspreisen und ermittelten so die ungefähre Gewinnmarge.[86] Dieses Wissen über die Kosten- und Gewinnstruktur des Unternehmens stand in der Regel nur der Unternehmensleitung zur Verfügung, war allerdings für die Verhandlungsmöglichkeiten der Gewerkschaft wichtig. Auch bezüglich der betrieblichen Arbeitsorganisation konnten die Konferenzen einige interessante Ergebnisse produzieren: So brachten Analysen der Beschäftigungszahlen zwischen 1949 und 1951 ans Licht, dass die Zahl der Festangestellten sank, während das Management mehr und mehr Saisonarbeiter:innen einsetzte. Ein

---

79 Ebd., S. 41.

80 Salani Favaro, Omar: Le conferenze di produzione a Porto Marghera (1950–1953). Tra sindacalismo e „sapere di fabbrica", in: Venetica 1 (2006), S. 121–142, hier: S. 125.

81 Puppini: Marghera, S. 19.

82 Zazzara: Cento, S. 220.

83 Puppini: Marghera, S. 20.

84 Chinello, Cesco: Classe, movimento, organizzazione. Le lotte operaie a Marghera/Venezia: i percorsi di una crisi, 1945–55, Mailand 1984, S. 348–352.

85 Puppini: Marghera, S. 22. 1951 zählte die Aluminiumhütte 1.129 und die Aluminafabrik 810 Arbeitskräfte; vgl. Chinello: Classe, S. 350.

86 Die folgenden Zahlen stammen aus: Chinello: Classe, S. 352. Siehe zudem: Puppini: Marghera, S. 22 f.

Arbeiter konnte hingegen dank einer Untersuchung der konkreten Arbeitsprozesse in der Elektrolyse und der Anodenfabrik zeigen, wie Arbeitslast und -tempo in den vergangenen Jahren nach und nach erhöht worden waren.

Als Erste in der Region erstritten die Belegschaften der SAVA-Aluminiumhütte und der Aluminafabrik 1951 mit einem dreimonatigen Arbeitskampf eine Produktionsprämie (*Premio di produzione*). Die Prämie wurde im Verhältnis zum Produktionsausstoß ausbezahlt und galt als weiterer Erfolg der produktivistischen Gewerkschaftsstrategie.[87] Nach der gewerkschaftlichen Logik sollte die Prämie dazu dienen, dass auch die Arbeiter ihren Anteil am technischen Fortschritt und dem steigenden Produktionsausstoß erhalten. Wie die – nicht nur negativen – Reaktionen des Arbeitgeberverbandes Confindustria Venetiens zeigen, hatten auch Arbeitgeber ein Interesse an einem solchen ,produktivistischen Kompromiss'. Für die Belegschaft ging mit der Prämie eine signifikante Lohnerhöhung einher. Zudem berechnete sich die Prämie nur auf der Basis der absoluten Produktionsmenge und nicht im Verhältnis zu Belegschaftszahlen, Arbeitsproduktivität oder Gewinn.[88] Es war eine Produktions-, keine Produktivitäts-Prämie.

In den Jahren 1955/1956 – während in vielen Fabriken Defensivkämpfe um die Erhaltung von Arbeitsplätzen geführt werden mussten – erreichte die SAVA-Belegschaft nicht nur eine Lohnsteigerung, es gelang ihr auch, die arbeitsorganisatorischen Folgen von produktionstechnischen Neuerungen zu verhandeln.[89] Dies entfaltete eine Signalwirkung für andere Belegschaften, wie der venetische Sozialhistoriker Cesco Chinello betont.[90] Im April 1956 erreichten die SAVA-Belegschaften, dass die Produktionsprämie fortgeführt und erhöht wurde.[91] Im Juli erstritten sie sich die Fortzahlung einer Prämie, die 1955 (als einmalige Zahlung) entrichtet worden war. Diese kontinuierlichen gewerkschaftlichen Erfolge erregten Aufmerksamkeit: Die CGIL diskutierte 1957 die Verhandlungserfolge der SAVA auf einer Konferenz der Gewerkschaftsführung und der Betriebsaktivisten Venedigs und Porto Margheras.[92] Sie diente ihnen als Vorbild für ihre Politik der betrieblichen Verhandlung, dem andere Belegschaften folgen sollten.[93] Im März 1957 schlossen die *Commissioni interne* und die SAVA-Direktion vier Abkommen, die wie Chinello betont, weit über den Möglichkeiten anderer Belegschaften lagen. Sie umfassten eine Erneuerung der Produktionsprämie, eine Prämie für belastende

---

87 Chinello: Classe, S. 338 f.
88 Ebd., S. 339.
89 Chinello: Sindacato, S. 49 f.
90 Ebd.
91 Ebd., S. 70.
92 Ebd., S. 75.
93 Ebd., S. 74 f.

Arbeiten, eine Verbesserung der Kantine und eine Sonderzulage.[94] Im Gegenzug verpflichtete sich die Belegschaft bis Ende Januar 1958 keine weiteren Forderungen und Kampfmaßnahmen auf Betriebsebene zu lancieren. 1958 folgte die nächste Lohnforderung: die *Commissioni interne* verlangten 72.000 Lire mehr Lohn, die Direktion war bereit 18.000 Lire zu gewähren.[95] Ein Streik mit sehr hoher Beteiligung zwang die Direktion zu einer einmaligen Zahlung von 42.000 Lire. Ende 1960 beteiligten sich die Aluminiumhütte und die Aluminafabrik der SAVA, sowie die Alusuisse-Tochter LLL an einem Streik für die 40-Stunden-Woche, an dem regional 6.000 Arbeiter teilnahmen.[95] 1961 schlossen die *Commissioni interne* 13 und 1962 14 Abkommen mit der Direktion. Zu den Verhandlungserfolgen zählten eine wöchentliche Arbeitszeitverkürzung von 4 Stunden (von 48 auf 44) ohne Lohnverlust ein Mitbestimmungsrecht bei der Zusammensetzung der Ofenarbeiter-Teams und die Einführung einer Unfall- und Krankenversicherung mit finanzieller Beteiligung des Unternehmens. Erneut verpflichtete sich die Belegschaft im Gegenzug, nicht an den Streiks im Rahmen der nationalen Tarifverhandlungen teilzunehmen.[97] Die Verhandlungskraft litt dann unter der konjunkturellen Delle von Oktober 1963 bis Mitte 1965.[98] Immerhin gelang es der Belegschaft, die von der Direktion beschlossene 15-prozentige Reduktion der Zahl der Hüttenarbeiter zu verhindern.[99] Während Belegschaften in anderen Betrieben 1965 vor allem mit der Abwehr von Personalreduktionen beschäftigt waren, konnte die SAVA-Belegschaft die Erneuerung der Produktionsprämie aushandeln.[100]

Gewerkschaftliche Avantgarde und Arbeiterstolz

Diese Verhandlungskultur in den SAVA-Betrieben hatte für die CGIL Vorbildcharakter.[101] Daher sprach man der Arbeiterschaft der SAVA während der 1950er und 1960er Jahre eine Vorreiterrolle innerhalb der Gewerkschaftsbewegung Venetiens zu. In dieser Phase gelang es der SAVA-Belegschaft wiederholt und in kurzen Abständen, der Direktion am Verhandlungstisch eine Verbesserung der Lage der Arbeiter abzuringen. Bereits um 1950 konnte die SAVA-Belegschaft die Verhandlungen auf alle Aspekte der Arbeitsbedingungen ausdehnen – ein strategisches Ziel,

---

94 Ebd., S. 76.
95 Ebd., S. 104.
95 Ebd., S. 178 f. Die Arbeitszeitreduktion von 48 auf 40 Stunden sollte notabene ohne Lohnverluste erreicht werden.
97 Ebd., S. 192 f.
98 Ebd., S. 414.
99 Ebd., S. 422.
100 Ebd., S. 361–364.
101 Ebd., S. 73–75.

das die CGIL ab Mitte der 1950er Jahre auf nationaler Ebene verfolgte.[102] In einem Flugblatt an die Arbeiter lobte etwa die regionale Führung der FIOM/CGIL die SAVA-Belegschaft im Jahr 1959 für ihre Verhandlungserfolge:

> In der SAVA ist es uns gelungen, dank unserer langjährigen Erfahrung und Eurer Kampf-bereitschaft, die von uns seit Jahren verfolgte Gewerkschaftspolitik umzusetzen, nämlich *die Verhandlung aller Aspekte des Arbeitsverhältnisses* [Hervorh. i. O.]. Das ist ein Erfolg für Euch und unsere Organisation.[103]

Als Speerspitze der CGIL focht die SAVA-Belegschaft neue gewerkschaftliche For-derungen oft als Erste aus.[104] Cesco Chinello beschrieb die SAVA der 1950er Jahre etwa als „la punta più avanzata, e piuttosto solitaria"[105]. Diese Avantgardestel-lung innerhalb der PCI-nahen Arbeiter:innenbewegung Venetiens spiegelte sich im Selbstbild der Arbeiter. Italo Mattiussi beschrieb stolz die gewerkschaftliche Bedeutung der Metallarbeiter und der SAVA-Arbeiter im Besonderen:

> Wir Metallarbeiter waren die Speerspitze. […] Vor den Vertragsverhandlungen wurden die am besten vorbereiteten Fabriken angewiesen zu beginnen. Die Position der Gewerkschaft war mehr oder weniger: Du stellst eine Forderung, und dann entwickelt sich daraus etwas. Wir bei SAVA waren eine der Fabriken, die immer als Erste angefangen haben.[106]

Der ehemalige SAVA-Ofenarbeiter und Mitglied des *Partito Socialista Italiano* (PSI) Giovanni Finco teilte diese Einschätzung, sah die SAVA-Belegschaften gar als politischen Referenzpunkt der Arbeiter:innenbewegung Venetiens:

> Die politische Führung der gesamten Bewegung von Porto Marghera lag bei der SA-VA. Wenn man in den Streik trat, dachte man zuerst an die Politik, dann an die Ta-rifverhandlungen. […] In diesen Jahren war die SAVA der politische Bezugspunkt der Arbeiterbewegung.[107]

---

102 Interview mit Cesco Chinello [Le trasformazioni industriali], Interviewer: Aiello, Alfredo, 23.2.2000, in: Aiello, Alfredo (Hg.): Ciminiere ammalate. Trent'anni di opposizione al declino industriale, Portogruaro 2006, S. 113–129, hier: S. 127 f.

103 Comitato Direttivo Provinciale FIOM/CGIL: Flugblatt an die Arbeiter der SAVA Alluminio (9.1959), in: CSEL, Liviero Bruno 02.03.09.03.

104 Interview mit Italo Mattiussi, S. 9.

105 Chinello: Sindacato, S. 70.

106 Interview mit Italo Mattiussi, S. 9.

107 Interview mit Giovanni Finco, S. 4. *Lotta Comunista* war eine leninistische und *Potere Operaio* eine operaistische Gruppe der radikalen Linken.

Die PCI-Zellen und die CGIL verteidigten ihre Hegemonie dabei strikt gegen die zahlreichen linksradikalen Gruppen in der Region: „Niemand konnte in diese Leitungsposition gelangen, nicht Lotta Comunista, nicht Potere Operaio."[108] Wie die Protokolle der PCI-Zellen in der SAVA zeigen, herrschte innerhalb der Gruppen eine lebendige Debattenkultur vor, die sich von Fabrikproblematiken bis zur geopolitischen Lage erstreckte und über Generationengrenzen funktionierte.[109]

In diesem Klima entwickelte sich ein kommunistischer Arbeiterstolz. Auf seine Zeit als Fabrikarbeiter in der SAVA-Anodenfabrik zurückblickend berichtete Renato Darsiè von dem Wunsch der Arbeiter, nicht nur ein Anhängsel der Maschine, sondern vielmehr ein dynamischer Teil einer als lebendiger Prozess verstandenen Produktion zu sein.[110] Daher beteiligten sich die Arbeiter am betrieblichen Vorschlagswesen.[111] Darsiè führte dies auf einen „Arbeiterstolz" zurück, was er am Beispiel der Werft in Porto Marghera veranschaulichte: „Es gab diesen Stolz. So als würdest du ein Schiff bauen".[112] Bevor ein Schiff zu Wasser gelassen wurde, riefen die Arbeiter ihre Familien zusammen. Laut Darsiè formierte sich in solchen Momenten ein Gefühl des Stolzes über die Schaffenskraft der Arbeiter: „Weil die Frau dann sagen würde: […] Hast du gesehen, wie gut mein Mann ist, hast du gesehen, was für Schiffe! Oder der Sohn würde in der Schule erzählen: Mein Vater baut Schiffe, hast du gesehen! […] ein Moment des Stolzes!"[113] Wie Darsiè betont, konnte sich dieser Stolz, aber auch fundiertes Produktionswissen in kämpferisches Selbstbewusstsein verwandeln und in Arbeitskämpfen niederschlagen: „Die gewerkschaftlichen Kämpfe waren heftig, ziemlich heftig; weil wir wussten, was wir produzierten und welche zentrale Stellung wir in den Produktionsprozessen hatten."[114] Zur Quelle eines klassenbewussten Arbeiterstolzes wurden auch die Arbeitskämpfe und deren Erfolge. So drückten etwa die PCI-Zellen der SAVA in einem Brief an die Belegschaft ihren Stolz über ihren Beitrag zur Arbeiterbewegung Porto Margheras aus. Sie betonten, dass man den Arbeitgebern auf Augenhöhe hätte begegnen können und nicht in die Defensive geraten sei: „In der SAVA nahm die Arbeiterklasse eine Position des Angriffs und nicht der Verteidigung ein".[115] Hier wird beispielhaft deutlich, wie der PCI den Arbeiterstolz mit Klassensemanti-

---

108 Ebd.

109 Congresso di cellula – SAVA vecchia (27.10.1962), S. 4, in: CSEL, Scaboro Giuseppe 04.00.05.02.

110 Interview mit Bullo/Spolaor/Darsiè/de Gaspari, Min. 41:00.

111 Ebd., Min. 42:50.

112 Ebd., Min. 41:20.

113 Ebd.

114 Ebd., Min. 42:00.

115 O. A.: Ai comunisti e ai lavoratori delle due SAVE [1960er Jahre], S. 1, in: CSEL, Scaboro Giuseppe 04.00.05.02.

ken verknüpfte und nicht etwa die SAVA-Belegschaft, sondern die „Arbeiterklasse innerhalb der SAVA-Fabriken"[116] ansprach.

Zur besonderen Organisationsmacht der SAVA-Belegschaften trugen die lebendigen sozialen Netzwerke bei, weil sie den Wissenstransfer unter den Arbeitern erleichterten und damit gewisse Kampfformen erst ermöglichten. So vermittelte eine junge Gewerkschafterin, die als Sekretärin des Direktors angestellt war, der Gewerkschaft CISL vertrauliche Informationen direkt aus dem Leitungsgremium.[117] Dank dieser Quelle waren die Gewerkschaften stets früh über unternehmerische Pläne informiert. Ein anderes Beispiel betrifft das spezifische Streikwissen in der Aluminiumhütte. Wie Italo Mattiussi in einem Interview berichtete, lieferte erst der intergenerationale Austausch unter den Arbeitern das erforderliche Wissen, um zu streiken. Im kontinuierlichen Schichtbetrieb galt der Streik als unmöglich – wollte man nicht die Produktionsmittel beschädigen: „Niemand streikte. In Porto Marghera gab es andere Fabriken, die im Dauerbetrieb arbeiteten, aber die streikten nie, weil es hieß, dass dies bei ununterbrochenen Betrieb Sabotage sei".[118] Nun erfuhren die *Commissioni interne* im Austausch mit älteren Arbeitern, wie sie während der Bombardierungen des Zweiten Weltkrieges die Elektrolyseöfen verlassen konnten, ohne dass diese Schaden nahmen. Nur dank des lebendigen Austauschs verschiedener Arbeitergenerationen stand ihnen die Streikwaffe überhaupt zur Verfügung.

Aus den Gewerkschaftsunterlagen geht hervor, dass die SAVA-Belegschaften und Gewerkschaften in regem Austausch standen. Als 1964 über die Steigerung der Produktionsprämie gestritten wurde, luden Gewerkschaftsvertreter die Arbeiter zu gemeinsamen Treffen ein, um die strategische Stoßrichtung zu diskutieren.[119] Über den Stand der Verhandlungen informierten die Gewerkschafter zeitnah – etwa mittels Flugblätter.[120] Die Arbeiterbasis saß dabei nicht auf der Zuschauerbank. Eine Versammlung von SAVA-Arbeitern kritisierte beispielsweise, dass die CGIL einen Streikbeschluss ohne Rücksprache gefasst hatte.[121] Diese aktive Basis trieb die Gewerkschaften immer wieder vor sich her, was sich nicht zuletzt in der Zusicherung der Gewerkschaft zeigt, nur den Arbeiterforderungen entsprechend

116 Ebd., S. 1 f.
117 Interview mit Bruno Geromin.
118 Interview mit Italo Mattiussi, S. 2.
119 Segreteria Provinciale FIOM/CGIL: Brief an die Arbeiter der SAVA (28.11.1964), in: CSEL, Liviero Bruno 02.03.09.03.
120 Segreteria Provinciale FIM/CISL: Brief an die Arbeiter der SAVA Fusina (28.4.1964), in: CSEL, Liviero Bruno 02.03.09.03.
121 Segreteria Provinciale FIM/CISL: Brief an die Arbeiter der SAVA Fusina (29.12.1964), in: CSEL, Liviero Bruno 02.03.09.03.

zu handeln: „Wir versichern euch, dass wir die eingeleiteten Maßnahmen so lange fortsetzen werden, bis wir ein positives Ergebnis in eurem Sinne erzielt haben."[122]
Im Laufe der Auseinandersetzungen entwickelten die Arbeiter neue Kampf-formen. So hatten beispielsweise Provokationen gegen Vorgesetzte einen fester. Platz bei Arbeitskämpfen. Streikende Arbeitskräfte versperrten die Eingänge mi: Fahrzeugen, setzten sich auf die Dächer der Autos der Vorgesetzten und warteten auf deren Reaktion. Oder sie blockierten die Frachtschiffe mit kleineren Booten.[123] Gewalt und Zwang waren als taktische Mittel keineswegs ausgeschlossen. Bei ei-ner Gelegenheit, von der Giovanni Finco berichtete, führten sie einen „sciopero alla rovescia", einen „umgedrehten Streik" durch. Statt die Fabriken zu verlassen, blieben sie im Betrieb und zwangen die Streikbrecher, an ihrer Stelle zu arbeiten. Erst die Intervention einiger Gewerkschaftsfunktionäre setzte dem ein Ende.[124] Bei der Polizei hatten die SAVA-Arbeiter, insbesondere die kräftigen Hüttenarbeiter, den Ruf, bei Demonstrationen zwar sehr diszipliniert, bei Konfrontationen aber unberechenbar zu sein. Mattiussi erinnert sich:

> Das Problem war tatsächlich, dass sie immer Angst vor uns Arbeitern hatten, weil wir so entschlossen und stark waren. Ich erinnere mich, wie ein Polizeikommissar sagte: Ihr von Sava, wenn ihr demonstriert, seid ihr ruhig, aber wenn ihr euch aufregt, seid ihr schrecklich. […] Diejenigen, die an den Öfen arbeiteten, waren alle sehr stark, denn Arbeit an den Öfen in der Sava war sehr anstrengend.[125]

Wie gezeigt, zwangen die Verhandlungserfolge der SAVA-Belegschaft in den 1950er und 1960er Jahren die Direktion in eine reaktive Position – eine Konstellation, die erst durch eine konjunkturelle Delle zwischen 1963 und 1965 gemildert wurde. Das Management experimentierte 1966 zwar mit einer konfrontativeren Heran-gehensweise, solange das Unternehmen auf die Forderungen der Arbeitskräfte einging und Letztere den produktivistischen Kompromiss einhielten (und dabei die betrieblichen Machtverhältnisse mittrugen), konnten die Divergenzen stets am Verhandlungstisch gelöst werden.

---

122 Segreteria Provinciale FIM/CISL: Brief an die Arbeiter der SAVA Fusina (28.4.1964), in: CSEL, Liviero Bruno 02.03.09.03.
123 Interview mit Giovanni Finco, S. 5.
124 Ebd.
125 Interview mit Italo Mattiussi, S. 10 f.

4.4 „Heißer Herbst", neue Arbeiterforderungen und unternehmerische Restrukturierung

Mit dem „heißen Herbst" 1969 drohte der verhandlungsorientierte Modus der industriellen Beziehungen bei der SAVA allerdings zu zerbrechen. Im Geiste dieser sozialen Unruhen und Fabrikkämpfe richtete sich die SAVA-Belegschaft im Herbst 1970 mit neuen – sehr weitreichenden – Forderungen an das Management. Die Arbeiter forderten nun lautstark Umwelt- und Gesundheitsschutz, stellten die leistungsorientierte Lohnordnung in Frage und wollten eine radikale Einebnung betrieblicher Hierarchien erreichen. Zeitgleich setzte das Management zur Restrukturierung der Betriebe an.

Porto Marghera – ein Brandherd des „heißen Herbstes"

Tausende streikbereite Arbeiter:innen, betrieblich verankerte Basis-Gewerkschafter und linksradikale Gruppen verwandelten Porto Marghera – neben Turin und Mailand – zu einem der Brandherde des italienischen „heißen Herbstes" von 1969.[126] Seit September 1969 waren Verhandlungen für einen neuen Tarifvertrag der Metallindustrie im Gange. Die Forderungen der Gewerkschaften sahen eine starke Lohnerhöhung vor, die Einführung der 40-Stunden-Woche bei gleichem Lohn, höhere Zulagen für Nachtarbeit, die Gleichstellung von Arbeitern mit Angestellten sowie mehr betriebliche Mitsprache. Für die SAVA hätte das eine Erhöhung der vertraglichen Mindestlöhne um 38 Prozent bedeutet.[127] Das Management versuchte, wie bei anderen Gelegenheiten, eine Befriedung der Betriebe zu erkaufen, indem eine außerordentliche Prämie entrichtet wurde – „als Gegenleistung für ein Verhalten der Arbeitnehmer, das einen schwerwiegenden Bruch in den internen Beziehungen vermeidet", wie das Unternehmen in einem Brief an die *Commissioni interne* formulierte.[128] Auch wenn das Angebot angenommen und durch den Verwaltungsrat als Verhandlungserfolg gewertet wurde, währte die Ruhe nicht lange, denn die Beziehungen zwischen Arbeiter- und Unternehmerseite in der Region blieben äußerst konfliktbeladen.[129]

Der „heiße Herbst" brachte auf mehreren Ebenen neue Dynamik in die Arbeiter:innenbewegung Venetiens. Mit den studentischen Mobilisierungen von 1968 gewannen die Arbeiter neue Verbündete. Bereits 1965 hatte sich diese neue Allianz

---

126 Zazzara: Cento, S. 225.

127 Protokoll SAVA-VR-Sitzung (30.10.1969), S. 7, in: AfZ, NL Paul Ruegger 48.2.20.1.

128 SAVA Divisione Alluminio: Brief an C.I. der drei SAVA-Fabriken (6.8.1970), S. 1, in: AGA, Busta 1, Fascicolo 1, Documenti 1968–1971.

129 Protokoll SAVA-VR-Sitzung (30.10.1969), S. 7, in: AfZ, NL Paul Ruegger 48.2.20.1.

im Rahmen eines Arbeitskampfes beim Unternehmen Sirma formiert, als Studierende und Jugendorganisationen linker Parteien eine Solidaritätsdemonstration zu den Fabriktoren organisierten, die Streiks und die Fabrikbesetzung aus der Zivilgesellschaft Unterstützung erhielten und Kunstschaffende die aufständischen Arbeiter öffentlichkeitswirksam unterstützten – die Schauspielerin Franca Rame und der Theaterregisseur Dario Fo schickten den Streikenden 100.000 Lire.[130]

Ende der 1960er Jahre agitierten linksradikale Gruppen mit zunehmendem Einfluss, allen voran der operaistische *Potere Operaio*, in den Fabriken Porto Margheras.[131] Auch im Verwaltungsrat der SAVA stellte man 1968 eine neue Qualität der Auseinandersetzung fest:

Die Streiks von 1968 erhielten in ganz Italien eine neue Dimension, als sich Studenten und Anhänger extremistischer Ideologien in die Demonstrationen einmischten und die arbeitswilligen Beschäftigten am Betreten der Fabrik hinderten.[132]

Innerhalb der SAVA versuchten die linksradikalen Gruppen zwar Fuß zu fassen, blieben aber marginal. In der alten Aluminiumfabrik in Porto Marghera arbeiteten Aktivist:innen von *Potere Operaio*[133] und in der neuen Aluminiumhütte in Fusina verfügte die spontaneistische Gruppe *Lotta Continua* über einen gewissen Rückhalt.[134]

Trotz der relativen Schwäche der linksradikalen Gruppen hinterließ deren Agitation in den Fabriken Porto Margheras – ganz besonders im größten petrochemischen Fabrikkomplex der Region, dem sog. *Petrolchimico*[135] – ihre Spuren. Zum einen stellten sie die Gewerkschaftsstrategie des produktivistischen Kompromisses offen in Frage. Gruppen wie *Potere Operaio* forderten Fabrikkämpfe von verhandlungsorientierten Verteilungskämpfen wegzuführen und stattdessen Lohnforderungen so weit zu eskalieren, bis die ‚Systemfrage' unausweichlich würde.[136] Die

---

130 Zazzara: Cento, S. 221. Chinello, Cesco: Il sessantotto operaio e studentesco a Porto Marghera. Nel trentennale, in: Annale 2 (1938), S. 179–222, hier: S. 181–187.

131 Chinello: Sessantotto, S. 184.

132 Protokoll SAVA-VR-Sitzung (21.4.1969), S. 15, in: AfZ, NL Paul Ruegger 48.2.20.1.

133 Negri, Toni: Un intellettuale tra gli operai, in: Sacchetto, Devi/Sbrogiò, Gianni (Hg.): Quando il potere è operaio. Autonomia e soggettività politica a Porto Marghera, 1960–1980, Rom 2009, S. 140–150, hier: S. 143.

134 Davon zeugt zum Beispiel ein VR-Protokoll, das in Fusina 1971 eine Gruppe von „Maoisten" für eine Fabrikbesetzung verantwortlich macht. Ausschuss des Alusuisse-VR: Protokoll der 57. Sitzung (20.8.1971), S. 2 f., in: SWA, PA 600b D 2-1.

135 Vgl. Zazzara, Gilda: Il Petrolchimico (Novecento a Venezia. Le memorie, le storie 15), Padua 2009.

136 Sbrogiò, Gianni: Il lungo percorso delle lotte operaie a Porto Marghera, in: Sacchetto, Devi/Sbrogiò, Gianni (Hg.): Quando il potere è operaio. Autonomia e soggettività politica a Porto Marghera, 1960–1980, Rom 2009, S. 12–136, hier: S. 24.

gewerkschaftliche Verhandlungskultur kritisierten sie als inszeniertes Spektakel. *Potere Operaio* befürwortete ein offensives, konfrontatives Vorgehen. Statt ermüdenden Verhandlungen wollten sie den Schwung des „heißen Herbstes" nutzen, damit die Arbeiter ihre Forderungen gegen die „padroni" durchsetzen konnten – „senza tante chiacchiere", also ‚ohne viel Gerede', wie es etwa in einem Flugblatt von 1970 hieß.[137] Zum anderen stärkten diese linksradikalen Gruppen egalitaristische Forderungen in den Arbeitskämpfen und zielten auf die Überwindung der gewerkschaftlich gestützten Betriebshierarchien ab. So gelang es *Potere Operaio* im Sommer 1968, die Arbeiter beim *Petrolchimico* hinter ihre egalitaristische Forderung nach einer Lohnerhöhung von 5.000 Lire für alle, ungeachtet jeglicher betrieblichen Hierarchie, zu scharen.[138] Aufgrund der großen Popularität der Forderung sah sich die CGIL letztlich gezwungen, diese zu übernehmen.[139]

Weiter dynamisiert wurden die Auseinandersetzungen in den Fabriken durch breite gesellschaftliche Kämpfe: Hausfrauen boykottierten Supermärkte und erstritten Preissenkungen für Grundnahrungsmittel, Pendler:innen forderten günstigere Nahverkehrspreise; es kam zur Besetzung leerstehender Wohnhäuser und zum Versuch, Stromrechnungen in koordinierter Art und Weise kollektiv zu senken (*autoriduzione*).[140] Die basisdemokratische Stoßrichtung des „heißen Herbstes" führte zudem zur Institutionalisierung neuer Arbeiter:innenrechte und zu demokratischen Organisationsformen in den Betrieben. Mit dem sogenannten Arbeiterstatut (*Statuto dei Lavoratori*) wurde das Streikrecht 1970 gesetzlich gestärkt, während die *Commissioni interne*, in die nur Gewerkschaftsvertreter gewählt werden konnten, größtenteils durch basisdemokratische, an keine Gewerkschaften gebundene Fabrikräte (*Consigli di Fabbrica*) ersetzt wurden.[141] Zwischen 1970 und 1971 waren die Fabrikräte in allen wichtigen Betrieben der metallverarbeitenden Industrie Porto Margheras, auch in der SAVA und den Leghe Leggere, implementiert.[142] Für die Arbeiterversammlungen baute man eigens eine Halle, die zur „Kathedrale"[143] der Fabrikräte und zum Monument der Arbeiter:innenbewegung Venetiens avancierte.

Nicht nur die zahlreichen Streiks, auch die militanten Auseinandersetzungen zwischen Protestierenden und der Polizei verunsicherten die Unternehmer, wie ex-

---

137 Potere Operaio/Comitato Operaio di Porto Marghera: Flugblatt „Operai del petrolchimico" [15.9.1970], in: CSEL, Liviero Bruno 02.04.10.03.

138 Sbrogiò: Percorso, S. 27 f.; Zazzara: Petrolchimico, S. 33.

139 Chinello: Sessantotto, S. 211.

140 Sacchetto, Devi: When Political Subjectivity Takes Root. The Case of Porto Marghera (Venice, Italy), in: Ebbinghaus, Angelika/Henninger, Max/van der Linden, Marcel (Hg.): 1968 – ein Blick auf die Protestbewegung 40 Jahre danach aus globaler Perspektive, Leipzig 2009, S. 65–80, hier: S. 78.

141 Zazzara, Gilda: I consigli di fabbrica in Veneto, in: Passato e presente 91 (2013), S. 85–102.

142 Ebd., S. 94.

143 Ebd.

emplarisch an einem dreitägigen Krawall der Zeitarbeiter im Sommer 1970 deutlich wird. Die Unruhen gingen von einem Teil der 15.000 prekär beschäftigten Arbeiter aus, die am Rande Margheras in Baracken lebten und als Zeitarbeiter für gefährliche, gesundheitsschädliche und schlecht entlohnte Aufgaben eingesetzt wurden.[144] Die Arbeiter der SAVA-Aluminiumhütte mischten sich – mit Unterstützung der linksradikalen Gruppe *Lotta Continua* – prominent in die Krawalle ein.[145] Vor den Toren ihrer Fabrik errichteten sie Barrikaden, blockierten die Zufahrt und brachten so die Produktionsanlagen zum Stillstand.[146] Der damalige Direktor Heinz W. Frech beschrieb die Geschehnisse in einem Bericht ein Jahr später folgendermaßen:

> Einschlagen sämtlicher Fensterscheiben des Direktionsgebäudes mittels Steinwürfe durch Extremisten (nicht eigene Arbeiter), Zerschlagung des Direktionseinganges und Hinaustreiben sämtlicher Angestellte[r] durch Tränengasbomben der Extremisten.[147]

Der italienische Staat reagierte auf den „heißen Herbst" mit Deflationsmaßnahmen in der Hoffnung, die Kräftebalance in den Fabriken wiederherzustellen. Im Gegensatz zu Frankreich, wo der Wahlsieg der Konservativen nach den Maiunruhen von 1968 das Vertrauen der Unternehmer zurückbrachte, blieben diese in Italien allerdings stark verunsichert.[148]

Neue Forderungen der SAVA-Belegschaft

Offensichtlich bemüht, den Schwung des „heißen Herbstes" und der Kämpfe von 1970 zu nutzen, lancierte der Fabrikrat der SAVA im November 1970 einen neuen Forderungskatalog, der sich um drei Problemkomplexe drehte.[149] Erstens forderte die Belegschaft ein Ende der *Nocività*, wie die verschiedenen schädlichen Wirkungen der Fabriken genannt wurden: Wenn möglich, so die Forderung, sollten technische Anpassungen die Umwelt- und Gesundheitsbelastung ausschließen. Wo dies nicht unmittelbar umsetzbar war, sollte der Aufenthalt in den betroffenen Bereichen reduziert werden, bis die *Nocività* eliminiert sei. Damit schloss der SAVA-Fabrikrat an die noch junge Umweltpolitik der Linken und der Gewerkschaften

144 Sbrogiò: Percorso, S. 54 f.; Zazzara: Cento, S. 226.

145 Zazzara: Cento, S. 226.

146 Sbrogiò: Percorso, S. 55.

147 Gewerkschaftliche Situation der SAVA (11.6.1971), S. 1, in: AfZ, NL Heinz Frech 22.

148 Ginsborg, Paul: A History of Contemporary Italy. Society and Politics, 1943–1988, Harmondsworth 1990, S. 331 f.

149 Coordinamenti sindacali del Gruppo SAVA: Flugblatt an die Arbeiter der SAVA (11.11.1970), in CSEL, Liviero Bruno 02.03.09 03.

an.[150] Bis in die 1960er Jahre hatten die Gewerkschaften eine Monetarisierung der *Nocività* praktiziert, indem sie Prämien als Entschädigung für Gesundheitsrisiken aushandelten.[151] 1967 brach die CGIL erstmals mit dieser Praxis.[152] Aktivist:innen um *Potere Operaio* radikalisierten die Umweltkritik und verbanden sie mit ihrer Position der Verweigerung kapitalistischer Lohnarbeit.[153] Auch PCI-Aktivist:innen argumentierten in eine ähnliche Richtung und forderten, die Zeit in gesundheitsschädlichen Arbeitsumgebungen müsste minimiert werden.[154] Die Belegschaft der SAVA ließ sich von beiden Positionen zu ihrer Forderung nach einem Ende der *Nocività* anregen. Die zweite Forderung drehte sich um die Zahl der Beschäftigten.[155] Der Fabrikrat forderte zum einen, dass die Beschäftigungszahl erhöht würde, um die Arbeitszeitverkürzungen des neuen Tarifvertrages von 1969 und die natürlichen Abgänge zu kompensieren. Zum anderen forderten sie die Festanstellung aller Zeitarbeiter.

Drittens verlangten sie die Abschaffung des Entlohnungssystems der *Paghe di Classe*. Diese Lohnordnung ging auf die 1959 durch die Direktion einseitig eingeführte *Paga di Posto* (arbeitsplatzabhängige Entlohnung) zurück. Mit einem System der *Job Evaluation* beurteilten Techniker alle Arbeitsplätze gemäß vorgegebenen Kategorien.[156] Das als wissenschaftlich geltende und vermeintliche objektive Lohnsystem erlaubte der Direktion, die Arbeitsplatzbewertung im Alleingang vorzunehmen. Die Löhne wurden mit diesem System individualisiert: Lohnrelevant waren nunmehr: „5 Stufen, 11 Faktoren, 21 Klassen und 1.000 Punkte"[157]. Ähnlich wie die egalitaristischen Ideen der Petrolchimico-Arbeiter um *Potere Operaio* zielten die SAVA-Arbeiter darauf ab, eine größere Einheit der Beschäftigten herzustellen und die betriebliche Hierarchisierung sowie die Partikularisierung der Arbeiterinteressen zu erschweren. Ähnliche Forderungen wurden auch in anderen Fabriken vorgebracht. Die PCI-Zellen innerhalb des Stahlwerkes ITALSIDER

---

150 Zazzara: Petrolchimico, S. 43–55.

151 Feltrin, Lorenzo/Sacchetto, Devi: The Work-Technology Nexus and Working-Class Environmentalism. Workerism Versus Capitalist Noxiousness in Italy's Long 1968, in: Theory and Society. Renewal and Critique in Social Theory 50/5 (2021), S. 815–835, hier: S. 815.

152 Zazzara: Petrolchimico, S. 45.

153 Feltrin/Sacchetto: Work-Technology, S. 8.

154 Zazzara: Petrolchimico, S. 46.

155 Gewerkschaftliche Situation der SAVA (11.6.1971), S. 1, in: AfZ, NL Heinz Frech 22.

156 Vor 1959 basierte die Entlohnung auf einem von der Qualifikation der Arbeitskraft abhängigen Grundlohn und verschiedenen Zulagen für beispielsweise Nachtarbeit oder gesundheitsschädliche Arbeiten. Lohnrelevant waren: Qualifikation, Berufserfahrung, ‚berufliches Können', physische Anstrengung, mentale Anstrengung, Belastung durch Rauch und Dämpfe, Temperaturbelastung, Lärmbelastung, Risiken, Sachverantwortung, Personalverantwortung; vgl. Chinello: Sindacato, S. 144–149.

157 Ebd., S. 148.

Abb. 20 Arbeiterversammlung in der SAVA-Kantine (1971, in: AGA, Busta 3, Fascicolo 11).

berichteten im Dezember desselben Jahres über die erfolgreiche Abschaffung der *Paghe di Classe* und werteten dies als Schritt hin zu einer größeren politischen Einheit der Arbeiter:innenklasse:

> Es ist ein weiterer Schritt der Arbeiter gegen die kapitalistische Arbeitsteilung, gegen die von den öffentlichen und privaten Bossen betriebene Zersplitterung der Arbeitskraft, also gegen die Grundlage nicht nur der gewerkschaftlichen, sondern auch der politischen Spaltung der Arbeiterklasse.[158]

Die Protokolle der PCI-Zellen der ITALSIDER offenbaren die strategische Stoßrichtung dieser Forderungen. Als langfristiges Ziel formulierten die Stahlarbeiter nämlich die vollständige Abkopplung des Lohnes von der Produktivität:[159]

> Das allgemeine Ziel für die gesamte Arbeiterklasse besteht heute darin, alles unter einen festen Grundlohn zu vereinen: Akkordarbeit, Produktionszulagen, Lohnklassen,

---

158 Cellula PCI ITALSIDER: Sintesi del congresso dei comunisti dell'Italsider di Porto Marghera (19.12.1970), S. 1, in: CSEL, Scaboro Giuseppe 04.00.05.02.

159 Ebd., S. 16.

Leistungsprämien und so weiter. Also ein Lohn, der völlig autonom von den Produktivitätsparametern ist.[160]

Der SAVA-Fabrikrat verfolgte eine ähnliche Strategie. Laut seinem Forderungskatalog sollten einerseits keine Unterschiede mehr zwischen Zeitarbeiter und Festangestellten gemacht werden.[161] Andererseits verlangte der Fabrikrat, dass alle Beschäftigten (Angestellte, Arbeiter und andere) in dieselbe Lohnkategorie eingeteilt würden. Einzig die berufliche Qualifikation, das Dienstalter und der Grad der Verantwortung am Arbeitsplatz sollten lohnrelevant bleiben. Die bisherigen 13 Arbeiter- und Angestellten-Kategorien wollte der Fabrikrat auf sechs reduzieren, wobei allen Arbeitskräften eine Lohnerhöhung zu gewähren war – umgekehrt proportional zum bisherigen Lohn, um die von den Arbeitgebern in den vergangenen Jahren eingeführten Lohnunterschiede zu nivellieren. Leistungsanreize sollten nicht mehr Bestandteil der Lohnordnung sein. Der SAVA-Fabrikrat stellte also den produktivistischen Kompromiss sowie die betriebliche Hierarchisierung und Fraktionierung in Frage und schlug – mit der Forderung nach Umweltschutz – einen Bogen zu Umweltschützer:innen und der Bevölkerung der Region.

Restrukturierungspläne des Managements

Kurz bevor der Fabrikrat der SAVA seinen Forderungskatalog veröffentlichte, hatte der SAVA-Direktor Heinz W. Frech bereits einen Restrukturierungsplan ausgearbeitet. Mit diesem auf Deutsch verfassten Dokument mit dem Titel „Grundsätzliche Betrachtungen zum Problem der Sanierung der SAVA" richtete er sich vermutlich an die Zürcher Generaldirektion.[162] Frech war erst seit Dezember 1968 auf den Direktoren-Posten befördert worden – eine Ernennung, die mit einer Straffung und Zentralisierung der gesamten Führungsstruktur einherging. Denn bis zu diesem Zeitpunkt hatte jedem Geschäftsbereich ein Direktor vorgestanden, was zu einer unkoordinierten Anstellungspolitik geführt hatte, wie Frech in seinen Memoiren schreibt:[163] Während die einen Personal abbauten, stellten andere neues ein. Auch gegenüber den Gewerkschaften war die Führungsstruktur ein Nachteil: „Während der regelmässigen Streikperioden fehlte überdies eine Koordination, mit dem Resultat, dass der gewerkschaftliche Einfluss zu stark wurde."[164] Als Personal-

160 Ebd.

161 Coordinamenti sindacali del Gruppo SAVA: Flugblatt an die Arbeiter der SAVA (11.11.1970), in: CSEL, Liviero Bruno 02.03.09.03.

162 Frech, Heinz W.: Grundsätzliche Betrachtungen zum Problem der Sanierung der SAVA – Divisione Alluminio (3.11.1970), in: AfZ, NL Heinz Frech 22.

163 Frech: Baumwolle, 126.

164 Ebd., S. 126.

verantwortlichen und für die Verhandlungen mit den Gewerkschaften engagierte Emanuel Meyer zudem den „ausgewiesenen Fachmann der Arbeitgeberpolitik" Vittorio Andreaus, der als ehemaliger Direktor des Arbeitgeberverbandes von Venedig gute Kontakte zu Arbeitgebern der Region vorweisen konnte.[165] Die Neubesetzung im SAVA-Direktorium stand also in einem direkten Zusammenhang zu den Problemen im Bereich der industriellen Beziehungen.

Das Axiom von Frechs „Betrachtungen zum Problem der Sanierung der SAVA" war, dass die „Rettung der Divisione Alluminio […] einzig und allein in der Kostensenkung, wobei in erster Linie die Personalkosten gemeint sind", läge.[166] Er kritisierte die niedrigen Arbeitsrhythmen und die ungenügende Produktivität in den SAVA-Betrieben: Für die neuere Aluminiumhütte in Fusina merkte er an, dass die Ofenarbeiter „mit einem solchen Tempo arbeiten würden, dass die mit den Gewerkschaften seinerzeit festgelegten Arbeitsnormen in 2–2 1/2 Stunden pro Schicht erledigt werden." In Fusina sei daher nicht nur eine Reduktion von 20 bis 30 Arbeitskräften nötig, sondern auch die Wiederanhebung der Arbeitsproduktivität, was gemäß Frech einer „Umstossung der bisherigen Arbeitspraxis" bedurfte. Die ältere Aluminiumhütte in Porto Marghera beschäftige im Verhältnis zum Produktionsvolumen von jährlich 30.000 Tonnen zu viele Arbeitskräfte: Statt der 520 Werktätigen, die allerdings auch „Hafen, Magazine, Werkstätten, Laboratorium, Transport, Energieversorgung, Kantinen, Wächter" einschlossen, würden in einer „modernen Hütte" mit vergleichbarem Produktionsvolumen nur 150 bis 180 Arbeiter eingesetzt. Das Rationalisierungspotential sei daher beachtlich: „Es ist nicht abwegig anzunehmen, dass bei forcierter Rationalisierung und radikaler Änderung der bisher mit den Gewerkschaften gepflogenen Arbeitsnormen eine Reduktion um 150–200 Arbeiter möglich sein sollte."

Auch das Urteil über die Anodenfabrik fiel vernichtend aus: Frech verglich den Betrieb mit der Alusuisse-Anodenfabrik im niederländischen Rotterdam und stellte fest, dass in Porto Marghera der Stundenaufwand zwei bis drei Mal so hoch sei, die Produktion allerdings drei Mal geringer.[167] Frech meinte, 20 bis 30 Arbeitskräfte einsparen zu können, insofern der Betrieb mit Zeitstudien durchleuchtet und „die seit Jahren mit den Gewerkschaften vereinbarten Schichtminimen" neu festgelegt würden. Der einschneidendste Schritt sollte aber die Aluminafabrik treffen: „Sobald fremde Tonerde zu Preisen erhältlich ist, welche tiefer sind als die variablen SAVA-Kosten, muss die SAVA-Tonerdefabrik abgestellt werden, was schon 1971/1972 der Fall sein kann." Damit sprach Frech das Alumina an, das Alusuisse bald in großen Mengen aus dem kurz vor der Eröffnung stehenden australischen Standort erhalten

---

165 Ebd., S. 128 und 151.

166 Ganzer Abschnitt: Frech, Heinz W.: Grundsätzliche Betrachtungen zum Problem der Sanierung der SAVA – Divisione Aluminio (3 11.1970), S. 1 f., in: AfZ, NL Heinz Frech 22.

167 Ganzer Abschnitt: Ebd., S. 1 f.

würde. Durch die Schließung der Aluminafabrik hätte die SAVA 500 Arbeiter und Angestellte entlassen können. Als Ziel formulierte der neue Direktor eine, im Verhältnis zu den errechneten Mehrkosten moderat wirkende, Reduktion von 250 bis 350 Arbeitern.

Zugleich betonte Frech, dass solche Personalreduktionen nur möglich seien, wenn „Investitionen zur Arbeitserleichterung" und „massive Streiks" in Kauf genommen würden.[168] Er skizzierte ein mehrstufiges Szenario, um die Handlungsoptionen der Belegschaft zu antizipieren: Kurzfristig wollte er sich auf die Versetzung einiger Arbeiter:innen beschränken, um die Reaktion der Gewerkschaften zu testen. Sollten bereits diese Versetzungen zu Protesten führen, sah Frech als Vergeltungsmaßnahme vor, die Elektrolysehalle Nummer 9 zu schließen. Dadurch würden Hundert Arbeiter zuerst in Kurzarbeit (*Cassa Integrazione*) beschäftigt und später entlassen. Mit Blick auf das mittelfristige Vorgehen fokussierte Frech ebenfalls auf den Widerstand der Gewerkschaften. So müsste insbesondere der bisherige „Modus Vivendi mit den Gewerkschaften hinsichtlich Arbeiterbeständen" neu ausgerichtet werden. Hierzu sah er vor, jede Abteilung mit Zeitstudien zu „durchleuchten" und so die „maximalen Arbeiterbestände" festzulegen. Weil die Zahl der Beschäftigten stets den Verhandlungen mit den *Commissioni interne* unterlag, wollte das Management hiermit eigenes Zahlenmaterial generieren – und so das über die Jahre erarbeitete Produktionswissen der Belegschaft umgehen. Frechs Plan drehte sich darum, den Gewerkschaften durch die Teilschließung von Betrieben eine Niederlage beizubringen. Als „Kernpunkt" seines Planes formulierte Frech: *„mit der Wahrmachung von weiteren Betriebseinstellungen bei den Gewerkschaften durchdrücken* [sic; Hervorh. i. O.]". Von der bisherigen verhandlungsorientierten Herangehensweise ging das Management nun ernsthaft auf Distanz. Stattdessen knüpfte es an die 1966 erprobte Konfrontationshaltung an.

4.5 Diskursive Eskalation – Arbeit vs. Kapital

Die Sanierungspläne des Managements entstanden noch bevor die Belegschaft ihren Forderungskatalog veröffentlicht hatte.[169] Allerdings kannte die Belegschaft – davon ist auszugehen – diese Chronologie nicht. Als das Management im Januar 1971 bekanntgab, eine Halle der Aluminiumfabrik in Porto Marghera schließen zu wollen und 70 Arbeitskräfte in die *Cassa Integrazione* einzuweisen, wurde dies unmittelbar als politisch motivierte Reaktion auf die neuen Forderungen der

---

168 Ganzer Abschnitt: Ebd., S. 2 f.
169 Das fragliche Dokument ist auf den 3.11.1970 datiert: Ebd.

SAVA-Belegschaft aufgefasst. In kürzester Zeit festigten sich nun die wechselseitigen Wahrnehmungsmuster von Management und Belegschaft: Zwei diametral entgegengesetzte Argumentationsketten formierten sich zu einer diskursiven Konstellation, in der sich das Unternehmen und die Belegschaft als Kollektivakteure, als Kapital und Arbeit, gegenüberstanden – und nicht etwa als komplementäre Teile eines größeren Ganzen, sondern als Antagonisten.[170] Gemäß der Unternehmensseite verstärkte der Forderungskatalog der Belegschaft die Krisentendenzen und beschleunigte den Untergang der SAVA.[171] Die negative Entwicklung der Erträge zwinge zu „drastischen Massnahmen", argumentierte das Management.[172] Die Belegschaft und ihr Netzwerk von Alliierten betonten hingegen den politischen Charakter der Restrukturierung.

Linke Diskursmacht – Restrukturierung als Gegenangriff des Kapitals

Aus gewerkschaftlichem Blickwinkel standen die Errungenschaften des „heißen Herbstes" von 1969 auf dem Spiel. Die Arbeitgeber versuchten einerseits, so die Lesart der Linken, die betrieblichen Demokratieformen und Handlungsspielräume der Arbeiter:innenbewegung zurückzudrängen.[173] Im PCI sah man zudem eine Gegenoffensive im Gang, die sich gegen die Lohngewinne und die erkämpfte Verhandlungsmacht richtete, mit der die Belegschaft die kapitalistische Arbeitsorganisation in Frage gestellt hatte.[174] Gemäß dieser arbeitswerttheoretisch fundierten Erzählung versuchte das Kapital, durch eine Erhöhung der Arbeitsproduktivität die früheren, höheren Profitraten wiederherzustellen und die vormaligen betrieblichen Hierarchien wieder einzuführen:

> Nun versucht der Boss, hohe Profitraten wiederherzustellen, indem er die Arbeitsproduktivität steigert (d. h. die Ausbeutung der Arbeitskraft erhöht); gleichzeitig versucht

---

170　Wie Jakob Tanner herausgearbeitet hat, sind die Interessen von Arbeit und Kapital nicht durch ihr „asymmetrisches gesellschaftliches Positionsgefüge determiniert". Vielmehr entstehen sie durch „kommunikativ generierte Deutungsmuster" und durch eine kulturelle, der „kollektiven (Selbst)-Verständigung" unterworfene Filterung struktureller Klassenlagen; vgl. Tanner, Jakob: Erfahrung, Diskurs und kollektives Handeln. Neue Forschungsparadigmen in der Geschichte der Arbeiterinnen und Arbeiter, in: traverse. Zeitschrift für Geschichte – Revue d'histoire 2 (2000), S. 47–68, hier: S. 49 f.

171　Manderino, Enzo: La Sava risponde agli operai con minacce di licenziamenti, in: Avanti! (5.1.1971).

172　Frech, Heinz W.: Grundsätzliche Betrachtungen zum Problem der Sanierung der SAVA – Divisione Alluminio (3.11.1970), in: AfZ, NL Heinz Frech 22.

173　FIM/FIOM/UILM: La vertenza SAVA [Pressekonferenz] (23.1.1971), S. 1, in: CSEL, Liviero Bruno 02.03.09.03.

174　[PCI-Zelle]: Analyse der gewerkschaftlichen Situation in Porto Marghera nach angekündigten Personalreduktionen der SAVA [1971], in: CSEL, Scaboro Giuseppe 04.00.05.02.

er, die alten Machtstrukturen auf erweiterter Stufenleiter wiederherzustellen – das alte Verhältnis der Unterordnung der Arbeiter zum Zwecke der Unternehmenseffizienz, des maximalen und unmittelbaren Profits.[175]

Während die Begründung des Unternehmens rundum zurückgewiesen wurde, interpretierten die PCI-Zellen der SAVA die Restrukturierung als unternehmerische Notbremse angesichts der Forderungen der Belegschaft, mit denen die betrieblichen Hierarchien weitgehend aufgelöst, der Lohn von der Produktivität entkoppelt und zudem die Kritik an der kapitalistischen Arbeit auf den Bereich der Umwelt und der Gesundheit ausgedehnt wurden:

> In Wirklichkeit zielt die Position des SAVA-Managements auf ein anderes unmittelbares Ergebnis ab: gestoppt werden soll der Druck der Arbeiter gegen die Lohnkategorien. Diese sehen sie als Ausdruck einer zugespitzten Arbeitsteilung, die objektiv die Arbeiter spaltet und ihre Verhandlungsmacht schwächt. Der Kampf wirft die Frage von leistungs-entkoppelten Löhnen auf. Er greift die Frage der Arbeitszeitverkürzung im Hinblick auf die Vergrößerung der Belegschaft und die Abschaffung von Briefkastenfirmen auf und lanciert den Diskurs über die Arbeitsumgebung im Sinne des Gesundheitsschutzes neu, was auch bedeutet, von diesem Punkt aus die Gesamtfrage der Arbeitsorganisation aufzugreifen, mit dem Ziel, die schädlichen und riskanten Elemente in den Abteilungen, in der Fabrik, in der Region zu beseitigen.[176]

Als das SAVA-Management angesichts der zahlreichen Streiks, die seit der Ankündigung der Restrukturierungen ausgebrochen waren, bekanntgab, weitere 270 Arbeitskräfte in die *Cassa Integrazione* zu entlassen, interpretierte die für das Industriegebiet zuständige PCI-Sektion dies umgehend als Erpressungsversuch. Die Arbeiter sollten in die Defensive gebracht werden, „indem sie gezwungen werden, die Restrukturierung, sprich eine Steigerung der Ausbeutung, hinzunehmen, […] um die Arbeit nicht zu verlieren."[177]

In einer gemeinsamen Presseerklärung demonstrierten die drei großen Gewerkschaften Einigkeit und verurteilten die Schließung der Elektrolysehalle als Angriff auf die errungenen demokratischen Rechte und die neugewonnene Macht der Arbeiter:innen:

---

175 Ebd., S. 1.
176 Ebd.
177 Comitato Zona Industriale PCI: Lotte a Porto Marghera. Sava – Petrolchimico – Azotati contro la ristrutturazione capitalistica (7.6.1971), S. 1, in: CSEL, Scaboro Giuseppe 04.00.05.02.

Es ist die reaktionäre Antwort auf die Errungenschaften der Arbeiter in den Herbstkämpfen. Das Ziel der Kapitalistenklasse ist es, die von den Arbeitern errungenen Machträume zurückzuerobern und den demokratischen Willen zurückzudrängen, der sich in den Fabriken mit dem Recht auf Versammlungen und den neuen unitarischen Fabrikräten verwirklicht hat.[178]

Für die Gewerkschaften und den PCI stand das Vorgehen bei der SAVA stellvertretend für die Entwicklungen in der gesamten Region Venetien, ja gar für ganz Italien.[179] Laut PCI offenbarte sich damit der kapitalistische Plan, den gesamten Produktionssektor auf nationaler und internationaler Ebene neu zu strukturieren.[180] Im PCI sprach man von einer großangelegten Gegenoffensive der Arbeitgeber, um die Lohnverbesserungen und die Verhandlungsmacht der Beschäftigten zurückzudrängen.[181] „Dies geschieht nicht nur bei SAVA. Das passiert in allen Fabriken in Porto Marghera", hielt ein PCI-Flugblatt fest.[182] Der SAVA kam allerdings, so analysierte man im PCI, eine besondere Rolle zu. Man sah die konfrontative Haltung des SAVA-Managements als gezielte politische Strategie: Um einer Welle umfassender Restrukturierungen in der Region den Weg zu bahnen, sollte der kämpferischen SAVA-Belegschaft eine Niederlage beigebracht werden:

> Es handelt sich also um den klaren Willen, die Restrukturierung durch eine politische Niederlage der Arbeiterklasse in Fabriken wie der SAVA durchzusetzen, die eine lange Tradition, eine besondere Kampfkraft und einen hohen Organisationsgrad der Arbeiter haben.[183]

Stets interpretierte man die Ereignisse dezisionistisch als eine von Unternehmensseite willentlich herbeigeführte und politisch motivierte Konfrontation zwischen Arbeit und Kapital. So etwa in einem PCI-Flugblatt, in dem diese Konfrontation als Moment der Krisis, also der Entscheidung, noch zusätzlich aufgeladen wurde:

---

178 FIM/FIOM/UILM: La vertenza SAVA [Pressekonferenz] (23.1.1971), in: CSEL, Liviero Bruno 02.03.09.03.

179 Manderino, Enzo: La Sava risponde agli operai con minacce di licenziamenti, in: Avanti! (5.1.1971).

180 Congresso dei Comunisti della SAVA. Contro il piano del padrone (22.1.1971), S. 1, in: CSEL, CdL CGIL Venezia, 037.01.

181 [PCI-Zelle]: Gewerkschaftlich-politische Analyse der Lage in der Region Porto Marghera [frühe 1970er], S. 1, in: CSEL, Scaboro Giuseppe 04.00.05.02.

182 Comitato Zona Industriale PCI: La lotta SAVA al centro dello scontro in atto (3.1971), S. 2, in: CSEL, CdL CGIL Venezia, 037.01.

183 Comitato Zona Industriale PCI: Lotte a Porto Marghera. Sava – Petrolchimico – Azotati contro la ristrutturazione capitalistica (7.6.1971), S. 1 f., in: CSEL, Scaboro Giuseppe 04.00.05.02.

Abb. 21 Poster PCI Venedig (1971, in: Iveser, Fondo Cesco
Chinello)

„Der Zusammenstoß zwischen Kapital und Arbeit, dessen politisches Gesicht immer klarer erkennbar wird, hat sich weiter zugespitzt. […] Bei SAVA hat er einen entscheidenden Wendepunkt erreicht."[184]

Die herrschenden Eigentumsrechte rhetorisch verkehrend fuhr das Flugblatt fort: *„Die Zukunft unserer Fabrik, unserer Arbeit steht auf dem Spiel* [Hervorh. i. O.]".[185] Die Lage der SAVA-Belegschaft wurde generalisiert, sprachlich mit dem Schicksal der gesamten Arbeiterschaft Margheras in eins gesetzt. Konsequent war daher von der „SAVA-Arbeiterklasse"[186] und nicht etwa den SAVA-Arbeitern die Rede. Einer ähnlichen diskursiven Strategie folgend, hatten die Gewerkschaften

---

184 Congresso dei Comunisti della SAVA: Contro il piano del padrone (22.1.1971), S. 1, in: CSEL, CdL
CGIL Venezia, 037.01.
185 Ebd.
186 Ebd.

herausgearbeitet, wie der Forderungskatalog der SAVA-Belegschaft versuchte, einen Bogen zwischen Problemen in der Fabrik einerseits und in der Gesellschaft andererseits zu schlagen.[187] Die Generalisierung der Auseinandersetzung in den SAVA-Fabriken auf die gesamte Region war ein diskursives Mittel, um den dringenden Handlungsbedarf zu signalisieren, Verbündete zu mobilisieren und die moralische Ökonomie der Bevölkerung anzurufen.

Manageriale Gegendiskurse – der Zwang des Marktes

Die Lagebeurteilung des Managements betonte hingegen die schlechte wirtschaftliche Lage der SAVA. Bereits in seinem ersten Restrukturierungsplan hatte Heinz W. Frech im November 1970 gewarnt, dass mittelfristig eine negativen Ertragsentwicklung drohte.[188] Allerdings, so Frech, konnte der Umsatz nicht gesteigert werden, weil es an Energie mangelte und die Kraftwerke nicht ausgebaut werden konnten. Dadurch konnten die „Festkosten", worunter auch die Löhne und Gehälter subsumiert wurden, „in steigendem Masse nicht mehr absorbiert werden".[189]

Für die kriselnde Ertragskraft machte das Management auch steigende Lohnkosten verantwortlich: allein für 1970 wurde ein Anstieg von 19 Prozent vermeldet.[190] 1971 hätten die Löhne in Porto Marghera gar 10 Prozent über denen im Wallis gelegen.[191] Auch auf Konzernebene wurde die schwächelnde Ertragskraft der italienischen Tochterfirmen kritisch beäugt. Im Geschäftsbericht für das Jahr 1969 hieß es etwa, dass sämtliche „Konzern- und Beteiligungsgesellschaften" ihr „Geschäftsergebnis" verbessern konnten – mit „Ausnahme der italienischen Gruppe".[192] Emanuel Meyer schrieb in seinem Neujahrsbrief Ende 1970, dass sich die „italienische Position" von Alusuisse in den letzten zwei Jahren „dramatisch" verschlechtert habe und zu überlegen sei, wie lange die „heute defizitäre SAVA" noch aufrechterhalten werden sollte.[193] Im Alusuisse- und im SAVA-Management nahm man um 1970/1971 ein Umschlagen von einem Verkäufer- zu einem Käufermarkt für Rohaluminium wahr und rechnete für die

187 FIM/FIOM/UILM: La vertenza SAVA [Pressekonferenz] (23.1.1971), S. 2, in: CSEL, Liviero Bruno 02.03.09.03.

188 Frech, Heinz W.: Grundsätzliche Betrachtungen zum Problem der Sanierung der SAVA – Divisione Alluminio (3.11.1970), in: AfZ, NL Heinz Frech 22.

189 Ebd.

190 Protokoll SAVA-VR-Sitzung (3.5.1971b), S. 13, in: AfZ, NL Paul Ruegger 48.2.22.1.

191 Gewerkschaftliche Situation der SAVA (11.6.1971), S. 4, in: AfZ, NL Heinz Frech 22.

192 Alusuisse: Geschäftsbericht 1969, S. 5, in: SWA, PA 600b C 1.

193 Meyer, Emanuel: Neujahrsbrief 1970 (30.12.1970), S. 5, in: SWA, PA 600b D 4-2.

kommenden Jahre mit einem Angebotsüberschuss und Preisverfall für Rohaluminium.[194]

In seinen Memoiren führte Frech weitere Probleme auf:[195] Die wegfallenden
Zollschranken setzten die SAVA stärker der internationalen Konkurrenz aus. Die
Tonerdefabrik konnte nicht ausgebaut werden, weil die Kanäle des Industriehä-
fens für die neuen größeren Hochseefrachtschiffe, die das erforderliche Bauxit
anlieferten, nicht ausreichten. Und „der zunehmende Druck zum Schutz der La-
gune von Venedig" hatte die Aluminaproduktion verteuert, denn die dabei als
Abfallprodukt anfallenden giftigen Rotschlämme (Frech spricht kontrafaktisch von
„ungefährlicher eisenoxydhaltiger Erde") konnten nicht mehr ins Meer geleitet
werden. Kurzum: in der Rede der Manager hatten die italienischen Betriebe ihren
Zenit überschritten. Aus ihrer Perspektive war eine Restrukturierung oder gar
Teilschließung angesichts der Marktlage unausweichlich. So kann Frechs Aussage in einem internen Bericht stellvertretend für die vorherrschende Meinung im
Alusuisse-Management betrachtet werden:

> Der Aluminiummarkt ist so schwach geworden, dass irgendwo im Konzern so rasch wie
> möglich Aluminiumkapazitäten abgestellt werden müssen, was logischerweise bei der
> kostenintensivsten Hütte, Porto Marghera, sein muss.[196]

Das doppelte Spiel des Zürcher Managements

Allerdings klammerten diese managerialen Diskurse einen Teil der verfügbaren
Informationen aus. So stellte beispielsweise eine durch Experten des Mutterkon-
zerns erstellte Studie fest, dass die neue Aluminiumhütte in Fusina den geringsten
Stundenaufwand für eine Tonne Rohaluminium aufwies, also die höchste Arbeitsproduktivität aller europäischen Konzernwerke.[197] Die Profitabilität der SAVA war
indes keineswegs so eindeutig negativ, wie das Management darstellte. Nachdem
der buchhalterische Jahresüberschuss 1966 auf 35 Millionen Lire eingebrochen

---

194 Protokoll SAVA-VR-Sitzung (3.5.1971), S. 8, in: AfZ, NL Paul Ruegger 48.2.22.1; Alusuisse-VR-
    Protokoll der 345. Sitzung (24.6.1971), S. 2, in: SWA, PA 600b D 2-1.
195 Frech: Baumwolle, S. 149.
196 Frech, Heinz W.: Überlegungen zur gewerkschaftlichen Situation der SAVA (12.5.1971), S. 1, in:
    AfZ, NL Heinz Frech 22.
197 Belegschaft und Stundenaufwand der Aluminiumhütten. Schlussbericht der Untersuchungskom-
    mission (31.12.1971), in: SWA, PA 600b L 2-1. Dies widerspricht möglicherweise Frechs Darstellung,
    in der er sich über tiefe Arbeitsrhythmen beklagte (vgl. das Unterkapitel Restrukturierungspläne
    des Managements). Denkbar ist allerdings auch, dass die erst 1963 eröffnete Aluminiumhütte aus
    technologischen Gründen besonders produktiv war.

war, stieg er 1967 auf 295 und 1968 auf 262 Millionen Lire.[198] 1969 sank der Überschuss auf nur 47 Millionen Lire.[199] 1970 verzeichnete die SAVA schließlich einen Jahresfehlbetrag von über 720 Millionen Lire.[200]

Die Renditen, die der Mutterkonzern aus Italien nach Zürich transferierte, zeichnen indes ein ganz anderes Bild. Wie eine Aufstellung zeigt, die im Alusuisse-Verwaltungsrat im Februar 1971 in Abwesenheit der SAVA-Manager diskutiert worden war, waren die italienischen Betriebe für den Mutterkonzern eine rentable Investition – selbst während der turbulenten Jahre 1969 und 1970. Die Tabelle zeigt die Gesamtinvestitionen in Italien (ohne LLL) sowie den Nettoertrag.[201] Auffällig ist, dass seit 1964 zwar keine Dividendenzahlungen mehr an den Mutterkonzern flossen, die Geldflüsse von Italien in die Schweiz aber keineswegs abbrachen. Alusuisse hatte schlicht die Transferkanäle für Profite aus Italien gewechselt. Dank Zahlungen von Zinsen, „Lizenzen und Engineering" und seit 1962 dank des Postens „Zwischengewinne auf Warenhandel" stiegen nämlich die an Alusuisse transferierten Gelder. Dies spiegelt sich in der ausgewiesenen Nettorendite (vor Steuern in der Schweiz) auf das investierte Kapital: Betrug diese Rendite 1951 bis 1960 durchschnittlich 12,12 Prozent, lag sie zwischen 1961 bis 1970 bei 18,35 Prozent. 1967 und 1968 erreichte sie sogar Höchstwerte von 22,2 und 25,2 Prozent. Während der 1960er Jahre konnte der Mutterkonzern so jährlich zwischen 7,3 und knapp 20 Millionen Schweizer Franken in die Schweiz transferieren. Über diese positiven Zahlen schien das lokale Management in Italien, zu keinem Zeitpunkt informiert worden zu sein. Mit dem Stopp von Dividendenzahlungen ab 1964 und dem Wechsel der Transferkanäle für Profite aus Italien, so kann vermutet werden, umging das Zürcher Management einerseits die italienische Dividendensteuer und andererseits die Gewinnausschüttung an die Familie Barnabò als Minderheitsaktionärin.

Organisationsmacht in Aktion – Generalisierung des Konflikts

SAVA-Direktor Frech sollte mit seinen Befürchtungen, dass die Restrukturierungen zu massiven Streiks führen würden, Recht behalten.[202] Nach der Ankündigung

---

198 Diese beiden Jahre sind allerdings schwer vergleichbar, weil ab 1968 der Jahresüberschuss der SAVA nicht mehr von der 1967 übernommenen, und tendenziell profitableren, Chemiefirma FTALITAL unterschieden wurde. Protokoll SAVA-VR-Sitzung (11.4.1968), S. 5, in: AfZ, NL Paul Ruegger 48.2.19.1; Protokoll SAVA-VR-Sitzung (21.4.1969), S. 26, in: AfZ, NL Paul Ruegger 48.2.20.1.

199 Protokoll SAVA-VR-Sitzung (3.5.1971) S. 25, in: AfZ, NL Paul Ruegger 48.2.22.1.

200 Ebd.

201 Alusuisse: Italien: Rendite unserer Investition von 1961 bis 1970 (ohne LLL) (Februar 1971), in: AfZ, NL Heinz Frech 22.

202 Puppini: Marghera, S. 39–45.

der Restrukturierungen legten Streiks die SAVA-Betriebe ab Mitte Januar 1971 größtenteils lahm – der Produktionsausstoß lag im Frühling nur bei 66 Prozent der eigentlichen Kapazität.[203] Auch die Presse berichtete breit über die drohende Entlassung von bis zu 1.000 Arbeitskräften und sorgte für Unruhe in der Öffentlichkeit.[204] Seit Januar verhandelten die Gewerkschaften und Belegschaftsvertreter mit der SAVA-Direktion: zuerst auf Betriebsebene, dann auf der nächsthöheren Ebene der behördlichen Schlichtungsstelle (*Ufficio del Lavoro*) und schließlich auf der Ebene der Präfektur, der höchsten Instanz Venetiens.[205] Ab Mitte April verhandelten die Parteien bereits unter der Führung des Unterstaatssekretärs des Arbeitsministerium in Rom.[206] Parallel zu den Verhandlungen weiteten die Gewerkschaften ihr Aktionsfeld geographisch aus und bemühten sich, neue Alliierte zu gewinnen. Im Februar 1971 veranstalteten die drei großen Gewerkschaften einen Kongress für die Aluminiumindustrie – der Erste seiner Art. Ein Treffen aller Fabrikräte der Region und Arbeiter:innenversammlungen in allen Betrieben der Aluminiumindustrie wurden angekündigt, um die „Kampffront" zu verbreitern.[207] Zudem sollte im Bereich der Nichteisenmetalle auf nationaler Ebene eine gewerkschaftliche Zusammenarbeit organisiert werden. Als Ziel formulierte der Gewerkschaftskongress eine nationale Industriepolitik für die Aluminiumbranche. Ein Eckpunkt dieser politischen Massnahme sah vor, sämtliche Betriebe der Branche den ausländischen Großunternehmen zu entziehen und in staatlichen Besitz zu überführen.[208] Auch die Belegschaften der großen Fabriken Porto Margheras koordinierten ihre Proteste, beispielsweise mit gemeinsamen Demonstrationen.[209]

Darüber hinaus schöpfte die SAVA-Belegschaft ihre Möglichkeiten auf juristischer Ebene aus. Im Mai 1971 musste der Amtsrichter von Venedig erstmals über die Anwendung des Arbeiterstatuts von 1970 befinden, weil die Belegschaft deren Verletzung beanstandet hatte.[210] Denn nach der Schließung der Elektrolysehalle sollten die frei werdenden Arbeiter in andere Fabriken versetzt werden. Diese weigerten sich allerdings, mitunter mit dem Argument, dass die Mindestanzahl von Arbeitskräften unterschritten wurde und die Arbeitssicherheit nicht gewährleistet werden konnte. Das Management verweigerte den renitenten Arbeitern daraufhin

203 Gewerkschaftliche Situation der SAVA (11.6.1971), S. 2, in: AfZ, NL Heinz Frech, 22.

204 Mille operai in meno?, in: Il Gazzettino (13.1.1971).

205 Frech: Baumwolle, S. 150.

206 Puppini: Marghera, S. 49.

207 1° Convegno nazionale unitario del settore alluminio (20./21.2.1971), in: AGA, Busta 2, Fascicolo 4.

208 Ebd.

209 Manderino, Enzo: Ieri la grande manifestazione contro la politica padronale, in: Avanti! (6.3.1971).

210 [Ferraro, Gianumberto]: Ricorso per repressione di condotta antisindacale (20.5.1971), S. 1–4, in: AGA, Busta 1, Fascicolo 1, Documenti 1968–1971.

die Lohnzahlung und suspendierte sie. Der SAVA-Fabrikrat beugte sich den Suspendierungen nicht und wies alle betroffenen Arbeiter an, an ihren Arbeitsplätzen zu bleiben. Die Gewerkschaften fochten derweil die managerialen Maßnahmen an, weil die Versetzungen während des Arbeitskonfliktes das im Arbeiterstatut verankerte Streikrecht missachtet hätten. Zur Überraschung der Direktion gab der Amtsrichter den Gewerkschaften recht. Das Unternehmen musste die Versetzungen widerrufen, die Löhne auszahlen und die Suspendierung aufheben[211] – sehr zum Missfallen des Managements: „In der Halle 9 ist z. B. die absurde Situation eingetreten, dass die ganze Ofenhalle mit ihren schrottreifen Öfen stillsteht, die vorgängig dort beschäftigten Arbeiter jedoch in diese Ofenhalle zurückgekehrt sind, ohne in irgendeiner Form beschäftigt zu sein."[212]

Nach diesem Entscheid, und eine Woche vor der nächsten Verhandlungsrunde zwischen Unternehmen und Gewerkschaften in Rom, kündigte das SAVA-Management Ende Mai 1971 mit Rückendeckung der Zürcher Generaldirektion an, weitere drei Ofenhallen zu schließen und 270 Arbeitskräfte in die *Cassa Integrazione* zu schicken.[213] Diese zweite Entlassungswelle stärkte die unternehmenskritische Öffentlichkeit. Die Sache der SAVA-Arbeiter nahm man in breiten Kreisen als gerecht wahr. Sogar der Bischof (*Patriarca*) von Venedig empfing eine Delegation von Betroffenen und thematisierte die Probleme der Arbeiter öffentlich.[214] Der Belegschaft gelang es derweil, ihren Arbeitskampf auszuweiten: So flammten im Petrolchimico Arbeitskämpfe auf und am 4. Juni 1971 kam es zu einem Solidaritätsstreik für die SAVA-Beschäftigten.[215] Bei der Direktion blieben diese Bemühungen nicht unbemerkt. So beklagte Frech, dass seit den Entlassungen „Zeitungskampagne, Demonstrationen, Generalstreiks etc. gegen die SAVA-Direktion und die ,padroni svizzeri'" im Gange seien.[216]

Aber nicht nur außerhalb der Fabriken konnte die SAVA-Belegschaft den Druck erhöhen. Innerhalb der Betriebe verweigerten Arbeiter konsequent, die Anordnungen der Vorgesetzten umzusetzen. Als im Januar 1971 die Halle Nummer 13 durch Techniker der SAVA geschlossen werden sollte, verwehrten ihnen die Arbeiter den Zugang und hinderten sie daran, die Stromzufuhr zur Elektroly-

---

211 Pretore di Mestre: Entscheidung (10.5.1971), S. 6, in: AGA, Busta 1, Fascicolo 1, Documenti 1968–1971.

212 Gewerkschaftliche Situation der SAVA (11.6.1971), S. 2, in: AfZ, NL Heinz Frech 22.

213 Puppini: Marghera, S. 56; Gl/pm: Bericht über die Besprechung vom 12. Mai 1971, in Zürich (13.5.1971), in: AfZ, NL Heinz Frech 22.

214 Puppini: Marghera, S. 59.

215 Comitato Zona Industriale PCI: Lotte a Porto Marghera. Sava – Petrolchimico – Azotati contro la ristrutturazione capitalistica (7.6.1971), S. 3, in: CSEL, Scaboro Giuseppe 04.00.05.02.

216 Gewerkschaftliche Situation der SAVA (11.6.1971), S. 2, in: AfZ, NL Heinz Frech 22.

se zu unterbrechen.[217] Erst nach „2–3 Wochen" kam es zu einem „schrittweisen Abwürgen der entsprechenden Öfen und Verlust derselben", wie Frech in einem Bericht notierte.[218] Angestellte, die weiterhin ihrer Arbeit nachgingen, wurden als Streikbrechende angegangen und an der Arbeit gehindert. Dabei kam es zu Gewalttätigkeiten:

> Gewalttätigkeiten durch Hinausjagen der Angestellten samt kleineren Verletzungen durch Fusstritte etc. Ein Schutz durch die Polizei konnte nicht zugesichert werden. Seither sind alle Angestellten gezwungen, gegen ihren Willen die von den Gewerkschaften proklamierten Streiks mitzumachen.[219]

Die Spedition von Alumina war während zwei Wochen, diejenige von Rohaluminium während einer Woche durch die Arbeiter verhindert worden.[220] Auch die Ende Mai 1971 angekündigten Schließungen vermochte das Management vorerst nicht durchzusetzen. In der Nacht vom 31. Mai verhinderten SAVA-Arbeiter, dass die zu schließenden Elektrolyseöfen tatsächlich abgestellt wurden.[221] Den Beschlüssen der Arbeiterversammlungen folgend blieben die Arbeiter an ihren Arbeitsplätzen, ignorierten ihre Entlassung, hielten die Produktion aufrecht und demonstrierten die Grenzen der managerialen Macht in den SAVA-Betrieben.

Manageriale Konfliktplanung

Obschon Frech mit Widerstand gegen seine Restrukturierungspläne gerechnet hatte, schien das Management vom Ausmaß desselbigen überrascht. Im Februar 1971 hatte man im Alusuisse-Verwaltungsrat die Lage in den italienischen Betrieben stichwortartig und in drastischen Worten beschrieben:

> Militante, bösartige Gewerkschaft (CGIL/FIOM); Arbeiter ungehorsam & disziplinlos; Häufige Streiks, schlampige Arbeit; Terror betriebsfremder Aktivisten; Angestellte eingeschüchtert; Lokale Behörden machtlos, Polizei schaut zu; Römer Behörden gleichgültig.[222]

Noch Ende Januar ließ das Management durch Anwälte abklären, wie allenfalls die Direktion in neue Örtlichkeiten transferiert oder sämtliche Tätigkeiten eingestellt

---

217 Mille operai in meno?, in: Il Gazzettino (13.1.1971).
218 Gewerkschaftliche Situation der SAVA (11.6.1971), S. 2, in: AfZ, NL Heinz Frech 22.
219 Ebd.
220 Ebd.
221 Comitato Zona Industriale PCI: Lotte a Porto Marghera. Sava – Petrolchimico – Azotati contro la ristrutturazione capitalistica (7.6.1971), S. 2, in: CSEL, Scaboro Giuseppe 04.00.05.02.
222 Alusuisse-VR-Protokoll der 341. Sitzung (8.2.1971), in: SWA, PA 600b D 2-1.

werden könnten.[223] Wegen der zu erwartenden Renitenz der Belegschaft erschien dem Management dieses Vorgehen jedoch als nicht erfolgsversprechend:

> Den Rückzug der Direktion schon jetzt vorbereiten, hiesse in erster Linie, die Buchhaltung zu verlegen und die Computerprogramm-Unterlagen wegzuschaffen. Da wir unter den Angestellten Leute der gewerkschaftlichen Angestelltenkommission haben, würde dies aber sofort bemerkt und mit grösster Wahrscheinlichkeit materiell verhindert.[224]

Im selben Bericht zeigte sich Frech beunruhigt über die politische Lage in Italien. Als Ausweg skizzierte er lediglich, „möglichst ungeschoren aus dem für die Wirtschaft ruinösen Machtstreben der Gewerkschaften herauszukommen."[225] Derweil führte die Direktion Gespräche mit Arbeitgeberverbänden (Confindustria), staatlichen Beteiligungsfirmen (ENEL)[226], anderen Unternehmen (Montedison) sowie Wirtschaftsexperten. In diesen Kreisen teilte man die Besorgnis des SAVA-Managements, wie der Bericht zeigt: „Einhellig hören wir die Meinung, dass es gar nicht möglich sei, dass die Wirtschaft Italiens noch mehr als einige Monate dieses Streikkarusell aushalten könne und dass in irgendeiner Form eine Entscheidung käme."[227] Frech stellte erstmals einen vollständigen Rückzug von Alusuisse aus Italien zur Diskussion und skizzierte verschiedene Szenarien.[228] Angesichts des Drucks der Belegschaft musste die Strategie rasch gefunden werden:

> Jegliche Einstellung der geschäftlichen Aktivität in Italien führt zu politisch/gewerkschaftlichen Problemen von einer Tragweite, die in anderen Ländern unbekannt ist, besonders in einem stagnierenden und politisch höchst explosiven Gebiet wie Porto Marghera. Wir erinnern nur an das kürzliche Beispiel der Ofenhallen 13 und 9, das uns einen Vorgeschmack gab, mit welchen Forderungen und Unannehmlichkeiten wir konfrontiert würden, wenn es gälte, z. B. die Tonerdefabrik zu schliessen. Es ist

---

223 Magno, Edoardo/Magno, Carlo: Brief an Dr. Bruno Reboa (26.1.1971), in: AfZ, NL Paul Ruegger 48.2.22.2.

224 Frech, Heinz W.: Überlegungen für die Gestaltung der langfristigen Aktivität der SAVA (1.2.1971), S. 1, in: AfZ, NL Heinz Frech 22.

225 Ebd.

226 Die *Ente Nazionale per l'Energia Eletrica* (ENEL) war nach dem Beschluss zur Nationalisierung der Strombranche 1962 gegründet worden und verwaltete die stromproduzierenden Betriebe.

227 Frech, Heinz W.: Überlegungen für die Gestaltung der langfristigen Aktivität der SAVA (1.2.1971), S. 1, in: AfZ, NL Heinz Frech 22. Diese Aussage lässt erahnen, wie gross die Ratlosigkeit in Unternehmerkreisen war. Es erscheint durchaus denkbar, dass die angesprochene „Entscheidung" einen zukünftigen Staatsstreich meinte – der letzte Putschversuch einer Gruppe von Neofaschisten, der sogenannte *Golpe Borghese*, lag weniger als zwei Monate zurück.

228 SAVA Divisione Alluminio: Prinzipielle Möglichkeiten der langfristigen Aktivität [Frühjahr 1971], in: AfZ, NL Heinz Frech 22.

daher wichtig, dass wir bald mit einem klaren Programm an die Regierung in Rom herantreten, da wir sonst riskieren, schon dieses Jahr in Verhandlungen hineingezogen zu werden, welche von uns Garantien über die zukünftige Aktivität fordern, die weit über das hinausgehen, was wir mit der Halle 9 erlebten.[229]

Nicht zuletzt um dieses „Programm" zu entwickeln, engagierte die SAVA Arnoldo Marcantonio als Berater in Rom. Dieser war nicht nur für staatliche und private Großunternehmen wie Alitalia oder Nestlé tätig gewesen, sondern auch in leitender Funktion für die staatlichen Beteiligungsgesellschaften IRI.[230] Marcantonios Expertise wies unmissverständlich daraufhin, dass ein schneller Rückzug aus Italien nur mit schmerzlichen Verlusten möglich war. Er war dezidiert der Meinung, dass eine „Alternativlösung"[231] zu entwickeln wäre, wobei mit staatlicher Unterstützung gerechnet werden konnte: „Wenn es in Italien um die Erhaltung von Arbeitsplätzen geht, ist der Staat immer in irgendeiner Form bereit, Hilfe zu gewähren, da es heute einfach zu gefährlich ist, Tausende von Arbeitern auf der Strasse zu haben."[232]

Ein erster Vorschlag Frechs sah daher vor, die Aluminafabrik und die Hütte in Porto Marghera zu schließen, zugleich aber ein Personalprogramm zu lancieren, um Entlassungen zu minimieren.[233] Dieses sah neben vorzeitigen Pensionierungen und regulären Abgängen auch vor, Personal in anderen italienischen Betrieben oder in Alusuisse-Fabriken in Australien, der Schweiz oder der BRD zu beschäftigen.

Im Alusuisse-Verwaltungsrat erhitzte die Lage der italienischen Betriebe die Gemüter. Die Generaldirektion orientierte den VR mit den folgenden Worten:

> Zurzeit herrscht in vielen italienischen Betrieben Anarchie. Nach Auffassung unserer lokalen Leitung kann es so nicht lange weitergehen. Wir werden alles versuchen, um unsere Stellung im Nachbarland zu halten. Vielleicht erleiden wir empfindliche Verluste.[234]

Alt-Bundesrat und FDP-Mitglied Hans Schaffner schlug vor, „die SAVA durch einseitige Verträge auszuhöhlen, ohne dass man neues Geld oder viel neues Geld hinunter schickt [sic]."[235] Alt-Staatsrat Marcel Gross meinte, dass die „äusserste Linke" die „Anarchie" anstrebe, während die Regierung „machtlos" sei „gegen

---

229 Frech, Heinz W.: Überlegungen für die Gestaltung der langfristigen Aktivität der SAVA (1.2.1971), S. 4, in: AfZ, NL Heinz Frech 22.

230 Istituto per la Ricostruzione Industriale (IRI).

231 Frech, Heinz W.: Überlegungen für die Gestaltung der langfristigen Aktivität der SAVA (1.2.1971), S. 2, in: AfZ, NL Heinz Frech 22.

232 Ebd.

233 Ebd., S. 4.

234 Alusuisse-VR-Protokoll der 341. Sitzung (8.2.1971), S. 6, in: SWA, PA 600b D 2-1.

235 Ebd., S. 6–7.

dieses Komplott".[236] Carl Jacob Burckhardt de Reynold legte nach: „Alles, was in Italien auf Ordnung hinzielt, wird als faschistisch abgetan. In dieses Horn stösst auch ein Teil der Schweizer Presse."[237] Anhand einer Beilage zur VR-Sitzung mit dem vielsagenden Titel „Auswege aus der Sackgasse" lassen sich die diskutierten Optionen nachvollziehen.[238] Eine erste Möglichkeit war: „Autorität um jeden Preis erzwingen, Betrieb sanieren & rationalisieren, Tonerdefabrik schliessen." Allerdings galt diese Option als „ausserordentlich" risikoreich, weil mit einem Einbruch der Anodenproduktion gerechnet werden musste. Denn, das zeigen die Diskussionen im Verwaltungsrat, der Alusuisse-Konzern war von der Anodenproduktion in Porto Marghera stark abhängig und konnte diese nicht kurzfristig verlegen. Gemäß der zweiten Möglichkeit sollten die rentablen Betriebe in ein neues Unternehmen mit dem Namen Alucentro überführt und von den Fabriken in Porto Marghera separiert werden. Option drei und vier beinhalteten die Möglichkeit, die Direktion und Verwaltung zu verlegen – Stichworte waren „Schlüssel abgeben", „Werk aushungern". Punkt fünf und sechs sahen die staatliche bzw. eine Arbeiter-Beteiligung an Fabriken und Kraftwerken vor. Ersteres betrachtete man allerdings als „politisches Neuland" mit ungewissem Ausgang, während Letzteres als problematisch erachtet wurde, weil ein „Ansprechpartner" fehle. Die siebte und letzte Möglichkeit lautete „Nichts tun, abwarten, zuschauen." In diesem Fall befürchtete man den „Schwund jeglicher Autorität, wachsende Bilanz- und Kassaverluste, Anarchie im Betrieb".

Es war klar geworden, dass ein schneller Rückzug kaum machbar war. Erstens war Alusuisse von der Anodenproduktion in Porto Marghera abhängig. Ersatzbetriebe in den USA oder im niederländischen Rotterdam hätten erst gebaut werden müssen.[239] Zweitens war damit zu rechnen, das in Italien investierte Kapital größtenteils zu verlieren und „Kompensationszahlungen" an die Arbeitskräfte entrichten zu müssen.[240] Drittens sorgte man sich, den „allfälligen Schuldenberg der SAVA" vor Inbetriebnahme des australischen Standortes übernehmen zu müssen.[241] Widerwillig musste das Alusuisse-Management weiter zuwarten und sich auf Verhandlungen mit Gewerkschaften, Belegschaft und staatlichen Stellen einlassen.

Das weitere Vorgehen gegenüber den Gewerkschaften plante Frech derweil minutiös (Abb. 22). In einer Besprechung am 12.5.1971 in Zürich ließ Frech sein geplantes Vorgehen durch die Zürcher Generaldirektion absegnen. Er schlug vor,

---

236 Ebd., S. 7.

237 Ebd.

238 Ebd.

239 Frech, Heinz W.: Überlegungen für die Gestaltung der langfristigen Aktivität der SAVA (1.2.1971), S. 3, in: AfZ, NL Heinz Frech 22.

240 Ebd.

241 Frech, Heinz W.: Überlegungen zur gewerkschaftlichen Situation der SAVA (12.5.1971), S. 1, in: AfZ, NL Heinz Frech 22.

die jährliche Revision der thermischen Zentrale vorzuziehen, sodass der dann fehlende Strom auf dem Markt dazugekauft werden musste. Als nächstes galt es der Belegschaft zu kommunizieren, dass die Elektrolysehallen 10, 11 und 12 „aus Markt- und Kostengründen" abgestellt würden und ungefähr 250 Arbeitskräfte ihre Stelle verlören.[242] Weil das Management mit dem Widerstand der Belegschaft rechnete, versuchte es die Folgen abzuschätzen, um eine gewisse Planungssicherheit zu gewinnen. Frech skizzierte drei mögliche Folgeszenarien: Sollte es zu einer Fabrikbesetzung kommen, wollte man den Strom zur Hütte in Fusina umleiten. Dadurch würde das flüssige Aluminium in den Öfen der Hütte in Porto Marghera erkalten und diese nutzlos gemacht. Das Management wäre in diesem Fall bereit gewesen, die Produktionsmittel weitgehend zu zerstören, um den Machtkampf mit der Belegschaft zu gewinnen. Riskant blieb das Unterfangen dennoch, weil die Möglichkeit bestand, dass die anderen Betriebe in Solidaritätsstreiks treten würden – Frech meinte dazu lapidar: „das Chaos wäre vollkommen."[243]

Das zweite Szenario sah vor, dass die Gewerkschaften sich auf Verhandlungen einließen. In diesem Fall könnte ihnen statt der Entlassungen eine Einweisung in die *Cassa Integrazione* angeboten werden. Dies zeigt anschaulich, wie das Management mögliche Zugeständnisse an die Gewerkschaften im Voraus vorbereitete. Der Nachteil war allerdings, dass solange die Arbeitskräfte eine Kurzarbeitsentschädigung erhielten, die Aluminafabrik nicht geschlossen werden konnte.

Das dritte Szenario ging davon aus, dass die Streiks ohne Verhandlungen weitergingen. In diesem Fall sollten als Vergeltungsmaßnahme weitere vier Hallen der Hütte in Porto Marghera geschlossen werden. So hoffte Frech, „freiere Hand [zu] haben, [um] Rationalisierungen durchzuführen", sodass die SAVA ihre „Daseinsberechtigung" wiedererlangen konnte.[244] „Die gegenwärtig bestehenden gewerkschaftlichen Vorrechte müssen somit gesprengt sein", lautete seine Devise.[245]

---

242 Ebd.
243 Ebd.
244 Ebd., S. 2.
245 Ebd.

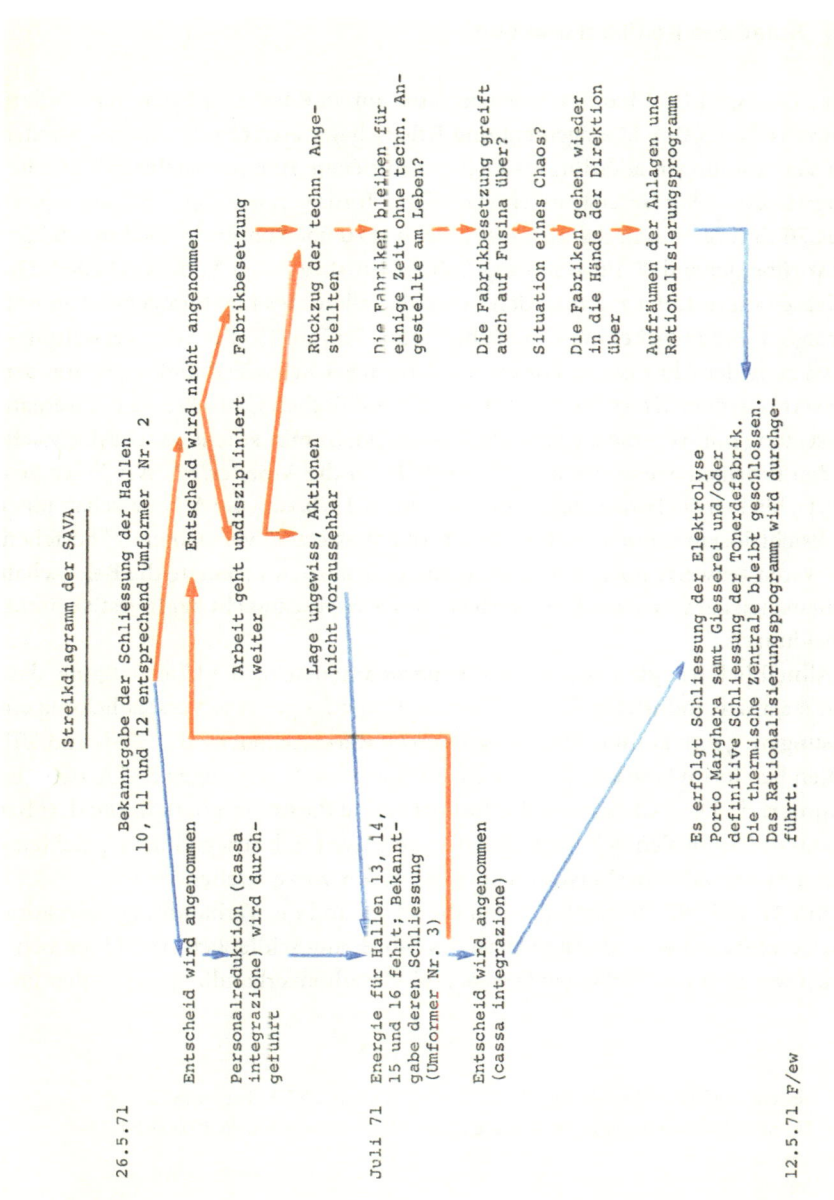

Abb. 22 Streikdiagramm der SAVA (12.5.1971, in: AfZ, NL Heinz Frech 22).

4.6 Staatliche Konfliktdämpfung

Seit Mitte April 1971 lud das Arbeitsministerium in Rom zu direkten Verhandlungen zwischen SAVA-Management und Belegschaftsvertretern.[246] Vorerst wurden die Verhandlungen allerdings wieder abgebrochen. In einer nächsten Verhandlungsrunde schlug Unterstaatssekretär Mario Toros vor, wie von Frech antizipiert, die 270 Entlassenen in die *Cassa Integrazione* zu überführen.[247] Dadurch hätten sie vorübergehend 80 Prozent ihres Lohnes aus staatlichen Mitteln erhalten. Die Belegschaftsvertreter nahmen den Vorschlag allerdings nicht umgehend an und vertagten ihre Entscheidung. Frech berichtete im Juni 1971 bei der Verwaltungsratssitzung der Alusuisse in Zürich von den hartnäckigen Verhandlungen mit den Gewerkschaften: „Herr Frech weist auf den politischen Charakter der Auseinandersetzung hin. Was die Gewerkschaften wollen, ist mindestens so sehr die Macht in den Fabriken wie wirtschaftliche Vorteile für die Arbeiter."[248] Wie Frech ausführte, blieben die Forderungen vom November 1970, die „die Arbeiterschaft unter rücksichtslosem Einsatz der Streikwaffe durchzusetzen" versuchten,[249] bestehen. Sie waren teilweise noch erweitert worden. Zusätzlich verlangte die Belegschaft Arbeitsplatzgarantien und ein betriebliches Mitspracherecht bei Investitionsentscheidungen.[250]

Allmählich festigte sich, auch auf Unternehmensseite, die Überzeugung, dass eine staatliche industriepolitische Intervention oder gar eine Verstaatlichung ein Lösungsweg sein könnte. Die drei großen Gewerkschaften CGIL, CISL und UIL hatten bereits im Januar 1971 neue Investitionen in die veralteten SAVA-Betriebe gefordert.[251] Die PCI-Sektion der Industriezone Porto Marghera wollte darüber hinaus die regionalen Behörden zu einer proaktiven Industriepolitik verpflichten – auch um eine allfällige Verstaatlichung der SAVA vorzubereiten.[252]

Am 21. Juli 1971 unterzeichneten die SAVA und die Verhandlungsdelegation aus Gewerkschaften und Mitgliedern des Fabrikrates schließlich ein Abkommen – „nach weiteren wochenlangen Streiks und Marathonverhandlungen mit den Pro-

---

246 Gewerkschaftliche Situation der SAVA (11.6.1971), in: AfZ, NL Heinz Frech 22.

247 Alusuisse-VR-Protokoll der 345. Sitzung (24.6.1971), S. 6, in: SWA, PA 600b D 2-1.

248 Ebd.

249 Ebd.

250 Gemäß VR-Protokoll unverändert blieben die Forderung nach Übernahme der Zeitarbeiter in die Belegschaft, Verminderung und Nivellierung der Lohnkategorien nach oben, Abschaffung der Arbeitsplatzbewertung und bessere Arbeitshygiene. Ebd.

251 FIM/FIOM/UILM: La vertenza SAVA [Pressekonferenz] (23.1.1971), S. 3, in: CSEL, Liviero Bruno 02.03.09.03.

252 Comitato Zona Industriale PCI: Lotte a Porto Marghera. Sava – Petrolchimico – Azotati contro la ristrutturazione capitalistica (7.6.1971), S. 5, in: CSEL, Scaboro Giuseppe 04.00.05.02.

vinzgewerkschaften".[253] Das Abkommen hielt fest, dass die 270 entlassenen SAVA-Arbeitskräfte für neun Monate in die *Cassa Integrazione* eingewiesen würden.[254] Die SAVA sollte Restrukturierungen durchführen können, aber auch neue Investitionen tätigen.[255] Als Gegenleistung erhielten die Arbeitskräfte eine einmalige Zahlung von gesamthaft 700.000 Schweizer Franken.[256]

Linksradikale Gruppen kritisierten das Abkommen.[257] Aber nicht nur: Ein Teil der SAVA-Beschäftigten schien ebenfalls nicht einverstanden mit dem Ausgang der Verhandlungen, zumal das Management die *Cassa Integrazione* instrumentalisierte und gezielt „die schlimmsten Elemente in die Arbeitslosenkasse einwies", wie es in einem VR-Ausschuss-Protokoll von Alusuisse hieß.[258] Erneut kam es zu Streiks. Mit Unterstützung der linksradikalen Gruppe *Lotta Continua* richteten einige der Entlassenen einen Streikposten vor der Fabrik in Fusina ein.[259] Denn sie fürchteten aus der *Cassa Integrazione* direkt in die Arbeitslosigkeit entlassen zu werden. *Lotta Continua* forderte zudem, dass sie weiterhin Versammlungen in der Fabrik abhalten konnten und auch ihre Löhne dort erhalten sollten. Im Verwaltungsratsausschuss schilderte man die Ereignisse folgendermaßen:

> Die Maoisten belagerten das Werk in Fusina und betrieben es gegen den Rat der lokalen Gewerkschaft zehn Tage lang ohne Aufsicht. Die feste Haltung der SAVA und der Beginn der Ferien führten schliesslich zu einer Klärung der Lage.[260]

Während also die besonders kämpferischen Arbeitskräfte aus den Betrieben entfernt wurden, entschied man im Verwaltungsratsausschuss von Alusuisse am 20. August 1971, sich nicht an das Abkommen mit den Gewerkschaften vom Juli zu halten und stattdessen weitere Entlassungen auszusprechen: „Nun holen wir zu einem weiteren Schlag aus. Die Tonerdefabrik muss noch dieses Jahr geschlossen werden."[261] Dieses Mal war es nicht Frech, der eine offensive Linie vorschlug. Die Anweisung zur Betriebsschließung kam nun direkt aus der Zürcher Zentrale. Wie ein Referent im Verwaltungsrat meinte, sah man den „Zeitpunkt gekommen [...],

253 Ausschuss des VR: Protokoll der 570. Sitzung (20.8.1971), S. 2 f., in: SWA, PA 600b D 2-1.
254 Ebd., S. 3.
255 Puppini: Marghera, S. 63.
256 Ausschuss des VR: Protokoll der 570. Sitzung (20.8.1971), S. 3, in: SWA, PA 600b D 2-1. 700 000 Schweizer Franken entsprachen immerhin 7,5 % der 1970 von der SAVA an den Mutterkonzern Alusuisse überwiesenen Geldsumme.
257 Puppini: Marghera, S. 66 f.
258 Ausschuss des VR: Protokoll der 570. Sitzung (20.8.1971), S. 3, in: SWA, PA 600b D 2-1.
259 Puppini: Marghera, S. 66.
260 Ausschuss des VR: Protokoll der 570. Sitzung (20.8.1971), S. 3, in: SWA, PA 600b D 2-1.
261 Ebd.

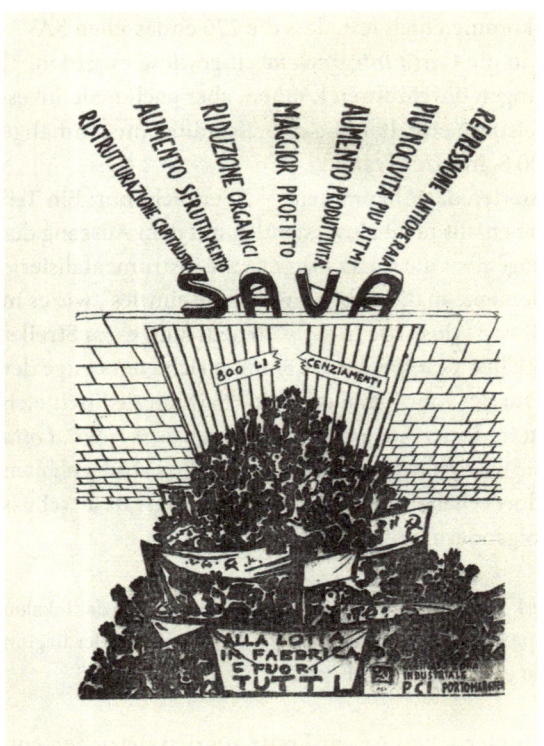

Abb. 23 Poster PCI Zona Industriale Porto Marghera (o. D., in:
CSEL, CGIL VE Sava 1.5)

die SAVA im Rahmen einer politischen Lösung dem italienischen Staat zu überlassen."[262] Vorerst informierte Alusuisse einzig die italienischen Behörden, die Aluminafabrik im Oktober 1971 definitiv zu schließen: „Die höchsten Stellen in Rom sind orientiert. Wir rechnen mit einer heftigen Reaktion der Gewerkschaften und in der Presse. Bisher sind unsere Pläne geheim geblieben. Es herrscht Ruhe vor dem Sturm [...]".[263]

Der prophezeite Sturm traf ein. Als die SAVA ihre Pläne öffentlich machte, begannen die Mobilisierungen von Fabrikräten, Gewerkschaften, linken Parteien und linksradikalen Gruppen.[264] Die SAVA-Belegschaft bemühte sich, die Zivil-

---

262 Alusuisse-VR-Protokoll der 346. Sitzung (27.9.1971), S. 3, in: SWA, PA 600b D 2-1.
263 Ebd.
264 Puppini: Marghera, S. 69–85.

gesellschaft und die regionalen Behörden für ihre Anliegen zu gewinnen.[265] Die Gewerkschaften riefen zu zwei 24-stündigen regionalen Generalstreiks und Groß-demonstrationen für den 15. und den 19. Oktober 1971 auf.[266] Sowohl die linken Parteien (PSI, PSIUP, PCI) als auch die drei großen Gewerkschaften forderten die Verstaatlichung der SAVA-Betriebe.[267] Sogar die katholische Kirche äußerte sich kritisch über die Entlassungen.[268] Der PCI sprach von der „klarsten Demonstration des allgemeinen politischen Angriffs des Großkapitals".[269] Im Dezember 1971 errichteten die SAVA-Arbeitskräfte ein rotes Zelt im Stadtzentrum Mestres, um den Arbeitskampf in die Stadt zu tragen.[270]

In die Defensive gezwungen, zeigten die Allianzen der SAVA-Belegschaften erste sichtbare Risse: In der nationalen Führung der Metallarbeitergewerkschaft FIOM sorgte man sich, die Kontrolle über den Arbeitskonflikt zu verlieren. Wie Giorgio Brazzolotto, Gewerkschafter, PCI-Mitglied und SAVA-Arbeiter rückblickend analysierte, führte die Eskalation zu Spannungen innerhalb der lokalen FIOM-Sektion.[271] Zwei Positionen standen sich gegenüber: Das defensive Lager sah die Verlagerung von Betrieben als unausweichlich an und strebte eine Verhandlungslösung an, insbesondere um die Gewerkschaftsmitglieder in den Betrieben halten zu können und die aufgebaute Organisationsmacht nicht zu verlieren. Eine zweite, offensivere Position wollte sich der Schließung entgegenstellen und eine staatliche Intervention provozieren, um Alusuisse zu zwingen, neue Arbeitsplätze zu schaffen. Gemäß Brazzolotto tendierte der PCI zum ersten Lager, weil man ebenfalls befürchtete, die starke betriebliche Verankerung in einer frontalen Konfrontation mit Alusuisse zu verlieren.[272]

Der lange Arbeitskampf forderte auch seinen Tribut von den Familien der Streikenden. Obschon die zahlreichen Streiks darauf ausgerichtet waren, möglichst geringe Lohneinbußen zu verursachen, mussten die Arbeiterfamilien dennoch monatlich auf einen Teil des Lohnes verzichten. Giovanni Finco erzählte: „ Soweit ich mich erinnere, habe ich seit dem ersten Tag nie den vollen Lohn erhalten, obwohl

---

265 Interview mit Giorgio Brazzolotto, S. 136.

266 Puppini: Marghera, S. 70.

267 Ebd., S. 76; Segreterie CGIL/CISL/UIL: Lavoratori e cittadini di Venezia, Mestre e Provincia [Flugblatt] (13.10.1971), in: AGA, Busta 1, Fascicolo 2, Documentazione 1971–1972.

268 Commissione Diocesana di Pastorale del lavoro: Dov'è tuo fratello?. Riflessioni sulla vertenza della SAVA (20.10.1971), in: CSEL, Liviero Bruno 02.03.09.03.

269 PCI Federazione di Venezia: No ai Licenziamenti [Flugblatt] (o. D.), in: CSEL, CdL CGIL Venezia, 037.01.

270 Puppini: Marghera, S. 85.

271 Interview mit Giorgio Brazzolotto, S. 135.

272 Ebd., S. 135 f.

Abb. 24 Demonstrierende SAVA-Arbeiter (1971, in: AGA, Busta 1, Fascicolo 3).

meine Familie gewachsen ist. Ich habe 1963 geheiratet."[273] Die Ehefrauen mussten mit zunehmenden psychischen Belastungen umgehen:

> Nach der Schließung und den 700 aus der SAVA Rausgeschmissenen [...] lebte ich zwei Jahre im Protestzelt auf der Piazza Ferretto. Zeugin ist meine Frau, die Arme. Ich hatte in dieser Zeit einen Nervenzusammenbruch. [...] Ich war nicht in der Cassa Integrazione, ich arbeitete. Ich arbeitete und ging zum Zelt.[274]

Auch Chiara Puppini, die Witwe des Gewerkschafters und SAVA-Arbeiters Germano Antonini, erinnert sich an die Streitigkeiten mit ihrem Ehemann in dieser Zeit:[275] Aufgrund der zahlreichen Verhandlungen, die Antonini immer wieder nach Rom führten, war sie mit Haushalt und Kinderbetreuung auf sich gestellt. Unterstützung erhielt sie dagegen von ihrer Mutter und Antoninis Schwester. Ironisierend meinte Puppini dazu: „Ich sage immer: ich habe die Arbeiterklasse geheiratet [lacht]."[276]

---

273 Interview mit Giovanni Finco, S. 3.

274 Ebd., S. 9.

275 Auf die Frage, wie sie die Hausarbeit mit ihrem Ehemann koordinierte, antwortete Puppini: „Also, ich stritt oft mit Germano [lacht], denn als Gewerkschafter hielt er sich an keine Zeitpläne [lacht] und hin und wieder fuhr er für Verhandlungen nach Rom. [...] und ich erinnere mich, wie Germano immer meinte: meinen Teil macht meine Schwester für mich [...]. Ich hatte also die Zügel in der Hand im Haus." Interview mit Puppini (Fortsetzung), Min. 20:10.

276 Interview mit Puppini, Min. 03:08.

All diese Mobilisierungen sorgten für Unruhe in der Region, wie Frech in seinen Memoiren festhält:

> Im Oktober 1971 inszenierten die Gewerkschaften einen zweitägigen Generalstreik, der die ganze Provinz Venedig betraf. Die gesamte Industrie wurde lahmgelegt, der Verkehr stand still, die Busse und auch die „vaporetti" verkehrten nicht, niemand bediente die Telefonzentralen, der Flugverkehr von und nach Venedig blieb eingestellt, im Hafen widersetzten sich die Arbeiter jeglicher Arbeit, so dass der Luxusdampfer „Cristoforo Colombo" nach Triest umgeleitet werden musste – und dies alles nur wegen der SAVA![277]

Die erneute Eskalation der Arbeitskämpfe und Mobilisierungen in der Region Venedig erhöhte den Druck auf die Regierung. Hierzu bemerkte Emanuel Meyer im Alusuisse-VR:

> Die inzwischen eingeschlagene härtere Gangart hat sich bewährt. Die Nachricht von der Schliessung der Tonerdefabrik Porto Marghera löste in Venedig beträchtliche Unruhen aus. Dadurch ist der Dialog mit der italienischen Regierung endlich in Gang gekommen. Ein weiterer „Fall SAVA" könnte die Regierung gefährden. Sie verfügt nicht über genügend Ordnungskräfte, um in Venedig für Ruhe zu sorgen.[278]

So fand sich Alusuisse plötzlich in der Lage, Forderungen stellen zu können, wie ein VR-Protokoll zeigt: „Wir verlangen von der italienischen Regierung, dass das Problem SAVA gleichzeitig und endgültig gelöst wird."[279] Tatsächlich zeigte der italienische Staat die Bereitschaft, große Summen in Porto Marghera zu investieren, um neue Arbeitsplätze zu generieren. Alusuisse unterbreitete der Regierung daher das Angebot, knapp die Hälfte der SAVA-Aktien zu übernehmen. Endlich erblickte das Management Licht am Ende des Tunnels:

> Wenn unsere Vorschläge angenommen werden, ist unsere Position in Italien weitgehend saniert. Wir müssten die SAVA nicht mehr konsolidieren. Die Arbeitsruhe wäre wiederhergestellt. Man kann uns dann – auch nicht moralisch – für Schulden einer Gesellschaft belangen, an der wir nur zu 50 % beteiligt sind. […] Die angestrebte Lösung wäre fast zu gut, um wahr zu sein.[280]

---

277 Frech: Baumwolle, S. 157.
278 Alusuisse-VR-Protokoll der 347. Sitzung (2.11.1971), S. 1, in: SWA, PA 600b D 2-1.
279 Ebd.
280 Ebd., S. 1 f.

Trotz antagonistischer Interessenlagen forderten die SAVA-Belegschaft und das Alusuisse-Management dasselbe: eine staatliche Intervention. Diese kuriose Zielkonvergenz von Arbeitskräften und Unternehmen war überaus effektiv. Bereits im Dezember 1971 berichtete im Alusuisse-VR, dass der italienische Ministerpräsident Emilio Colombo in einem Brief die Beteiligung eines Staatsunternehmens an der SAVA zugesichert hatte.[281] Bis Ende Jahr unterzeichnete die Alusuisse einen Vorvertrag mit der staatlichen Beteiligungsgesellschaft EFIM.[282] Dieser sah eine staatliche Beteiligung von mindestens 50 Prozent vor, wobei gewisse Bereiche, darunter auch die für Alusuisse strategisch wichtige Anodenfabrik, ausgeklammert wurden. Die Aluminafabrik sollte geschlossen und 700 Beschäftigte in die *Cassa Integrazione* eingewiesen werden. Zeitgleich sollten neue Arbeitsplätze geschaffen werden. Die Arbeitskräfte wurden erst am 26. Januar 1972 schriftlich über die definitive Schließung der Aluminafabrik informiert.[283]

1988 verkaufte Alusuisse auch die restlichen Anteile der SAVA.[284] Die für Alusuisse wichtige Anodenfabrik verblieb unter dem Namen Alucentro im Besitz des Schweizer Konzerns – bis der bedeutendste Abnehmer 1991 im Jugoslawienkrieg zerstört wurde und Alusuisse auch ihren letzten Betrieb in Porto Marghera schloss.[285] Auch die verstaatlichten SAVA-Betriebe mussten ihre Tore in den frühen 1990er Jahren schließen. Obschon zu diesem Zeitpunkt der Abschied von der *Centralità Operaia*, der politischen Zentralität der Arbeiter, bereits vollzogen war, waren bei beiden Schließungen die Echos der Kämpfe um 1970 zu hören: Die Belegschaft der SAVA-Nachfolgerin Alumix wehrte sich gegen die Aufgabe ihres Betriebes, versuchte Garantien für neue Arbeitsplätze zu erkämpfen und schritt gar zur kurzzeitigen Besetzung und Selbstverwaltung der ehemaligen Alusuisse-Fabrik. „Wir haben die Fabrik in Selbstverwaltung übernommen", berichtet Gastone Santoro, der seit 1966 bei der SAVA gearbeitet hatte.[286] Noch immer suchten und fanden diese Arbeiter die Stärke im Kollektiv: „Also das war eine wunderschöne Erfahrung, weil wir uns dadurch noch mehr zusammengehörig fühlten; es war wirklich eine positive Erfahrung, an die sich die Menschen noch heute erinnern."[287] Auch die Alucentro-Belegschaft konnte an die Organisationsmacht der alten SAVA anknüpfen und engagierte sich, nachdem ihr Betrieb geschlossen wurde, in einem zweijährigen Arbeitskampf. Sie entwickelte einen Umnutzungsplan des

---

281 Alusuisse-VR-Protokoll der 348. Sitzung (13.12.1971), S. 2, in: SWA, PA 600b D 2-1.

282 Alusuisse-VR-Protokoll der 349. Sitzung (7.2.1972), S. 3 f., in: SWA, PA 600b D 2-1.

283 Ebd., S. 4.

284 Knoepfli: Zeichen, S. 94.

285 Vgl. die Chronologie Alessandro Casellato und Gilda Zazzara: Cronologia Porto Marghera 1970–oggi, online: www.unive.it/data/34357/ [22.10.2021].

286 Interview mit Gastone Santoro, Min. 91:05.

287 Interview mit Gastone Santoro.

Fabrikareals zum Logistikbetrieb, in dem ehemalige Alucentro-Arbeiter wieder eine Beschäftigung fanden.[288] Einige Kontakte dieser Generation ehemaliger Arbeiter bestehen bis in die Gegenwart.[289]

Auf betrieblicher Ebene waren die Restrukturierungsbemühungen (von den Personalreduktionen abgesehen) vermutlich weniger erfolgreich und die Gewerkschaften konnten eine gewisse Stärke halten. Nach seinem Eindruck befragt, meinte ein 1975 neu bei der SAVA eingesetzter Manager rückblickend: „Der erste Eindruck war nicht sehr positiv. Ich fand eine sehr starke Gewerkschaft vor und auf der anderen Seite ein Management, das meiner Meinung nach der Aufgabe nicht ganz gewachsen war."[290] Weiter berichtete er davon, dass der Lohn als eine von Unternehmensgewinn oder Leistung unabhängige Variable betrachtet wurde.[291] Dies legt nahe, dass die Versuche der Belegschaft um 1970, die Löhne von der Produktivität zu entkoppeln, nicht folgenlos geblieben waren. Auch die Militanz einzelner Arbeiter besorgte das Management. Während der Hochphase der Auseinandersetzung zwischen Staat und linken bewaffneten Gruppen (v. a. Rote Brigaden) standen die SAVA-Manager in engem Austausch mit polizeilichen Stellen, planten, sich gepanzerte Fahrzeuge anzuschaffen, und wussten von der Aktivität einer Kolonne der Roten Brigaden innerhalb der SAVA-Fabriken.[292]

Die Betriebsschließung und die Einweisung in die *Cassa Integrazione* war für die betroffenen Arbeiter eine einschneidende Erfahrung. Viele wurden beruflich zurückgeworfen und verloren die mit den angesammelten Dienstjahren einhergehenden höheren Löhne. Italo Mattiussi nahm den Übergang von der SAVA in die neugeschaffenen Betriebe unter staatlicher Beteiligung als Verlust wahr:

Wir haben sehr viel verloren, das hohe Dienstalter, wir hatten dreißig, zweiunddreißig Jahre dort gearbeitet, […] wir haben fast bei null angefangen, als Handlanger. Sie schickten uns sogar in die Schule. Ich bin, stell dir vor, mit fünfzig zur Schule gegangen. […] und wir haben […] eine Umschulung gemacht, um Himmels willen, aber wir haben all diese Qualifikationen und Errungenschaften verloren, die wir in dreißig Jahren Arbeit und Kampf erworben haben.[293]

---

288 Vgl. den Roman von Cerasi, Enrico: Centosessantotto lavoratori. Quando la fabbrica chiude, Venedig 1994.

289 So erleichterte dieses Netzwerk meine Suche nach Gesprächspartnern für Oral History-Interviews: Interview mit Bullo/Spolaor/Darsiè/de Gaspari.

290 Interview mit Roberto Coin [La vertenza Sava vista dall'azienda], Interviewer: Aiello, Alfredo, 29.10.2002, in: Aiello, Alfredo (Hg.): Ciminiere ammainate. Trent'anni di opposizione al decino industriale, Portogruaro 2006, S. 141–149, hier: S. 141.

291 Ebd.

292 Ebd., S. 149.

293 Interview mit Italo Mattiussi, S. 3.

Zentral für das Gelingen der Restrukturierung erwies sich das wohlfahrtsstaatliche Instrument der *Cassa Integrazione*. Besonders deutlich zeigte sich die Doppelrolle dieser Kurzarbeitsentschädigung, wie sie Niccolò Serri für die sozialkonfliktive Phase Italiens zwischen 1968 und 1973 festgestellt hat.[294] Zum einen federte die *Cassa Integrazione* die sozialen Folgen der Restrukturierung ab, indem sie die Lohneinbußen minimierte. Zum anderen disziplinierte sie die Belegschaft, weil das Management gezielt die besonders kämpferischen Elemente in die *Cassa Integrazione* schickte. Wie der Fall der SAVA zudem zeigt, bedeutete die sozialstaatliche Konfliktdämpfung, dass die Kosten der unternehmerischen Restrukturierungen – konkret die Übernahme der wenig kompetitiven SAVA-Betriebe und die Kurzarbeitsentschädigungen – zu Lasten der Staatsfinanzen gingen. Dem Schweizer Konzern gelang es hingegen, die eigenen Investitionen ohne finanzielle Nachteile und ohne Schuldenübernahme aus Italien abzuziehen.[295]

4.7 Synthese Teil II

Das Jahr 1971 markiert den Beginn der hier behandelten Periode in mehrfacher Hinsicht. Mit Blick auf die Auseinandersetzungen in Italien kennzeichnet es die wachsende Entschlossenheit des Managements, Restrukturierungen durchzuführen und hierfür Konflikte zu wagen. Die für die 1960er Jahre charakteristische arbeitsmanageriale Ausrichtung auf befriedete, kompromissorientierte industrielle Beziehungen schien am Ende des Jahrzehnts nicht mehr zwingend erfolgsversprechend. Alusuisse ging auf Konfrontationskurs zu den gewerkschaftlichen Hochburgen wie Porto Marghera oder renitenten Belegschaften wie in New Johnsonville. Wie das italienische Beispiel zeigt, war hierfür mitnichten ausschließlich die Initiative des Managements verantwortlich, sondern auch die im Verlauf der Hochkonjunktur herausgebildete Macht der Arbeiter:innen. Die schiere organisatorische Stärke der italienischen Belegschaften, ihre (insbesondere regional) stark ausgebildete Koalitionsmacht, aber auch ihre klassentheoretisch unterfütterte Diskursmacht drängten das Management dazu, Restrukturierungen als eigentliche Machtkämpfe zu denken und auszutragen.

Erst das erfolgreiche Ausfechten der Konflikte – umso mehr wenn es um gewerkschaftlich gut organisierte und streikerprobte Belegschaften wie in Italien ging – eröffnete dem Management den Weg zur verstärkten Rentabilitätsorientierung

---

294 Serri, Niccolò: The Cassa Integrazione Guadagni. Unemployment Welfare and Industrial Conflict in Post-War Italy, 1941–1987, Dissertation, Cambridge 2019, S. 68.
295 Pitteloud, Sabine: Les multinationales suisses dans l'arène politique (1942-1993), Genf 2022, S. 244.

und lieferte die schlagenden Beweise für die manageriale Rede der Alternativlosigkeit von Restrukturierungen, Devestitionen und Sparmaßnahmen, die in den
1980er zum Common Sense werden sollte. Kurzum: die Restrukturierung vieler
Betriebe im Zeichen des Marktes (vgl. Kapitel 5 und 6) ist sowohl auf ökonomische
Veränderungen und manageriale Krisendiskurse (vgl. Kapitel 3) als auch auf die
Niederlagen der Arbeiter:innenbewegung zurückzuführen. Systematisch einzubeziehen wären die Arbeitskonflikte der 1960er und 1970er auch in die Geschichte
der Deindustrialisierung. Denn wie das italienische Fallbeispiel zeigt, markierte
die Betriebsschließung bei der SAVA das Ende einer 50-jährigen Expansionsphase
des Industriepols Porto Marghera. Andere Unternehmen in der Region nutzten
die defensive Position der Arbeiter:innenbewegung Venetiens und ahmten das
Modell von Restrukturierung und sozialstaatlicher Konfliktmilderung nach. In
der Geschichte Porto Margheras setzte damit eine Phase der Deindustrialisierung
ein.[296] Das Fallbeispiel Italiens legt auch nahe, den in der Forschung mehrfach
konstatierten personalpolitischen Umbruch nach dem Boom nicht nur auf neue
Personallehren, Motivationstheorien oder den vermehrten Einsatz von Humanexperten in Unternehmen zurückzuführen, sondern auch nach dem Ausgang der
in den 1960er und 1970er virulenten Arbeitskämpfen und dem sich damit verschiebenden Kräfteverhältnis zwischen Unternehmen und Arbeiter:innenseite zu
fragen.[297]

Der in der Geschichte von Alusuisse erstmalige, massive Rückzug von Kapital
aus einem langjährigen und bedeutenden Standort verweist zudem auf die Herausbildung einer neuen internationalen Arbeitsteilung, mit der sich die Produktion
von einfachen Zwischenprodukten (wie Alumina und Rohaluminium) weg von
den alten Industrieregionen hin zu industriell wenig entwickelten Regionen (wie
den BRIC-Staaten, aber auch Teilen Australiens) verlagerte.[298] Mit Blick auf den
Niedergang des fordistischen Produktionsmodells lassen diese Hinweise erahnen,
was die historische Forschung zu übersehen droht, wenn sie betriebliche Konflik-

---

296 Zazzara: Disparition, S. 153. In den folgenden Jahren folgten zahlreiche Unternehmen dem Beispiel der SAVA und schlossen Fabriken oder senkten die Personalzahlen – stets mit staatlicher
   Unterstützung der *Cassa Integrazione*. Dies.: Cento, S. 233.
297 Rosenberger: Experten; Donauer: Emotions; Bernet: Mitbestimmung, S. 61–84; Dietz: Aufstieg.
298 1972 waren die größten Produzenten von Alumina die USA, Australien, die UdSSR, Jamaika,
   Japan, Suriname, Kanada, Frankreich und die BRD. Um 2010 konzentrierten sich drei Viertel der
   Produktion auf die bauxitreichen Länder China, Australien, Brasilien und Indien. Und während
   1972 knapp die Hälfte des weltweit produzierten Rohaluminiums auf die USA, Japan und Europa
   Westeuropa entfiel, sank dieser Anteil bis 2010 auf fünf bis sechs Prozent. Hingegen stieg Chinas
   Anteil an der weltweiten Produktionsmenge auf 40 Prozent. Nappi: Industrie, S. 154 f.

te und das Kräfteverhältnis zwischen Arbeit und Kapital nicht in ihre Analysen integriert.[299]

Das Jahr 1971 markiert darüber hinaus den chronologischen Anfang in den Krisendiskursen der 1970er Jahre. Diese spiegelten einerseits ein genuin zerrüttetes manageriales Regelvertrauen wider: Die bisher angewendeten chronopolitischen Managementpraktiken – wie Lagebeurteilungen und Prognosen –, um gewissermaßen die Gegenwart aus der Zukunft zu denken, wurden durch die um sich greifenden neuen Unsicherheiten obsolet. Die Diagnosestellung war andererseits ein diskursives Werkzeug zur Krisenbewältigung. Die Krisendefinitionen bezogen dabei sowohl im engeren Sinne ökonomische Parameter ein als auch die machtpolitischen Rahmenbedingungen – wie die Rede von den eingeschränkten unternehmerischen Freiheiten gezeigt hat. Die rhetorische Figur der ‚Krise‘, die stets Handlungsdruck impliziert, instrumentalisierte das Topmanagement, um andere Führungskräfte zu aktivieren, Verantwortung nach unten zu delegieren oder radikale Kursänderungen und einschneidende Maßnahmen zu rechtfertigen.

Als geeignete Therapie angesichts der multiplen Krisen präsentierte das Management auf der Geschäftsführerkonferenz 1975 eine Strategie der Rentabilitätsorientierung. Das Wachstumsparadigma, das den Konzern seit den 1950er Jahren zu immer größeren Produktionsvolumen getrieben hatte, stellte man, zu Beginn noch behutsam, in Frage. Als auf der Geschäftsführerkonferenz von 1980 die Krise bereits als neue Normalität betrachtet und die Hoffnungen auf eine Normalisierung der Konjunktur allmählich begraben wurden, stand die Lösung bereits fest: vom Tonnendenken abrücken und auf Rentabilität fokussieren. Diverse Maßnahmen verankerten diese Vision in der institutionellen Struktur des Unternehmens: Die unteren Führungsebenen mussten mehr Verantwortung tragen; ihren Erfolg kontrollierte man durch neue Rentabilitätskennzahlen und – verstärkt ab 1980 – mit einer eigenen Audit-Abteilung, die Rentabilitätsrechnungen, unternehmensinterne Vergleiche und die Wissensgrundlage für Devestitionsentscheidungen systematisierte. Mit der Standardisierung betrieblicher Metriken, der Zentralisierung der so gewonnenen Daten und ihrem systematischen Vergleich kanalisierte die Konzernleitung die Handlungsoptionen der Betriebs- und Divisionsleiter auf neuartige Art und Weise – womit die ältere, die Autonomie einschränkende Kontrollfunktion des Taylorismus des frühen 20. Jahrhunderts von den Fabrikhallen auf die Führungsetagen ausgedehnt wurde.[300]

---

299 Vgl. Doering-Manteuffel/Raphael: Boom, S. 119; Baccaro, Lucio/Howell, Chris: Trajectories of Neoliberal Transformation. European Industrial Relations Since the 1970s, Cambridge 2017, S. 21.
300 Zur Diskussion über die Kernziele des Taylorismus: Uhl: Rationalisierung, S. 134 f.

Teil III

5. Das Unternehmen vermarktlichen (1985–1991)

Auf der Geschäftsführerkonferenz 1985, noch unter Emanuel Meyers Ägide, war die seit 1975 verfolgte Rentabilitätsorientierung bestätigt worden: Mit einer stärkeren Produkt- und Marktorientierung sollte das Unternehmen rentabler und vor der Preisvolatilität des Aluminiummarktes geschützt werden.[1] Dessen ungeachtet verstärkte sich der Druck von Bankenvertretern, die bezweifelten, dass das Unternehmen seine Verschuldung noch im Griff hatte. Im November 1985 erklärte der SKA-Banker Rainer E. Gut seinen Austritt aus dem Alusuisse-Verwaltungsrat und wollte damit die Absetzung Meyers erreichen, der das Unternehmen seit 1960 als führender Topmanager geprägt hatte.[2] Ihren Verbleib im Alusuisse-VR machte die SKA von einem Wechsel an der Führungsspitze abhängig.[3] Der Druck der Schweizer Großbank war erfolgreich und im Januar 1986 übernahm Hans Jucker[4] den Posten als CEO.

Während Meyer bis in die frühen 1980er Jahre an die Erholung der Konjunktur glaubte, setzte mit dem neuen CEO endgültig ein Umdenken ein und was bisher als krisenhafte Ausnahmeerscheinungen galt, wurde nun als Regelfall angenommen.[5] „Wir müssen […] mit dem Katastrophen- […] mit dem Schlechtwetterszenario leben"[6], hielt Jucker 1986 am ersten Managementtreffen nach der ‚Ära Meyer' fest. Mit Blick auf den Aluminiumbereich warnte er:

> Wir müssen mit dem ungünstigsten Szenario rechnen […]. […] es wird zyklisch schwanken, erholen werden sich die Rohstoffe wahrscheinlich nicht mehr […]. […] wir wollen im

---

1 Ernst, Dietrich N.: Aluminium Division Strategy (6.9.1985), S. 108, in: SWA, PA 600b D 9-5.

2 Bereits 1985 hatte die Revisionsgesellschaft Fides angesichts der finanziellen Lage von Alusuisse Bedenken angemeldet. Auch im Verwaltungsrat und im Aktionariat rumorte es seit den frühen 1980er Jahren wiederholt. Vgl. Knoepfli: Zeichen, S. 170–172. Auch unter den Kadern von Alusuisse gab es kritische Stimmen. Der Finanzchef stellte die bisherige Bewertungspraxis eigener Positionen in Frage und vermutete, dass die ausgewiesenen Gewinne nie erzielt worden waren – dies obwohl stets Dividenden ausgeschüttet worden waren. Vgl. Gespräch Adrian Knoepfli mit Hermann J. M. Haerri (7.10.2009), S. 5 f., in: SWA, PA 572 B 2-3.

3 Knoepfli: Zeichen, S. 174.

4 Hans Konrad Jucker (*1927, †2018) promovierte 1953 an der ETH Zürich, war danach u. a. beim Chemieunternehmen Ciba tätig und kam 1969 zur Alusuisse, wo er das 1974 übernommene Chemieunternehmen Lonza führte. Er war Oberst in der Schweizer Armee.

5 Einen ähnlichen Umbruch der Erwartungshaltungen von „wirtschaftspolitischen Beratern und Entscheidern" nach der zweiten Ölpreiskrise von 1979/1980 beschrieben mit Blick auf die BRD: Doering-Manteuffel/Raphael: Epochenbruch, S. 26

6 Jucker, Hans: Einführung Kaderrapport in Visp (18.9.1986), S. 25, in: SWA, PA 600b D 9-26.

schlimmsten oder zweitschlimmsten Fall überleben, und wir wollen im zweitschlimmsten und drittschlimmsten Fall sogar beträchtliche Gewinne machen.[7]

Seinen Lösungsvorschlag bezeichnete Jucker in militärischem Jargon als „Frontverkürzung"[8]. Mit dem martialischen Begriff meinte er einen fundamentalen Strategiewechsel: Ebenso wie während des „Zweiten Weltkrieges in Russland", brauche es eine „Umgliederung" – von einem breit diversifizierten Konzern, mit eigener Bergbau- und Dienstleistung-Division, hin zu einem „schmäleren, stärkeren", „stark finanzierten" und ertragreichen Unternehmen.[9]

Damit verabschiedete sich das Topmanagement vom Ziel der unternehmerischen Größe, wie es seit der Unternehmensgründung vorgeherrscht hatte: „‚Gross' ist überhaupt kein Ziel mehr", stellte Jucker klar, „nur solide, rentabel und noch da in 10 Jahren ist ein Ziel."[10] Die Rohstoffproduktion im Aluminiumbereich sollte radikal gekürzt werden – um 60 Prozent. Aber auch der restliche Konzern sollte schrumpfen. Wie Jucker seinen Kollegen ankündigte, würde die Neuorientierung einschneidende Maßnahmen erfordern. Er insistierte, dass sich die neue Strategie „grundlegend von allen früheren unterscheidet, denn es ist eine Rosskur von ungeheurem Format".[11]

Wie Juckers Rede vom verstetigten „Katastrophen-" und „Schlechtwetterszenario" zeigt, bestimmten Mitte der 1980er Jahre negative Prognosen die managerialen Erwartungshaltungen. Mittlerweile rahmte das Topmanagement die schwierige Lage aber nicht mehr als Krise, sondern als neue Normalität. Hierfür radikalisierte es Lösungsansätze, die aus den Krisendiskursen der 1970er Jahre hervorgegangen waren: Zum einen wurde die quantitative Erfassung betrieblicher Prozesse, die rechnergestützte Verarbeitung von Daten und der Vergleich von Unternehmensaktivitäten systematisiert. Zum anderen setzte das Management Sparmaßnahmen und Devestitionen, wie sie seit 1971 zaghaft eingesetzt worden waren, fortan mit großer Entschlossenheit und Selbstverständlichkeit um.

Als diskursiver Fluchtpunkt beider Strategien fungierte ‚der Markt'. Diese Entwicklung fange ich hier[12] heuristisch mit dem Konzept der Vermarktlichung ein.[13] Allgemein meint Vermarktlichung einen „process of taking goods and services that had previously been provided under bureaucratic, political, or professional means

---

7   Ebd, S. 5 f.
8   Ebd., S. 9.
9   Ebd., S. 14.
10 Ebd.
11 Ebd., S. 5–24.
12 Teile dieses Kapitels beruhen auf Grob: Vermarktlichung.
13 Für historiographische Anwendungen vgl. Ahrens, Ralf/Böick, Marcus/vom Lehn, Marcel: Vermarktlichung, in: Zeithistorische Forschungen 12/3 (2015), S. 393–402.

of resource allocation and transferring them to market arrangements".[14] Auf das Unternehmen bezogen, bündle ich darin drei graduelle Veränderungsprozesse: Erstens öffnete sich das Unternehmen zum Markt hin.[15] Statt sich gegenüber den Unsicherheiten des Marktes zu schützen (beispielsweise mit Blick auf schwankende Preise), richtete das Management die Unternehmensstrategien und Organisationsstrukturen stärker an Marktentwicklungen und (Finanz-)Marktakteuren aus. Zweitens implementierten oder simulierten Manager Markt- und Wettbewerbsmechanismen innerhalb des Unternehmens sowie zwischen einzelnen Unternehmenseinheiten oder Personen.[16] Drittens – und dies durchzieht die bereits genannten Prozesse – wurden Marktrhetoriken, marktrationale Begriffe und Sprachbilder omnipräsent. ,Der Markt' wurde zum begrifflichen Referenzpunkt, auf den sich nahezu alle managerialen Diskurse und Legitimationen beziehen mussten.

5.1 „Rosskur"[17] für Investoren und permanente Reorganisation

Ziel der 1986 initiierten Schrumpfungsstrategie war es, „Verlustlöcher zu stopfen, Fronten zu kürzen, nicht mehr strategische Tätigkeiten abzubauen und auf unsere Stärken aufzubauen"[18]. Alusuisse stieß ihre Beteiligung am geplanten Kernkraftwerk Kaiseraugst ab und verkaufte die Tochterfirma Maremont sowie mehrere Aluminiumbetriebe in den USA.[19] Weiter senkte man die Rohaluminiumproduktion in Rheinfelden, reduzierte Beteiligungen in Norwegen (Søral), Italien (SAVA), den Niederlanden (Aluchemie), Frankreich (Benalu), Deutschland (Metoxit, MB3), Guinea (Frialco) und Nigeria (Alumaco, Nigalex).[20] Bis 1987 wurde auch die Produktion in der Walliser Hütte in Chippis halbiert und die Schließung des Betriebs zur Diskussion gestellt.[21]

Die Rohaluminiumproduktion des gesamten Konzerns wurde so in kurzer Zeit (bis 1987) nahezu halbiert und Alusuisse war auf bestem Wege zur Nettokäuferin

---

14 Crouch, Colin: Marketization, in: Flinders, Matthew V./Gamble, Andrew/Hay, Colin u. a. (Hg.): The Oxford Handbook of British Politics, Oxford 2011, S. 879–895, hier: S. 879.

15 Sauer, Dieter: Permanente Reorganisation. Unsicherheit und Überforderung in der Arbeitswelt, in: Doering-Manteuffel, Anselm/Raphael, Lutz/Schlemmer, Thomas (Hg.): Vorgeschichte der Gegenwart. Dimensionen des Strukturbruchs nach dem Boom, Göttingen 2016, S. 37–55, hier: S. 42.

16 Vgl. ebd., und Marx: Vermarktlichung.

17 Jucker, Hans: Einführung Kaderrapport in Visp (18.9.1986), S. 5–24, in: SWA, PA 600b D 9-25.

18 Alusuisse-VR-Protokoll der 442. Sitzung (5.3.1986), S. 5, in: SWA, PA 600b D 2-1.

19 Alusuisse-VR-Protokoll der 443. Sitzung (19.3.1986), S. 2, in: SWA, PA 600b D 2-1.

20 Knoepfli: Zeichen, S. 191 f.

21 VR-Protokoll der 446. Sitzung (1.9.1986), S. 1–3, in: SWA, PA 600b D 2-1; Tschopp, Theodor M.: Die junge, dynamische, innovative DA (25.6.1987), in: SWA, PA 600b D 9-26.

von Rohaluminium zu werden.[22] Einem Austeritätsparadigma folgte indes auch die
manageriale Selbstrepräsentation: Fortan verzichtete das Topmanagement auf die
pompösen Geschäftsführerkonferenzen „im schönsten Hotel" mit den „Damen", wie
es Jucker ausdrückte, und tagte im kleinen, informellen Rahmen an sogenannten
„Kaderrapporten", womit einmal mehr ein militärischer Begriff Verwendung fand.[23]

Börsenorientierung und Devestitionen

Ab den 1980er Jahren gewann die Finanzierung über die Börse bei Schweizer
Industrieunternehmen an Bedeutung. Über den Kreditmarkt war sie schwieriger geworden war, weil Banken mit Börsengeschäften und Vermögensverwaltung
über mittlerweile bessere Ertragsmöglichkeiten verfügten.[24] Unternehmen mussten
sich daher stärker auf die Börsen ausrichten. Bei der Umsetzung der Frontverkür-
zungsstrategie bei Alusuisse zeigte sich, dass vorwiegend Aktivitäten abgestoßen
werden sollten, die stark kreditfinanziert waren. Jucker führte das Beispiel des
US-amerikanischen Tochterunternehmens Maremont an, das zwar profitabel wirt-
schaftete, seinen Gewinn aber aufgrund der Zinslast wegschmelzen sah.[25]

Bei der Auswahl der abzustoßenden Standorte agierten die Manager wie Börsen-
akteure und betrachteten die einzelnen Betriebe als „Assets"[26] im Unternehmens-
portfolio. Berücksichtigt wurde wie sich eine Devestition auf die Attraktivität für
Investoren und auf die von den Banken kritisierte Schuldenlast auswirkte. Für die
„guten Assets", „das Gold im Tresor", wie Jucker, die Bankinteressen vermittelnd,
ausführte, „das haben wir auch gehört von den Banken, ist man auch bereit, uns
eher Geld zu geben."[27] Die Standorte hingegen, die die Kreditwürdigkeit oder Attraktivität für Investoren negativ beeinflussten, waren von der Devestition bedroht.
Es ging also mehr als um eine deskriptive Lagebeurteilung: Topmanager brachten
das Argument der Investoren-Attraktivität in Stellung, um wenig rentable Werke
auf Kurs zu bringen oder deren Schließung zu legitimieren. So verkündete Jucker
beispielsweise am Kaderrapport 1986 in Richtung der Walliser Betriebsleiter „Wenn
ich auf der linken Seite die Hütte Chippis in meiner Asset-Liste habe, bekomme
ich rechts von der Bank keinen Franken dafür".[28]

---

22 Knoepfli: Zeichen, S. 192.
23 Jucker, Hans: Einführung Kaderrapport in Visp (18.9.1986), S. 1, in: SWA, PA 600b D 9-26.
24 David/Mach: Corporate (2012), S. 857–859.
25 Jucker, Hans: Einführung Kaderrapport in Visp (18.9.1986), in: SWA, PA 600b D 9-26.
26 Ebd., S. 7.
27 Ebd.
28 Ebd. In Chippis befand sich die älteste Walliser Aluminiumhütte der Alusuisse.

Hin zum Shareholder-Value

Mit dem Managementwechsel von 1986 leitete die neue Führung sogleich strategische Kursänderungen ein, doch eine längerfristige Strategie folgte erst 1991. Das als „Vision A-L 2000" betitelte Strategiepapier war in Zusammenarbeit mit dem US-amerikanischen Beratungsunternehmen Arthur D. Little entwickelt worden.[29] Erneut wurden eine „konsequente Bereinigung"[30] der Aktivitäten und eine starke Umsatzreduktion angestrebt. Alusuisse eliminierte „nicht mehr strategiekonforme Aktivitäten"[31] oder solche, „die nur eine ungenügende Verzinsung der eingesetzten Mittel ermöglichen"[32], und konzentrierte sich auf die „Kernaktivitäten".[33] Erneut hieß das Rezept Verkleinerung: Damit der Umsatz – so die Zielvorgabe – langfristig auf neun Milliarden Schweizer Franken steigen könnte, war zuerst ein „Verzicht auf gewisse Aktivitäten um rund 1,6 Mrd. Sfr." nötig.[34] Ein eigenes Projektteam widmete sich ausschließlich diesen Abbauplänen – Devestitionen gehörten nun zu den unternehmerischen Grundoperationen.[35]

Mit der „Vision A-L 2000" verpflichtete sich das Management ab 1991 verstärkt der Shareholder-Value-Doktrin.[36] Theodor Tschopp,[37] der Hans Jucker 1991 als CEO ablöste, stellte treffsicher fest, dass das wesentliche strategische Unternehmensziel die „Erhöhung des Wertes des Unternehmens [an der Börse; Anm. d. V.]" sei.[38] Diese strikte Ausrichtung auf den Shareholder-Value zeigte sich in den strategischen Zielen der „Vision A-L 2000", die das Topmanagement unter dem

---

29 Tschopp, Theodor M.: Die neue A-L Organisation (20.8.1993), in: SWA, PA 600b D 9-26.

30 Tschopp, Theodor M.: Referat am Konzernkadertreffen im SKA-Forum (25.6.1991), S. 2, in: SWA, PA 600b D 9-26.

31 Tschopp, Theodor M.: Begleitschreiben Ankündigung Konzernkadertreffen Jan. 1992 (11.12.1991), S. 3, in: SWA, PA 600b D 9-26.

32 Tschopp, Theodor M.: Referat am Konzernkadertreffen im SKA-Forum (25.6.1991), S. 2, in: SWA, PA 600b D 9-26.

33 Diese Strategie verfolgten auch andere große Schweizer Industrieunternehmen; vgl. David, Thomas/ Mach, André: The Specificity of Corporate Governance in Small States. Institutionalization and Questioning of Ownership Restrictions in Switzerland and Sweden [Paper presented at the SASE annual conference], Aix-en-Provence 2003, S. 14.

34 Tschopp, Theodor M.: Begleitschreiben Ankündigung Konzernkadertreffen Jan. 1992 (11.12.1991), S. 3, in: SWA, PA 600b D 9-26.

35 Tschopp, Theodor M.: Referat am Konzernkadertreffen im SKA-Forum (25.6.1991), in: SWA, PA 600b D 9-26.

36 Zum Wertewandel im Management hin zum Shareholder-Value vgl. Marx: Interesse. Für die Schweiz vgl. David/Mach/Lüpold u. a.: Forteresse.

37 Theodor Martin Tschopp (1937*, †200_) schloss 1959 ein Elektrotechnik-Studium an der ETH Zürich ab, promovierte danach am Institut für angewandte Wirtschaftsforschung der Universität Basel. Ab 1965 stieß er zu Alusuisse, für die er in Südafrika, den USA und in Deutschland tätig war.

38 Tschopp, Theodor M.: Die neue A-L Organisation (20.8.1993), S. 2 f., in: SWA, PA 600b D 9-26.

Motto „A-L Fünfkampf" als sportliche Herausforderungen rahmte.[39] Die erste Disziplin hieß „Profitabilität". Hier setzten sich die Manager zum Ziel „den Wert" der „Geschäftseinheiten [zu] steigern durch Erhöhung der Profitabilität und der Wettbewerbskraft". Im Sinne eines Portfolio-Managements sahen die zweite („Wachstum") und die dritte Disziplin („Restrukturierung") vor, „laufend Möglichkeiten [zu] suchen, um [...] neue, gewinnträchtige Geschäfte zu entwickeln" sowie eine „ständige Anpassung" des „Geschäfts-Portfolios" zu ermöglichen. Denn „einzelne Aktivitäten" würden „einen höheren Wert darstellen, wenn sie – zum richtigen Zeitpunkt – verkauft, ausgegliedert oder liquidiert" würden. Die vierte Disziplin („Corporate Identity") rundete die Shareholder-Value-Orientierung ab: „Aktionäre und andere Investoren" müssten „ausreichend über unsere Strategien und Pläne" informiert sein, „damit unsere Optimierungsmassnahmen von der Börse und den Kapitalgebern honoriert werden."

Die Ausrichtung auf Börse und Aktionäre zeigte sich auch in einer intensiveren Vernetzung von Managern und Investoren. So nahm Tschopp an „Investorenmeetings"[40] teil und vermittelte in der Folge deren Erwartungen an seine Managerkollegen in der Alusuisse-Führungsetage. Die Anleger forderten vor allem mehr Transparenz: Alusuisse sollte genauere, nach Bereichen aufgeschlüsselte Daten publizieren, um zielgerichtete Investitionen zu ermöglichen. Kam die Forderung nach Transparenz in den frühen 1980er Jahren noch von den kreditgebenden Schweizer Großbanken, waren es nach 1986 zunehmend Investorenkreise, die genauere Zahlen verlangten.[41] In der Folge gab Alusuisse, ebenso wie andere Schweizer Unternehmen zu dieser Zeit, ihre zurückhaltende Kommunikation von Geschäftszahlen auf und führte eine transparentere Buchhaltungsführung ein.[42]

Um Transparenz herzustellen, setzte das Management außerdem auf Kennzahlen. Nicht zuletzt die rechnergestützte Datenanalyse hatte eine umfassende Quantifizierungen unternehmerischer Prozesse befördert.[43] Die Strategie „Vision A-L 2000" sprach Kennzahlen eine entscheidende Rolle für die standardisierte Erfassung unternehmerischer Leistung zu: Jeder Unternehmensbereich sollte am selben „Rentabilitätsmassstab"[44] gemessen werden. Die Wahl der jeweiligen Berechnungsmethode spiegelte dabei die neue Orientierung auf Investoren: so entschied

39 Ebd. Die fünfte Disziplin (Ökologie) zielte darauf ab, auf zukünftige Gesetze zum Schutz der Umwelt einzuwirken.

40 Tschopp, Theodor M.: Begleitschreiben Ankündigung Konzernkadertreffen Jan. 1992 (11.12.1991), S. 4 f., in: SWA, PA 600b D 9-26.

41 Schweizerische Bankgesellschaft/Schweizerischer Bankverein/Schweizerische Kreditanstalt: Brief an die Geschäftsleitung der Alusuisse (26.4.1982), in: SWA, PA 600b D 2-11. Vgl. das Kapitel 3.2.

42 David/Mach: Specificity, S. 13.

43 Boltanski/Chiapello: Geist, S. 299 f.

44 Tschopp, Theodor M.: Referat Kadertreffen (13.1.1993), S. 2 f., in: SWA, PA 600b D 9-26.

sich das Management am Kaderrapport 1993 für die Kennzahl „cash flow return on investment [CFROI]"[45], weil dieser Ansatz, „das Verhalten der Investoren am Kapitalmarkt" am besten berücksichtigte und zeige, ob „eine Unternehmung für Investoren ein attraktiver Wert" sei.[46] Der Kennzahl entsprechend mussten Geschäfte einen CFROI von fünf bis sechs Prozent erreichen, um den „durchschnittlichen Erwartungen der Investoren" zu genügen.[47]

Kennzahlen waren stets mehr als beschreibende Vergleichsmittel, sie bezweckten die Steuerung unternehmerischer Aktivitäten. Tschopp führte etwa aus, dass Aktivitäten, die unter den Erwartungen lägen, „ihre Rentabilität steigern oder sogar restrukturiert werden" müssten, bevor sie „finanzielle Mittel für Wachstum" erhalten würden. Ihm zufolge hatte Alusuisse Mühe, die Investorenerwartungen zu erfüllen: „Für ein starkes Wachstum ist unsere Gruppe nicht profitabel genug, denn es gelingt ihr nicht, den vom Investor erwarteten Ertrag zu generieren." Kurzum: Da sich Alusuisse zur Versorgung mit Investitionskapital an den Finanzmarkt wenden musste, hatte es auch den kennzahlenvermittelten Rentabilitätserwartungen von Finanzmarktakteuren zu genügen. Unternehmensorganisatorisch wurde dies mittels einer Arbeitsgruppe operationalisiert, die sich ausschließlich der „Analyse von Vergleichswerten (Benchmarking)"[48] widmete.

Von Divisionen zu autonomen Geschäftseinheiten

Gemäß dem managerialen Credo „structure follows strategy"[49] musste eine Reorganisation der Unternehmensstruktur auf eine neue Strategie folgen. Alusuisse hatte bereits mehrere Reorganisationen hinter sich. Wie viele europäische Unternehmen setzte der Schweizer Konzern zur Neugliederung Ende der 1960er Jahre auf das US-amerikanische Beratungsunternehmen McKinsey.[50] Ab 1970 teilte man den Konzern neu in sechs Divisionen – Aluminium, Bergbau, Chemie, Dienstleistungen, Forschung und Entwicklung sowie Metalle.[51] Die Aufteilung in Divisionen brachte eine Tendenz zur Dezentralisierung mit sich und war zum einen Ausdruck eines Übergangs von einem technischen zu einem betriebswirtschaftlichen Unternehmensverständnis.[52] Zum anderen zielte das Topmanagement auf die breitere

---

45 Ebd.

46 Ebd., S. 2–5.

47 Ebd., S. 2 f.

48 Tschopp, Theodor M.: Die neue A-L Organisation (20.8.1993), S. 6 f., in: SWA, PA 600b D 9-26.

49 Tschopp, Theodor M.: Die junge, dynamische, innovative DA (25.6.1987), in: SWA, PA 600b D 9-26.

50 Marx: Vermarktlichung, S. 411.

51 McKinsey: Preparing for the Management Changes of the 1970s. Volume 1: The Organization. Swiss Aluminium Ltd. July 1970 (27.7.1970), in: SWA, PA 600b B 2-12.

52 Donauer: Satisfaction, S. 361 f.

Verteilung von (Ergebnis-)Verantwortung auf untere Managementebenen und eine neue Führungsarchitektur.[53]

Nach dem Managementwechsel von 1986 reduzierte die Geschäftsleitung den Konzern auf die zwei Divisionen Aluminium und Chemie.[54] Allerdings blieb es nicht bei dieser Struktur. Vielmehr setzte eine Phase permanenter Reorganisationen ein, wobei das Management Flexibilität predigte und die sich ständig wandelnde Marktumgebung als strukturierendes Prinzip der Unternehmensorganisation betrachtete. „Weil das Geschäft und die Welt dauernd wechseln", so die manageriale Phrase, „wechselt auch die Organisation".[55] Bereits 1993 folgte auf der Grundlage der Strategie „Vision A-L 2000" die nächste grundlegende Reorganisation.[56] Fortan sollte der Konzern aus den drei gleich großen Divisionen Aluminium, Chemie und Verpackung bestehen. Rohstoffbezogene Aktivitäten des Aluminiumgeschäfts und alle „restrukturierungsbedürftigen Gesellschaften"[57] sonderte man in einen vierten Bereich aus – vermutlich um diese leichter abstoßen zu können und die Rentabilität und Schuldenlast der anderen Divisionen nicht zu belasten.

Mit der Reorganisation von 1986 war erneut das US-amerikanische Beratungsunternehmen McKinsey beauftragt worden. Ein Projektteam aus Alusuisse-Mitarbeitenden und McKinsey-Beratern entwickelte das Vorhaben. Als Ziel definierte man eine „vereinfachte", „flexible" und „dynamische" Organisationsstruktur, die Raum für verschiedene Unternehmenskulturen ließ.[58] Die Verwaltung sollte auf ein Minimum reduziert werden und das Führungspersonal leicht abgelöst werden können. Das neue unternehmensorganisatorische Leitbild betonte die Vorteile kleinteiliger Unternehmenseinheiten. Theodor Tschopp kontrastierte beispielsweise am Kaderrapport 1987 das Bild von Alusuisse als trägem Großunternehmen mit der Vorstellung eines kreativen Kleinbetriebes:[59] „Jeder von Ihnen weiss, dass Kleinbetriebe kreativer sind als Grossbetriebe". Er gab zu bedenken, dass „Entscheidungswege" mit „zunehmender Unternehmensgrösse länger und komplizierter" und „Kontrollmechanismen" „die Kreativität" hemmen würden. Daraus folgerte Tschopp, dass Alusuisse die Vorteile kleiner Einheiten für sich nutzen müsse: „Wenn unser Bereich kreativer werden soll, müssen wir den Wert der kleinen, eigenständigen Einheiten wieder entdecken."

---

53 Boltanski/Chiapello: Geist, S. 102 f.

54 Jucker, Hans: Einführung Kaderrapport in Visp (18.9.1986), S. 13, in: SWA, PA 600b D 9-26.

55 Ebd., S. 19.

56 Tschopp, Theodor M.: Die neue A-L Organisation (20.8.1993), in: SWA, PA 600b D 9-26.

57 Ebd., S. 1.

58 McKinsey: Designing a New Organization Structure for the Alusuisse-Lonza Group. Kick-off Meeting [Referatsfolien] (19.9.1989), S. 3, in: SWA, PA 600b D 9-3.

59 Alle folgenden Zitate: Tschopp, Theodor M.: Die junge, dynamische, innovative DA (25.6.1987), S. 10, in: SWA, PA 600b D 9-26.

In mehreren Schritten teilte das Topmanagement ab Ende der 1980er Jahre den Konzern in entsprechend auf:

> In einem gewissen Sinne teilen wir also unsere A-L Gruppe mit diesem kleinen Urknall in kleinere und mittlere Unternehmen auf, die übersichtlicher sind und sich agiler auf dem Markt verhalten können. Diese Erhöhung der Reaktionsgeschwindigkeit auf die Erfordernisse des Marktes wird je länger je mehr zu einem wichtigen Wettbewerbsvorteil.[60]

Die kleineren Organisationseinheiten sollten sich auf einzelne Produktgruppen spezialisieren und mehr Verantwortung übernehmen. Eine den Bereichsleitern direkt unterstellte Stelle (*Business Development*) generierte das hierzu notwendige Wissen, etwa spezifische Produktstrategien.[61]

Implementiert wurde „der kleine Urknall" durch die Einführung autonomer Geschäftseinheiten, sogenannter *Strategic Business Units* (SBU). Bereits 1987 waren erste Schritte in diese Richtung abgeschlossen. Verbundmaterialien und Aerosoldosen produzierte man in SBUs.[62] 1990 gab sich der Konzern eine neue rechtliche Holdingstruktur. Für die eigenständigen Einheiten, zum Beispiel die Walliser Werke, bedeutete dies, dass sie ab dem 1. Januar 1990 als Aktiengesellschaft rechtlich selbstständig waren.[63] Später löste man daraus wiederum einzelne Bestandteile heraus, etwa das Walliser Presswerk in Sierre – mit dem Ziel mehr „Bewegungsfreiheit" für eine „höhere Ertragskraft" zu gewinnen.[64]

Die Reorganisation verstand man auch als Intervention in die Unternehmenskultur. Neue Werte sollten im Sozialgefüge des Unternehmens verankert werden. Laut einer Broschüre der Division Aluminium von 1987 galt es nun „jung", „dynamisch" und „innovativ" zu sein:[65] Während Entscheidungen früher zentral getroffen worden seien, „starre Strukturen"[66] und eine „abwartende, reagierende" Grundhaltung vorgeherrscht hätten, sollten Entscheidungen zukünftig „an die Front" delegiert, eine „flexible, anpassungsfähige Organisation" eingeführt und eine „kreative, innovative, offensive" Haltung gelebt werden.

---

60 Jucker, Hans: Einführung zum Kaderrapport in Olten (21.6.1990), S. 6, in: SWA, PA 600b D 9-26.
61 Tschopp, Theodor M.: Die junge, dynamische, innovative DA (25.6.1987), S. 12, in: SWA, PA 600b D 9-26.
62 Ebd.
63 Alusuisse intern Nr. 75 (11.1989), S. 3, in: SWA, PA 600b G 3-2.
64 Tschopp, Theodor M.: Begleitschreiben Ankündigung Konzernkadertreffen Jan. 1992 (11.12.1991), S. 6, in: SWA, PA 600b D 9-26.
65 Tschopp, Theodor M.: Die junge, dynamische, innovative DA (25.6.1987), in: SWA, PA 600b D 9-25.
66 Ebd., S. 6.

Vermarktlichte Steuerungsarchitektur

Mehrere Entwicklungslinien verbanden sich in den frühen 1990er Jahren zu einer neuen vermarktlichten Steuerungsarchitektur: erstens die Dezentralisierung und Fragmentierung des Konzerns in semiautonome, erfolgsverantwortliche Geschäftseinheiten; zweitens die stärkere Transparenz und Leistungsvermessung aufgrund offener Buchhaltungspraktiken und der Bewertung durch Kennzahlen; drittens die Anbindung an die Rentabilitätsmaßstäbe der Börsen und ihrer Akteure im Zeichen der Shareholder-Value-Doktrin. Durch das Zusammenspiel dieser Entwicklungen waren Marktbedingungen zu vermeintlichen Sachzwängen gemacht worden. Versuchte das Management bisher, das Unternehmen vom Markt und seinen Konjunkturen abzuschotten, setzte es nun darauf, Unternehmensstrategie und -organisation so eng wie möglich an ‚den Markt' zu koppeln. Diese Steuerungsform bezeichnete der Soziologe Dieter Sauer als „indirekte Steuerung"[67], bei der Marktlogiken „zum internen Steuerungsprinzip" und „unbewusste Prozesse […] für den Zweck betrieblicher Steuerung bewusst genutzt"[68] werden.

Institutioneller Ausdruck dieser indirekten Steuerungsform war eine erneuerte Konzernarchitektur. Das „Corporate Center" – wie die Führungsstruktur ab 1993 fortan hieß – fungierte nicht mehr als „oberstes Entscheidungsorgan", sondern zielte auf die Aktivierung der Bereiche ab, indem es ihnen spezifische Profitabilitätsziele vorschrieb: „Das Corporate Center als strategischer Architekt legt den strategischen Rahmen fest, innerhalb dessen die Bereiche ihre eigenen Initiativen entwickeln."[69] Die Stelle „Rechnungswesen und Konsolidierung" stand dem Corporate Center für das Controlling der Leistungsziele zur Seite.[70] Sie produzierte das erforderliche Wissen und legte die „konzernweit geltenden Richtlinien für die Analyse finanzieller Kenndaten und das Berichtswesen zwecks Sicherstellung der Transparenz der Ergebnisentwicklung" fest. Die semiautonomen Geschäftseinheiten mussten ihre Gewinnzahlen also gegenüber dem Corporate Center verantworten. Hierzu waren ihnen nun auch Forschungs- und Entwicklungsabteilungen sowie Verkaufs- und

---

67 Sauer, Dieter/Peters, Klaus: Indirekte Steuerung – eine neue Herrschaftsform. Zur revolutionären Qualität des gegenwärtigen Umbruchprozesses, in: Wagner, Hilde (Hg.): „Rentier' ich mich noch?". Neue Steuerungskonzepte im Betrieb, Hamburg 2005, S. 23–58. Vgl. außerdem: Wagner, Hilde (Hg.): „Rentier' ich mich noch?". Neue Steuerungskonzepte im Betrieb, Hamburg 2005; Vormbusch, Uwe: Die Herrschaft der Zahlen. Zur Kalkulation des Sozialen in der kapitalistischen Moderne (Frankfurter Beiträge zur Soziologie und Sozialphilosophie 15), Frankfurt am Main 2012; Muller, Jerry Z.: The Tyranny of Metrics, Princeton/Berlin/Boston 2019.

68 Sauer: Reorganisation, S. 43.

69 Tschopp, Theodor M.: Die neue A-L Organisation (20.8.1993), S. 3 f., in: SWA, PA 600b D 9-26.

70 Ebd., S. 5.

Marketingstellen zugeteilt.[71] Die ausgeweiteten Kompetenzen bewarb die Unternehmensleitung als Selbstbestimmung von Betrieben und Mitarbeitenden: „Damit werden diese über einen höheren Grad an Selbstbestimmung verfügen, was ihnen ermöglicht, optimale Lösungen innerhalb der von der Konzernleitung gesetzten strategischen Leitplanken zu entwickeln."[72]

5.2 Human Resources und marktorientierte Unternehmenskultur

Die unternehmerischen Reorganisationen ab Mitte der 1980er Jahre gingen einher mit einem erneuerten Interesse an Fragen des Arbeitsmanagements auf Konzernebene, nachdem diese Themen in den krisengeschüttelten 1970er Jahren an untergeordnete Managementebenen delegiert worden waren. Als Reaktion auf den Erfolg japanischer Unternehmen erschienen nach 1980 zahlreiche Publikationen, die nach dem Einfluss der *Corporate Culture* auf den Unternehmenserfolg fragten und in Managerkreisen stark rezipiert wurden.[73] Dieser Fokus auf die Unternehmenskultur und ihre sozialtechnologische Formung zeigte sich auch im Topmanagement von Alusuisse.

Auf der Geschäftsführerkonferenz 1985 in Interlaken waren arbeitsmanageriale Fragen zurück auf der Traktandenliste. Auf dem Programm stand ein Workshop unter dem Label der „Human Resources", womit das Unternehmen eine personalpolitische Neuorientierung signalisierte.[74] Das Human Resources Management verband, wie Brigitta Bernet und David Gugerli herausgearbeitet haben, die Rede vom Menschen im Mittelpunkt mit einer ökonomischen Verwertungslogik und zielte auf die Verantwortung, die endogene Motivation und das unternehmerische Handeln individualisierter Träger:innen von Humankapital ab.[75] Der neue personalpolitische Geist zeigte sich auch im Vermittlungsformat: Während bei früheren Geschäftsführerkonferenzen einzig Topmanager vortrugen, bestand das Organisationsteam des Human-Resources-Workshops sowohl aus Managern als auch aus Mitarbeitern der Stabsgruppe „Corporate Human Resources". Damit wa-

---

71 Management Concept and Organization of the Alusuisse-Lonza Group (21.6.1990), S. 1 f., in: SWA, PA 600b D 9-26.

72 Tschopp, Theodor M.: Die neue A-L Organisation (20.8.1993), S. 8 f., in: SWA, PA 600b D 9-26.

73 Berghoff, Hartmut: Unternehmenskultur und Herrschaftstechnik. Industrieller Paternalismus: Hohner von 1857 bis 1918, in: Geschichte und Gesellschaft 23 (1997), S. 167–204, hier: S. 172.

74 Bürki, W.: Opening Remarks (9.1985), in: SWA, PA 600b D 9-5.

75 Bernet/Gugerli: Resonanzen, S. 441 f.

ren erstmals HR-Experten der Personalabteilung prominent in die Diskussion der Topmanager eingebunden.[76]

Für eine Geschäftsführerkonferenz war das Format des Workshops eine Neuheit. Die Manager sollten die interaktive, kreative Gruppendiskussion üben – womit man offensichtlich bemüht war, die sonst praktizierte Einwegkommunikation hinter sich zu lassen und die eingeforderten partizipativen, kreativitätsfordernden Kommunikationsfähigkeiten ins Handlungsrepertoire des Managements einzubinden.[77] Im Rahmen des Workshops erfassten die Organisatoren die Werteinstellungen der Manager mittels Fragebogen empirisch, was auch eine vorsichtige Öffnung gegenüber der sozialwissenschaftlichen Methode der Befragung zeigt. Thematisch drehte sich der Workshop um die Problematisierung von Autorität und Hierarchie als Werte der Unternehmensführung.

Die Organisatoren des Workshops forderten, dem Human Resources Management eine höhere Priorität einzuräumen: „People are not just a factor of production", hieß es in der Abschlusserklärung zum Workshop, „People *are* the company [Hervorh. i. O.]".[78] Diese Rede vom Menschen im Mittelpunkt war nichts Neues. Anders als noch in den 1960er Jahren ging es aber nicht mehr darum, Mitarbeiter:innen und Manager zur Sparsamkeit zu erziehen. Stattdessen wollte man nun einen effizienteren Einsatz menschlicher Arbeitszeit erreichen und ein Kontrollsystem individueller Leistung implementieren.[79] Zudem sollten Arbeitskräfte ihre Potentiale entwickeln und so dem Unternehmen dienen. Wie einer der Workshop-Organisatoren in seinem Abschlussreferat betonte, musste Alusuisse hierzu mehr Beteiligung der Beschäftigten erreichen, eine offenere Kommunikation pflegen, mehr Flexibilität und weniger Regel-Gebundenheit erlauben, bessere Ausbildungen und Karrieremöglichkeiten von Managern und Arbeitskräften garantieren und mehr leistungsgebundene Entlohnungsformen implementieren.[80] Im Unterschied zu den in den 1960er Jahren intensiv diskutierten Leistungsanreizen mittels Akkordlöhnen und Prämien zielte man nun stärker auf die Mentalität der Beschäftigten sowie die Kultur im Unternehmen. Fortan erschien die Unternehmenskultur als zu

---

76 Rosenberger arbeitet heraus, wie sich betriebliche HR-Experten in den frühen 1970er Jahren in westdeutschen Unternehmen etablieren konnten. Das Beispiel der Alusuisse deutet darauf hin, dass diese Personalexperten vor allem ab Mitte der 1980er Jahre mehr Gewicht im Unternehmen erhielten. Rosenberger: Experten, S. 335–370.

77 Blaser, F./Bürki, W./Schildknecht, F.: Management Questionnaire (9.1985), in: SWA, PA 600b D 9-5.

78 Bürki, W.: Closing Remarks and Speakers Opinions on Alternative Policy Statement on Human Resource Issues (9.1985), S. 363 f., in: SWA, PA 600b D 9-5.

79 Ebd., S. 364.

80 Ebd.

bewirtschaftende Ressource, die es mittels managerialer „Visionen"[81] zu erschließen galt.

Auf diese Weise sollte eine entrepreuneriale Mentalität etabliert werden, die der neuen Steuerungsarchitektur der kleinen marktorientierten Einheiten entsprach. Diese Steuerungsform waren gegen 1990 auch in die Praktiken des Arbeitsmanagements diffundiert. In einer „marktorientierten Evaluationskultur"[82] verschmolzen präzisere Vermessungsmöglichkeiten betrieblicher Prozesse mit strikten, möglichst quantifizierbaren Zielvorgaben des *Management by Objectives*. Während konkrete Maßnahmen des Arbeitsmanagements kaum mehr auf der Ebene der Unternehmensleitung diskutiert wurden, suchte man intensiv nach Möglichkeiten, das Verfahren von Zielsetzung und Leistungsüberprüfung möglichst universal einzusetzen. So forderten interne Strategiepapiere etwa vermehrt eine „Leistungsbewertung"[83] zur Förderung eigener Kader. In den Stabsstellen der Division Aluminium führte man um 1990 flächendeckend Mitarbeiter:innengespräche mit individuellen Zielvereinbarungen ein.[84] 1993 forderte Tschopp eine „unternehmerisch denkende Führung"[85]. Diese bedinge „quantifizierbare Zielvorgaben, die in messbare Profitabilitätsziele umgesetzt und von den Mitarbeitern im funktionsübergreifenden Teamwork erreicht werden können".[86] Zudem waren „Informations-Systeme [sic]" so anzupassen, dass Vorgesetzte präzise einordnen konnten, welchen Beitrag ein konkretes Team für den Erfolg des Unternehmens leistete.

Neu strebte man ein kreatives Klima an, in dem Arbeitskräfte intrinsisch motiviert sind und Verantwortung übernehmen. Dieses würde es erlauben, deren Verhalten ohne direkten Zwang oder engmaschiges Kontrolldispositiv zu beeinflussen.[87] Am Human-Resources-Workshop von 1985 äußerte sich einer der Organisatoren dazu folgendermaßen:

> Creative ideas will thrive only in climate of relative freedom where the individual has the inclination to assume overall responsibility. Employees who are treated solely as subordinates are not in a state of mind to use their own initiative or to initiate and

81 Vgl. etwa die Alusuisse Strategie „Vision A-L 2000": Konzernkadertreffen. Vision A-L 2000 (25.6.1991), in: SWA, PA 600b D 9-26.

82 Bernet/Tanner: Einleitung, S. 23 f.

83 Richtlinien der Unternehmenspolitik 1989 (13.12.1988), S. 3, in: SWA, PA 600b D 2-8.

84 Richtlinien und Zielsetzungen der Alusuisse-Lonza-Gruppe für das Jahr 1990 (12.12.1989), S. 10 f, in: SWA, PA 600b D 2-8.

85 Tschopp, Theodor M.: Die neue A-L Organisation (20.8.1993), S. 9, in: SWA, PA 600b D 9-26.

86 Ebd.

87 Boltanski/Chiapello: Geist, S. 115 f.; Berghoff: Unternehmenskultur, S. 173 f.

maintain creative processes through creative ideas of their own or to reason by analogy in an intelligent manner.[88]

Die neue Unternehmenskultur sollte außerdem helfen, die Folgen der zahlreichen Reorganisationen und Audits abzufedern. 1986 beklagte ein internes Strategiepapier, dass die Restrukturierungen zu einem „Zustand der Verunsicherung" und zu unerwünschten Personalabgängen geführt hätten.[89] Auch ein Strategiepapier aus dem Jahr 1989 stellte fest, dass die „bekanntgegebene Überprüfung der Organisation" zu „Unruhe" geführt hatte.[90] Für diese Probleme wollte man „im Rahmen Leitbild/Interne Schulung/Feinstrategien/Organisation und neuer Corporate Identity"[91] eine Lösung finden. Dazu beauftragte Alusuisse die auf Unternehmenskommunikation spezialisiert Wirz und setzte so die Mittel der Public Relations, die üblicherweise der Beeinflussung der Öffentlichkeit dienten, im Innern ein. Die Unternehmenskultur sollte also auch helfen die „Verunsicherung" und „Unruhe" zu überbrücken, die Restrukturierungen und Audits ausgelöst hatten. Als arbeitsmanageriales Mittel sollte eine neue Unternehmenskultur als sozialer Kitt wirken und so die zentrifugalen Effekte der permanenten Restrukturierung reduzieren.

---

88 Blaser, F.: Employees environment (9.1985), S. 355, in: SWA, PA 600b D 9-5.
89 Richtlinien der Unternehmenspolitik 1987 (10.12.1986), S. 3, in: SWA, PA 600b D 2-8.
90 Richtlinien und Zielsetzungen der Alusuisse-Lonza-Gruppe für das Jahr 1990 (12.12.1989), S. 1, in: SWA, PA 600b D 2-8.
91 Ebd.

6. Schweiz: Die fordistische Fabrik demontieren. Computer, drohende Deindustrialisierung und totales Qualitätsmanagement

Jeder Marx-Adept, der *entfremdete Arbeit* immer noch assoziiert mit Maschinen oder Fliessbandarbeit, sollte einen Fabrikbesuch in einer Chemischen verordnet bekommen: da erfährt er, wie Entfremdung wieder umschlagen kann in (wie eng auch immer begrenzte) Autonomie. Mit Ausnahme weniger veralteter Produktionsprozesse arbeitet hier *jeder für sich allein*. Denn die Prozesse, einmal in Gang gebracht, laufen selbsttätig weiter, der Arbeiter wird zum Kontrolleur der Prozesse, der Schichtenführer oder Meister zum Kontrolleur des Kontrolleurs, der Betriebsleiter zum Kontrolleur der Kontrolleure der Kontrolleure. Und so weiter. Und da Kontrolle eine Sache ist, die ohne Eigenverantwortung nicht geht, wird sie mit jeder neuen Kontrollstufe noch schwieriger. In der *Feinchemie*, wo in einem Gebäude von 100 Metern Länge und 32 Metern Höhe pro Schicht noch 8–10 Arbeiter die Anlagen – oder richtiger, die Control Panels und Überwachungsbildschirme – überwachen, hat die Lonza dieser Schwierigkeit durch Funkgeräte beizukommen versucht, die alle Arbeiter auf sich tragen [sic] [alle Hervorh. i. O.].[1]

Mitte der 1980er Jahre besuchten die Filmemacher Alexander Seiler und Rob Gnant die Lonza-Fabrik im Schweizer Kanton Wallis. In ihrer Fabrikreportage beschreiben die beiden mehrere Tendenzen, die auch für die Walliser Alusuisse-Fabriken in dieser Zeit charakteristisch waren – so etwa eine zunehmend automatisierte Produktion und die Metamorphose von Arbeitern zu Kontrollpersonal, ihre Funktionsverlagerung vom Anhängsel zum Überwacher der Maschinen. Damit einhergehen – so deuten Seiler und Gnant an – ein neuer, eng eingegrenzter Spielraum der Arbeitskräfte und eine unternehmerische Nutzbarmachung von Eigenverantwortung.

Ihre phänomenologische Betrachtung des Innenlebens der Fabrik bringt sie womöglich auch auf eine falsche Fährte, wenn sie feststellen, dass „jeder für sich allein" arbeite. Wo der störungsfreie Betrieb eines komplexen, automatisierten Produktionssystems zentral wird, steigt auch die Bedeutung von Fehlerprävention. Letztere braucht mehr als atomisierte Individuen, weil das erfahrungsbasierte Produktionswissen von Arbeiter:innen sowie ihre Aufmerksamkeit und „Eigenverantwortung" immer kollektive, soziale Entitäten sind, die gewissermaßen nicht

---

1 Seiler, Alexander J./Gnant, Rob: Chemie dient allen. Oder: Die beste der real existierenden Welten. Lonza Chemische Fabriken AG, Visp, in: Meienberg, Niklaus/Laederach, Monique/Imfeld, A. u. a. (Hg.): Fabrikbesichtigungen, Zürich 1986, S. 149–167, hier: S. 162.

nur in, sondern auch zwischen den Arbeitskräften liegen. Das Arbeitsmanagement muss dies berücksichtigen.

6.1 Der Kanton Alusuisse

Die Industrialisierung erfasste das Wallis spät. Erst um 1900 siedelten sich größere Industriebetriebe im landwirtschaftlich geprägten Kanton an.[2] Es waren vor allem zwei Unternehmen, die, angezogen von günstiger Energie und tiefen Löhnen, die Industriegeschichte des Wallis im 20. Jahrhundert stark prägten: zum einen die Lonza mit ihren elektrochemischen Betrieben, die später in den Besitz von Ciba übergingen; zum anderen die Alusuisse (damals noch AIAG), die 1908 eine Elektrolysehütte in Chippis eröffnete. Nur sieben Jahre später war diese Fabrik mit 2.000 Arbeitskräften bereits der größte industrielle Arbeitgeber im Kanton.[3] 1944 stellten die Betriebe in Chippis die Hälfte aller industriellen Arbeitsplätze im Wallis.[4]

In den 1950er und 1960er Jahren erlebte das Wallis einen industriellen Boom, der über das Wachstum in der restlichen Schweiz hinausging; gleichzeitig nahm die Bedeutung der Landwirtschaft stark ab.[5] Derweil investierte der Aluminiumkonzern weiter im Kanton: 1963 nahm Alusuisse einen hochmodernen Elektrolysebetrieb in Steg für beachtliche 80 Millionen Schweizer Franken in Betrieb.[6] Die Konzernleitung wollte mit dem hoch technologisierten Werk einen Vorzeigebetrieb schaffen, um neue Kunden von der Alusuisse-Technologie zu überzeugen.[7] In der konzerninternen Produktionskette deckte das Wallis also die Rohaluminiumproduktion und (ab 1929) deren Weiterverarbeitung im Press- und Walzwerk in Sierre ab, wobei Letzteres in den 1980er Jahren an Bedeutung gewann.

Im Verlauf des gesamten 20. Jahrhunderts konzentrierten die drei Schweizer Industriegrößen Alusuisse, Ciba-Geigy und Lonza als Arbeitgeberinnen und Steuerzahlerinnen im Kanton viel Macht auf sich. In den frühen 1980er Jahren beschäftigten sie zusammen 7.500 Personen und zahlten eine Lohnsumme von 340 Millio-

---

2 Guzzi-Heeb, Sandro: Industrie im Wallis. Fakten, Zahlen, Entwicklungen, in: Bellwald, Werner/ Guzzi-Heeb, Sandro (Hg.): Ein industriefeindliches Volk? Fabriken und Arbeiter in den Walliser Bergen, Baden 2006, S. 29–59, hier: S. 50.

3 Ebd.

4 Ebd., S. 55.

5 Ebd., S. 53 f.

6 Knoepfli: Zeichen, S. 80. Den neuen Standort betrieb man, wie der Alusuisse-VR festhielt, im Unterschied zu Chippis vorwiegend ohne ausländische Arbeitskräfte; vgl. Alusuisse-VR-Protokoll der 306. Sitzung (25.6.1964), S. 3, in: SWA, PA 600b D 2-1.

7 Gespräch Adrian Knoepfli mit Paul Surbeck (28.4.2008), S. 3 f., in: SWA, PA 572 B 2-3.

Abb. 25 Karte Standorte Wallis (© Printmaps.net / OSM Contributors).

nen Schweizer Franken aus.[8] Noch in den frühen 1990er Jahren stellten die drei multinationalen Konzerne die Hälfte aller industriellen Arbeitsplätze.[9] Um 1980 entrichteten die Großunternehmen Steuern in der Höhe von 65 Millionen Schweizer Franken an Gemeinde und Kanton.[10] Bei einigen Gemeinden machten diese Steuern einen Großteil des Budgets aus. So stammten etwa beim Alusuisse-Standort Chippis im Jahr 1977 über 80 Prozent der Steuereinnahmen aus den Kassen des Aluminiumkonzerns.[11] Damit konnte die Gemeinde ihren Bürger:innen außergewöhnliche Leistungen wie Ausbildungsstipendien und kostenlose Krankenversicherung für Jugendliche anbieten. Allerdings war das Dorf den Zukunftsplänen des Unternehmens auf Gedeih und Verderb ausgeliefert, was sich bei Umweltschutzfragen und den Diskussionen um subventionierte Strompreise wiederholt zeigte.

---

8 Les problèmes du Valais sous la loupe, in: Le Nouvelliste (12.11.1981). Für die in diesem Kapitel zitierten Medienbeiträge können meist keine Seitenangaben gemacht werden. Sämtliche zitierten Zeitungsartikel stammen aus einem Dossier der Walliser SMUV-Sektion: StAW, FTMH, 04 003.

9 Guzzi-Heeb: Industrie, S. 55.

10 Les problèmes du Valais sous la loupe, in: Le Nouvelliste (12.11.1981).

11 Pralong: Ouvrier-vigneron, S. 99.

Abb. 26 Fotografie Chippis und Sierre, Rhone-Tal um 1900 (Aluval 177, 1989, in: SWA, PA 600b
G 3-5).

Der periphere Gebirgskanton Wallis war sowohl in die globale Produktionskette
des Konzerns als auch in die transnationale Arbeitsmigration integriert. Die Roh-
stoffe für die Walliser Elektrolysen kamen ab den 1970er Jahren aus dem fernen
Australien.[12] Per Schiff transportierte man das Alumina von der australischen
Gove-Halbinsel nach Rotterdam, wo es auf Binnenschiffe verladen und über den
Rhein verschifft wurde. Von Basel ging es in Güterwaggons nach Chippis weiter.
Dort schmolzen die Fabrikarbeiter (es waren überwiegend Männer[13] und zu einem
guten Teil italienische Arbeitsmigranten[14]) das Alumina im Dreischichtbetrieb zu
Rohaluminium. Die daraus gefertigten Produkte aus dem Press- und Walzwerk ex-
portierte man wiederum per Bahn und Lastwagen nach ganz Europa. Für Alusuisse

---

12 Gatermann, Michael: Vertreibung aus Eden, in: Manager Magazin (11.1986), S. 91.

13 Die Industriearbeiterschaft im Wallis war mehrheitlich männlich. Branchen wie die Textilindustrie,
    die historisch viel weibliche Arbeitskräfte beschäftigte, etablierten sich im Wallis nicht; vgl. Guzzi-
    Heeb: Industrie, S. 51. Nichtsdestotrotz arbeiteten in den Walliser Werken auch Frauen; vgl. die
    Porträts von Esther Nuffer und Edith Thiébaud in: van Dongen/Favre: Mémoire, S. 120–123.

14 Auch wenn die Alusuisse-Betriebe stark auf den Einsatz ausländischer Arbeitskräfte zurückgriffen,
    lässt sich ihre Rolle in den Walliser Betrieben sowohl anhand der SMUV-Quellen als auch des
    Alusuisse-Firmenarchivs leider nur ungenügend beleuchten. Für ein Interview mit einem aus Italien
    immigrierten Alusuisse-Arbeiter siehe Interview mit Guerrino Poli, Interviewer: Bugnon, Alexandre,
    6.9.2011, Chippis, online: https://notrehistoire.ch/entries/ypz895r80oj [1.11.2021].

Abb. 27 Fotografie Fabrikareal Sierre, im Hintergrund Fabrikgelände Chippis (Aluval 177, 1989, in: SWA, PA 600b G 3-5).

waren die Walliser Betriebe nicht unbedeutend: 1980 stammten immerhin 20 Prozent des Umsatzes im Bereich Aluminium aus Schweizer Produktionsstandorten.[15]

Arbeiter-Bauern und Streiks

Die Walliser Industriearbeiterschaft blieb im 20. Jahrhundert ihren bäuerlichen Wurzeln verbunden.[16] Die Erfahrung konjunktureller Schwankungen und Krisen sowie die starke Abhängigkeit von den drei Großunternehmen bewegten viele Arbeiter dazu, in der Landwirtschaft ein Nebeneinkommen zu suchen. Zahlreiche Alusuisse-Arbeiter mit Schweizer Staatsbürgerschaft bewirtschafteten neben der Industriearbeit ihre Obstbäume und Weinreben. Das in der Landwirtschaft generierte Zusatzeinkommen kam vor allem dem sozialen Aufstieg zukünftiger Generationen zugute.[17] Ein Großteil der Arbeitslast trugen in diesem Arrangement

---

15 Der Umsatz belief sich auf 4,2 Milliarden Schweizer Franken. Richtlinien der Unternehmenspolitik 1980 (7.12.1979), S. 7, in: SWA, PA 600b D 2-8.

16 Zu den Walliser Arbeiter-Bauern von Alusuisse vgl. Pralong: Ouvrier-vigneron.

17 Ebd., S. 120 f.

auch die (Ehe-)Frauen und Kinder, ohne die das Doppelleben der Arbeiter-Bauern nicht möglich gewesen wäre.[18]

Für das Unternehmen verbilligte sich dadurch die Arbeitskraft, denn die Arbeiterfamilien mussten sich nicht ausschließlich über ihre Industriearbeit finanzieren. Es erstaunt daher nicht, dass die AIAG das landwirtschaftlich-industrielle Doppelleben ihrer Arbeiter unterstützte – zum Beispiel indem Arbeiter von den Tälern mit Bussen und Zügen zur Fabrik und zurück transportiert wurden.[19] Bis 1945 war die landwirtschaftliche Beschäftigung für AIAG-Arbeiter finanziell unabdingbar, schließlich zahlte man im Bergkanton die niedrigsten Löhne der Schweizer Metallindustrie.[20] Ein Trendwechsel zeichnete sich in den 1950er Jahren ab, als die Löhne anstiegen, während die landwirtschaftliche Nebenbeschäftigung zurückging.[21]

Dies hing auch damit zusammen, dass sich in dieser Zeit die industriellen Beziehungen in den Walliser Werken stabilisierten. 1917, 1942 und 1954 war es zu wilden Streiks gekommen, die die Belegschaft jeweils in Konflikt zur Arbeiterkommission und zu den Gewerkschaften gebracht hatten.[22] Der SMUV hatte diese Streiks nicht unterstützt, sondern sich vielmehr als konfliktentschärfende Instanz profiliert, wie es die Politik des „Friedensabkommens" von 1937 vorsah.[23] Die Streiks konnten

---

18 Diese vergeschlechtlichte Arbeitsteilung hallt bis in die Gegenwart in Gestalt einer im Schweizer Vergleich unterdurchschnittlichen Frauenerwerbsquote im Wallis nach. Guzzi-Heeb: Industrie, S. 57.

19 Pralong: Ouvrier-vigneron, S. 83.

20 Ebd., S. 76 Dies hing auch mit den betrieblichen Hierarchien zusammen. Während die besser entlohnten und höher qualifizierten Stellen meist von Deutschschweizern besetzt wurden, übernahmen Walliser Arbeiter größtenteils unqualifizierte Tätigkeiten – auch weil bis in die 1930er Jahre die für qualifizierte Stellen geforderte Berufsausbildung im Wallis nicht angeboten wurde. Lambelet, Carole: Le match Valais – alu, in: L'Hebdo (28.11.1985), S. 41.

21 Pralong: Ouvrier-vigneron, S. 90. Auch wenn die Zahl der Arbeiter-Bauern bei Alusuisse abnahm, ganz verschwand sie nie; ebd., S. 128. Noch 1980 zählte der Bezirk Sierre über 2.600 landwirtschaftliche Aktivitäten, davon 2.000 auf Ländereien unter einem Hektar. Ein guter Teil dieser Landbesitzer arbeitete bei Alusuisse. Lambelet, Carole: Le match Valais – alu, in: L'Hebdo (28.11.1985), S. 41.

22 In einem Bericht an die Zentrale der AIAG wurden die Streikenden 1942 mit folgenden Worten zitiert: „Wir wollen von der Arbeiterkommission nichts mehr wissen, ebenso wenig vom Syndikat. Wir nehmen unsere Interessen selbst in die Hand und verlangen eine generelle Lohnerhöhung von 20 Rp. pro Stunde und bis zur Erfüllung dieser Forderung wird die Arbeit nicht mehr aufgenommen." Aluminium-Industrie Aktien-Gesellschaft: Bericht über die Streikbewegung in Chippis vom 8./9. Juni 1942 (14.6.1942), in: SWA, PA 600b E 3-1-46.

23 Davon zeugt ein Brief, den der Arbeitgeberverband schweizerischer Maschinen- und Metallindustrieller nach dem Streik von 1942 an seine Mitglieder schickte. Darin beschrieb er das Vorgehen des SMUV folgendermaßen: „Während der ganzen Streikbewegung setzt sich der Schweiz. Metall- und Uhrenarbeiterverband für die sofortige Wiederaufnahme der Arbeit kräftig ein. Der SMUV hob hervor, dass der wilde Streik ausserhalb der Gewerkschaft und deren Vertrauensmänner entstanden ist, und verwies darauf, dass nur die Hälfte der Arbeiter des Werks Chippis seit kurzer Zeit gewerkschaftlich organisiert sei [sic]." Arbeitgeberverband schweizerischer Maschinen- und

kaum Erfolge verbuchen. Sie wirkten allerdings als Katalysatoren für verhandlungs-orientierte industrielle Beziehungen während des Booms der 1950er und 1960er Jahre.

So hatte die Direktion nach dem Arbeitskampf von 1917 eine Arbeiterkommissi-on gegründet und nach dem Streik von 1954 wählte das Alusuisse-Topmanagement mit Werner Syz einen Betriebsleiter, der auf eine dialog- und kompromissbereite Personalpolitik im Zeichen des *Human-Relations*-Ansatzes setzte.[24] Syz und die Betriebsleitung gründeten die Personalzeitung *Allô Chippis* für die Kommunikation mit der Belegschaft.[25] Im Wissen um die befriedende Wirkung des SMUV erteilte das Unternehmen auch der Arbeiterkommission mehr Befugnisse. In der Hochkon-junktur entwickelte sich die Arbeiterkommission – 1970 in Betriebskommission (BK) umbenannt – zur unverzichtbaren Stütze der betrieblichen ‚Sozialpartner-schaft'.[26] Die 14 Mitglieder der BK versammelten sich abwechselnd mit und ohne die Direktion. Das Unternehmen schuf sich dadurch einen direkten Kommunikati-onskanal zu Gewerkschaften und Beschäftigten. Die Gewerkschaften (vor allem der SMUV) sicherten sich eine tragende Rolle in den jährlichen Lohnverhandlungen, die die BK seit den 1950ern mit der Direktion führte.[27]

Sonderstatus, Schließungsdrohungen und Fluorkrieg

Die Walliser Fabriken hatten innerhalb des Konzerns eine besondere Stellung. Von den ab den 1970er Jahren ergriffenen Sparmaßnahmen blieben die Walliser Betriebe lange verschont.[28] Einerseits fürchtete man Imageschäden, andererseits waren die Walliser Interessen im Verwaltungsrat von Alusuisse gut vertreten – bis 1987 durch einen Vertreter des Kantons.[29] Womöglich half auch, dass der Direktor der Walliser Werke während der Boomjahre eng mit der wirtschaftlichen Elite der Schweiz verbandelt war.[30] Weniger förderlich erwies sich die Sonderrolle der Walliser Werke allerdings bezüglich des Unterhalts der Anlagen. Da sie zur

---

Metallindustrieller: Brief an die Mitgliederfirmen betr. Streikbewegung vom 8./9. Juni 1942 der Ofenarbeiter & Schmelzer der AIAG Chippis (12.6.1942), in: SWA, PA 600b E 3-1-46.

24 Vgl. Lambelet, Carole: Le match Valais – alu, in: L'Hebdo (28.11.1985); und Aymon: Lutte, S. 55 f.

25 Varone, Joël: 1954, S. 76 f. Die Werkszeitung benannte man 1972 in „Aluval – journal des usines valaisannes / Werkszeitung der Walliserwerke" um.

26 Bonvin, Jean-Michel: Commission d'entreprise … déjà plus de 60 ans, in: Aluval 144 (4.1980), S. 3.

27 Gespräch Adrian Knoepfli mit Paul Surbeck (28.4.2008), S. 5 f., in: SWA, PA 572 B 2-3.

28 Vgl. Kapitel 3.

29 Wyler: Gewerkschaften, S. 239.

30 Werner Syz (*1911, †2004), Direktor der Walliser Werke zwischen 1955 und 1976, stammte aus einer Zürcher Familie von Kaufleuten und Industriellen, war bestens in Zünften und Armee vernetzt und genoss starken Rückhalt in der Konzernführung; vgl. Gespräch Adrian Knoepfli mit Paul Surbeck (28.4.2008), S. 6 f., in: SWA, PA 572 B 2-3. Andere Manager bezeichneten ihn als „untouchable",

Muttergesellschaft gehörten, stellte das Management die Profitmaximierung über den Unterhalt und hielt sich mit Investitionen zurück. Wie der Leiter der Division Aluminium in den 1980ern rückblickend bestätigt, waren die Unterhaltskosten an anderen Standorten weit höher.[31]

Das Topmanagement lernte früh, unbequeme Forderungen aus dem Wallis mit dem Argument abzuwehren, dass sie den Fortbestand des Standorts bedrohten: Bereits in der ersten Hälfte des 20. Jahrhunderts hatte die Unternehmensleitung begonnen, die Drohkulisse von Betriebsschließungen aufzubauen. Immer wenn der Aluminiumkonzern seine Interessen in Gefahr wähnte, erinnerte er an die negativen Folgen, die das Wallis im Fall einer Verlagerung der Betriebe treffen würde. Während der Arbeitskämpfe in der ersten Hälfte des 20. Jahrhunderts,[32] bei Verhandlungen mit Behörden über Strompreise oder im Zuge der Auseinandersetzung mit Walliser Bauern über die Fluorschäden:[33] Stets behauptete Alusuisse, der rentable Betrieb der Walliser Werke sei gefährdet. Als größte Arbeitgeberin, Investorin und Steuerzahlerin des Kantons konnte Alusuisse allein durch Drohungen viel Druck ausüben. Und dieses Drohpotential verstärkte sich zusätzlich, als die Walliser Werke in den frühen 1980er Jahren in die roten Zahlen rutschten.

Beispielhaft zeigte sich die Wirkung der Alusuisse-Drohkulisse während des sogenannten Fluorkrieges in den 1970er Jahren. Damals stand der Konzern in der Kritik, weil das bei der Elektrolyse freigesetzte Fluorgas die menschliche Gesundheit sowie die Tier- und die Pflanzenwelt schädigte.[34] Seit 1908 war es der AIAG im Wallis gelungen, die Kosten für Fluorschäden zu externalisieren. Dies lässt sich etwa am Beispiel des Frauenklosters Géronde zeigen, das auf dem Hügel direkt über der Elektrolysehütte Chippis lag und von der Luftverschmutzung der Fabrik stark betroffen war.[35] Bis das im Kloster angesiedelte Heim für gehörlose Kinder im Jahr 1929 an den Genfersee verlegt wurde, atmeten die dort untergebrachten

mitunter weil seine Frau mit der Gründerfamilie der Alusuisse verwandt war: Gespräch Adrian Knoepfli mit Walter Bernath (29.4.2008), S. 1, in: SWA, PA 572 B 2-3.

31 Gespräch Adrian Knoepfli mit René Himmel (21.1.2009), S. 7 f., in: SWA, PA 572 B 2-3.

32 Varone: 1954, S. 72.

33 Gasche, Urs P.: Bauern, Klosterfrauen, Alusuisse. Wie eine Industrie ihre Macht ausspielt, Beamte den Volkswillen missachten und die Umwelt kaputt geht. Eine wahre Schweizer Geschichte, Gümligen 1981, S. 18, 23.

34 Zum ‚Fluorkrieg‘ im Wallis vgl. Neurohr, Coralie: Le scandale du fluor en Valais (1975–1983), Masterarbeit, Lausanne 2015. Für das aargauische Fricktal vgl. Skenderovic, Damir: Fluorkrieg im Fricktal, in: Andersen, Arne (Hg.): Perlon, Petticoats und Pestizide. Mensch-Umwelt-Beziehung in der Region Basel der 50er Jahre, Basel 1994, S. 197.

35 Gasche: Bauern, S. 42 f.

Kinder die Fabrikabgase ein und litten regelmäßig unter Erbrechen.[36] Die AIAG bestritt jede Verantwortung und ließ sich ihre Unschuld von Louis Michaud, Professor für Medizin an der Universität Lausanne, bestätigen.[37] Es vergingen mehrere Jahrzehnte bis in den 1970er Jahren der Druck von Walliser Bauern – 1975 ging nahezu die gesamte Aprikosenernte verloren[38] – die Behörden dazu zwang, die Maßnahmen gegen die Umweltbelastungen zu verstärken. Unterstützung erhielten die Kritiker:innen durch die Aufklärungsarbeit trotzkistischer Aktivist:innen.[39] Der SMUV und die Belegschaft der Walliser Werke hingegen verzichteten darauf, das Unternehmen öffentlich zu kritisieren – unter dem Banner der ‚Sozialpartnerschaft' und zum Schutz der Arbeitsplätze.[40] Im Oktober 1978 verlangte das Walliser Volkswirtschaftsdepartement schließlich von Alusuisse den Fluorausstoß einzuschränken.

Investitionen und rote Zahlen

Um die strengeren Umweltschutzvorgaben einzuhalten, investierte Alusuisse im Jahr 1980 250 Millionen Schweizer Franken in die Walliser Werke.[41] Das war eine hohe Summe im Vergleich zu früheren Investitionsprogrammen.[42] 100 Millionen Franken entfielen auf Umweltschutzmaßnahmen in den Elektrolysehütten Chippis und Steg.[43] Mit den restlichen Investitionsmitteln erhöhte man die Kapazitäten und modernisierte den Maschinenpark im Walz- und Presswerk in Sierre. In der Elektrolyse in Steg wurden sämtliche 172 Öfen eingekapselt und fortan computergesteuert. In Chippis demontierte man einige der veralteten Öfen und installierte eine moderne Versuchsanlage für Forschung und Entwicklung. Diese Investitionen wurden von der Betriebskommission als Stärkung des Standortes lautstark begrüßt.[44]

---

36 Neuhaus, Emmanuel: „Aus den Reihen der fachlich und charakterlich besonders qualifizierten Ärzte". Die Suva-Ärzte als Spezialisten für Humanfluorose in der Schweiz im 20. Jahrhundert, Masterarbeit, Bern 2019, S. 17.

37 Elsig, Alexandre: Pour les ouvriers valaisans, la „guerre du fluor" n'a pas eu lieu, in: Cahiers d'histoire du mouvement ouvrier 35 (2019), S. 44–50.

38 Knoepfli: Zeichen, S. 161.

39 Elsig: Ouvriers.

40 Vgl. Gasche: Bauern, S. 139–142.

41 Knoepfli: Zeichen, S. 164.

42 Der Neubau der Hütte Steg 1962 hatte sich auf 65 Millionen Schweizer Franken belaufen, dessen Ausbau 1970 auf 24 Millionen und der Ausbau des Halbzeugwerks im selben Jahr auf 42 Millionen, vgl. Poretti, A.: Der Schritt ins Jahr 2000…, in: Aluval 144 (4.1980), S. 2.

43 Knoepfli: Zeichen, S. 164.

44 Protokoll BK-Sitzung (29.4.1980), in: StAW, FTMH, 04 002. Andere Akteur:innen kritisierten hingegen das Investitionspaket, denn für den Betrieb in Chippis hatte Alusuisse eine Karenzfrist

Abb. 28 Elektrolyseofen Chippis in frühen Betriebsjahren (Aluval 177, 1989, in: SWA, PA 600b G 3-5).

Doch mit dem beachtlichen Investitionsprogramm stieg sogleich der Druck, die hohen Kapitalausgaben zu amortisieren. Allerdings rutschten die Walliser Werke just in den frühen 1980er Jahren in die roten Zahlen, nachdem sie in den krisengeschüttelten 1970er Jahren noch Gewinne verbucht hatten. 1981 erwirtschafteten sie einen Verlust von 32,1 Millionen Schweizer Franken, 1982 stieg er auf 39,9 Millionen und auch 1983 musste man einen Verlust von 23,4 Millionen verkünden.[45] Diese roten Zahlen lieferten schlagende Argumente, um am Sonderstatus der Walliser Werke zu kratzen und die im gesamten Konzern anlaufenden Sparbemühungen und Überprüfungen durch Beratungsunternehmen auch am Walliser Standort voranzutreiben. Brisant war, dass diese Verluste, mindestens teilweise, künstlich hergestellt worden waren. Dies zeigt eine Studie des Beratungsunternehmen Hayek Engineering AG: Anders als von der Walliser Direktion behauptet, gingen die schlechten Ergebnisse der Betriebe in den Jahren 1981 bis 1983 nicht nur auf

---

von 15 Jahren erhalten, um den Fluorausstoß auf das Niveau der anderen Betriebe zu senken. Kritiker:innen vermuteten einen Deal zwischen Alusuisse und Walliser Regierung: Die Alusuisse verpflichtet sich hohe Summen im Wallis zu investieren, die Kapazität des Press- und Walzwerks zu erhöhen und so Arbeitsplätze zu sichern. Im Gegenzug gewährt der Kanton dem Unternehmen eine sehr lange Sanierungsfrist für Chippis. Letztlich mussten in Chippis keine Anpassungen mehr gemacht werden, weil das Werk vor der Frist seine Tore schloss. Vgl. Gasche: Bauern, S. 64.

45 Hayek Engineering: Betriebsanalyse der Walliser Werke mit Kostenreduktionsplan und Grobmasterplan, Bd. 1 (6.1984), S. 96 f., in: SWA, PA 600b D 9-18.

Abb. 29 Elektrolysehalle der Aluminiumhütte Steg (Alusuisse-Geschäftsbericht 1962, in: SWA, PA 600b C 1).

die niedrigen Preise auf dem europäischen Aluminiummarkt zurück,[46] sondern auf die hohen Kosten der in die Produktion fließenden Rohstoffe. Und einen der wichtigsten dieser Rohstoffe, konkret: Alumina, kauften die Walliser Werke nicht von anderen Unternehmen zu Marktpreisen, sondern via unternehmensinternem Handel von Alusuisse-Tochterunternehmen.

In Schweizer Medien konnte indes nur über die überhöhten internen Verrechnungspreise für Alumina spekuliert werden.[47] Hinweise für die Richtigkeit dieser Mutmaßung lieferten derweil die Vorwürfe von isländischer Seite, dass Alusuisse zwischen 1976 und 1980 überteuertes Alumina an die isländische Tochtergesellschaft ISAL verkauft und so 16 Millionen Schweizer Franken am isländischen Fiskus vorbeigeschleust habe.[48] In den späten 1980er Jahren schätzte der Journalist Tobias

---

46 Bonvin, Jean-Michel: Difficultés chez Alusuisse, in: La Suisse (12.11.1981).
47 Crettaz, Yves: Des chiffres si secrets, in: Illustré (27.11.1985).
48 Ebd.

Abb. 30 Eingekapselte Elektrolyseöfen in Steg (Alusuisse-
Geschäftsbericht 1981, in: SWA, PA 600b C 1).

Bauer die Transferpreis-Manipulationen gegenüber Island für die Jahre 1972–1984 auf insgesamt 60 Millionen US-Dollar.[49] Die australische Regierung erhob ähnliche Vorwürfe.[50] Auch die Schweizer Gewerkschaften gingen von einer Zahlenmanipulation aus. Nach Schätzungen von SMUV und CMV bezogen die Walliser Werke Alumina aus Gove zum doppelten des Marktpreises, was zu jährlichen Mehrkosten von 14 Millionen Schweizer Franken geführt habe.[51] Da die Aluminapreise,

49 Bauer, Tobias: Eine geldhungrige Gesellschaft. Zum Finanzgebaren der Alusuisse, in: Bauer, Tobias/Crough, Greg J./Davidsson, Elias u. a.: Silbersonne am Horizont. Alusuisse. Eine Schweizer Kolonialgeschichte, Zürich 1989, S. 91–108, hier: S. 97.

50 Studer, Margaret: In die Zange geraten. Probleme mit Konjunktur, Staat und Gewerkschaften nagen am Optimismus, in: SHZ (26.8.1982).

51 Mémoire de la FTMH et de la FCOM à l'intention du Tribunal arbitral (o. D.), S. 8, in: StAW, FTMH, 04 007.

und gleiches gilt für die ebenfalls wichtigen Energiepreise, vertraulich behandelt wurden, konnte die Öffentlichkeit die Vorwürfe nie verifizieren.

Anders als die Presse, die Gewerkschaften oder die Belegschaft hatte das Beratungsunternehmen Hayek Engineering AG im Rahmen eines Beratungsauftrages Zugang zu den Statistiken der Walliser Werke erhalten.[52] Auf der Suche nach möglichen Sparmaßnahmen durchleuchtete Hayek die Kosten für Rohstoffe, weil diese 70 Prozent der Gesamtkosten der Walliser Werke ausmachten. Der vertrauliche Bericht bestätigte die Transferpreis-Manipulationen: Im Vergleich zu den Weltmarktpreisen für Tonerde „scheinen die Tonerdepreise 1981 und 1982, sowie weniger ausgeprägt 1983, überhöht gewesen zu sein."[53] Der für die Elektrolyse wichtigste Rohstoff Tonerde verteuerte sich von 1979 bis 1983 um 46,1 Prozent.[54] 1981 erreichte der Preis einen Höchststand von 497,19 Schweizer Franken pro Tonne, was einer Preiserhöhung von 65,73 Prozent zum Vorjahr gleichkam. Die sinkenden Preise für die Produkte aus den Walliser Werken waren also nicht die einzige Erklärung für die roten Zahlen. Sie gingen auch auf Transferpreis-Manipulationen zurück.[55] Die Gründe für die Verluste der Walliser Werke machte die Unternehmensführung von Alusuisse nie transparent. Auch wenn die überhöhten internen Verrechnungspreise nicht primär dazu dienten, Verluste im Wallis (oder anderswo) vorzutäuschen, nahmen sie diese zumindest in Kauf.[56] Das ist von Bedeutung, weil das künstliche Minus dem Management als Begründung diente, die Arbeitsbedingungen der Alusuisse-Belegschaften im Wallis zu verschlechtern. Bevor auf diese Erosion der industriellen Arbeitswelt der Hochkonjunktur eingegangen werden kann, ist allerdings die Automatisierung und der Computereinsatz in den Walliser

---

52 Hayek Engineering: Betriebsanalyse, Bd. 1, S. 96 f.

53 Ebd., S. 96.

54 Ebd., S. 96 f.

55 Wie der Journalist Tobias Bauer errechnete, lag der unbegründete „Preisanstieg auf See" in den Jahren 1972 bis 1984 bei rund 17 Prozent. Bauer: Gesellschaft, S. 97.

56 Die hohen internen Preise für Alumina aus Gove hingen vermutlich auch mit dem elfwöchigen Streik am australischen Standort im Sommer 1981 zusammen, der die Produktionsmenge von Bauxit und Alumina stark reduzierte und die Gewinnzahlen der australischen Tochterfirma sowohl 1981 als auch 1982 negativ beeinflusste. Es ist anzunehmen, dass dies zu höheren Produktionskosten geführt hatte, die an die weiterverarbeitenden Betriebe weitergegeben wurden. Da die Topmanager von Alusuisse just 1982 einen (Teil-)Verkauf des australischen Standorts mit potenziellen Investoren verhandelten, um an dringend benötigte flüssige Mittel zu gelangen und die Konzernverschuldung in den Griff zu bekommen, versuchte die Konzernleitung in dieser verzwickten Situation womöglich, die australischen Gewinneinbußen durch überteuerte konzerninterne Aluminapreise zu kompensieren. Vgl. Austraswiss: Annual Report 1981 (.2.3.1982), in: SWA, PA 600b N 32-17; Peter Indermaur, Was andere können, können wir auch. Eine Geschichte der Alusuisse, in: Bauer, Tobias/Crough, Greg J./Davidsson, Elias u. a.: Silbersonne am Horizont. Alusuisse. Eine Schweizer Kolonialgeschichte, Zürich 1989, S. 17–87, hier: S. 65; sowie: Studer, Margaret: In die Zange geraten. Probleme mit Konjunktur, Staat und Gewerkschaften nagen am Optimismus, in: SHZ (26.8.1982).

Werken zu diskutieren, denn diese waren für den Wandel des Arbeitsmanagements und der industriellen Beziehungen zentral.

6.2 Vom Aufstieg der Mikrochips, automatisierten Maschinen und neuen Anforderungen an die Belegschaft

Das große Investitionspaket der frühen 1980er Jahre beförderte die Automatisierung der Produktion und die Einführung von Computern. Bereits seit Mitte der 1960er, verstärkt aber ab den frühen 1970er Jahren hatten computergestützte Kommunikation, Datenverarbeitung und Maschinensteuerung die betrieblichen Realitäten in westlichen Industrieunternehmen stark beeinflusst.[57] Neue Maschinen kamen zum Einsatz und veränderten die Arbeitsprozesse sowie die Zusammensetzung der Belegschaft. Zudem konnten verschiedene Unternehmensfunktionen räumlich stärker verteilt werden. Diese Entwicklungen zeigten sich in den Walliser Werken sehr deutlich. Dank dem hoch technologisierten Werk in Steg und den weiterverarbeitenden Betrieben des Walz- und Presswerks verzeichneten die Walliser Betriebe verhältnismäßig hohe Investitionen in neue Technologien, eine Tendenz, die sich mit den Investitionen um 1980 noch akzentuierte.

Die neue Mikroprozessor-Technologie gab mehreren Bereichen einen Veränderungsimpuls: Erstens ermöglichte sie vermehrt, Arbeitsschritte zu automatisieren, was in der Regel menschliche Arbeitskraft durch Maschinen ersetzte. Mittelfristig resultierte daraus eine höhere Arbeitsproduktivität. Zweitens ließen sich diese Maschinen dank frei programmierbaren Steuerungen flexibler, rascher und kostengünstiger an die mittlerweile schnell ändernden Kundenbedürfnisse anpassen. Drittens veränderten sich die Anforderungen an die Belegschaft: Weil es noch wichtiger wurde, den immer stärker vernetzten, teuren Maschinenpark störungsfrei zu betreiben, brauchte das Unternehmen Arbeitskräfte, die im Team dachten und kommunizierten und selbstständig Verbesserungen und Fehlerprävention sicherstellten: Selbstmanagement und Teamfähigkeit waren gefragt. Viertens fanden Rechner in den Büros Anwendung – zum Beispiel zur statistischen Erfassung von Produktionszahlen für das betriebliche Rechnungswesen. Sie ermöglichten eine genauere Quantifizierung, Kontrolle und Steuerung betrieblicher Prozesse und setzten so Arbeitsprozesse, aber auch Unternehmensorganisation, unter Veränderungsdruck. Fünftens sprengte die Automatisierung den Nexus zwischen Produktivitätssteigerung und gewerkschaftlichen Errungenschaften, der für die Gewerkschaftspolitik in der Hochkonjunktur so zentral war. Denn Produktivitätssteigerungen durch Automatisierung untergruben nun tendenziell die Arbeitsplatzsicherheit der Belegschaft.

---

57 Raphael: Kohle, S. 56–63.

Sechstens brachten die technologischen Änderungen eine neue arbeitsmanageriale Fokussierung auf Selbstmanagement, Wissensanwendung, Kreativität und Kommunikation mit sich.

Höhere Produktivität dank Automatisierung

1964 setzte Alusuisse in ihrem US-amerikanischen Elektrolysebetrieb in New Johnsonville erstmals einen Computer ein, um Ofenwerte zu messen und zu überwachen.[58] Es war der Computerhersteller IBM, der die Technologie an die Aluminiumhersteller herangetragen hatte. Mit der Eröffnung der Aluminiumhütte in Steg transferierte Alusuisse diese Technologie auch in die Schweiz, wo eine Gruppe von Entwicklungsingenieuren ab 1970 an Geräten und Anwendungsprogrammen für eine computergesteuerte Elektrolyse, die sogenannte Elektrolyseprozesssteuerung (EPS), arbeitete. Bis 1975 exportierte man die EPS-Technologie in sechs weitere Werke.[59] Nach Einführung der EPS in Steg im Jahr 1970 und der Inbetriebnahme eines aktualisierten Computersystems im Jahr 1976 konnten alle 176 Elektrolyseöfen zentral durch dieses System gesteuert werden:[60] Der Computer regulierte nun die Stromspannung aller Öfen automatisiert, wies das Fabrikpersonal mittels farbiger Fluoreszenzröhren an, bestimmte Maßnahmen zu ergreifen und versorgte den Schichtleiter täglich mit Statistiken und Grafiken.

Die EPS-Technologie erlaubte einen raschen Überblick über den Betriebszustand aller Öfen sowie eine kontinuierliche, genauere Überwachung und frühzeitige Fehlererkennung, was mehr Optionen für die Fehlerprävention eröffnete.[61] Zugleich steigerte die Technologie die Arbeitsproduktivität, weil ein Teil der Arbeitsschritte an den Öfen, beispielsweise die Kontrolle der Stromspannung, wegfiel. Arbeitsprozesse wandelten sich, was neue Qualifikationen und Fähigkeiten der Belegschaft verlangte und vermutlich zu einer qualifikatorischen Polarisierung führte.[62] In der Personalzeitung betonte das Unternehmen, dass interessantere, anspruchsvollere Arbeiten entstünden.[63] So bot die EPS-Technologie dem Schichtleiter neue Wege, die Produktion zu optimieren. Zugleich machte die neue Technologie gewisses Können und Produktionswissen obsolet. Die Sensoren und die EPS-Computersteuerung ersetzten beispielsweise konkrete Arbeitsschritte wie

---

58 Feucht: Engineering, S. 30 f.

59 Ebd.

60 Friedli, H./Haggenmacher, T.: Computereinsatz im Elektrolysebetrieb Steg, in: Aluval 138 (9.1978), S. 6.

61 Ebd.

62 Für eine knappe Diskussion der Polarisierungsthese vgl. Bernet/Tanner: Einleitung, S. 21.

63 Friedli, H./Haggenmacher, T.: Computereinsatz im Elektrolysebetrieb Steg, in: Aluval 138 (9.1978), S. 6.

„Spannungsregulierung, Schöpfen, Zünderlöschen", die einer gewissen Arbeitser-
fahrung bedurften.[64]

Im Zuge des Investitionsprogramms der frühen 1980er Jahre kapselte man zudem sämtliche Elektrolyseöfen ein. Diese Maßnahme sollte primär Umweltschutz
und Arbeitshygiene verbessern, weil damit die schädlichen Fluorgase kontrolliert
abgeleitet werden konnten. Die Einkapselung ermöglichte aber auch eine stärkere Automatisierung der Öfen. Mit der sogenannten EPT-Technologie („‚E-Ofen',
‚prozessgesteuert' und ‚Tonerdezufuhr'"[65]) konnten bisherige manuelle Operationen, etwa die Rohstoffzufuhr, automatisiert werden. So ließ sich eine gleichmäßige
Tonerdekonzentration sicherstellen, was für den optimalen und energieeffizienten
Betrieb jedes Ofens zentral war. Von der Technologie erwarteten die technischen
Experten, dass sie weniger anfällig für menschliche Fehler oder Produktionsunter-
brechungen sei.[66] Wie die EPS-Technologie ermöglichte auch EPT eine Reduktion
des Fabrikpersonals: Die neuen automatisierten Öfen reduzierten den Stundenaufwand um ein Viertel.[67] In einer Studie zeigte sich das Beratungsunternehmen Hayek
Engineering 1984 überaus beeindruckt von den Rationalisierungserfolgen im Werk
in Steg: „Der Produktivitätsanstieg gegenüber 1979 im Produktionsbereich ist be-
trächtlich. Er wurde kontinuierlich über die Jahre erreicht in dem Masse, wie die
Investitionen in der Tonerdezufuhr und Ofensteuerung zum Tragen kommen."[68]
Im Produktionsbereich betrug die Produktivitätssteigerung zwischen 1979 und
1983 über 32 Prozent, wodurch die Elektrolyse Steg zu einer der produktivsten im
gesamten Konzern avancierte.[69]

Doch solche großangelegten, kapitalintensiven Computerisierung- und Auto-
matisierungsprojekte waren die Ausnahme. Wie sich anhand der Personalzeitung
rekonstruieren lässt, wurden Mikroelektronik und Computertechnologie vielmehr
Schritt für Schritt eingeführt. Bei nahezu jeder Erneuerung des Maschinenparks
ab Mitte der 1970er Jahre automatisierte man einzelne Arbeitsschritte und setzte mikroprozessorkompatible Steuerungen ein. Diese automatisierten Maschinen
halfen die Arbeitsproduktivität zu steigern. Zum einen wurden dadurch Arbeitskräfte obsolet: So wurde etwa in Chippis 1975 eine vollautomatisierte Maschine
zur Homogenisierung des Metalls eingeführt, die nur noch eine einzige Person an
einem Steuerungspult benötigte, um die Produktionssequenz zu überwachen und
bei allfälligen Problemen einzuschreiten.[70] Zum anderen berichtete die Personal-

---

64 Ebd.
65 Feucht: Engineering, S. 32–34.
66 Ebd.
67 Ebd.
68 Hayek Engineering: Betriebsanalyse, Bd. 1, S. 135.
69 Ebd.
70 Brighenti, G.: Quoi de neuf à la fonderie de Chippis?, in: Aluval 125 (5.1976), S. 8.

zeitung davon, wie (teil-)automatisierte Maschinen dabei halfen, Arbeitsabläufe zu beschleunigen.[71]

Flexible Produktionsanpassungen dank frei programmierbaren Steuerungen

Als kleine produktionstechnische Revolution stellten sich die frei programmierbaren Steuerungen heraus – auch bekannt als *Numerical Control* (NC) oder numerische Steuerung. Zum Beispiel im Presswerk: Mit den alten Relais-Steuerungen musste jede Operation zwischen Maschine und Steuerung einzeln verdrahtet sein. Wollte man neue Operationen hinzufügen, um etwa ein neues Produkt mit spezifischen Anforderungen herzustellen, mussten diese Schaltungen erneuert werden. Aufgrund des hohen Arbeitsaufwandes, der Komplexität und der Fehleranfälligkeit der Neuverdrahtung waren festverdrahtete Steuerungen für automatisierte Produktionsprogramme ein Nachteil. „Die Vielzahl der gewünschten Fertigungsprogramme hatte ein kompliziertes Design erforderlich gemacht. Die im Laufe der Jahre vorgenommenen Änderungen ermöglichten es, die wichtigsten Programme in automatischen Zyklen ablaufen zu lassen."[72]

1979 installierte man erstmals eine frei programmierbare Maschine in einem Walliser Betrieb.[73] Vorerst entschied man sich gegen die bereits verfügbare computerbasierte Lösung, weil man den Aufwand für die Implementierung fürchtete. Mit solchen frei programmierbaren Maschinen – in diesem Fall eine Fräse – konnten Größe, Form und Oberfläche eines Metallstücks bearbeitet werden. In der Regel erlaubte eine NC-Maschine mehrere Operationen an einem Objekt durchzuführen, was Arbeitsschritte, Materialtransport und den Einsatz anderer Maschinen minimierte.[74] Während frühere Automatisierungsschritte nur beschränkte Operationen erlaubten und nur bei hohen Stückzahlen kosteneffizient produzierten, konnten frei programmierbare Maschinen auch bei geringen Stückzahlen rentabel sein.[75]

Nachdem frei programmierbare Steuerungen Ende der 1970er Jahre schließlich sowohl im Presswerk als auch im Walzwerk implementiert worden waren,[76] folgte die erste computerbasierte Lösung 1981: Mit einer CAD-Software[77] konnte

---

71 Die Personalzeitung berichtete etwa davon, dass ein „Arbeitsablauf durch die schmale und mit halbautomatischem Streckzyklus ausgerüstete Streckbank beschleunigt" werde. Schaffner, H.: Modernisierung der Presslinie 5 PW Nord, in: Aluval 139 (12.1978), S. 4.

72 Modernisation de la Presse 6, in: Aluval 143 (12.1979), S. 8.

73 Ebd.

74 Wilson, Fiona. Computer Numerical Control and Constraint, in: Knights, David/Willmott, Hugh (Hg.): New Technology and the Labour Process, Basingstoke 1991, S. 66–90, hier: S. 69 f.

75 Ebd.

76 Luks, G.: Modernisierung der Presse 5, in: Aluval 145 (7.1980), S. 5; Serwatzy, E.: Modernisierung des Warmwalzquartos im Walzwerk Nord, in: Aluval 140 (4.1979), S. 2.

77 CAD steht für *Computer-Aided Design*.

nun am Computer ein digitales Modell gezeichnet und mit der angeschlossenen NC-Fräse direkt hergestellt werden.[78] Alusuisse gehörte zu den frühen industriellen Anwenderinnen der CAD-Technologie.[79] Durch die direkte Verbindung von CAD und NC-Maschine erübrigte sich die Interpretation und Umsetzung des Produktionsauftrages durch das Fabrikpersonal. NC-Maschinen machten eine aktive, kontinuierliche Intervention in den Produktionsprozess durch Hilfskräfte zunehmend überflüssig.[80] Direkt an den Maschinen mussten Industrieunternehmen wie Alusuisse immer weniger Personal einsetzen. Dafür wurde die Bedienung der CAD-Software und die Überwachung der automatisierten Maschine zentral.

Die neuen Maschinenflüsterer – technische Angestellte, Ingenieure und Programmierer

Für einen Teil der Beschäftigten, die fortan als Bedienungspersonal der Maschinen fungierten, bedeutete die Automatisierung und NC-Steuerung monotonere Arbeitsschritte und ein schlechteres Qualifikationsprofil.[81] Für andere erhöhten sich die Qualifikationsanforderungen: Weil einzelne Arbeitsschritte vermehrt von der Maschine automatisiert vollzogen wurden, bestand ihr Auftrag verstärkt in der Anwendung von Wissen mit Blick auf den Gesamtproduktionsprozess.[82]

Die Arbeit der Ingenieure und Programmierer gewann also an Bedeutung – nicht zuletzt deshalb, weil die Anforderungen, um die neuen Produktionssysteme einzurichten, hoch waren.[83] Die Implementierung der eingekauften Grundkomponenten in ein bestehendes System war sehr schwierig. Eine standardisierte Lösung gab es Ende der 1970er Jahre noch nicht. Den Ingenieuren und Programmierern kam die komplexe Aufgabe zu, ein flexibles Programm zur Maschinensteuerung zu schaffen, das zugleich möglichst einfach zu bedienen war.[84]

Einmal in Betrieb erhöhten die neuen Maschinen die Komplexität von Wartung und Überwachung und damit den Bedarf an qualifizierten Arbeitskräften.[85] Beispielsweise in der Elektrolyse: Weil immer mehr Operationen vom EPS-System abgedeckt wurden, stiegen die Anforderungen an die „Verfügbarkeit" des Systems

---

78 Besse, G-H.: CAD-CAM, in: Aluval 148 (4.1981), S. 8.

79 Eisinger, Angelus: Die dynamische Kraft des Fortschritts. Gewerkschaftliche Politik zwischen Friedenspolitik, sozialökonomischem Wandel und technischem Fortschritt: Der SMUV 1952–1985, Zürich 1996, S. 279.

80 Raphael: Kohle, S. 60.

81 Eisinger: Kraft, S. 234.

82 Giordano, Lorraine: Beyond Taylorism. Computerization and the New Industrial Relations, New York 2014, S. 201.

83 Modernisation de la Presse 6, in: Aluval 143 (12.1979), S. 8.

84 Ebd.

85 Raphael: Kohle, S. 60.

maßgeblich. Auf einer internen Automationskonferenz von Alusuisse im Jahr 1979 hieß es dazu:

> Bei den bisherigen Systemen konnten Ausfälle der Prozess-Steuerung von mehreren Stunden Dauer toleriert werden. Bei den neuen Systemen, bei denen auch Anodeneffekte gelöscht werden und die Bedienung der Öfen gesteuert werden sollen, können sich bereits Unterbrüche in der Steuerung von wenigen Minuten Dauer nachteilig auf den Elektrolysebetrieb auswirken.[86]

Kurzum: Wartungsarbeiten und Fehlerprävention wurden wichtiger. Zugleich verlagerten sich Kompetenzen von den Werkhallen in die Büros, womit die Fabrikarbeiter gegenüber den technischen Angestellten, Programmierern und Ingenieuren an Bedeutung einbüßten.[87]

Über die Fabrikhallen hinaus – Computerisierung in Büro und Unternehmensorganisation

Der Einsatz von Mikroelektronik und Computertechnologie beschränkte sich keineswegs auf die Fabrikhallen. Im Einsatz von EDV erkannte das Management auch ein großes Rationalisierungspotential für die Arbeit in Verwaltung, Rechnungswesen und Unternehmensführung. Die Einführung von Computern in der Verwaltung wurde in der Personalzeitung Mitte der 1970er Jahre damit begründet, dass die „ständig zunehmenden Bestellungspositionen" kaum noch so verarbeitet werden konnten, wie „sie im Betrieb benötigt wurden".[88] Der Computer sollte daher in den Bereichen „Bestellungsverwaltung und Bestellungskontrolle", „Ausarbeitung und Berechnung der Arbeitspapiere", „Terminüberwachung und Fortschrittskontrolle" und der „Kostenkontrolle" Abhilfe schaffen. Man erhoffte sich zudem eine Beschleunigung der Arbeitsprozesse und eine genauere Kostenkontrolle:

> Wir müssen mit diesen Angaben einerseits die Prämien errechnen, und anderseits dienen sie dazu, falsche Arbeitsabläufe zu verbessern und dadurch die Arbeit im Betrieb zu

---

86 FVE Chippis: Automationskonferenz 1979. Vorträge der 2. Automationskonferenz in Visp (18. und 19.9.1979), in: SWA, PA 600b K 2-17; vgl. auch Feucht: Engineering, S. 31.

87 Eisinger: Kraft, S. 238. Der Bericht der Hayek Engineering AG von 1984 hielt dazu fest: „Das Walz- und Presswerk Sierre benötigt mehr Angestellte im Verhältnis zu den Betriebsangestellten, da es aufgrund der höheren Fertigungstiefe und technisch anspruchsvolleren Fertigung eine stärkere Infrastruktur in den Nebenbereichen (PPS, Qualitätssicherung, U+ER u. a.) unterhalten muss." Hayek Engineering: Betriebsanalyse, Bd. 1, S. 40.

88 Ritz, Lukas: Wie entsteht ein Profil?, in: Aluval 112 (3.1974), S. 7.

erleichtern. Sie sollen aber auch mithelfen, Verlustgeschäfte aufzudecken, die dann mit gezielten Verbesserungen ausgemerzt werden können.[89]

Da ein solches EDV-System eine breite Datenbasis brauchte, war ein wachsender Teil der Verwaltungsmitarbeitenden damit beschäftigt, Daten ins EDV-System einzupflegen: „Um aber so ein System aufrechtzuerhalten, benötigen wir Informationen und nochmals Informationen, die täglich dem Computer gefüttert werden müssen."[90]

Seit den 1970er Jahren wurde die EDV in immer mehr Bereichen der Verwaltung eingeführt. Als 1984 ein neuer Großrechner installiert wurde, setzte man diesen bereits für sehr vielfältige Aufgaben ein – von der Lohnabrechnung, Lagerbewirtschaftung und Buchhaltung über Auftragsabwicklung im Verkauf bis hin zu Produktionsplanung und Spedition.[91] Mittlerweile arbeiteten die Rechner vernetzt. Die Computer im Wallis waren mit der Zürcher Zentrale verbunden, was einen raschen Datentransfer ermöglichte. Man versprach sich eine Rationalisierung der Administration, aber auch ein „schnelles Reagieren auf Kundenwünsche und Marktsituationen."[92] So erleichterte das EDV-System die Anbindung der Walliser Werke an die *Just-in-time*-Lieferketten mit ihren knappen und flexiblen Produktions- und Lieferterminen:[93] Die computerbasierte Produktionsplanung und -steuerung erlaubte zu jeder Zeit den Status einer Bestellung anzugeben und stellte eine präzise Terminplanung sicher. Die sehr knappen Liefertermine und Sonderwünsche der Kunden konnten so flexibler berücksichtigt werden.

Die Mikroelektronik hatte auch weitreichende Folgen für die Organisation von Unternehmen. Sie ermögliche eine Auslagerung oder stärkere räumliche Aufteilung von Unternehmensfunktionen wie Planung, Produktion, Führung und Verwaltung und vereinfachte so die transregionale Arbeitsteilung.[94] Zugleich konnte die Kommunikation beschleunigt und verdichtet werden. Dies ermöglichte etwa die Abläufe zwischen Zulieferern und Produzenten zu straffen und führte zu kürzeren Lieferzeiten und kleineren Warenlagern.[95] Viele Unternehmen bauten ihre vertikal integrierten, konzerninternen Produktionsketten auf diese Weise zu einem dezentralisierten Produktionsnetzwerk mit ausgelagerten Zulieferbetrieben um. So machte die „Revolution der Informations- und Kommunikationstechnologie" hochkomplexe, stark vernetzte und zugleich flexible Herstellungsprozesse erst möglich.

---

89 Ebd.
90 Ebd.
91 Neue EDV-Anlage für die Walliser Werke, in: Aluval 156 (1984).
92 Ebd.
93 Hayek Engineering: Betriebsanalyse, Bd. 1, S. 517–519.
94 Eisinger: Kraft, S. 233.
95 Raphael: Kohle, S. 62 f.

Dadurch stiegen auch die Anforderungen an „Produktqualität, Lieferpünktlichkeit und Zahlungsfähigkeit […] zwischen den Unternehmen entsprechend an und mit ihnen die Ansprüche an wechselseitige Verlässlichkeit und Qualitätskontrolle."[96]

Humankapital und Technologie – Faktoren im Standortwettbewerb

Wie in den bisherigen Ausführungen deutlich wurde, beeinflusste der technologische Wandel das Anforderungsprofil der Belegschaft.[97] Das Unternehmen investierte daher in die Aus- und Weiterbildung von Fachkräften. Die zunehmende Automatisierung und Computerisierung der Produktion und die damit einhergehenden kürzeren Produktzyklen nährten die Sorge des Managements, die Belegschaft könnte den neuen technischen Anforderungen nicht gewachsen sein. Auf der Geschäftsführerkonferenz 1985 warnte der Topmanager Bruno Sorato beispielsweise vor der Gefahr einer „constantly non-up-to-date labour force"[98]. Technologie und Qualifikationen betrachtete das Management nun als Faktor im Standortwettbewerb: „The big risk [is] to have an obsolescence of our entire labour force, starting with the CEO down the line to the porter. […] If we are not capable, we will be obsolete as people, as a company and we will be going out of market."[99] Den Arbeitskräften machte man derweil klar, dass ihr Qualifikationsniveau und die Anwendung der neuesten Technologien in Zeiten des industriellen Strukturwandels wichtige Faktoren für das Fortbestehen ihrer Betriebe waren – in der Personalzeitung hieß es 1974 dazu:

Um konkurrenzfähig zu bleiben, müssen wir mit den neuesten Entwicklungen Schritt halten. Ein Werk, das nicht mitmacht, bleibt auf der Strecke. Ich denke dabei an Zeitungen, Druckereiunternehmen, Uhren- und Schuhfabriken, von denen in letzter Zeit öfters die Rede war. Das soll uns nicht passieren.[100]

In den Walliser Werken reagierte das Management früh. Im Winter 1970/1971 führte man erstmals einen Kurs in „industrieller Elektronik" durch, wenig spä-

---

96 Ebd., S. 63.

97 Zum Wandel der Qualifikationen in der Industriearbeit am Beispiel der Pharmaindustrie vgl. Streckeisen, Peter: Die zwei Gesichter der Qualifikation. Eine Fallstudie zum Wandel von Industriearbeit, Konstanz 2008.

98 Sorato, Bruno: Alusuisse on the Doorsteps to the Nineties. Reflections and Conclusions (7.9.1985), S. 203, in: SWA, PA 600b D 9-5.

99 Ebd.

100 Ritz, Lukas: Wie entsteht ein Profil?, in: Aluval 112 (3.1974), S. 7.

ter eine Weiterbildung in „Digital- und Regelungstechnik".[101] 1979 schulte man Mitarbeitende in Elektronik, Mathematik, Elektrotechnik und Digitaltechnik. Auffällig ist, dass die Gruppe nur 16 Mitarbeitende umfasste.[102] Die Weiterbildung blieb also nur einer äußerst kleinen Gruppe vorbehalten. Die Belegschaft und die gewerkschaftlichen Vertreter reagierten ambivalent auf diese Entwicklung. Die Betriebskommission bewertete die Weiterbildungen positiv, forderte allerdings eine Entlohnung der Ausbildungszeit.[103] Sie und die Gewerkschaften befürworteten die Weiterbildungen, weil sie darin eine Teillösung des Problems der Arbeitslosigkeit sahen. Denn eine höhere Qualifikation, so das Argument der BK, stärkte die Vermittelbarkeit auf dem Arbeitsmarkt.[104]

Allerdings entstanden mit der Verbreitung von Mikroelektronik und Automatisierung neue Probleme für die Gewerkschaften. So bedeutete die steigende Zahl von Angestellten im Verhältnis zur sinkenden Zahl von Arbeitern, dass der Geltungsbereich des GAVs kontinuierlich kleiner wurde, was die betriebliche Verankerung und Verhandlungsmacht der Gewerkschaften schwächte. Der SMUV vertrat dessen ungeachtet bis in die 1990er Jahre eine Position, die als technologiepolitischer Defätismus bezeichnet werden kann: Er charakterisierte die technische Entwicklung als neutralen, unvermeidbaren Prozess, zielte auf ein „möglichst friktionsloses Klima"[105] ab und konzentrierte sich auf die Abfederung der Folgen technologischen Wandels.[106] Weil das Standortdenken mittlerweile tief in der Gewerkschaft verankert war, erachtete man den technologischen Fortschritt als wichtige Voraussetzung für eine konkurrenzfähige Industrie und eine erfolgreiche Gewerkschaftspolitik.

Zugleich untergrub aber ebendiese technologische Weiterentwicklung in der Industrie, insbesondere die Automatisierung, den zentralen Pfeiler der produktivistischen Gewerkschaftspolitik der Hochkonjunktur: Während die Gewerkschaften in den Boomjahren betriebliche Produktivitätssteigerungen regelmäßig in Lohnerhöhungen bei hoher Arbeitsplatzsicherheit übersetzen konnten, durchkreuzte die Automatisierung diesen Konnex von Produktivität und Lohn. Nun untergruben die massiven Produktivitätssteigerungen durch automatisierte Maschinen vielmehr die Arbeitsplatzsicherheit. Der Mikrochip brach, wie dies Angelus Eisinger formuliert hat, das „Rückgrat der gewerkschaftlichen Argumentationslogik".[107]

101 Voit, W.: ABW – Arbeitsgemeinschaft für berufliche Weiterbildung in der Metallindustrie, in: Allô-Chippis 95 (September 1970), S. 13.
102 Ausbildung, in: Aluval 141 (6.1979), S. 15. Die Gesamtbelegschaft umfasste 1979 2.844 Personen.
103 Protokoll BK-Sitzung (16.9.1981), S. 2, in: StAW, FTMH, 04 002.
104 Protokoll BK-Sitzung (22.5.1990), S. 4, in: StAW, FTMH, 04 002.
105 Eisinger: Kraft, S. 239.
106 Ebd., S. 236 f.
107 Ebd., S. 279.

In dieser gewerkschaftlich heiklen Lage verfolgte die Betriebskommission eine marktrealistische Strategie. Sie zielte auf die Verbesserung des Qualifikationsniveaus der Belegschaft – eine andere Antwort schien undenkbar. Damit bezweckte sie einerseits, dass wegrationalisierte Arbeitskräfte ihre Arbeitsmarktfähigkeit dank guten Qualifikationen möglichst intakt halten konnten. Andererseits ging es ihr um eine technologische Standortpolitik. So forderte der SMUV-Sekretär Roger Tissières angesichts der Personalreduktionen Mitte der 1980er Jahre, dass im Wallis eine technische Schule zu gründen sei. Dies begründete er damit, dass je schlechter Arbeitskräfte ausgebildet seien, desto „verletzlicher erweisen sie sich gegenüber Veränderungen in der Wirtschaft".[108] So unterstützte auch die BK die unternehmerische Forderung nach einer größeren Polyvalenz der Arbeitskräfte.[109] Die Betriebskommission hatte mit der Forderung nach mehr Qualifikation und Polyvalenz ein Instrument gefunden, um im Korsett von Arbeitsfrieden und Standortwettbewerb, die Interessen der (qualifizierten) Arbeitskräfte zu vertreten. Gleichzeitig eröffnete dies ein neues Terrain, auf dem Gewerkschaften und Unternehmen auf Interessenkongruenzen hinarbeiten konnten.

Hin zur immateriellen Arbeit?

Computertechnologie und Mikroelektronik veränderten also die Arbeitsprozesse und die Zusammensetzung der Belegschaft. Die Anwendung von Wissen auf das Produktionssystem wurde zentral. Einerseits investierte das Unternehmen daher mittels Schulungen, Aus- und Weiterbildungen ins Humankapital eines Teils der Belegschaft. Andererseits benötigten die Walliser Werke mehr Beschäftigte, die Kreativität und Know-how einbringen konnten, um die neuen Maschinen einzurichten, zu programmieren, deren Fehler zu beheben und potenzielle Störungen präventiv zu verhindern.

Zugespitzt lässt sich sagen: Mit diesem auf die Anwendung von (wissenschaftlichem) Wissen ausgerichteten Unternehmen wurde nunmehr das generalisierte soziale Wissen zum zentralen Produktionsfaktor.[110] Im Maschinenpark der Walliser Fabriken materialisierte sich, mit dem Marxisten Wolfgang Fritz Haug gesagt, ein ungeheuerliches „akkumuliertes kulturell-kognitiv-technisches Potential".[111]

---

108 Burkhard, Ueli/Ungerer, Martin: Januskopf mit Pferdefuss, in: SHZ (19.12.1985).

109 Protokoll BK-Sitzung (13.2.1987), S. 2, in: StAW, FTMH, 04 002; Protokoll BK-Sitzung (22.5.1990), S. 4, in: StAW, FTMH, 04 002.

110 Lazzarato, Maurizio: Immaterial Labor, in: Virno, Paolo/Hardt, Michael (Hg.): Radical Thought in Italy. A Potential Politics, Minneapolis 2006, S. 133–148, hier: S. 135.

111 Haug, Wolfgang Fritz: High-Tech-Kapitalismus. Analysen zu Produktionsweise, Arbeit, Sexualität, Krieg & Hegemonie (Argument-Sonderband 294), Hamburg 2005, S. 45.

Dieses Potential hatte Karl Marx in seinem Manuskript *Grundrisse der Kritik der politischen Ökonomie* mit dem Begriff des *General Intellect* zu fassen versucht.[112] Die Arbeitskräfte standen nun nicht mehr im Zentrum des produktiven Geschehens als vielmehr daneben: sie wurden zum „Wächter und Regulator"[113] des Produktionsprozesses.

Mit diesem marxschen Gedankenexperiment verquickten die postoperaistischen Theoretiker Antonio Negri und Maurizio Lazzarato das Konzept der „immateriellen Arbeit".[114] Mit Blick auf die sich wandelnde Arbeitswelt in den letzten Jahrzehnten des 20. Jahrhunderts betonten sie damit zum einen die steigende Bedeutung der „informationellen Seite" des Arbeitsprozesses: Die neuen Technologien würden immer mehr „horizontale und vertikale Kommunikation" sowie Fertigkeiten, um „mit Informationen umzugehen", erfordern.[115] Zum anderen meinten sie damit Arbeit, die die „kulturelle Seite der Ware" herausbilde. Sie stellten fest, dass Arbeitsprozesse wichtiger wurden, die auf „Moden, Geschmack und Konsumgewohnheiten Einfluss nehmen" oder auf Beeinflussung der öffentlichen Meinung abzielten.[116] Daraus schlussfolgerten sie: „[...] l'acteur fondamental du processus social de production est devenu maintenant ‚le savoir social général' (que ce soit sous la forme du travail scientifique général ou sous la forme de la mise en relation des activités sociales: ‚coopération'".[117] Diese Überlegungen werden helfen, die in den Walliser Werken Ende der 1980er Jahre eingeführten Formen der Personalführung zu verstehen, mit denen das Management versuchte, die kreativen, intellektuellen und kommunikativen Aspekte der Arbeit zu beeinflussen.

6.3 Flexibilisierung und die Erosion der Arbeitsplatzsicherheit

Mikrochips und Automatisierung hinterließen tiefe Spuren in der betrieblichen Realität der Walliser Werke. Nicht minder folgenreich für die Beschäftigten waren die Versuche das Managements, die Arbeitsbedingungen und industriellen Beziehungen neu zu gestalten. In den 1950er und 1960er Jahren bot das Unternehmen –

---

112 Marx, Karl, Grundrisse der Kritik der politischen Ökonomie, in: Rosa-Luxemburg-Stiftung (Hg.), Marx-Engels-Werke, Bd. 42, Berlin 2015 [1858], S. 47–768.

113 Ebd., S. 604.

114 Lazzarato, Maurizio/Negri, Antonio: Travail immatériel et subjectivité, in: Futur Antérieur 6 (1991).

115 Lazzarato, Maurizio: Immaterielle Arbeit. Gesellschaftliche Tätigkeit unter den Bedingungen des Postfordismus, in: Atzert, Thomas (Hg.): Umherschweifende Produzenten. Immaterielle Arbeit und Subversion, Berlin 1998, S. 39–52, hier: S. 39.

116 Ebd., S. 39 f.

117 Lazzarato/Negri: Travail.

unter dem ideologischen Dach der Betriebsgemeinschaft – noch Arbeitsplatzsicherheit (zumindest für Schweizer Männer) und steigende Reallöhne, auch herrschte ein kooperatives Klima mit der Betriebskommission und den Gewerkschaften. Doch in der Dekade nach 1975 wurde dieses Arrangement brüchig: Das Management bemühte sich, die Betriebe stärker ‚den Märkten' zu überlassen und die Arbeitskräfte mehr Marktrisiken auszusetzen.

Sinkende Beschäftigung

Lange galt ein Arbeitsplatz in den Walliser Werken als sicherer Wert. „Wenn man bei der Alusuisse anfing, war es ein bisschen wie bei der Bank, man dachte, man würde sein ganzes Leben dort verbringen",[118] erinnerte sich ein ehemaliger Alusuisse-Arbeiter. Diese Erwartungshaltung entsprang der Tatsache, dass die Beschäftigung in den Walliser Werken in den ersten Jahrzehnten nach dem Zweiten Weltkrieg kontinuierlich wuchs. In den 1970er Jahren setzte allerdings eine Trendwende ein (Abb. 31).[119]

Von 1960 bis 1971 stieg die Zahl der Arbeiter nahezu kontinuierlich von 2.138 auf 2.808. In den folgenden 15 Jahren sank sie ebenso stark und lag 1984 wieder auf dem Niveau von 1960. Auch die Zahl der Angestellten stieg von 1960 bis um 1970 stetig an. Anders als bei den Arbeitern setzte danach aber kein Niedergang ein. Vielmehr nahm die Zahl der Angestellten weiter zu, unterlag dabei allerdings größeren Schwankungen. Wie die Unterlagen des Beratungsunternehmen Hayek Engineering AG zeigen, waren die Personalreduktionen in den frühen 1980er Jahren besonders bei den „Betriebsangestellten" einschneidend: 1982 baute man 7,6 Prozent, 1983 gar 13,4 Prozent des Fabrikpersonals ab.[120] Die Unterlagen des Beratungsunternehmen schlüsseln die betroffenen Bereiche genauer auf und zeigen, dass die Reduktionen in den Abteilungen Zentrale Dienste, Verwaltung sowie in der alten Hütte Chippis mit ungefähr 17 Prozent am größten waren. Sie trafen also die Verwaltungsbereiche und die veralteten Betriebe stärker – gewissermaßen die Peripherie des Produktionsstandorts. Aufgehoben wurden beispielsweise die Stellen der Portiers im Walz- und Presswerk oder des medizinischen Notfallpersonals für

---

118 Van Dongen/Favre: Mémoire, S. 147.

119 Für die Zahlen von 1960 bis 1985 vgl. Alusuisse: Effectif du personnel des usines valaisannes de l'Aluminium Suisse SA, 1940–1985 (24.1.1986), in: StAW, FTMH, 04 004. Für die Personalreduktion von 1986, deren Verteilung zwischen Angestellten und Arbeiter nicht bekannt ist: Communiqué de presse. Usines valaisannes d'Alusuisse: restructuration et réduction de personnel (18.11.1985), in: StAW, FTMH, 04 003.

120 Hayek Engineering: Betriebsanalyse, Bd. 1, S. 35–38.

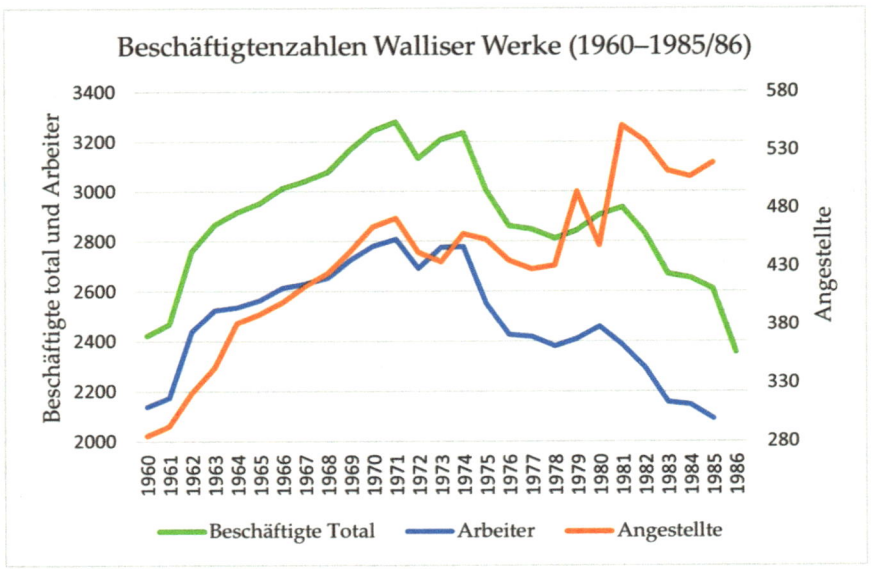

Abb. 31 Beschäftigungszahlen Walliser Werke, 1960–1985/86 (eigene Darstellung, Quelle: Direktion der Walliser Werke, Communiqué de presse, 18.11.1985, in: StAW, FTMH, 04 003; Alusuisse, Effectif du personnel des usines valaisannes de l'Aluminium Suisse SA, 1940–1985, 24.1.1986, in: StAW, FTMH, 04 004).

die Nachtschicht.[121] Die Zahl der Angestellten im Verkaufsbereich nahm hingegen zwischen 1979 bis Ende 1983 um 6,3 Prozent zu. Diese Personalreduktionen wurden bis 1985 mit Frühpensionierungen, natürlichen Abgängen und nicht erneuerten Aufträgen an Temporäre abgefedert – zum Vorteil der Kernbelegschaft und zum Nachteil der temporären und älteren Arbeitskräfte.

Die Tendenz zu sinkenden Personalbeständen wurde sowohl in der Betriebskommission als auch in Medienberichten thematisiert.[122] Die Sorge um die industrielle Beschäftigung im Wallis wurde durch Nachrichten von Personalreduktionen an anderen Schweizer Alusuisse-Standorten noch befeuert: Im November 1981 gab

---

121 Die Warnung der Betriebskommission, damit die Arbeiter der Nachtschicht zu gefährden, weil Notbehandlungen bei den immer wieder vorkommenden schweren Unfällen nicht garantiert werden konnten, ignorierte die Direktion: Protokoll BK-Sitzung (27.4.1984), S. 1, in: StAW, FTMH, 04 002.

122 Über das quantitative Ausmaß herrschte keine Einigkeit: Für 1981 sprachen Medienberichte von 100 und für 1982 von 150 verloren gegangenen Arbeitsplätzen. Ein Mitglied der Betriebskommission sprach hingegen von 237 abgebauten Arbeitsplätzen allein im Jahr 1982. Vgl. Lambelet, Carole: L'empire tremble, in: Le Nouvelliste (16.8.1982), S. 11; Procès-verbal de la séance d'information (19.1.1983), S. 3, in: StAW, FTMH, 04 002.

Alusuisse bekannt, innerhalb von zwei Jahren beinahe 40 Prozent der Beschäftigten (170 von 440 Stellen) in der Forschungsanstalt in Neuhausen abzubauen.[123] Die Westschweizer Tageszeitung *Le Matin* berichtete gar von insgesamt 500 gestrichenen Stellen am Zürcher Hauptsitz und an der Forschungsstelle.[124] Der Direktor der Walliser Werke Antonio Poretti kündigte derweil bereits die nächsten Sparmaßnahmen an. Über diese Pläne berichtete eine Walliser Zeitung 1983 wie folgt:

> Poretti kündigt seinen Mitarbeitern deshalb an, dass „neue Maßnahmen ergriffen werden, um die Produktionskosten zu senken". Alles, was nicht unbedingt notwendig oder zu teuer ist, wird abgeschafft. Die Produktivität muss gesteigert werden. Von jedem, vom Arbeitgeber bis zum Arbeitnehmer, wird die Mitarbeit gefordert.[125]

Begleitet wurden die Personaleinsparungen nicht selten von Studien unternehmensinterner Experten oder externer Unternehmensberater, die der Legitimierung von Maßnahmen und der Lokalisierung von Sparpotentialen dienten. So gab Alusuisse 1982 eine vergleichende Studie zum Stundenaufwand ihrer Elektrolysebetriebe in Auftrag. Bereits 1971 war eine analoge Studie durchgeführt worden, die im Wallis ein Sparpotential von 15 Prozent der Arbeitskräfte diagnostiziert hatte.[126] Direktor Poretti informierte die Betriebskommission im Mai 1982, dass der Schlussbericht zwar noch ausstehe, gemäß ersten Rückmeldungen aber in Chippis und Steg ein Überschuss von 100 Arbeitsplätzen vermutet würden.[127] Im Dezember 1983 berichtete die Presse bereits von der nächsten Durchleuchtung der Walliser Werke – dieses Mal durch das Beratungsunternehmen Hayek Engineering AG.[128]

Die Arbeitsplatzsicherheit geriet also unter Druck. Indes koordinierten die Gewerkschaften SMUV und CMV, einige betroffene Walliser Gemeinden und die Belegschaft ihre Bemühungen angesichts der sich verschlechternden Beschäftigungslage. Im Januar 1983 veröffentlichten sie eine gemeinsame Presseerklärung, in der sie ein koordiniertes Vorgehen ankündeten, um auf dem Verhandlungsweg die Beschäftigung in den Walliser Werken zu erhalten.[129] Eine gemeinsame Verhandlungsdelegation sollte mit der Alusuisse-Unternehmensleitung und den kantonalen Behörden in Kontakt treten.

---

123 Knoepfli: Zeichen, S. 168.
124 Alusuisse supprime 500 emplois, in: Tribune-Le Matin (28.11.1981).
125 Alusuisse à Chippis, in: Le Nouvelliste (1983).
126 Belegschaft und Stundenaufwand der Aluminiumhütten. Schlussbericht der Untersuchungskommission (31.12.1971), in: SWA, PA 600 L 2-1. Vgl. Kapitel 3.2.
127 Protokoll BK-Sitzung (18.5 1982), S. 6, in: StAW, FTMH, 04 002.
128 Bonvin, Jean-Michel: Chiffres rouges d'Alusuisse: Hayek à la rescousse, in: La Suisse (24.12.1983).
129 Gemeinsames Pressekommuniqué von Gemeinden, SMUV, CMV und Belegschaftsvertretern (19.1.1983), in: StAW, FTMH, 04 003.

Flexible Auslastung der Produktion

Das Management begann in den frühen 1980er Jahren die Risiken von Preisentwicklungen und konjunkturellen Schwankungen vermehrt auf die Beschäftigten abzuwälzen. Im Herbst 1981 gab das Management bekannt, den Produktionsausstoß der Elektrolysen Chippis und Steg bis April 1982 um monatlich 500 Tonnen zu senken.[130] Die Maßnahme sollte ohne Entlassungen erfolgen – 30 Arbeitskräfte wurden versetzt und für Renovationsarbeiten eingesetzt. Alusuisse machte die Entwicklungen der Märkte verantwortlich und begründete die Maßnahme mit dem seit Mitte 1979 stark geschrumpften Aluminiumverbrauch, der die Lagerbestände hatte steigen und die Preise fallen lassen. So lag der Herstellungspreis für ein Kilogramm Rohaluminium im Frühjahr 1982 bei drei, der Verkaufspreis bei lediglich zwei Schweizer Franken.[131]

Darüber hinaus machte das Management die hohen Preise für den Strom, den der Konzern im Winter dazukaufen musste, verantwortlich. Diese waren zweieinhalb Mal so hoch wie die Preise im Sommer. Durch die Produktionssenkungen konnte das Unternehmen also die höheren Strompreise im Winter umgehen und gleichzeitig Druck auf die Walliser Behörden im Hinblick auf zukünftige Strompreisverhandlungen ausüben. Die Betriebskommission signalisierte Verständnis für die Maßnahmen, kritisierte lediglich die Informationspolitik gegenüber der Belegschaft und die fehlende vorgängige Konsultation mit Gewerkschaften und Betriebskommission.[132] Letztere stellte sich explizit hinter die Alusuisse-Forderung nach niedrigeren Energiepreisen und kündigte an, den Kanton aufzufordern, seinen Beitrag zur Erhaltung der Arbeitsplätze zu leisten.

Im Frühling 1982 ließ die Direktion verlauten, dass die abgestellten Öfen länger außer Betrieb bleiben würden – entgegen der schriftlichen Zusage die volle Produktion im Mai 1982 wieder aufzunehmen. Die Betriebskommission forderte, Kurzarbeit zu prüfen und verurteilte die Entscheidung in außergewöhnlich harschem Ton:[133] „Dieses schädliche Vorgehen hat den Nachteil, den Personalabbau noch weiter zu intensivieren, ein Vorgehen, das bereits heute kaum noch tragbar ist."[134] Sie sah den Walliser Strandort benachteiligt und kritisierte, dass die Produktionsdrosselungen nicht unter den europäischen Alusuisse-Betrieben koordiniert worden waren.[135] Die Direktion beurteilte die Maßnahmen hingegen positiv, weil

---

130 Bonvin, Jean-Michel: Difficultés chez Alusuisse, in: La Suisse (12.11.1981).
131 Indermaur: Andere, S. 78 f.
132 Protokoll BK-Sitzung (13.11.1981), S. 2, in: StAW, FTMH, 04 002.
133 Protokoll BK-Sitzung (18.5.1982), S. 5, in: StAW, FTMH, 04 002.
134 Protokoll BK-Sitzung (11.5.1982), S. 1 f., in: StAW, FTMH, 04 002.
135 Protokoll BK-Sitzung (18.5.1982), S. 4, in: StAW, FTMH, 04 002.

dadurch die Lagerkosten für zusätzliche 2.000 Tonnen verhindert werden konnten. Ihr Fazit lautete: „wir können davon ausgehen, dass sich die Aktion für die Walliser Werke gelohnt hat."[136] Die Führung der Walliser Werke entschied, die Öfen erst wieder hochzufahren, wenn Geschäftsgang, Preise und Lagerbestände dies opportun erscheinen ließen.

Bei den Gewerkschaften und den Beschäftigten löste das Vorgehen von Alusuisse Verunsicherungen aus. Ein Artikel in einer Lokalzeitung vom Juli 1982 berichtete von beunruhigten Gewerkschaften, die in der Tatsache, dass die Öfen immer noch abgeschaltet blieben, größeres Ungemach zu erkennen glaubten.[137] Sie forderten mittelfristige Arbeitsplatzgarantien für die Elektrolysebetriebe sowie Investitionen zur Erhaltung ihrer Kompetitivität. Die Betriebskommission wandte sich direkt an den Generaldirektor Emanuel Meyer mit einem Schreiben, in dem sie auf das durch die Produktionskürzungen ausgelöste „Klima allgemeiner Verunsicherung"[138] hinwies und an die Verantwortung des Unternehmens appellierte, die stillgelegten Öfen möglichst rasch wieder in Betrieb zu nehmen. Dabei pochte die BK auf die moralische Verpflichtung der Unternehmensleitung, die Walliser Belegschaft für ihre Unterstützung des Konzerns zu belohnen. Sie betonte insbesondere, dass es die aus dem Wallis extrahierten Gewinne waren, die die internationale Expansion des Konzerns ermöglicht hatten und dass die Belegschaft im sogenannten Fluorkrieg stets die Seite des Aluminiumkonzerns gestützt hatte.

Die temporäre Abstellung von Elektrolyseöfen im Herbst 1981 verdeutlicht einerseits, wie sich die marktorientierte Strategie von Alusuisse auf den Schweizer Standort auswirkte. So versuchte das Management mit den Maßnahmen, eine flexible Anpassung an die Marktsituation zu erzielen. Auch sollte der Standort zu mehr Verantwortung verpflichtet werden. So verlangte die neue Unternehmenspolitik, dass die Walliser Verluste durch Produktionsdrosselungen und Kosteneinsparungen vor Ort aufgefangen und nicht mit Einnahmen anderer Tochtergesellschaften überbrückt würden. Andererseits zeigt die Episode, dass das Management keine Notwendigkeit mehr sah, besondere Vorsicht gegenüber den Schweizer Betrieben und Beschäftigten walten zu lassen.

Temporäre Arbeitskräfte und Auslagerungen

Zu Beginn der 1980er Jahre intensivierte das Management nicht nur die Bemühungen, die Produktionsvolumen zu flexibilisieren. Wie aus den Diskussionen in der Betriebskommission hervorgeht, unterlagen auch die Beschäftigungsformen

---

136 Ebd., S. 2.

137 Alusuisse Chippis maintient de la fermeture des fours, in: Le Nouvelliste (12.7.1982).

138 Commissions du personnel des Usines Valaisannes d'Alusuisse: Au Conseil d'Administration de l'Alusuisse Monsieur le Président Emmanuel-D. Meyer (21.6.1982), S. 1, in: StAW, FTMH, 04 002.

einem Flexibilisierungsdruck. Das Unternehmen vergab Aufträge, die intern erfüllt werden konnten, immer öfter an externe Unternehmen und setzte über lange Zeitperioden temporäre Arbeitskräfte ein. Die managerialen Maßnahmen setzten dabei nicht schwerpunktmäßig am Kern des Produktionsprozesses an, sondern gleichsam an den Rändern der Belegschaft. Ausländer:innen und Frauen waren als temporäre oder ausgelagerte Arbeitskräfte besonders von diesen Entwicklungen betroffen.

Die Auslagerung von Tätigkeiten bzw. die Vergabe von Aufträgen an externe Unternehmen lässt sich anhand der wiederholten Diskussionen zwischen Betriebskommission und Direktion nachzeichnen. Während die Direktion behauptete, dass Temporäre nur bei erhöhtem Produktionsvolumen eingesetzt würden, kritisierte die BK, dass diese nicht wie vereinbart nur drei bis sechs Monate beschäftigt würden, und bat um deren reguläre Einstellung.[139] Ihre Überlegung war: Würden weniger externe Unternehmen herangezogen, könnten mehr Arbeitsplätze bei Alusuisse geschaffen werden.

Allerdings lehnte es Direktor Poretti ab, Temporäre dauerhaft anzustellen. Der Einsatz temporärer Arbeitskräfte ermöglichte, die Belegschaftsgröße flexibel an der Konjunktur auszurichten. Temporäre hatten in der Regel keinen Anspruch auf die *Fringe Benefits*, die der Stammbelegschaft zustanden, banden daher weniger finanzielle Mittel für eine langfristig orientierte betriebliche Sozialpolitik. Auch ließen sich Rekrutierungs- und Entlassungskosten einsparen, weil das Unternehmen die Eignung und Leistungsfähigkeit der Beschäftigten in einer Testphase prüfen konnte. Die Gewerkschaften hatten Mühe, diese stärker fluktuierenden Arbeitskräfte zu organisieren, und für die Betriebskommission reduzierte der Einsatz von Temporären ihre Basis in den Fabriken. Sie kritisierte daher deren Einsatz in ungewohnt scharfem Ton:

> Die BK kann das verwerfliche System, das den temporären Arbeitskräften auferlegt wird, nicht länger hinnehmen. Diese Ungleichbehandlung ist eine Methode, die aus unserem Unternehmen verbannt werden muss, schon aus Respekt gegenüber den betroffenen Mitarbeitern. Die Geschäftsleitung möge das Problem der Anstellung doch künftig gemäß den einschlägigen gesetzlichen Vorschriften regeln.[140]

Eine mehrjährige Diskussion entfachte sich insbesondere um die betriebseigenen Werkstätten. Im Januar 1981 kritisierte die BK, dass zahlreiche Temporäre eingesetzt würden, obschon die eigenen Werkstätten unterbeschäftigt seien. Direktor Poretti versprach darauf, Aufträge an Externe besser mit der Auslastung der eigenen

---

139 Protokoll BK-Sitzung (13.2.1980), S. 3 f., in: StAW, FTMH, 04 002.
140 Protokoll BK-Sitzung (28.11.1980), S. 2, in: StAW, FTMH, 04 002.

Werkstätten abzugleichen.[141] Die Diskussionen zwischen Direktion und Betriebskommission ebbten aber bis Mitte der 1980er Jahre nie ab. Die Argumente der BK blieben ungehört: Sie gab etwa zu bedenken, dass Alusuisse-Lehrlinge nach ihrer Ausbildung keine Arbeit finden würden, wenn die Zahl der Arbeitsplätze weiter stagniere oder sinke.[142] Sie forderte auch eine Modernisierung und Zentralisierung der Werkstätten, um diese gegenüber externen Dienstleistern konkurrenzfähig zu halten.[143] Aus Kostengründen lehnte Poretti den Vorschlag ab.

Angesichts dieser Haltung des Unternehmens scheint sich die Betriebskommission auf die Verteidigung der Kernbelegschaft zurückgezogen zu haben. Dabei nutzte sie auch Argumentationen, die an ausländer:innenfeindliche Überfremdungsdiskurse anschlossen: So kritisierte sie den Einsatz von externen Unternehmen mit dem Argument, dass dadurch Schweizer Arbeitskräfte durch ausländische verdrängt würden.[144] Stumm blieb die Betriebskommission hingegen als 1983 bekanntgegeben wurde, dass das weibliche Reinigungspersonal in ein externes Unternehmen transferiert werden sollte.[145] In diesem Fall von *Outsourcing* setzte sich die BK nicht dafür ein, dass diese Beschäftigten weiterhin die Vorteile einer Alusuisse-Anstellung genießen konnten. Es ist zu vermuten, dass solche Maßnahmen dazu führten, dass schlecht qualifizierte Arbeitskräfte Schritt für Schritt in unsichere Arbeitsverhältnisse entlassen wurden.[146] Ebenso ist davon auszugehen, dass die seit den 1970er Jahren wegrationalisierten Stellen teilweise schlicht an externe Unternehmen ausgelagert worden waren. Ob als bewusste unternehmerische Strategie oder als nicht-intendierter Effekt: das *Outsourcing* führte zu einer Schwächung der Position von Gewerkschaften und Betriebskommission.[147] Zum einen hatte sich damit ihre Basis in den Betrieben verkleinert, da der Organisationsgrad unter Temporären oder ausländischen Arbeitskräften viel niedriger war. Zum anderen, und hierfür war die Gewerkschaft mitverantwortlich, vertieften sich damit die Spaltungen innerhalb der Belegschaft.

Arbeitsintensivierung und Flexibilisierung als Marktanforderungen

Der managerialen Rhetorik entsprechend waren Flexibilisierung und Arbeitsintensivierung unvermeidliche Folgen des gesteigerten Wettbewerbs. Der ab 1985

---

141 Protokoll BK-Sitzung (12.1.1981), S. 3, in: StAW, FTMH, 04 002.

142 Protokoll BK-Sitzung (25.6.1981), S. 3, in: StAW, FTMH, 04 002.

143 Protokoll BK-Sitzung (2.10.1981), S. 2, in: StAW, FTMH, 04 002.

144 Protokoll BK-Sitzung (17.11.1982), S. 2, in: StAW, FTMH, 04 002.

145 Protokoll BK-Sitzung (13.4.1983), S. 1, in: StAW, FTMH, 04 002.

146 Für Frankreich vgl. Boltanski/Chiapello: Geist, S. 281.

147 Vgl. dazu die Vermutungen Luc Boltanskis und Eve Chiapellos: Boltanski/Chiapello: Geist, S. 319 f.

eingesetzte Direktor Gerd Springe führte flexibilisierte Arbeitseinsätze und vermehrte Wochenendarbeit auf Kundenverpflichtungen zurück, wie er gegenüber der Betriebskommission erklärte: „Herr Dir. Dr. G. Springe stellt klar, dass der Markt immer mehr Flexibilität verlangt. Unsere Kunden gehen sehr kurzfristige Verpflichtungen ein. Wir müssen uns also an dieses Gesetz des Marktes anpassen."[148] Oder ein Jahr später: „Angesichts der Marktlage und der Ziele des Unternehmens können wir es uns nicht leisten, treuen Kunden die Aufnahme ihrer Bestellungen zu verweigern. Die Flexibilität und Anpassungsfähigkeit unserer Mitarbeiter ist daher unbedingt erforderlich."[149]

Diese gesteigerten Anforderungen hinterließen ihre Spuren in den Köpfen und Körpern der Arbeitskräfte. In den 1980er Jahren mehrten sich die Klagen der Betriebskommission gegenüber der Direktion. So kritisierte die BK etwa, dass die großen Schwankungen der Arbeitsrhythmen zu psychischen Verunsicherungen und gesundheitlichen Schäden geführt hätten.[150] Ab Mitte der 1980er Jahre stellte die BK wiederholt einen chronischen Personalmangel fest und bemängelte, dass die Arbeitsintensität merklich gesteigert worden war. Als symptomatisch hierfür nannte man beispielsweise, dass sämtliche Fahrzeuglenker auf dem Fabrikareal stressbedingt mit überhöhter Geschwindigkeit unterwegs waren.[151]

Mit den sinkenden Personalzahlen nahmen die Überstunden zu: Es kam vor, dass Schichten auf 16 Stunden verdoppelt wurden. Mitglieder der Betriebskommission monierten die gestiegenen Gesundheits- und Unfallrisiken für die Beschäftigten.[152] 1982 berichtete die BK von Überschreitungen der Höchstarbeitszeiten. Wie sich herausstellte, waren einige Schichten kurzfristig verlängert worden, um Liefertermine einhalten zu können.[153] Ein Jahr später stellte man auch im Presswerk fest, dass einzelne Schichten verdoppelt worden waren.[154] 1984 musste die Direktion erneut eingestehen, dass einige Arbeiter von zwei Uhr nachts bis 14 Uhr nachmittags durchgehend gearbeitet hatten. Offensichtlich war die Überschreitung der gesetzlichen Höchstarbeitszeit kein Einzelfall. Die Bereitschaft der Arbeiter, solch lange Schichten zu übernehmen, führte die BK auf die zu dieser Zeit sinkenden Löhne zurück.[155] Denn einerseits war die Teuerung nur teilweise ausgeglichen worden, andererseits hatten Aktien im Besitz der Arbeiter an Wert verloren und die Dividendenauszahlungen entfielen.

---

148 Protokoll BK-Sitzung (6.5.1987), S. 5, in: StAW, FTMH, 04 002.
149 Protokoll BK-Sitzung (21.11.1988), S. 2, in: StAW, FTMH, 04 002.
150 Protokoll BK-Sitzung (13.4.1981), S. 2, in: StAW, FTMH, 04 002.
151 Kommuniqué zur 542. BK-Sitzung (28.6.1985), S. 1, in: StAW, FTMH, 04 002.
152 Protokoll BK-Sitzung (31.1.1983), S. 2, in: StAW, FTMH, 04 007.
153 Protokoll BK-Sitzung (18.5.1982), S. 4, in: StAW, FTMH, 04 002.
154 Protokoll BK-Sitzung (13.4.1983), S. 1, in: StAW, FTMH, 04 002.
155 Protokoll BK-Sitzung (27.4.1984), S. 2, in: StAW, FTMH, 04 002.

6.4 Neoliberale Lohnordnung? Weniger Lohn, individualisierte Entlohnung und Konflikte in den Lohnverhandlungen

Mit den in der Hochkonjunktur üblichen Lohnerhöhungen konnte die Belegschaft der Walliser Werke in den frühen 1980er Jahren – das zeigen die Betriebskommissions-Protokolle – nicht mehr rechnen. War es dem Management also gelungen, das Lohnwachstum in den Walliser Werken zu stoppen? Ein solches Abbremsen des Lohnwachstums haben die Ökonomen Gérard Duménil und Dominique Lévy für Europa und die Vereinigten Staaten in den 1970er und 1980er Jahren festgestellt.[156] Sie beschreiben diese Entwicklung als Ausdruck einer „neoliberalen Revolution", im Zuge derer sich das Kräfteverhältnis zwischen Kapital und Arbeit radikal verschoben habe.

Dieses Kapitel beleuchtet die Lohnentwicklung und die Lohnverhandlungen als Indikatoren für den Wandel der industriellen Beziehungen. Steigende Löhne und kompromissorientierte Lohnverhandlungen zwischen Betriebskommission und Direktion bildeten gewissermaßen das materielle Fundament der industriellen Beziehungen während der Boomjahre. Die Betriebskommission baute ihre betriebliche Bedeutung und Legitimation wesentlich auf ihrer Rolle als Verhandlungspartnerin in den betrieblichen Lohnverhandlungen auf. Für die Gewerkschaften symbolisierten diese den Zahltag der ‚sozialpartnerschaftlichen' Kooperation von Arbeit und Kapital im Zeichen des Produktivismus. Für das Management boten sie die Gelegenheit, ihre Kooperation mit der BK zu demonstrieren. In Zeiten des Arbeitskräftemangels konnten steigende Löhne zudem helfen, die Anziehungskraft der Walliser Werke zu verbessern.

Stagnierende Reallöhne

Wie entwickelten sich die Löhne in den Walliser Werken? Da die jährlichen Teuerungsausgleiche und Lohnsteigerungen bei den Walliser Werken jeweils im Herbst auf Betriebsebene verhandelt wurden, lässt sich die Lohnentwicklung anhand einer Lohnstatistik im Archivbestand der Walliser SMUV-Sektion nachzeichnen. Diese Aufstellung von nominalen Stundenlöhnen (inklusiv sämtlicher Zulagen) bezieht sich auf die Arbeiter der Kategorien „professionelle" und „non-professionelle" und deckt die Jahre von 1972 bis 1987 ab.[157]

---

156 Vgl. Duménil/Lévy: Capital. Diese These wurde insbesondere durch David Harvey popularisiert; vgl. Harvey: Destruction; ders.: History.

157 Evolution des salaires à l'Alusuisse en centimes, in: StAW, FTMH, 04 004.

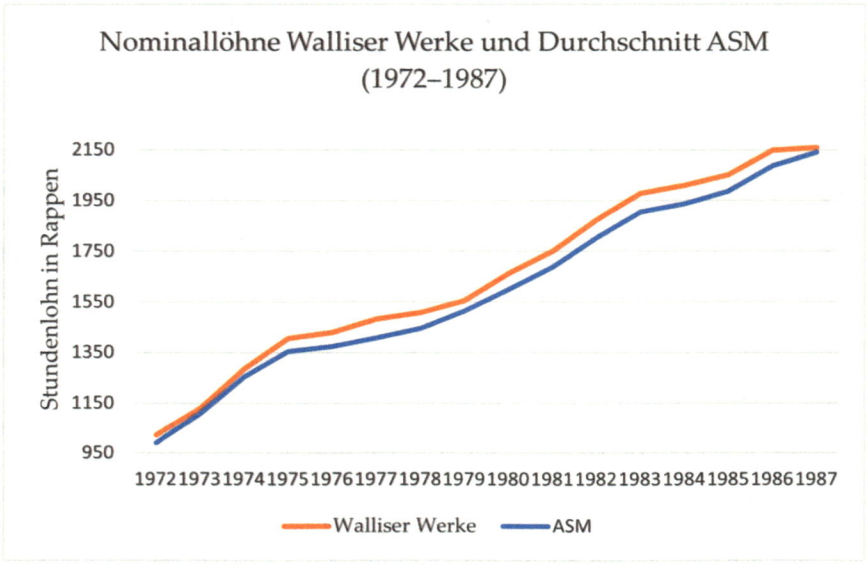

Abb. 32 Durchschnittliche Nominallöhne (Stundenlohn in Rappen) bestbezahlte Arbeiterkategorie, Walliser Werke und ASM, 1972–1987 (eigene Darstellung, Quelle: StAW, FTMH, 04 004).

In dieser Zeit verdoppelte sich der Nominallohn der Arbeiterkategorie „professionelle" von 10,21 Schweizer Franken auf 21,60 (Abb. 32).[158] Die Nominallöhne lagen in dieser Periode leicht über dem Durchschnitt der Mitglieder des Arbeitgeberverbands schweizerischer Maschinen- und Metall-Industrieller (ASM).[159]

Die Teuerung berücksichtigend lassen sich die Reallöhne berechnen, die die tatsächliche Kaufkraft der Arbeitskräfte weit besser abbilden. Der Überblick über die jährlichen prozentualen Reallohnsteigerungen[160] belegt, dass in den 1960er Jahren noch hohe Steigerungen von bis zu 8 Prozent gewährt wurden, während die Zunahme ungefähr ab 1970 moderater ausfiel (Abb. 33). Ab 1976 kam es gar wiederholt zu Reallohnverlusten.

---

158 Der Nominallohn der Arbeiterkategorie „non-professionelle" entwickelte sich parallel, lag aber stets leicht darunter.

159 Der Direktor W. Syz hatte den Beschäftigten versprochen, die Löhne in den Walliser Werken im Jahr 1961 dem Branchendurchschnitt nach oben anzupassen.

160 Die Angaben beruhen auf den Nominallöhnen der Kategorie 100 („professionelle"), also der bestbezahlten Kategorie, inkl. Zulagen. Für die Jahre 1972 bis 1987 basieren die dargestellten Werte auf der oben zitierten Aufstellung des SMUV bzw. der BK. Die Direktion begann erst 1961 Durchschnittslöhne für ganze Arbeiterkategorien zu kommunizieren, frühere Werte konnten daher nicht berücksichtigt werden. Die Werte für 1962 bis 1971 sowie für 1988 und 1989 konnten dank den Protokollen der Betriebskommission rekonstruiert werden. Die Werte für 1967 und 1968 sind berechnete Durchschnittswerte für die beiden Jahre, weil der Nominallohn nur für 1966 und

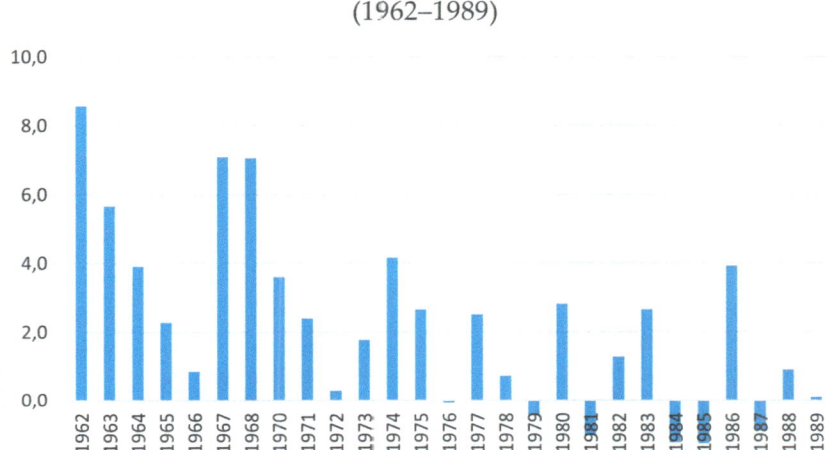

Abb. 33 Prozentuale jährliche Reallohnsteigerungen, 1962–1989 (eigene Darstellung, Quelle: BfS; StAW, FTMH, 04 002 und FTMH, 04 004).

Gruppiert man die Werte, lassen sich die Unterschiede verschiedener Zeiträume klarer erkennen. Die durchschnittlichen, jährlichen Reallohnsteigerungen für die Perioden von 1962 bis 1975 und von 1976 bis 1989 verdeutlichen (Abb. 34): In der Hochkonjunktur der 1960er bis zur Weltwirtschaftskrise Mitte der 1970er Jahre konnten die Arbeitskräfte mit einer teuerungsbereinigten Lohnsteigerung von durchschnittlich über 4 Prozent pro Jahr rechnen. Ab 1976 bis Ende der 1980er Jahre stieg der Reallohn hingegen durchschnittlich nur noch um 0,7 Prozent pro Jahr.

Damit folgte die Lohnentwicklung bei den Walliser Werken der schweizweiten Tendenz. Zwischen 1955 und 1975 stiegen die Reallöhne deutlich, im europäischen

---

1968 ermittelt werden konnte. Für 1970, 1971, 1988 und 1989 ließen sich die Nominallöhne nicht ermitteln, allerdings die generelle prozentuale Lohnerhöhung. Da die Werte bis 1972 nicht immer zum selben Zeitpunkt im Jahr eruiert wurden und teilweise während des Jahres noch weitere Lohnerhöhungen dazukamen, sind sie als Annäherung zu betrachten. Leider erfasste das Protokoll der Betriebskommission die Lohnentwicklung ab 1990 nicht mehr im Detail, sodass für die 1990er Jahre keine Zahlen eruiert werden konnten. Die in den dargestellten Werten berücksichtigten Teuerungsraten basieren auf Zahlen des Bundesamtes für Statistik (BfS).

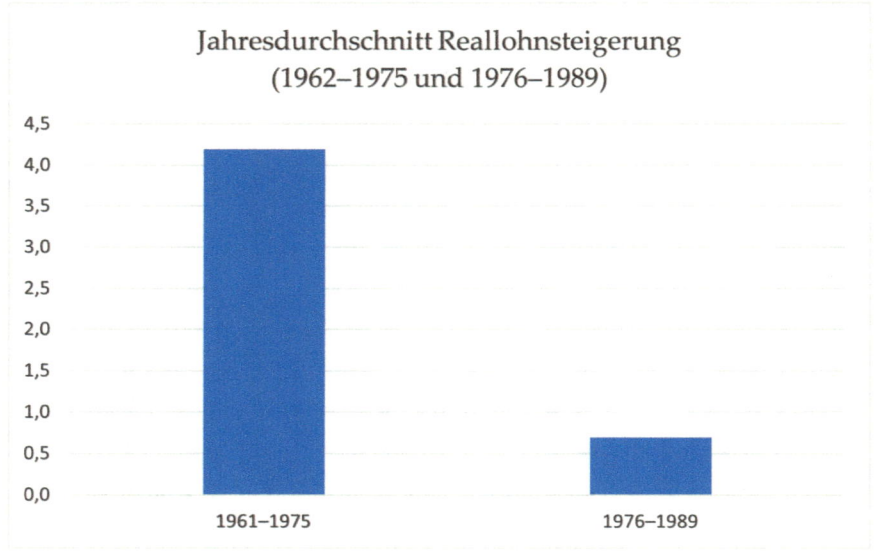

Abb. 34   Durchschnittliche jährliche Reallohnsteigerung für die Perioden 1962 bis 1975 und 1976 bis
1989 (eigene Darstellung, Quelle: BfS; StAW, FTMH, 04 002 und FTMH, 04 004).

Vergleich aber nicht überdurchschnittlich.[161] Wie Bernard Degen darlegt, erhöhten
sich die Reallöhne zwischen 1970 bis 2000 nur noch um ein Drittel, zwischen 1980
und 2000 nur um zehn Prozent, wobei von 1978 bis 1982, von 1992 bis 1995 und
von 1998 bis 2000 gar Reallohnverluste zu verzeichnen waren.[162] Zum Vergleich:
Die kumulierte Reallohnsteigerung in den Walliser Werken betrug von 1975 bis
1989 9,8 Prozent.[163] In den 1990er Jahren gewährten Unternehmen in der Schweiz
höhere Löhne vermehrt individuell und nach Leistung bemessen.[164] Gleichzeitig gerieten die tarifvertraglichen Mindestlöhne unter Druck. Im europäischen
Vergleich fielen BIP-Wachstumsrate und Reallohnsteigerungen in der Schweiz in

---

161 Müller, Margrit/Woitek, Ulrich: Wohlstand, Wachstum und Konjunktur, in: Halbeisen, Patrick/
Müller, Margrit/Veyrassat, Béatrice (Hg.): Wirtschaftsgeschichte der Schweiz im 20. Jahrhundert,
Basel 2012, S. 91–222, hier: S. 99.
162 Degen, Bernard: Neue Krisen, neue Wege, in: Boillat, Valérie/Degen, Bernard/Joris, Elisabeth
u. a. (Hg.): Vom Wert der Arbeit. Schweizer Gewerkschaften – Geschichte und Geschichten, Zürich 2006, S. 284–331, hier: S. 295, 300; ders.: Arbeit und Kapital, in: Halbeisen, Patrick/Müller,
Margrit/Veyrassat, Béatrice (Hg.): Wirtschaftsgeschichte der Schweiz im 20. Jahrhundert, Basel
2012, S. 873–922, hier: S. 913.
163 Basierend auf eigenen Berechnungen, vgl. Anm. 160 in diesem Kapitel.
164 Degen: Krisen, S. 295, 300; ders.: Arbeit, S. 913.

den 1990er Jahren geringer aus.[165] Die in der Forschungsliteratur beschriebene Tendenz, dass das Wachstum der Reallöhne seit den 1970er Jahren abflachte, trifft also auch für die Walliser Werke zu.[166] Dort kam es zudem in der zweiten Hälfte der 1980er Jahre zu Reallohnverlusten.

Umbau der Lohnordnung

Über den Lohn war nicht nur der Anteil der Belegschaft am produzierten Reichtum vermittelt. Das Management nutzte die Lohnordnung auch als disziplinierendes Interventionsmittel in die betrieblichen Sozialbeziehungen. Zentral waren hierfür die verschiedenen Prämien und Zulagen. Zu Beginn der 1980er Jahre hing der Grundlohn zu 70 Prozent von der Arbeitsplatzbeurteilung ab, 20 Prozent bestand aus Lohnzulagen und 10 Prozent machten die persönliche Qualifikation und das Dienstalter aus.[167]

Vorarbeiter und Abteilungsleiter nutzten ebenfalls die Zulagen und Prämien als Machtmittel und Instrument der Disziplinierung. Seit dem Zweiten Weltkrieg unterlagen die Arbeiter einem System der Arbeitsplatzbewertung, das zur Lohnberechnung herangezogen wurde. Der Journalist Frank Garbely beschrieb das Bewertungssystem folgendermaßen:

> Für jeden Arbeiter führte der Abteilungschef ein Bewertungsblatt mit Rubriken wie: „Kenntnisse", „Arbeitsqualität", „Anpassungsfähigkeit" [...]. Pro Rubrik konnte der Arbeiter 1–10 Punkte sammeln. Bepunktet wurde alles Mögliche, auch „Benehmen und Charakter". Wen der Abteilungschef als „guter Charakter, offenmutig, selbstsicher" einstuft, der erzielt das Punktemaximum. Für „schwieriger Charakter, starrköpfig, aufbrausend" dagegen gab es nur das Minimum.[168]

Auch nach rund 30 Jahren bestand dieses Lohnsystem in den 1980er Jahren immer noch. 1981 berichtete der Präsident der Betriebskommission in der Alusuisse-Betriebsgruppe des SMUV, dass Vorarbeiter und Produktionschefs die lohnrelevante, persönliche Beurteilung der Beschäftigten als Machtmittel nutzen würden.[169] Vorgesetzte würden Punkte bei unqualifizierten Arbeitskräften abziehen, die sich nicht dagegen wehrten, um sie denjenigen, meist hochqualifizierten, Arbeitskräften

---

165 Müller/Woitek: Wohlstand. S. 100–102.

166 Degen: Krisen, S. 295, 300; und ders.: Arbeit, S. 913.

167 SMUV-Alusuisse-Betriebsgruppe: Protokoll (7.4.1981), S. 1, in: StAW, FTMH, 04 002.

168 Garbely, Frank: Kanton Alusuisse. Alusuisse im Wallis, in: Bauer, Tobias/Crough, Greg J./Davidsson, Elias u. a.: Silbersonne am Horizont. Alusuisse. Eine Schweizer Kolonialgeschichte, Zürich 1989, S. 194–263, hier: S. 225 f.

169 SMUV-Alusuisse-Betriebsgruppe: Protokoll (7.4.1981), S. 2, in: StAW, FTMH, 04 002.

zuzuschreiben, deren Gunst sie gewinnen wollten. Die mittleren Managementebenen unterliefen also bisweilen die Interessen des Gesamtunternehmens, eine
rationelle Lohnordnung mit klaren Leistungsanreizen zu etablieren, und privilegier-
ten bei der Festlegung von Lohnbestandteilen stattdessen ihre Individualinteressen.

1973 führte Alusuisse eine weitere Entlohnungsform ein: die Mitarbeitendenbeteiligung. Sie bot diverse Vorteile. Das Management sah sie als Mittel, um die
vermeintliche Zusammenarbeit von Kapital und Arbeit zu demonstrieren. Wie
man die Beschäftigten der Walliser Werke 1973 in der Werkszeitung *Aluval* wissen
ließ, hatten nur „Mitglieder unserer Betriebsgemeinschaft"[170] Anspruch auf eine
Gratisaktie und (je nach Dienstjahren) auf Interimsscheine. Zudem erhielten sie
einen Anteil am Geschäftsergebnis. Die Rede war von 4.000 neuen Aktionären,
sodass davon auszugehen ist, dass diese Gratifikationen nur Mitarbeitenden in
der Schweiz zugesprochen wurden. Alusuisse folgte dem Vorbild anderer Unternehmen, die mit Aktien und Gewinnbeteiligungen die Partnerschaft von Arbeit
und Kapital symbolisch aufzuladen versuchten.[171] Arbeitskräfte sollten sich neu
als Mitinhaber, als Aktionäre betrachten, wie in der Personalzeitung ausgeführt
wurde:

> Demnach liegt der Sinn der Beteiligungsaktion [...] in der Tatsache, dass sich die aktiven
> Mitarbeiter als Teilhaber am Kapital der Gesellschaft – und damit an den aus diesem
> geschaffenen Werten wie Gebäuden und Maschinen etc. – fühlen sollen, also genau gleich
> wie jener Aktionär, der seine Anteile an der Börse erstanden hat.[172]

Mit der Mitarbeitendenbeteiligung versuchte Alusuisse erklärtermaßen, die Zusammenarbeit von Kapital und Arbeit als Projekt des gesellschaftlichen Fortschritts
darzustellen. In der Werkszeitung führte man dazu aus:

> Die „Aktionäre im Inneren" sind nun die Verbindung, die Kapital und Arbeit zusammen-
> schweißt, deren Komplementarität so sehr verkannt wurde. Ihre vereinende Funktion ist
> auf dem besten Weg, eine der großen Entdeckungen der heutigen Industriegesellschaft
> zu werden.[173]

---

170 Beteiligung der Mitarbeiter am Geschäftsergebnis, in: Aluval 110 (10.1973), S. 4.
171 Wie Sabine Donauer darlegte, setzte z. B. Siemens bereits ab 1950 auf die Gewinnbeteiligung ihrer
   Arbeitskräfte. Aktien und Gewinnbeteiligungen sollten eine neue Form der Partnerschaft von Arbeit
   und Kapital ermöglichen, nachdem in Deutschland völkische Ideale wie die Werksgemeinschaft
   diskreditiert waren. Vgl. Donauer: Emotions, S. 278 f.
172 Beteiligung der Mitarbeiter am Geschäftsergebnis, in: Aluval 110 (10.1973), S. 4.
173 JBF: Identification à l'entreprise, in: Aluval 110, S. 5.

Zugleich, und dies erwähnte man in der Personalzeitung nicht, bot diese Entlohnungsform den Vorteil, an die Börse geknüpft zu sein und daher nur bei positivem Geschäftsgang ausgerichtet werden zu müssen.

Zudem hatte das Unternehmen mit der Mitarbeitendenbeteiligung ein Entlohnungsmittel gefunden, das sich am Markterfolg orientierte und bei dem keine gewerkschaftliche Verhandlungstradition bestand. Bei ihrer Einführung im Jahr 1973 begrüßte die Betriebskommission die neue Entlohnung noch.[174] Nach 1980, als die Dividende wegfiel, forderte die BK hingegen Anpassung dieses Entlohnungssystem. Wenngleich das Unternehmen die Schweizer Beschäftigten an besonders profitablen Jahresergebnissen teilhaben ließ, musste die BK dennoch befürchten, dass die Direktion damit die allgemeinen und der Verhandlung unterliegenden Lohnerhöhungen unterlief.[175]

Lohnkonflikte

Während der Jahrzehnte des Booms verliefen die Lohnverhandlungen wenig spektakulär, selbst wenn, wie oben gezeigt, die Verhandlungsergebnisse für die Betriebskommission ab Mitte der 1970er Jahre vermehrt unbefriedigend waren. Doch im Herbst 1982 ließ die Direktion die Lohnverhandlungen platzen. Im folgenden Jahr konnte der erste Alusuisse-Betrieb im Wallis auf sein 75-jähriges Bestehen zurückblicken, so lange stellten Arbeiter im Wallis bereits Aluminium her. Die Beschäftigten erwarteten, wie üblich bei solchen Jubiläen, Festivitäten und eine finanzielle Würdigung. Doch die Absichten der Direktion liefen in eine andere Richtung: Nicht nur waren weder Gratifikationen noch Feiern vorgesehen, die Manager verweigerten zudem den Teuerungsausgleich von 4,3 Prozent und wollten lediglich individuelle Lohnanpassungen unter Berücksichtigung des Arbeitsplatzes, der persönlichen Qualifikation und der Dienstjahre vornehmen.[176]

Angesichts dieser konfrontativen Haltung sah die Betriebskommission das gute Betriebsklima gefährdet: „Diese Vorgehensweise löst ein Gefühl der Empörung und der Geringschätzung gegenüber allen Mitarbeitern des Unternehmens aus."[177] Mit der Verweigerung des Teuerungsausgleichs fanden die Auseinandersetzungen der vergangenen Jahre einen Höhepunkt. Denn bereits 1981 hatte die BK angesichts der sinkenden Kaufkraft der Arbeiter im ersten Halbjahr gefordert, eine vorzeitige Lohnanpassung vorzunehmen, was die Direktion umgehend zurückwies.[178] Auch

---

174 Protokoll BK-Sitzung (16.4.1973), S. 1 f., in: StAW, FTMH, 04 002.

175 Protokoll BK-Sitzung (4.12.1989), S. 2, in: StAW, FTMH, 04 002.

176 Direktion der Walliser Werke: Mitteilung an die Betriebsangestellten (18.1.1983), in: StAW, FTMH, 04 007.

177 Protokoll BK-Sitzung (31.1.1983), S. 2, in: StAW, FTMH, 04 007.

178 Protokoll BK-Sitzung (25.6.1981), S. 6, in: StAW, FTMH, 04 002.

die regulären Lohnverhandlungen scheiterten und mussten auf Januar 1982 vertagt werden.[179] Wie diese Beispiele zeigen, revidierte die Direktion in den frühen 1980er Jahren ihre ‚sozialpartnerschaftliche‘ Praxis, um die Lohnkosten zu kontrollieren. Dieses Vorgehen unterminierte die Legitimität der BK, weil die Verhandlung des Teuerungsausgleichs zu ihren Kernkompetenzen gehörte.[180]

Anhand der gescheiterten Lohnverhandlungen vom November 1982 lässt sich nachzeichnen, wie die gegenteiligen Lagebeurteilungen von Unternehmen und Gewerkschaften aufeinanderprallten. René Himmel, der die Verhandlungen für Alusuisse führte, betonte die schlechte Lage des von Überproduktion geplagten europäischen Aluminiummarktes.[181] Himmel betonte, dass wichtige Absatzbranchen unter schwachem Wachstum leiden würden und die an der LME-Börse verhandelten Aluminiumpreise negative Preisentwicklungen in kürzester Zeit globalisieren würden. Denn Preisabsprachen unter den Großproduzenten, wie sie in den 1960er Jahren gepflegt wurden, waren nicht mehr erlaubt.[182] René Himmel rahmte diese Konstellation als unternehmerischen ‚Überlebenskampf‘ und schlussfolgerte, dass nur drastische Sparmaßnahmen den Walliser Werken eine ‚Überlebenschance‘ sicherten: „Eine Überlebenschance haben nur Aluminiumhütten, die diese Herausforderungen meistern können."[183]

Die Betriebskommission hielt den Ausführungen von Alusuisse entgegen, dass die Walliser Werke die finanzielle Basis für die weltweite Expansion gelegt hatten, aber nie mit den benötigten Investitionen belohnt worden seien. Die Übertragung der Marktrisiken auf die Beschäftigten lehnte sie ab: Aus ihrer Perspektive konnte die Belegschaft nicht für die schlechte Lage verantwortlich gemacht werden und sollte daher deren Konsequenzen nicht tragen müssen. Die BK appellierte an das Unternehmen, ihre Unterstützung während des Fluorkrieges zu würdigen und den Erhalt von Arbeitsplätzen zuzusichern. Schließlich forderte die BK, die Walliser Werke müssten komplett unabhängig vom Konzern werden – auch mit

---

179 Protokoll BK-Sitzung (13.11.1981), S. 1, in: StAW, FTMH, 04 002.

180 Dass der Teuerungsausgleich durch die Betriebskommission auf Betriebsebene verhandelt wurde, war unter Gewerkschaftern nicht unumstritten. Die „commission d'industrie de la branche des machines et métaux" des SMUV diskutierte die Problemlage beispielsweise 1977. Man beschloss an der bisherigen Praxis der Lohnverhandlungen auf Betriebsebene festzuhalten, um die Betriebskommissionen nicht zu schwächen und weil die vergangenen Jahre gezeigt hätten, dass die Verhandlung des Teuerungsausgleichs Reallohnsteigerungen ermöglichte; vgl. FTMH: Procès-verbal de la séance de la commission d'industrie de la branche des machines et métaux (6.5.1977), S. 6, in: StAW, FTMH, 04 002.

181 Entrevue des bureaux des commissions du personnel avec monsieur GD Dr. Himmel (30.11.1982), S. 3, in: StAW, FTMH, 04 002.

182 Vgl. dazu Bertilorenzi: Cartel.

183 Entrevue des bureaux des commissions du personnel avec monsieur GD Dr. Himmel (30.11.1982), in: StAW, FTMH, 04 002.

dem Argument, dass damit eine stärkere Verhandlungsposition für subventionierte Strompreise einherginge.

Nachdem die Lohnverhandlungen auf Betriebsebene gescheitert waren, beantragten die Gewerkschaften ein Schlichtungsverfahren. Wie SMUV und CMV in einem Schreiben an das Schiedsgericht betonten, hatte die Direktion mit einer Praxis gebrochen, die seit Jahrzehnten Bestand hatte.[184] In der Regel präsentierte die BK der Direktion am Jahresende ihre Lohnforderungen, wobei immer ein Übereinkommen erreicht werden konnte. Seit dem Streik von 1954, so betonten die Gewerkschaften, hätten sich die Beziehungen zwischen Belegschaft und Direktion stark verbessert und Differenzen stets auf betrieblicher Ebene geklärt werden können. Zentral für dieses ‚sozialpartnerschaftliche' Klima war aus Sicht der Gewerkschaften, dass Lohnstreitigkeiten dank eines „wissenschaftlichen"[185] Lohnsystems entschärft worden waren. Die von Direktion und BK gemeinsam erarbeitete Lohnordnung basierte auf einer Beurteilung der Arbeitsplätze (die sogenannte Qualifikation) und einer individuellen Bewertung. Das damals sehr niedrige Lohnniveau konnte seither jährlich an die Teuerung angepasst und meistens auch real erhöht werden. Das Schiedsverfahren endete mit einem Teilerfolg für die Gewerkschaften: Im Oktober 1983 verfügte das Schiedsgericht eine Lohnerhöhung von 2,8 Prozent.[186]

Dessen ungeachtet untergrub die Direktion die Lohnverhandlungen in den kommenden Jahren weiter. Auf Frontalangriffe wie 1982/1983 verzichtete sie allerdings fortan. Statt den Teuerungsausgleich und allgemeine Lohnerhöhungen zu gewähren, versprach die Walliser Leitung jeweils „eine Anpassung der individuellen Löhne unter Berücksichtigung des Arbeitsplatzes, der persönlichen Qualifikation und der Dienstjahre."[187] So versuchte das Management die Löhne zu individualisieren – eine Lohnpolitik, die in den 1990er Jahren auch von den Arbeitgeberverbänden in den kollektiven Verhandlungen mit den Gewerkschaften eingebracht wurde.[188] Damit verlor nicht nur die Lohnordnung an Transparenz für die Beschäftigten. Während allgemeine Lohnerhöhungen die gesamte Belegschaft gleichermaßen betrafen, vertieften die individualisierten auch die Fraktionierung der Belegschaft entlang der Achsen von Arbeitsplatzbewertung, Qualifikation und Dienstjahren.

---

184 Mémoire de la FTMH et de la FCOM à l'intention du Tribunal arbitral (o. D.), S. 1–7, in: StAW, FTMH, 04 007.

185 Ebd., S. 5.

186 Sentence arbitrale du 13. octobre 1983 (13.10.1983), S. 20, in: StAW, FTMH, 04 007.

187 Direktion Walliser Werke: Mitteilung an die Betriebsangestellten (16.11.1988), in: StAW, FTMH, 04 004.

188 Oesch, Daniel: Weniger Koordination, mehr Markt? Kollektive Arbeitsbeziehungen und Neokorporatismus in der Schweiz seit 1990, in: Swiss Political Science Review 13/3 (2007), S. 337–368, hier: S. 341.

6.5 Unternehmensberater im Wallis. Oder die Suche nach Produktivitätsreserven, neuen Steuerungsformen und Marketingpotentialen

Das Abrutschen der Walliser Werke in die Verlustzone in den frühen 1980er Jahren, nahm das Alusuisse-Topmanagement im November 1983 zum Anlass, das Beratungsunternehmen Hayek Engineering AG mit einer „Betriebsanalyse" zu beauftragen, um ein kurzfristiges „Sofort-Programm zur Kostenreduktion" und „Massnahmen zur Erstellung eines mittel- und langfristigen Konzeptes (Unternehmensmasterplan)" auszuarbeiten.[189]

Hayek Engineering war 1963 in Zürich gegründet worden und seither für zahlreiche große Industrieunternehmen tätig gewesen.[190] Schon bald nach seiner Gründung beriet die Firma des späteren Swatch Group-Generaldirektors Nicolas G. Hayek 300 Großkunden in 30 Ländern.[191] In Abgrenzung zu amerikanischen Beratungsfirmen wie McKinsey, die sich früh an der kompromisslosen Steigerung des Shareholder-Value orientierten, galten die Praktiken von Hayek Engineering als weniger einschneidend.[192]

Die Hayek-Studie zu den Walliser Werken fiel sehr detailliert aus. Auf gut 500 Seiten untersuchten die Unternehmensberater Produktion und Verkaufsabteilung, befassten sich mit Personalfragen und Stundenaufwand, ermittelten Produktivitätsraten, Herstellungskosten und Erlöse und analysierten geplante Investitionen und Organisationstrukturen.[193] Ein weiterer Fokus des Beratungsunternehmens lag auf den Bereichen Verkauf und Marketing, für die eine zweite Studie von über 250 Seiten angefertigt wurde.[194] Für die Produktionsbetriebe analysierte der Bericht die Effizienz der Einsatzmaterialien, die Abfallstatistiken, Retouren, Energieaufwand und -kosten sowie die Personalentwicklungen. Einen Fokus setzte man auf den Vergleich technischer Werte der verschiedenen Alusuisse-Produktionsbetriebe, insbesondere mit den US-amerikanischen.[195]

---

189 Hayek Engineering: Begleitbrief zur Betriebsanalyse der Walliser Werke (18.6.1984), S. 2, in: SWA, PA 600b D 9-18. Hayek Engineering hatte man bereits im März 1983 mit einem Kostenreduktionsprogramm für die amerikanische Tochterfirma Conalco beauftragt.

190 Esther Fallet: Nicolas G. Hayek, Historisches Lexikon der Schweiz (30.6.2010), online: https://hls-dhs-dss.ch/de/articles/035280/2010-06-30/ [15.5.2020].

191 Tanner, Jakob: Geschichte der Schweiz im 20. Jahrhundert, München 2015, S. 422.

192 Jakob Tanner charakterisierte das Vorgehen von Hayek Engineering als „industriepolitisches Nachhaltigkeitsmodell". Ebd.

193 Hayek Engineering: Betriebsanalyse der Walliser Werke mit Kostenreduktionsplan und Grobmasterplan, Bd. 1 (6.1984), S. 33, in: SWA, PA 600b D 9-18.

194 Hayek Engineering: Bericht über die zur Realisierung vorgeschlagenen Sofortmassnahmen im Bereich Marketing/Verkauf der Walliser Werke (1.1985), in: SWA, PA 600b D 9-19.

195 Hayek Engineering: Betriebsanalyse, Bd. 1.

Der Vergleich war *die* zentrale Methode des Berichts. Man verglich produktionstechnische Werte, Gewinnzahlen, Anzahl der Mitarbeitenden und die Arbeitsproduktivität mit vordefinierten Kennzahlen (z. B. Relationen von Unterhaltskosten
zu investiertem Kapital) oder mit den Erfahrungswerten aus anderen Abteilungen
des Konzerns oder anderen Unternehmen. Basierend auf diesen Vergleichswerten
skizzierten die Berater Sparpotentiale:[196] Insgesamt machte der Bericht Einspar-
möglichkeiten in der Höhe von 14,5 Millionen Schweizer Franken aus. Dies reichte
allerdings nicht aus, um das negative Betriebsergebnis von ungefähr 23 Millionen
Franken (1983) zu decken. Um die Walliser Werke wieder in die schwarzen Zahlen
zu bringen, schlug Hayek Engineering vor, sollte Alusuisse sich in den Bereichen
Verkauf und Marketing verbessern.[197]

Produktivitätsreserven aufspüren – Personal reduzieren

Die vorgeschlagenen Sparmaßnahmen betrafen vor allem den Produktionsbereich.
Hier sollten 13,1 Millionen Schweizer Franken pro Jahr eingespart werden können. Im Verwaltungsbereich und in der Verkaufsabteilung lokalisierte Hayek ein
jährliches Sparpotential von 1,4 Millionen Franken.[198] Im Fokus der Einsparungen
standen „Einsatzmaterial und damit im Zusammenhang stehende Umarbeitungs-
kosten" (7,2 Millionen Schweizer Franken im Jahr) und „Personalkosten" (6,2 Millionen Franken im Jahr).[199] Gegenüber dem Jahresdurchschnitt von 1983 schlug
der Bericht eine Reduktion von knapp 60 Angestellten und 116 Arbeitern vor.[200]
Die Studie untersuchte auch die Arbeitsproduktivität in den einzelnen Betrieben
und Bereichen. An einem Beispiel, hier für die Elektrolyse Chippis, wird verständ-
lich, wie „Produktivitätsreserven" eruiert und Sparpotentiale berechnet wurden:

Die Produktivität konnte 1983 gegenüber 1979 unter Berücksichtigung der geringeren
Produktion lediglich um ca. 0,7 % verbessert werden. Der Arbeitsstundenaufwand stieg
dennoch in der gleichen Zeit von 17,02 auf 17,49 h/t. Dies lässt darauf schliessen, dass
vorhandene Produktivitätsreserven der Vergangenheit so gut wie nicht aktiviert wurden.
Unter Berücksichtigung der durch das Alter und die Einrichtungen gegebenen Struktur

---

196 Ebd.
197 Hayek Engineering: Begleitbrief zur Betriebsanalyse der Walliser Werke (18.6.1984), S. 2, in: SWA,
     PA 600b D 9-18.
198 Hayek Engineering: Betriebsanalyse, Bd. 1, S. 4. Die vorgeschlagenen Sparmaßnahmen verteil-
     ten sich wie folgt: Hütte Chippis ca. 5.1 Mio. Schweizer Franken/Jahr, Hütte Steg 3,6 Mio./Jahr,
     Halbzeugwerke 4,4 Mio./Jahr, Verwaltung 0,9 Mio./Jahr, Verkauf (WW und Allega) 0,5 Mio./Jahr.
199 Ebd.
200 Hayek Engineering: Betriebsanalyse, Bd. 2, S. 493.

der Hütte besteht im Vergleich mit anderen Hütten, insbesondere mit Steg, ein Produktivitätsrückstand, der sich mit einem Anpassungspotential bei den Betriebsangestellten von ca. 14 Mitarbeitern quantifizieren lässt.[201]

Der Bericht verglich nicht nur die absolute Arbeitsproduktivität unter den Betrieben, sondern auch die Produktivitätszuwachsraten. Er stellte fest, dass die Press- und Walzwerke trotz hoher Arbeitsproduktivität nur unterdurchschnittliche Wachstumsraten vorweisen konnten.[202] Bei der Abteilung für Raffination in Chippis wurde konstatiert, dass die Produktivität trotz gesunkenem Arbeitsstundenaufwand gefallen war.[203] Die Gießerei Chippis, vermutete man, produziere unter der eigentlichen Produktionskapazität. Für das Unterhalts- und Reparaturwesen verglich der Bericht den Aufwand mit anderen Unternehmen. Dabei wurde deutlich, dass der Anteil der Beschäftigten dort im Verhältnis zur Gesamtbelegschaft doppelt so hoch war wie in vergleichbaren Unternehmen.[204] Wo eine gestiegene Produktivität festgestellt werden konnte, wie in der Anodenfabrik Chippis, wurde keine Stellenreduktion vorgeschlagen.[205]

Der Mehrwert der Hayek-Studie für Alusuisse lag also darin, mittels vergleichender Analysen quantitatives Wissen über betriebliche Abläufe zu produzieren und „Produktivitätsreserven" auszuweisen. Ineffiziente Abläufe konnten so durch Berechnungen und Vergleiche sichtbar gemacht werden. Ein Weg, um an diese Produktivitätsreserven zu gelangen, war die Optimierung der betrieblichen Kontrolle durch Vorgesetzte. So verglich der Bericht die Anzahl der Vorgesetzten für die verschiedenen Schichten: Zu viele Vorgesetzte verortete man in der A-Schicht, während die C-Schicht (Nachtschicht) sogar ohne Aufsichtspersonal funktionierte. Die Hayek-Studie regte folglich an, Vorgesetzte in die B- und C-Schicht zu verschieben, um die Aufsicht zu verbessern und dadurch „noch vorhandene Produktivitätsreserven" auszuschöpfen.[206]

Mit der gleichen Absicht nahm der Bericht auch die Fehlzeiten der Belegschaft ins Visier: Anhand der durchschnittlichen krankheits- und unfallbedingten Abwesen-

---

201 Hayek Engineering: Betriebsanalyse, Bd. 1, S. 6.

202 Ebd., S. 46–51.

203 Ebd., S. 8 f.

204 Bei den WW waren gemäß Hayek-Studie 19,8 bis 26,7 Prozent der Angestellten und 21 bis 29,4 Prozent der Arbeiter im Reparatur- und Unterhaltswesen beschäftigt. In vergleichbaren Unternehmen würde der Anteil der Betriebsangestellten zwischen 8 und 12 Prozent liegen. Der Anteil sollte daher zunächst auf höchstens 16–18 Prozent reduziert werden; ebd., S. 18.

205 Ebd., S. 5.

206 Ebd., S. 30. In der Elektrolyse Steg beispielsweise war das Verhältnis von Angestellten mit Führungs- und Aufsichtsfunktion in der A-Schicht 10:1, in der B-Schicht hingegen 22:1, in der C-Schicht fehlte die Aufsicht gänzlich; vgl. ebd., S. 132.

heitszeiten konnte man die verschiedenen Abteilungen und Betriebe vergleichen. Dabei zeigte sich etwa, dass die zentralen Dienste, die Gießerei, die Elektrolyse Steg, das Walz- und Presswerk Sierre überdurchschnittliche Abwesenheiten verzeichneten. Man empfahl dort vermehrte und strengere Kontrollen, die Aufklärung des Personals sowie die Beseitigung von Krankheits- und Unfallsrisiken.[207]

Diese Analysen erlaubten dem Management, durch Quantifizierung und Vergleich, ein detailreicheres Bild von der betrieblichen Arbeitsorganisation und Leistung zu erhalten; sie erhöhten die betriebliche Transparenz, machten sogenannte Produktivitätsreserven sichtbar und verringerten die Spielräume für eigensinniges Verhalten der Arbeitskräfte. Vergleichsweise niedrige Arbeitsproduktivität oder Fehlzeiten konnten nun rechnerisch aufgespürt, die Arbeitsintensität hochgetrieben werden.

Data Mining für das Management by Objectives

Eine zweite Stoßrichtung des Berichts war die Anpassung der Unternehmenssteuerung. Wie die Hayek Engineering AG bereits für das Conalco-Werk in den USA beanstandet hatte, hielt sie die Kommunikation zwischen den Unternehmensteilen für mangelhaft. Dies stand auch der strikten Umsetzung des *Management by Objectives* im Wege. Dieses seit den 1950er Jahren vom US-amerikanischen Ökonomen Peter Drucker popularisierte Managementkonzept zielte darauf ab, Befehle und Gehorsam durch ein kybernetisches Modell von Zielvereinbarung und -kontrolle zu ersetzen, sodass Arbeitskräfte ergebnisorientierter und initiativer vorgehen würden.[208]

Zur Implementierung des *Management by Objectives* skizzierte der Bericht ein auf Transparenz aufbauendes Kommunikationsmodell sowie eine dazugehörige systematisierte Kontrollarchitektur. Das Modell schrieb der Konzernzentrale die Aufgabe zu, die „strategischen und operationellen Zielsetzungen für die einzelnen Werke" zu definieren.[209] Demgegenüber mussten die einzelnen Betriebe „über die Erreichung der Ziele erschöpfend berichten".[210] Der zuständigen Konzernstelle oblag es wiederum, den Erfolg zu kontrollieren und, falls nötig, korrigierend einzugreifen – also die Funktion der kybernetischen Feedbackschleife zu übernehmen.

Gemäss dem Urteil von Hayek Engineering entsprach die Führungsstruktur und -kultur der Walliser Werke diesem selbstregulierenden Modell von Zielsetzung,

---

207 Ebd., S. 45.
208 Uhl: Rationalisierung, S. 153.
209 Hayek Engineering: Begleitbrief zur Betriebsanalyse der Walliser Werke (18.6.1984), S. 2 f., in: SWA, PA 600b D 9-18.
210 Ebd.

Kontrolle und Kurskorrektur noch nicht. Grundlegende „aufbau- und ablauforgani-
satorische Voraussetzungen" fehlten – insbesondere in den Bereichen „Marketing/
Verkauf, Controlling sowie Unternehmensstrategie und -planung".[211] Noch war das
Schmiermittel solch einer Steuerungsform nicht vorhanden: vereinfachte, automati-
sierte – sprich: beschleunigte – Kommunikationsnetzwerke und ein „ganzheitliches
Berichtskonzept".[212]

Zentral für diese Steuerungsformen war naheliegenderweise verlässliches, um-
fangreiches Zahlenmaterial. Zwar lieferte die zuständige Abteilung „betriebliches
Rechnungswesen" regelmäßig Betriebsrechnungen, Kostenzusammenstellungen
und eine Managementerfolgsrechnung. Der Hayek-Bericht kritisierte aber die un-
zulängliche Datengrundlage des Controllings, die eine effektive Leistungskontrolle
nicht garantieren könne.[213] Zwar arbeitete man mit der Standardkostenrechnung,
mit der alle betrieblichen Abläufe in rechnerische Kostenstellen übersetzt, also
beispielsweise sämtliche Materialeinkäufe und Lohnzahlungen stets zu standardisierten Sätzen buchhalterisch verrechnet wurden. Das Beratungsunternehmen
bemängelte aber, dass die Standardkostenrechnung die Anforderungen des „Responsibility Accounting" nicht erfüllte.

Laut *Responsibility Accounting* war das Unternehmen als „Verantwortungspyramide" zu betrachten (Abb. 35):[214] Die für eine Kostenstelle verantwortliche Person
sollte von einer höheren Ebene kontrolliert werden – von der einzelnen Kostenstelle über Bezirke, Bereiche und Zweige bis zum Gesamtwerk. Dabei sollte die
zuständige Person die Kostenstellen möglichst direkt beeinflussen können, um
kostensenkendes Handeln zu fördern. Wichtig war hierfür ein gezieltes Informati-
onsmanagement. Jede Hierarchiestufe musste das richtige Maß an Informationen
für ihre Führungsentscheidungen und -verantwortung erhalten. Daher hatten niedrigere Ebenen zu lernen, relevante, verdichtete Informationen an die nächsthöhere
Verantwortungsebene weiterzuleiten: „Dieses Prinzip erlaubt, dass jede Verant-
wortungsstufe überschaubare konzentrierte Führungsinformationen erhält und im
Bedarfsfall auf Details zurückgreifen kann."[215].

Der Bericht kritisierte außerdem, dass Informationen aus der Produktionsüber-
wachung und dem Verkauf fehlten. Die Datenermittlung und -auswertung wurde
als unsystematisch kritisiert. Dies führe dazu, dass die zur „Steuerung und Mass-
nahmenplanung und -kontrolle"[216] wesentlichen Informationen fehlten. Abfälle
und Produktionsausschüsse seien nach Menge, Fertigungsstufe, Maschine und

---

211 Ebd.
212 Hayek Engineering: Betriebsanalyse, Bd. 2, S. 497.
213 Hayek Engineering: Betriebsanalyse, Bd. 1, S. 20.
214 Hayek Engineering: Betriebsanalyse, Bd. 2, S. 478.
215 Ebd., S. 472–478.
216 Ebd., S. 497.

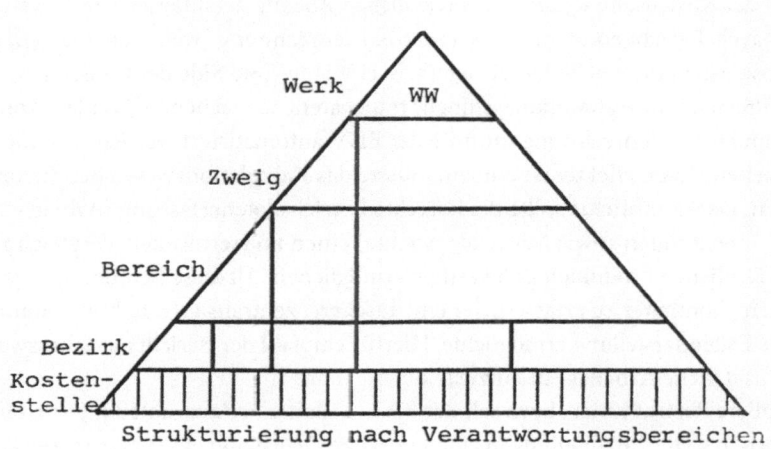

Abb. 35 Verantwortungspyramide (Hayek Engineering AG, Betriebsanalyse der Walliser Werke, Bd. 2, S. 476, 1984, in: SWA, PA 600b D 9-18).

Ursache zu erfassen. Zwar geht aus den vorhandenen Informationen hervor, dass die Produktionsabfälle im Walzwerk seit 1979 von 18,2 auf 25,3 Prozent gestiegen waren. Für eine Ursachenabklärung fehlten aber statistisch verwertbare Daten. Letztlich wollte der Hayek-Bericht die Abfallstatistiken für die Prämienberechnung erschließen und so Anreize setzen:

> Die Erfassung des Ausschusses erscheint als besonders wichtig im Hinblick auf den durch die Bedienungsmannschaften verursachten Ausschuss, da die durchgesetzten Mengen die Grundlage für die Prämienberechnung bei der Lohnfindung sind und dadurch das Qualitätsbewusstsein gefördert wird.[217]

Analog sollte die Managementerfolgsrechnung (MER) funktionieren: „Die MER sollte um spezifische Werte ergänzt werden, da sich diese Werte als Kennzahlen für die betriebliche Führung und Kontrolle bewährt haben."[218] Auch

---

217 Hayek Engineering: Betriebsanalyse, Bd. 1, S. 167 f.
218 Hayek Engineering: Betriebsanalyse, Bd. 2, S. 472 f.

hier sollten die herangezogenen Kennzahlen Einflussbereiche betreffen, die von Vorgesetzten möglichst direkt beeinflussbar waren.[219]

Auf der Kostenseite sollten die betrieblichen Abläufe detaillierter erfasst werden. Der Hayek-Bericht empfahl, die Standardkostenrechnung „weiter aufzulösen, um die Kostenstruktur von Teilbereichen (z. B. Hot Side/Cold Side der Gießereien, einzelne Pressen und Walzwerkmaschinen) transparent zu machen."[220] Zudem konnte die Standardkostenrechnung mithilfe der EDV automatisiert werden. Um die gesammelten Daten effektiv zu nutzen, musste das Kalkulationswesen beschleunigt werden. Darüber hinaus sollte die korrekte Betriebsdatenerfassung (Arbeits- und Maschinenstunden sowie Materialgewichte) einen konzernweiten Vergleich zwischen ähnlichen Produkten und Werken ermöglichen. All diese Bemühungen seien in einem Computer zu erfassen, der eine raschere, zentralisierte, teilweise automatisierte Datendarstellung ermöglichte. Hierfür empfahl der Bericht ausnahmsweise, eine zusätzliche Arbeitskraft einzustellen.

Größere Restrukturierungen sah der Bericht für die Verkaufsabteilung vor. Organisatorisch sollte die Abteilung in einen internen Dienst und eine Frontorganisation aufgeteilt werden. Letztere sollte auf langjährige, „partnerschaftliche" Kundenbeziehungen und konjunkturresistente Kunden fokussieren.[221] Ein System der *Job Rotation* sollte indes verhindern, dass die Abteilung zu stark von einzelnen Verkäufer:innen abhängig würde.[222] Zudem verlangten die Berater von Hayek Engineering eine Professionalisierung der Verkaufsabteilung. Mitarbeitende sollten Verkaufstechniken erlernen und das Konzept des Produktmanagements anwenden. Auch das Werbebudget sollte gesteigert werden.[223]

Die Unternehmensberater mahnten an, Markt-, Kunden-, Wettbewerber- und Umweltinformationen systematischer zu sammeln. Das Ziel war es, diese Informationen als „internal management reports" für „Planungs- und Kontrollprozesse" einzusetzen.[224] Konkret hieß das, das Führungssystem der Abteilung dem *Management by Objectives*-Prinzip anzupassen. Angestellte mit Verkaufsfunktion sollten messbare Zielvorgaben erhalten und fortwährend auf Zielerreichung überprüft

---

219 Der Bericht schlug vor, von der bisherigen Praxis abzurücken, den Erfolg an Absatz und Umsatz zu messen. Denn dieses Vorgehen sei für das *Business-Unit*-Konzept sinnvoll, die über eigene Verkaufs- und Marketingabteilungen verfügten. In reinen Produktionsbereichen sollte hingegen die produzierte Menge entscheidend sein.

220 Ebd., S. 473 f.

221 Ebd., S. 484–492.

222 Das Mittel der *Job Rotation* sah vor, dass Arbeitskräfte zwischen verschiedenen Stellen rotieren würden. Bemerkenswerterweise stand die Einführung von *Job Rotation* in diesem Fall nicht im Kontext einer Aufladung des Arbeitsplatzes mit positiven Emotionen, wie dies Sabine Donauer festgestellt hat; vgl. Donauer: Emotions, S. 351 f.

223 Hayek Engineering: Betriebsanalyse, Bd. 2, S. 484–492.

224 Ebd., S. 497–501.

werden. Bei „Soll/Ist-Diskrepanzen" müsse „nachhaltig durchgegriffen werden".
„Dieser erfolgsorientierte Führungsstil erfordert zu seiner Unterstützung ein Prämiensystem („Incentive System') für das akquisitorisch tätige Personal." Angestrebt
wurde damit nicht nur eine straffere, raschere Kontrolle und ein effizientes Anreizsystem, sondern auch ein Mentalitätswandel – von einer „produktions- in eine
marktorientierte Unternehmung".[225]

6.6 Restrukturierungen, soziale Angst und Standortwettbewerb

Die Studie von Hayek Engineering sorgte für Unruhe in der Belegschaft, wie ein
Protokoll der Betriebskommission von 1984 zeigt:

> In der Firma kursieren zu viele, oft unbegründete Gerüchte über die Studie, die von
> Hayek durchgeführt wird. Diese Kommentare schaffen eine ungünstige Stimmung und
> Unsicherheit für das Personal. Die BK fordert die Direktion auf, die Betroffenen so objektiv
> und früh wie möglich zu informieren.[226]

Auch in der Presse mutmaßte man über die Folgen der Studie. Die Genfer Tageszeitung *La Suisse* fragte: „Entlassungen am Horizont?".[227] Es war bekannt, dass das
Beratungsunternehmen Hayek Engineering AG andernorts Personaleinsparungen
vorgeschlagen hatte.

Die Wirkung der Beratungsunternehmen

Es dauerte nicht lange, bis der Hayek-Bericht die von der Presse und der Betriebskommission befürchtete Wirkung zeitigte. Im Herbst 1985 gab die Direktion der
Walliser Werke bekannt, 250 Stellen abbauen zu wollen.[228] Das entsprach einer
Personalreduktion von neun Prozent. Man wollte die Infrastruktur- und Instandhaltungskosten senken und gleichzeitig die Selbstständigkeit und Flexibilität der
Produktionseinheiten steigern. Für diesen Paukenschlag zeichnete der neue Direktor Dr. Gerd Springe verantwortlich. Er war der erste Nicht-Schweizer auf diesem
Posten und brachte, aus der Abteilung Verkauf und Marketing der Metallsparte
kommend, eine akzentuierte Marketingausrichtung ins Wallis.[229] In seiner ersten

---

225 Hayek Engineering: Betriebsanalyse, Bd. 1, S. 23.
226 Protokoll BK-Sitzung (27.4.1984), S. 1, in: StAW, FTMH, 04 002.
227 Bonvin, Jean-Michel: Chiffres rouges d'Alusuisse: Hayek à la rescousse, in: La Suisse (24.12.1983).
228 Communiqué de presse. Usines valaisannes d'Alusuisse: restructuration et réduction de personnel
   (18.11.1985), in: StAW, FTMH, 04 003.
229 Springe, Gerd: L'aluminim dans la peau, in: Le Nouvelliste (8.9.1990).

Mitteilung an die Beschäftigten in der Personalzeitung skizzierte er das Grundargument, dass er in den folgenden Jahren immer wieder ins Feld führen sollte: Nur eine strikte Kundenorientierung könne die bedeutenden Standortnachteile der Walliser Werke kompensieren. Davon hinge die Überlebensfähigkeit der Betriebe ab: „[d]ie Kunden besser und effizienter zu bedienen als die Konkurrenz. Wenn wir dieses Ziel erreichen, sichern wir unsere gemeinsame Zukunft."[230]

Für Irritation sorgte, dass die Direktion die Abbaupläne neuerdings offensiv kommunizierte. Stellen bauten die Walliser Werke bereits seit einem Jahrzehnt ab – allerdings in aller Stille. Springe begründete den neuen Personalabbau mit den Verlusten und Investitionen der frühen 1980er Jahre.[231] In den Walliser Medien spekulierte man indes über die Hintergründe der offensiven Kommunikationsstrategie. Gemutmaßt wurde, ob die Ankündigung einen Testlauf darstellte, um die öffentlichen Reaktionen auf einen kompletten Rückzug aus dem Wallis abzuschätzen.[232] Jedenfalls, so zeigen die Spekulationen, war das Misstrauen gegenüber dem Aluminiumkonzern groß, und man sorgte sich über weitere negative Neuigkeiten aus den Walliser Werken.

Die Abbaupläne trafen vor allem ältere, kranke, wenig qualifizierte, temporär beschäftigte und ausländische Arbeitskräfte sowie Mitarbeitende in zuarbeitenden Bereichen.[233] Die Hälfte des Stellenabbaus fiel auf ältere Beschäftigte, die in (Früh-)Pension geschickt wurden.[234] 15 Arbeiter:innen überantwortete die Direktion als „retraites médicales" der Invalidenversicherung. Ungefähr 50 weitere reduzierte man durch natürliche Abgänge und die Nicht-Erneuerung der Verträge ausländischer, temporär beschäftigter Arbeitskräfte. Und doch wurde – erstmals seit 30 Jahren – eine größere Gruppe entlassen: 60 Arbeiter mussten gehen.[235] Die eigentlichen Produktionsbetriebe wie die Elektrolysen oder das Presse- und Walzwerk waren davon nicht betroffen. Während die Kernbelegschaft der Produktionsabteilungen verschont blieb, trafen die Entlassungen die Abteilung Reparatur und Instandhaltung hart.[236] Da Reparaturarbeiten und Instandhaltung fraglos weiterhin gewährleistet werden mussten, folgte aus der Sparübung wohl eine Arbeitsintensivierung für die Verbleibenden sowie eine Auslagerung an externe Unternehmen.

---

230 Springe, Gerd: Unser gemeinsamer Weg in die Zukunft, in: Aluval 162 (9.1985), S. 3.

231 Springe meinte dazu: „Diese sehr aggressive Strategie soll die Fabriken aus den jahrelangen Defiziten führen (etwa 60 Millionen Franken in den letzten vier Jahren) und die 230 Millionen Franken, die in die Modernisierung unserer Ausrüstung investiert wurden, bestmöglich rentabilisieren." Crettaz, Yves: Des chiffres si secrets, in: Illustré (27.11.1985).

232 Zuber, Jean-Jaques: Les borborygmes du sphinx, in: Journal de Sierre (26.11.1985).

233 Ähnliches stellen Boltanski und Chiapello fest: Boltanski/Chiapello: Geist, S. 281.

234 Communiqué de presse. Usines Valaisannes d'Alusuisse: restructuration et réduction de personnel (18.11.1985), in: StAW, FTMH, 04 003.

235 Lambelet, Carole: Le match Valais – alu, in: L'Hebdo (28.11.1985).

236 Bonvin, Jean-Michel: 60 licenciements, in: La Suisse (19.11.1985).

Die Abbaupolitik setzte sich in den kommenden Jahren fort. Auch mussten Arbeitskräfte mit einer Versetzung und dadurch mit Lohnverlusten rechnen. Die Betriebskommission konzentrierte sich derweil darauf, die bestbezahlte Kategorie der „professionnels" vor Versetzungen zu schützen.[237] Das Management kürzte außerdem betriebliche Sozialmaßnahmen und minimierte zuarbeitende Arbeitsprozesse. Man sparte beim Sozialdienst, strich Ferienlager für die Kinder und Nähkurse für Familienangehörige.[238] Auch die Zahl der Ausbildungsplätze wurde kontinuierlich gesenkt. Das Unternehmen reduzierte die Öffnungszeiten der Magazine und löste eine der hauseigenen Schreinereien auf. Für die Betriebskommission besonders bitter war die Streichung der Stelle ihres permanenten Sekretärs.[239] 1986 schränkte man die Transporte für die Beschäftigten ein und strich das Weihnachtsfest für die Kinder.[240] Zugleich reduzierte man das Personal bei dem Betriebssanitätsdienst, schloss die Kantine der Elektrodenfabrik[241] und vergab Aufträge an externe Elektriker, anstatt die eigenen Werkstätten einzusetzen.[242] 1987 entließ das Unternehmen die firmeneigenen Gärtner und löste die für die Reparatur von Arbeitskleidern zuständige Stelle auf.[243]

Strukturwandel der Wirtschaft – Strukturkrise der Gewerkschaft

In den frühen 1980er Jahren befand sich die Schweizer Maschinen- und Metallindustrie mitten in einem tiefgreifenden Strukturwandel. Technologische Neuerungen, Überkapazitäten, neue Materialien und Produkte, verstärkter Wettbewerb und veränderte Währungsrelationen erforderten rasche unternehmerische Anpassungen.[244] Mit der sich verschlechternden Konjunktur ab 1982 meldeten viele Unternehmen Kurzarbeit an, schlossen Abteilungen oder ganze Betriebe. Die Gewerkschaft SMUV bekundete indes Mühe auf diese Entwicklungen zu reagieren. Gegenüber wenig kompromissbereiten Arbeitgeberverbänden, drohenden Betriebsschließungen und produktionstechnischen Neuerungen stießen die Gewerkschaften mit ihrer ‚sozialpartnerschaftlichen' Ausrichtung schnell an Grenzen. Die Kritik an der Friedenspolitik des SMUV nahm indes gewerkschaftsintern zu und einige

---

237 Protokoll BK-Sitzung (3.2.1986), in: StAW, FTMH, 04 002.

238 Ebd., S. 2.

239 Ebd.

240 Protokoll BK-Sitzung (25.4.1986), S. 2, in: StAW, FTMH, 04 002. Die Kinder der Beschäftigten erhielten weiterhin ein Weihnachtsgeschenk vom Unternehmen. Protokoll BK-Sitzung (2.7.1986) S. 5, in: StAW, FTMH, 04 002.

241 Protokoll BK-Sitzung (26.9.1986), S. 3, in: StAW, FTMH, 04 002; Protokoll BK-Sitzung (24.11.1986) S. 7, in: StAW, FTMH, 04 002.

242 Protokoll BK-Sitzung (25.4.1986), S. 1, in: StAW, FTMH, 04 002.

243 Protokoll BK-Sitzung (6.5.1987), S. 6, in: StAW, FTMH, 04 002.

244 Eisinger: Kraft, S. 243 f.

Mitglieder forderten einen offensiveren Kurs gegenüber den Arbeitgebern. Dies zeigte sich beispielsweise auf der Verbandsindustriekonferenz 1982, auf der einige Mitglieder einerseits beantragten, auf die Verletzung von Gesamtarbeitsverträgen mit Streiks zu reagieren, und andererseits forderten, bei Massenentlassungen und Betriebsschließungen auf die Entbindung von gewissen vertraglichen Pflichten hinzuarbeiten. In der vorbereitenden Kommission der Verbandsindustriekonferenz scheiterte dieser Antrag auf Relativierung der Friedenspflicht mit 20:23 Stimmen knapp.[245] Auch wenn diese Vorstöße erfolglos blieben, zeigen sie die kontroversen Auseinandersetzungen um eine dem Strukturwandel angemessene Gewerkschafts-politik innerhalb des SMUV.

Der SMUV litt zudem unter der sich wandelnden Beschäftigungsstruktur in der Branche. Ein wachsender Anteil der Arbeitskräfte wurde neu als Angestellte eingestuft und unterstand dadurch nicht mehr dem GAV. Laut einer Statistik des Arbeitgeberverbands der Metall- und Maschinenindustrie (ASM) war das Werk-stattpersonal zwischen 1962 und 1978 von gut 178.000 auf 131.000 gesunken.[246] Für die GAV-Verhandlungen in der Metall- und Maschinenindustrie in den Jahren 1982 und 1983 pochte der SMUV daher auf die Ausdehnung des Geltungsbereichs auf die Angestellten.[247] Der Walliser Vertreter (Sektion Sierre) unterstützte diese Forderung. Er argumentierte, dass die Arbeitgeber manuelle Arbeitstätigkeiten automatisierten und die neu entstehenden Arbeitsplätze nicht dem Abkommen unterstünden.[248] Der SMUV wollte in den Verhandlungen erreichen, dass der ASM die konziliante Haltung der Gewerkschaften seit dem Zweiten Weltkrieg honorierte und der Ausweitung des Geltungsbereichs zustimmte. Schließlich, so das Argu-ment, hätten die Gewerkschaften strukturelle oder technologische Veränderungen nie zu verhindern versucht.[249]

Der ASM stieg allerdings mit harter Position in die Verhandlungen ein und lehnte eine Ausdehnung des Geltungsbereiches strikt ab. Das Verhandlungsresultat enthielt denn auch kaum Zugeständnisse der Arbeitgeberseite. Die Ausweitung des Geltungsbereichs wurde kategorisch abgelehnt, Arbeitszeitreduktion sollte paritä-tisch bezahlt werden, also zu Lohneinbußen führen. Der SMUV musste feststellen, dass er keine Mittel zur Hand hatte, um Konzessionen zu erreichen. Die Minder-heitsgewerkschaft CMV lehnte den Vertrag ab. Bei den SMUV-Delegierten fiel

245 Ebd., S. 245.

246 Hug, Ralph: „Verluderung der Sitten". Im Kampf gegen die Deindustrialisierung, in: Gewerkschaft Industrie, Gewerbe, Dienstleistungen SMUV (Hg.): Keinen Schritt umsonst getan. Blicke auf die Gewerkschaft SMUV 1970–2000, Baden 2004, S. 59–71, hier: S. 62.

247 Eisinger: Kraft, S. 244 f. Die zweite Hauptforderung war die Reduktion der Arbeitszeit.

248 FTMH: Procès-verbal de la conférence de l'industrie Suisse des machines (5.6.1982), S. 16 f., in: StAW, FTMH, 04 002.

249 Eisinger: Kraft, S. 246.

das Ergebnis mit 139 Ja- zu 94 Nein-Stimmen so knapp aus wie noch nie seit dem Friedensabkommen von 1937.[250]

Die gewerkschaftlichen Instrumente erwiesen sich angesichts drohender Entlassungen und Betriebsschließungen als ungeeignet. Ein fundamentales Problem der Gewerkschaften war, dass sie nicht über Restrukturierungen verhandeln konnten, sondern nur über deren Folgen. Mitsprachemöglichkeiten wie eine Strukturkommission oder verbesserte Vereinbarungen bei Betriebsschließungen waren durch den ASM verhindert worden. Für kämpferische Belegschaften war der SMUV daher kein geeigneter Partner. Dies zeigte sich beispielsweise 1983 beim wilden Streik bei Matisa, der durch die Verweigerung des Teuerungsausgleichs ausgelöst wurde. Dem SMUV fehlte ein Konzept, wie mit Betriebsschließungen umzugehen war. Wie Angelus Eisinger ausführt, resultierte diese Konzeptlosigkeit aus dem Spannungsfeld zwischen Belegschaftsinteressen und Verhandlungsbereitschaft gegenüber Arbeitgebern.[251] Am SMUV-Kongress 1980 waren die radikaleren Forderungen nach Widerstandsleistung bei Entlassungen chancenlos. Hingegen setzte sich eine pragmatische Politik durch, die dem SMUV erlauben sollte, Entlassungen zu minimieren und abzufedern.[252]

Am Verbandskongress 1984 verzichtete man darauf, den Erhalt von Arbeitsplätzen als Ziel ins gewerkschaftliche Programm aufzunehmen. Im Protokoll begründete man dies mit den drohenden Standortnachteilen:

> Es ist ein Ding der Unmöglichkeit, sich gleichzeitig für die Erhaltung der Arbeitsplätze und für die industrielle Fortentwicklung einzusetzen. […] Dass die Wirtschaft lebt, ist eine Tatsache. Wir sollten deshalb den Fehler vieler Gewerkschafter nicht wiederholen, die zwar wohl die Arbeitsplätze zu verteidigen gedachten, im Endeffekt aber nur zur Verschlimmerung der allgemeinen Lage beigetragen haben. Die Technik verändert sich, und mit ihr die Produkte und die Bedürfnisse.[253]

Mit dem 1984 verabschiedeten Arbeitsprogramm setzte der SMUV auf eine Gewerkschaftspolitik, die eine „wettbewerbsfähige, produktive Industrie"[254] fördern wollte. Der SMUV formulierte in der Folge eine industrielle Entwicklungspolitik aus, die z. B. in Bereichen der Computerisierung auf die Zusammenarbeit mit dem ASM setzte.

---

250 Ebd., S. 250 f.
251 Ebd., S. 253–255.
252 Hug: Verluderung, S. 63.
253 Protokoll des Verbandskongresses 1984, S. 55. Zitiert nach: Eisinger: Kraft, S. 261.
254 Ebd.

Erst 1989 relativierte der SMUV in seiner Borschüre „Fabrikarbeit hat Zukunft"
seine Haltung gegenüber der technologischen Entwicklung.[255] Die bisher implizit
vertretene Position, der technische Fortschritt fördere auch den sozialen Fortschritt,
wurde aufgegeben. Nun wollte der SMUV Entscheidungskompetenzen wieder
zurück in die Werkstätten holen sowie bessere Qualifikationen der Arbeitskräfte
und mehr Mitsprache bei der Einführung neuer Produktionstechniken erreichen.[256]

Toxische Emotionen – Verunsicherung, Angst und Resignation

Die Ankündigung von Alusuisse 250 Stellen zu streichen, schlug hohe Wellen in
der Walliser Öffentlichkeit. Sowohl das Unternehmen wie auch die Gewerkschaften versuchten die öffentliche Meinung zu beeinflussen, wandten dabei allerdings
konträre Kommunikationsstrategien an. Während das Management die Restrukturierungen in einem betont sachlich-unaufgeregten Ton ankündigte, kritisierten der
SMUV und die BK den Entscheid in einer gemeinsamen Presseerklärung in schar-
fen, emotionsgeladenen Worten.[257] Letztere beklagte die „sehr besorgniserregende
Beschäftigungssituation in den Walliser Werken der Alusuisse AG nach den schwerwiegenden Entscheidungen der Geschäftsleitung."[258] Die Gewerkschaften und die
BK zeigten sich besorgt, alarmiert und beunruhigt über die Lage der Walliser Werke
und des Wallis als Industriestandort. Sie artikulierten damit ihre Gegenwartsängste
und Zukunftssorgen und kündigten an, bei der Zürcher Konzernleitung und den
Behörden intervenieren zu wollen:

> Alarmiert durch den kontinuierlichen Abbau von Arbeitsplätzen, durch die getroffenen
> und 1986 wirksam gewordenen Entlassungsmassnahmen, besorgt um die industrielle
> wirtschaftliche Zukunft der Region Siders im Besonderen und des Wallis im Allgemei-
> nen, beauftragen die Delegierten den SMUV und die BK der Walliser Werke mit einer
> nachdrücklichen Intervention bei der Direktion der Alusuisse AG sowie den regionalen
> und kantonalen Behörden.[259]

Sie luden ihre Forderung mit der – vom Walliser Management oft genutzten –
Metapher des ökonomischen Überlebenskampfs auf und forderten den Ständerat

---

255 Ebd., S. 262.

256 Hug: Verluderung, S. 67.

257 Vgl. Communiqué de presse. Usines Valaisannes d'Alusuisse: restructuration et réduction de
     personnel (18.11.1985); Communiqué de presse de la FTMH et de la CE Alusuisse SA (20.11.1985),
     S. 1, beide in: StAW, FTMH, 04 003.

258 Communiqué de presse de la FTMH et de la CE Alusuisse SA (20.11.1985), S. 1, in: StAW, FTMH,
     04 003.

259 Ebd.

Guy Genoud als Walliser Vertreter im Alusuisse-VR auf, Druck auf das Unternehmen aufzubauen, um Arbeitsplätze zu erhalten: „sowie für die Schaffung neuer Arbeitsplätze, die für das Überleben der Walliser Industrie unerlässlich sind."[260] Im Schlusssatz bekräftigten BK und SMUV nochmals, auf der Seite der Arbeitskräfte zu stehen, und stellten sich als Kraft dar, die die Würde der Arbeitskräfte gegenüber dem Unternehmen schütze: „Der SMUV und die BK werden sich dafür einsetzen, dass ihre Rechte nicht verletzt werden."

Besonders enttäuscht zeigten sich die Gewerkschafter, dass Alusuisse die konziliante Haltung der Walliser Arbeiterschaft und Bevölkerung nicht belohnt hatte.[261] In dieser Erzählung erschien das Wallis als eine von äußeren Kräften verratene Gemeinschaft. Nicht nur habe Alusuisse seit der Gründung der Walliser Werke mehrere Milliarden Schweizer Franken aus dem Wallis extrahiert und der globalen Expansion zugeführt. Auch besitze Alusuisse „bei uns", so die diskursive Grenzziehung, mehrere Kraftwerke, deren Lasten die Bevölkerung mitgetragen habe: „Unzählige Masten, ausgetrocknete Flüsse, die latente Bedrohung durch einen Dammbruch, all diese Beeinträchtigungen wurden von der Bevölkerung akzeptiert". Für diese gesundheitlichen und ökologischen Opfer erwarteten die Gewerkschaften im Gegenzug, dass Alusuisse Arbeitsplätze erhalte: „Im Gegenzug meinen wir zumindest das Recht zu haben, als Ausgleich den Erhalt von Arbeitsplätzen verlangen zu können." Analoges erwartete man für die gewerkschaftliche Schützenhilfe während des sogenannten Fluorkrieges: „Die Delegierten fordern nichts anderes als die Erfüllung des Versprechens, das die Direktion von Alusuisse SA dem Walliser Staatsrat während des Fluorkrieges gegeben hatte: den vollständigen Erhalt der Arbeitsplätze."

Dass die gewerkschaftlichen Erwartungen enttäuscht wurden, zeigte sich nicht minder deutlich in einer Pressemitteilung der SMUV-Betriebsgruppe vom Frühjahr 1986.[262] Wie die Betriebsgruppe feststellte, hatten sich die Restrukturierungen nicht auf die angekündigte Streichung von 250 Stellen beschränkt. Ebenso seien betriebliche Sozialmaßnahmen reduziert, die Stelle des BK-Sekretärs gestrichen und die des BK-Präsidenten auf eine Teilzeitstelle reduziert worden. Auch Arbeitsschichten seien zu Ungunsten der Beschäftigten angepasst und Arbeitertransporte gestrichen worden. „Mit Verwunderung" nahmen sie die Maßnahmen zur Kenntnis und bezeichneten sie als „Vernichtung der sozialen Errungenschaften der Arbeiter". In dieser Pressemitteilung ging die Gewerkschaft in die Rhetorik des Klassenkampfes über: Restrukturierungen wurden nun als politische Angriffe interpretiert: „Tatsächlich greift die Direktion der Walliser Werke seit Anfang des Jahres an allen

---

260 Ganzer Abschnitt: Ebd., S. 1 f.
261 Ganzer Abschnitt: Ebd., S. 1.
262 Ganzer Abschnitt: Les travailleurs FTMH: Commmuniqué FTMH (3.1986), in: StAW, FTMH, 04 003.

Fronten unsere so hart erkämpften Errungenschaften an." Auf Seite der Belegschaft führten diese Angriffe zu einem Klima der Angst: „Angst vor Versetzung mit Gehaltskürzung oder Angst vor Entlassung." Das Vorgehen der Vorgesetzten verglich man mit einem „Polizeiregime wie in den großen Jahren des Stalinismus" und warf ihnen vor, „Arbeiter wie Schachfiguren manipulieren" zu wollen.

Die Presse widmete den Restrukturierungen viel Aufmerksamkeit und fungierte als Echoraum für Argumente und Emotionen von Arbeitskräften, Management, Gewerkschaften und Gemeinden. Sowohl die Mitteilung der Direktion als auch die Reaktion von BK und SMUV wurden in voller Länge in der Walliser Tageszeitung *Le Nouvelliste* abgedruckt.[263] Die Tageszeitung *Le Matin* titelte „L'alu dégraisse",[264] also „Die Aluindustrie schrumpft sich gesund", und stellte fest, dass die Beunruhigung im Kanton gerechtfertigt gewesen sei: „Die Sorgen waren begründet: Das multinationale Unternehmen baut 250 Arbeitsplätze ab."[265] Die Tageszeitung *La Suisse* schlug in dieselbe Kerbe: „Es lag in der Luft: 250 Arbeitsplätze werden in den Walliser Werken von Alusuisse abgebaut."[266] Die Medienberichte griffen wiederholt auf Krankheits- oder Fitness-Metaphern zurück, die die Restrukturierung als Kur für die ökonomischen Schwierigkeiten darstellten. Auch wenn sie nicht selten mit einem kritischen Unterton gegenüber dem Vorgehen von Alusuisse verfasst waren, trugen sie diskursiv dazu bei, die Restrukturierungen als alternativloses Vorgehen darzustellen. Das Magazin *Illustré* sprach beispielsweise davon, dass der neue Direktor Gerd Springe die Erkenntnisse des „gnadenlosen Chirurgen kranker Unternehmen", wie die Hayek Engineering AG bezeichnet wurde, umsetzte und sogleich zur Tat schritt: „Kaum angekommen, verschreibt Gerd Springe, der neue Chef der Walliser Fabriken von Alusuisse, eine Abmagerungskur".[267] In einer Karikatur in der Tageszeitung *24 heures* verglich man die Lage der Walliser Werke mit einer akuten Krankheitsphase (Abb. 36).[268]

Eine Gruppe von Ärzten untersucht darauf, stellvertretend für die Walliser Werke, eine Patientin. Behutsam nähert sich einer der Ärzte mit einem Stethoskop, um zu überprüfen, ob noch Herztöne zu hören sind. Die nach unten tendierende Bilanzkurve von Alusuisse dient der morbiden Patientin als Liege. Eine Gruppe von Arbeitern schaut dem Treiben zu, während ihnen eine nicht identifizierte Person zu verstehen gibt, sich ruhig zu verhalten. Die hier transportierte Vorstellung des nahenden Entscheidungsmoments tauchte auch in anderen Berichten auf.

---

263 Alusuisse Restructure, in: Le Nouvelliste (19.11.85); Les travailleurs FTMH réagissent, in: Le Nouvelliste (21.11.1985).

264 L'alu dégraisse, in: Le Matin (19.11.1985).

265 Ebd.

266 Bonvin, Jean-Michel: 60 licenciements, in: La Suisse (19.11.1985).

267 Crettaz, Yves: Des chiffres si secrets, in: Illustré (27.11.1985).

268 Le Valais pris à revers, in: 24 heures (1./2.2.1986).

Abb. 36 Karikatur (24 heures, Samstag/Sonntag, 1./2.2.1986).

In *Le Matin* fragte man: „Aber was steht wirklich auf dem Spiel? Bereitet Alusuisse die Verlagerung der Fabriken ins Ausland vor? Etwa nach Kanada, wo eine Machbarkeitsstudie durchgeführt wird? Oder schafft sie es trotzdem, eine wettbewerbsfähige Produktion sicherzustellen?"[269] Omnipräsent waren Beschreibungen der verunsichernden Wirkung der Restrukturierung – wie in diesem Beispiel in *Le Matin*:

> Die ersten Reaktionen spiegeln die ganze Besorgnis im Kanton wider. Seitens der Gemeinde Siders ist man besorgt über den stetigen Rückgang der Beschäftigungszahlen in den Walliser Fabriken. Diese Verschlechterung des Arbeitsmarktes zu einem Zeitpunkt, an dem viele junge Menschen ins Berufsleben eintreten werden, ist auch die erste Sorge der christlichen Gewerkschaften.[270]

269 Bonnard, Jean: La bouteille à l'encre, in: Le Matin (28.11.1985).
270 L'alu dégraisse, in: Le Matin (19.11.1985).

Die Gemeinden befürchteten hingegen, dass ihnen Steuereinnahmen wegfallen und die Zahl der Arbeitslosen steigen würden. In Sierre etwa waren 1985 immerhin 13 Prozent der Erwerbstätigen bei Alusuisse beschäftigt und schätzungsweise die Hälfte der Bevölkerung indirekt vom Aluminiumkonzern abhängig.[271]

Die Stimmung unter den Beschäftigten beschrieb Roland Emery, SMUV-Funktionär und Vizepräsident der BK, als katastrophal. Dass die Kündigungsbriefe aus Zürich jeden treffen konnten, lähmte und verängstigte ihn und seine Arbeitskollegen:

> Unsere Arbeitsplätze sind bedroht. Die Arbeitslosigkeit erwartet uns. In den Werkstätten wagen die Arbeiter nicht zu sprechen. Jeder hofft, dass das Zürcher Fallbeil ihn nicht treffen wird. Das derzeitige Klima könnte nicht katastrophaler sein. Wir haben wirklich nichts mehr zu verlieren.[272]

Auf eine langjährige Beschäftigung bei einem prestigeträchtigen Schweizer Industrieunternehmen wie Alusuisse konnten die Arbeiter, für die die Boomphase der Aluminiumindustrie den Normalzustand dargestellt hatte, nicht mehr zählen. Ihre Lebenswelt geriet ins Rutschen – eine Verlusterfahrung, die nicht nur im Hinblick auf die eigene Erwerbsbiografie als einschneidend erlebt wurde. Im ehemaligen Emigrationskanton Wallis weckte die sinkende Beschäftigung auch schmerzhafte Erinnerungen an das Schicksal früherer Generationen, die ihr Auskommen jenseits der Kantonsgrenzen suchen mussten. Die Emigration schien nun für die Kinder der Alusuisse-Industriearbeiter erneut das Gebot der Stunde. Dies beunruhigte etwa den Alusuisse-Arbeiter Gilbert Emery, der Mitte der 1980er erklärte, dass er die vorzeitige Pensionierung (nach 40 Jahren im Dienst der Alusuisse) nur angenommen habe, um Platz für die junge Generation zu machen.[273] Zugleich rechnete er vor, dass im Wallis 10.000 Arbeitsplätze fehlten, wollte man verhindern, dass die Jungen auswandern müssten.

Für Alusuisse-Arbeitskräfte und die Gewerkschaften schien der Ausblick düster. Roger Tissière, SMUV-Sekretär der Region Sierre, bemerkte 1986 resigniert: „Alusuisse wird gehen".[274] Nachdem der Mutterkonzern 1985 einen Verlust von knapp 700 Millionen Schweizer Franken vermeldete, fürchteten viele im Wallis die Folgen der Deindustrialisierung. In der sozialdemokratischen Zeitung *Le Peuple Valaisan* blickte man mit großer Sorge in die Zukunft: „Man wagt kaum, sich die

---

271 Ebd.
272 La colère couve et une ,manif' se prépare!, in: Le Nouvelliste (10.9.1986).
273 Berger, Gérard: La bataille de l'emploi, in: Voix ouvrière (28.11.1985).
274 Robyr, Richard: Le Valais industriel, in: Le Peuple Valaisan (18.4.1986).

dramatische Situation vorzustellen, in der sich viele Arbeiter-Familien befinden werden."[275]

Angesichts dieses Klimas der Verunsicherung wählten einige Mitarbeiter:innen individuelle Bewältigungsstrategien und verließen das Unternehmen. Es waren vor allem gut qualifizierte Arbeitskräfte wie junge Ingenieure, die ihre höhere Mobilität nutzten und eine neue Stelle suchten.[276] Die Betriebskommission der Angestellten warnte derweil davon, dass das von Verunsicherung geprägte Betriebsklima zu einer besorgniserregenden Abwanderung von hochqualifizierten Angestellten geführt habe: „Sie sind größtenteils auf das schädliche Arbeitsklima, die Unsicherheit sowie die Lohnbedingungen zurückzuführen."[277]

Als Problem wertete man diese Abgänge nicht nur in gewerkschaftsnahen Kreisen. Auch das Management auf Konzernebene konstatierte, dass die Sparmaßnahmen negative, nicht intendierte Folgen zeitigten, wie aus einem internen Strategiepapier ersichtlich wird:

> Das Regime der Sofortmassnahmen, die Geschwindigkeit in der Abfolge strategischer Entschlüsse und die angekündigten Kürzungen in verschiedenen Werken haben die Zentrale Zürich, Teile der Front und Hüttenbetriebe in einen Zustand der Verunsicherung gebracht. Viele Mitarbeiter konnten dem Tempo unserer Führung nicht folgen. [...] Neben den zahlreichen erwünschten Personalabgängen mussten wir hinnehmen, dass auch einige wertvolle Mitarbeiter davonliefen. Das Restrukturieren hatte erste Priorität.[278]

Während gewisse Hochqualifizierte dem Unternehmen den Rücken kehren konnten, waren andere Arbeitskräfte, die ihre Qualifikationen in den Walliser Werken gewonnen hatten, weniger mobil – wie die Illustrierte *L'Echo* berichtete:

> Als die Entlassungen angekündigt wurden, schlich sich auf allen Ebenen ein Gefühl der Unsicherheit ein. Heute herrscht ‚Stress' unter den Arbeitern, Angestellten und Führungskräften. Viele junge Ingenieure haben sich auf die Suche nach neuen Arbeitsplätzen gemacht. Aber für diejenigen, die sich an den Walzwerken, Pressen oder in der Elektrolyse eine berufliche Spezialisierung angeeignet haben, scheinen die Schwierigkeiten, eine neue Stelle zu finden, unüberwindbar zu sein.[279]

---

275 Ebd.
276 Bruttin-de Preux, F.: Alusuisse. L'État de crise, in: L'Echo (8.2.1986), S. 13.
277 Protokoll Angestellten-BK-Sitzung (29.5.1986), S. 3, in: StAW, FTMH, 04 002.
278 Richtlinien der Unternehmenspolitik 1987 (10.12.1986), S. 3, in: SWA, PA 600b D 2-8.
279 Bruttin-de Preux, F.: Alusuisse. L'État de crise, in: L'Echo (8.2.1986), S. 13.

Kollektive Protestformen wurden hingegen im Keim erstickt. Einzig im Sommer 1986 blitzte die Streikwaffe kurz auf: An einer vom SMUV initiierten Versammlung beteiligten sich ungefähr Hundert Arbeiter und erstmals schien sich die Wut der Arbeiter kollektiv artikulieren zu können. Einige der Versammelten forderten ihre Kollegen zum Streik auf. Andere schienen militantere Protestformen in Betracht zu ziehen, wie ein Walliser Zeitungsbericht nahelegt:

> Ein Mitglied der Betriebskommission wandte sich an den SMUV-Sekretär und musste heftig intervenieren. Der Ton wurde immer schärfer, aber die Worte eines Gewerkschaftsvertreters konnten die Gemüter beruhigen. „Einige haben von Bomben gesprochen. Ich bin nicht damit einverstanden, alles zu zerschlagen. Lasst uns erst einmal lernen, uns zu verteidigen, das haben wir noch nie getan".[280]

Den Gewerkschaftern, die jegliche Kampfhandlung ablehnten, gelang es, die Wogen zu glätten: „Wir haben diskutiert und die Gemüter haben sich beruhigt. Denn wir wollen unbedingt jede Machtdemonstration vermeiden. Das würde keine Lösung bringen. [...] Wenn wir jetzt den Streikposten aufstellen, würden wir die Elektrolyse in Chippis begraben. Ein solches Extrem streben wir nicht an", ließ sich Roland Emery, SMUV-Gewerkschaftsfunktionär und BK-Vizepräsident, in einer Walliser Zeitung zitieren.[281] Auch der BK-Präsident Bernard Bitz wollte jegliche Konfrontation mit dem Management vermeiden: „Eine Kraftprobe mit der Unternehmensleitung von Alusuisse ist keine Lösung. Wir müssen zusammenarbeiten, um aus der Sackgasse herauszukommen, während wir gleichzeitig vorsichtig und situationsbewusst bleiben."[282]

Auch die Unternehmensseite wirkte mit, im Versuch die Stimmung zu beruhigen: Im Wissen um die bevorstehende Gewerkschaftsversammlung hatte die Direktion den Gewerkschaften mitgeteilt, dass einige der von den Restrukturierungen betroffenen Arbeiter in neue Produktionsstätten transferiert werden sollten. Auch wenn dies unschwer als Versuch, neue Hoffnungen zu wecken und sich die Mitarbeit der verbleibenden Arbeitskräfte zu sichern, zu lesen gewesen wäre, verbreitete der SMUV-Sekretär Roger Tissières diese Neuigkeiten auf der Versammlung:

> Das Management von Alusuisse hat uns Zusicherungen bezüglich eines Ersatzplans gegeben. Einige Mitarbeiter werden in die neue Produktionseinheit versetzt. Dieser Schritt

---

280 Le syndicat lance un appel à la discipline, in: Le Nouvelliste (12.9.1986).
281 La colère couve et une ‚manif' se prépare!, in: Le Nouvelliste (10.9.1986).
282 Le syndicat lance un appel à la discipline, in: Le Nouvelliste (12.9.1986).

ist ein Rettungsanker. Lassen Sie uns diesem industriellen Wandel folgen. Wir sind auf dem richtigen Weg der Diversifizierung.[283]

So kongruierten Argumentationen des Unternehmens mit denen von BK und SMUV im Zukunftsszenario für einen erfolgreichen Weiterbetrieb der Walliser Werke. Der Gewerkschafter Tissières meinte dazu etwa – wobei er sich des unternehmerischen Vokabulars bediente: „Die Zukunft gehört der polyvalenten Arbeitskraft.“[284]

Den Gewerkschaften war es gelungen, die Arbeiter zu besänftigten und eine Eskalation zu verhindern. Der Preis war allerdings, dass sich unter den Arbeitern zunehmend eine resignative und gewerkschaftsablehnende Stimmung ausbreitete. Ein Stimmungsbild der Walliser Alusuisse-Belegschaft in der Zeitung *Voix ouvrière*, die der Partei der Arbeit (PdA) nahestand, macht dies deutlich:

> Die Angst vor dem nächsten Tag, die Angst vor Lohnkürzungen, Budgetkürzungen und die Furcht vor einer neuen Stelle nagen an den Arbeitern, die sich in ihrer großen Mehrheit mit dieser Situation abgefunden haben. An einen Aufstand oder eine Demonstration denkt niemand. Man erfährt etwas perplex, dass einige Arbeiter nicht wissen, dass es im letzten Monat Pläne gab, eine Protestparade zu organisieren. „Ich war zu der Zeit in der Armee. Als ich zurückkam, hat mir keiner meiner Kollegen ein Wort darüber erzählt“, wunderte sich ein Arbeiter. […] Ganz anders sind die Reaktionen gegenüber dem Verhalten der Gewerkschaften. Die Bandbreite reicht von Gleichgültigkeit über Unmut bis hin zu Enttäuschung. „Die Reaktion der Gewerkschaft ist nicht akzeptabel“, sagte uns am Montag ein Arbeiter. „Die Verantwortlichen hätten besser schweigen sollen“. Ein weiterer fügt hinzu: „Sie haben nicht alles getan, was nötig gewesen wäre, um die Schließung zu verhindern.“ „Sie haben das Spiel der Bosse gespielt. Ich bin sehr enttäuscht.“ „Ich bin nicht enttäuscht“, meinte ein anderer, „denn ich habe nichts von ihnen erwartet“.[285]

So hatten die Gewerkschaften und die BK zwar signalisiert, dass Unzufriedenheit gegenüber den Restrukturierungen legitim sei. Zugleich waren sie nicht bereit, die Wut und Enttäuschung der Belegschaft aufzunehmen. Ob sich die Arbeitskräfte hierdurch vermehrt von der Gewerkschaft abwandten, lässt sich hier nicht klären – die Vermutung liegt allerdings nahe. Letztlich blieb der Betriebskommission nicht viel mehr übrig, als eine Mitsprache bei der Umsetzung der Restrukturierungen zu fordern:

---

283 Le syndicat lance un appel à la discipline, in: Le Nouvelliste (12.9.1986).
284 Ebd.
285 Zuber, Geneviève: Adieu le four, on l'aimait bien!, in: Le Nouvelliste (8.10.1986).

Wir sind nicht damit einverstanden, heute Männer gehen zu sehen, die ihre Gesundheit der Fabrik geopfert haben und die vielleicht anderswo Arbeit suchen müssen. Eine Restrukturierung ist notwendig, sie muss aber nicht unbedingt Entlassungen bedeuten. Es muss rationalisiert werden und die an externe Subunternehmen vergebenen Aufträge müssen zurückgeholt werden. Wir haben – und wir fordern – ein Mitspracherecht: Sie dürfen niemanden ohne die Zustimmung der Betriebskommission entlassen. Ja, wir haben ein Mitspracherecht bei der Reorganisation und den Bedingungen für die Entlassungen.[286]

Die „bittere Pille" schlucken – ‚Sozialpartnerschaftliche' Standortpolitik

Neben der Abfederung der Restrukturierungen konzentrierten sich Walliser Gewerkschafter auf eine aktive Standortpolitik. Um das Wallis als industriellen Standort zu erhalten, so SMUV-Sekretär Roger Tissières in der Schweizerischen Handelszeitung, müsse man „die bittere Pille schlucken."[287] Dies vermittelte er als Politik des kleineren Übels: „Wir bringen dieses beschäftigungspolitische Opfer allerdings in der festen Überzeugung, damit einen substanziellen Beitrag zur langfristigen Erhaltung der Alusuisse-Betriebe von Sierre und Steg zu leisten."[288] Im Wesentlichen forderte Tissières eine wirtschaftsfreundliche Standortpolitik. Konkret meinte er, das Wallis müsse eine ökonomisch vorteilhafte Umgebung bieten, Alusuisse Personalkosten sparen, der Kanton preiswerten Strom bieten und gute Verkehrswege sicherstellen.[289] Die Forderung nach billiger Energie für den Aluminiumkonzern teilte, das berichtete zumindest die Presse, auch die Belegschaft.[290]

Die Gewerkschafter des SMUV und die Mitglieder der Betriebskommission warfen der Konzernleitung vor, den Walliser Standort systematisch zu benachteiligen. Sie argumentierten, dass den Walliser Werken überteuertes Alumina verrechnet worden sei, was sich darin zu bestätigen schien, dass der neue Direktor Springe eine Kostenreduktion von jährlich sechs Millionen Schweizer Franken mit der Zürcher Zentrale aushandeln konnte.[291] Kritisiert wurde auch, dass die Konzernleitung Aufträge der Fluggesellschaft Swissair im deutschen Singen produzieren ließ, obschon dieser Auftrag mit einem Volumen von jährlich zehn Millionen Schweizer Franken für die Walliser Werke einen entscheidenden Unterschied gemacht hätte. Der Präsident der BK Rémy Théoduloz meinte dazu in den Medien: „Die Direktion

---

286 Berger, Gérard: La bataille de l'emploi, in: Voix ouvrière (28.11.1985).
287 Burkhard, Ueli/Ungerer, Martin: Januskopf mit Pferdefuss, in: SHZ (19.12.1985).
288 Ebd.
289 Bonnard, Jean: La bouteille à l'encre, in: Le Matin (28.11.1985).
290 Lambelet, Carole: Le match Valais – alu, in: L'Hebdo (28.11.1985), S. 40.
291 Ebd.

in Zürich hat das Sagen und verlegt die weniger rentablen Arbeiten ins Wallis. Jetzt wollen sie die Fabriken im Wallis schließen, weil es woanders billiger ist!"[292]

Vor diesem Hintergrund sah der SMUV in einer stärkeren Eigenständigkeit der Walliser Werke eine Möglichkeit, um die Schließung der Alusuisse-Fabriken abzuwenden. Wie die Betriebskommissionen der Arbeiter und die der Angestellten bei einem vom SMUV einberufenen Treffen feststellten, waren die Ertragszahlen für ein „unabhängiges Überleben der Walliser Werke" allerdings ungenügend und der Weg noch weit, „bis die Walliser Fabriken wirklich wettbewerbsfähig sind".[293] Während die Zürcher Zentrale als Hindernis wahrgenommen wurde, konnte die neue Walliser Direktion auf das Vertrauen von SMUV und BK zählen:

> Wir vertrauen ihr [der Direktion] und wissen, dass sie sich bemühen wird, mit unserer Hilfe Arbeitsplätze zu schaffen. Sie werden daher verstehen, dass wir ihr das Recht einräumen, uns zu gegebener Zeit die Möglichkeiten, die sich für Alusuisse im Wallis bieten, vorzustellen.[294]

Der SMUV entwickelte eine industriepolitische Perspektive, die ich hier als ‚sozialpartnerschaftliche Standortpolitik' bezeichnen möchte. Sie basierte auf der Idee, dass die Walliser Werke stärkere Unabhängigkeit vom Mutterkonzern erlangen sollten, um mehr Handlungsspielraum für Investitionen und Unternehmensstrategie zu gewinnen. Wie Roger Tissières ausführte, sollte diese Standortpolitik gemeinsam von Walliser Direktion und Gewerkschaften entwickelt werden:

> Schreiben Sie ruhig, dass sich die Gewerkschaft geändert hat. Von nun an werden wir uns nicht mehr wie früher mit einfachen Lohnforderungen begnügen. Wir müssen in das Management eingreifen. Arbeitgeber und Arbeitnehmer sind in diesem Abenteuer vereint, sie haben die gleichen Rechte und Pflichten.[295]

So begann die Betriebskommission sich stärker in strategische Belange einzumischen. Im Herbst 1986 etwa wandte sie sich direkt an die Zürcher Zentrale, um Vorschläge für Investitionen im Wallis zu unterbreiten.[296] Im Gespräch mit der Walliser Direktion forderte sie eine schnellstmögliche Neuausrichtung auf Produkte

---

292 Berger, Gérard: La bataille de l'emploi, in: Voix ouvrière (28.11.1985).

293 Secrétariat FTMH Sierre: Lettre aux Préfet, les Présidents de Communes, Collègues de la FTMH (7.5.1987), in: StAW, FTMH, 04 002.

294 Ebd., S. 2.

295 Lambelet, Carole: Le match Valais – alu, in: L'Hebdo (28.11.1985), S. 40.

296 Commissions du Personnel des Usines Alusuisse SA: Lettre à la direction générale de l'Alusuisse SA (25.9.1986), S. 1, in: StAW, FTMH, 04 002.

mit hoher Wertschöpfung und übernahm dabei die managerialen Rhetoriken von Standortwettbewerb und Überlebenskampf.[297]

Die Generaldirektion der Alusuisse verwies auf die bekannten Standortnachteile des Wallis wie die geographische Lage, die hohen Importkosten für Rohstoffe, die hohen Zölle und Transportkosten fertiger Waren, den starken Schweizer Franken, die hohen Löhne und die (angeblich) mageren Strompreis-Subventionen. Um diese Nachteile zu kompensieren, so argumentierte die Generaldirektion, müssten die Walliser Werke Produktivität, Qualität und Kundenorientierung steigern sowie stärker auf spezialisierte Produkte setzen:

> In Anbetracht dieser sehr schwierigen Wettbewerbsposition besteht die einzige Lösung darin, die internen Qualitäten unserer Fabriken zu entwickeln. Kurzfristig wird der Schwerpunkt auf Produktivität, Qualität und verbessertem Kundenservice liegen. Mittelfristig ist es unsere Absicht, unsere Abhängigkeit von Basisprodukten schrittweise zu verringern und neue spezielle Aluminium- und Nicht-Aluminium-Produkte zu entwickeln. Der Erfolg dieser Strategie setzt jedoch die Schaffung einer starken Wettbewerbsbasis auf dem Weltmarkt voraus, die eine qualifizierte, nicht aber eine zahlreiche Belegschaft erfordert.[298]

Wie diese Positionierungen bereits andeuten, fügten sich die industriepolitischen Vorstellungen der Walliser SMUV-Gewerkschafter erstaunlich passgenau in die strategische Neuorientierung auf Konzernebene ein.

6.7 Das „gutartige Virus" der Qualität

Wie für den gesamten Konzern entwickelte man für die Walliser Werke in der zweiten Hälfte der 1980er Jahre neue Strategien. Den 1987 für das Wallis erarbeiteten Strategieplan nannte das Management lapidar „Plan WW 90". Dessen personalpolitisches Kernstück war das sogenannte „Projekt Qualité Totale":[299] Mit Maßnahmen des totalen Qualitätsmanagements hoffte die Direktion, die gesamte Belegschaft

---

297 Protokoll BK-Sitzung (26.9.1986), S. 3, in: StAW, FTMH, 04 002.

298 Direction Générale Aluminium Suisse SA: Lettre aux commissions de Personnel des Usines Valaisannes (22.12.1986), S. 2, in: StAW, FTMH, 04 002.

299 Wie Dominique Pestre herausarbeitet, reagierten Unternehmen mit dem *Total Quality Management* auch auf die zwischen 1988 und 1992 virulente umweltpolitische Kritik: Pestre, Dominique: Les entreprises globales face à l'environnement, 1988–1992. Engagements volontaires, management vert et labels, in: Le Mouvement Social 271/2 (2020), S. 83–104.

mit dem „gutartigen Virus" der Qualität „an[zu]stecken", so das Sprachbild, mit dem die neue Personalpolitik in der Personalzeitung beschrieben wurden.[300]

Im Lichte der in diesem Kapitel skizzierten Entwicklungen erweist sich die Virus-Metapher als durchaus passend: Erstens braucht ein Virus einen Wirt, dessen Immunsystem geschwächt und unvorbereitet ist. Die Walliser Belegschaft bangte um ihre Arbeitsplätze, die Gewerkschaften hatten die Opposition gegenüber der Unternehmenspolitik weitgehend aufgegeben. Daher fehlte der Belegschaft die Widerstandskraft sich gegen die neue Personalpolitik zu wehren. Weil sich Viren, zweitens, nicht selbst vermehren können, sind sie auf fremde Zellen angewiesen, in die sie ihre Erbinformationen einschleusen. Auf unser Beispiel übertragen: Der neue Arbeitsgeist der totalen Qualität konnte nicht einfach verordnet oder erzwungen werden, er musste sich vielmehr unter den Arbeitskräften ausbreiten, die Belegschaft „befallen" oder „anstecken", wie es in der Personalzeitung hieß. Ins Visier der neuen Personalpolitik geriet daher insbesondere die Unternehmenskultur.

Strategische Neuausrichtung

Die Walliser Werke waren seit dem Führungswechsel 1985 in drei Geschäftsbereiche aufgeteilt worden, die nach Möglichkeit über eigene Abteilungen für Verkauf, Produktion, Qualitätskontrolle und Entwicklung verfügten.[301] Auf den 1. Januar 1990 verselbstständigte die Konzernführung die Walliser Werke auch rechtlich zu einer eigenständigen Aktiengesellschaft.[302] Ein Jahr später wurde das Presswerk in Sierre herausgelöst und in ein selbstständiges Unternehmen überführt.[303] Um die Walliser Standortnachteile zu überwinden, sah der „Plan WW 90" vor, sich auf Nischenprodukte für einzelne Branchen in nahegelegenen Regionen zu konzentrieren.[304] So wollte das Management, die Walliser Betriebe als Zulieferer in Märkten für Luxusautos, Nutz- und Schienenfahrzeuge, Schiffsbau oder auch Druckgasflaschen etablieren.[305] Damit mussten sie sich stärker in *Just-in-time*-Produktionsketten eingliedern. Um dies zu verdeutlichen, zog die Personalzeitung gerne das Beispiel der Automobilindustrie heran:

---

300 Bornand, Jean-Daniel: Qualitätszirkel Walzwerk, in: Aluval 197 (1994).

301 Burkhard, Ueli/Ungerer, Martin: Januskopf mit Pferdefuss, in: SHZ (19.12.1985), S. 19.

302 Alusuisse intern Nr. 75 (11.1989), S. 3, in: SWA, PA 600b G 3-2.

303 Tschopp, Theodor M.: Begleitschreiben Ankündigung Konzernkadertreffen Jan. 1992 (11.12.1991), S. 6, in: SWA, PA 600b D 9-26.

304 Als Schwächen der WW diskutierte der Alusuisse-VR: Transportkosten Rohstoffe, Lohnniveau starker Schweizer Franken, Transportkosten Produkte, Produkt-Mix Walzprodukte, Marketing Excellence, Kosten Eigenversorgung Metall. Alusuisse-VR-Protokoll der 455. Sitzung (8.2.1988), S. 6, in: SWA, PA 600b D 2-1.

305 Ebd.

Wir werden zu einem Glied in der Fabrikationskette von Land Rover- und Range Rover-Modellen, einer Fabrikationskette, die beim Bauxit-Abbau in Australien beginnt und über die Tonerde-Produktion, Elektrolyse, Giesserei, Walzwerk bis hin zur Endmontagelinie bei Land Rover führt.[306]

Die im Wallis hergestellten Karosserieteile, ermahnte man die Belegschaft, mussten „genau zur rechten Zeit, nicht zu früh und nicht zu spät" an der Fertigungsstraße im englischen Solihull eintreffen.[307] Die Fehlertoleranz sank dadurch dramatisch, während der Druck stieg, die Liefertermine einzuhalten:

Wenn wir eine vereinbarte Lieferfrist nicht einhalten, kann dies zur Folge haben, dass die Arbeiten auf einer Baustelle in Zürich kurzfristig eingestellt werden müssen oder eine Produktionskette in Paris zum Stillstand käme. Unsere Kunden haben die Sicherheitsvorräte aufgelöst, welche sie früher angelegt haben, um die Lieferverzögerungen ihrer Lieferanten aufzufangen. Heute wird von uns ‚Just in Time'-Lieferung [sic] verlangt, das heisst Lieferung ohne Verspätung.[308]

Fluchtpunkt der Strategie war die Hebung der Profitabilität der Walliser Werke – gemessen an der Renditekennzahl Ronoa.[309] Die bisherigen Wege hin zu höherer Profitabilität erachtete man nicht mehr als erfolgsversprechend. Nach einem Jahrzehnt sinkender Mitarbeitendenzahlen hielt die Walliser Direktion Mitte der 1980er die Potentiale für Personaleinsparungen für allmählich erschöpft. Dies illustrierte Direktor Gerd Springe am Beispiel des Walzwerks:[310] So würden in einem modernen Walzwerk mit einem Investitionswert von 50 Millionen Schweizer Franken nur noch drei Arbeitskräfte den Betrieb aufrechterhalten. Da gäbe es schlicht kein Sparpotential mehr, meinte Springe. Das Management suchte also nach anderen Wegen und beauftragte hierzu das Beratungsunternehmen Implementa AG.

Mit Marketingmitteln inszenierte die Direktion der Walliser Werke den „Plan WW 90" als Vision für eine erneuerte Unternehmenskultur. In diesem Rahmen lud das Management im März 1988 zu einem Seminar, um ihn dort den Mitgliedern der Betriebskommission zu präsentieren.[311] Das erklärte Ziel war, Marktführer für spezialisierte Aluminiumprodukte mit hoher Wertschöpfung zu werden und dabei die Identität der Walliser Werke neu zu definieren.[312] Ausführlich wurde

---

306 Reinert, Peter: Totale Qualität bei unseren Kunden, in: Aluval 176 (4.1989), S. 12.
307 Reinert, Peter: Land Rover Discovery, in: Aluval 180 (4.1990), S. 8.
308 Lambert, Michael: Sagten Sie totale Qualität?, in: Aluval 176 (4.1989), S. 3.
309 Anhang E zur 455. VR-Sitzung vom 8.2.1988 (2.1988), in: SWA, PA 600b D 2-1.
310 Burkhard, Ueli/Ungerer, Martin: Januskopf mit Pferdefuss, in: SHZ (19.12.1985), S. 19.
311 Alusuisse: Seminaire WW 90 du 28/29 Mars 1988 (3.1988), in: StAW, FTMH, 04 004.
312 Protokoll BK-Sitzung (26.5.1988), S. 3, in: StAW, FTMH, 04 002.

auch die Belegschaft informiert: die Personalzeitung berichtete wiederholt über Organisation, Vorgehen und Ziele des „Plan WW 90".

Die eigenen Pläne skizzierte die Unternehmensleitung einmal mehr als einzige Lösung angesichts einer verschärften Wettbewerbssituation: Aufgrund der kritischen Konjunkturlage und der Standortnachteile, erklärte man den Beschäftigten, sei der Weiterbetrieb der Walliser Werke „ernstlich bedroht".[313] Umso wichtiger sei die neue Form der Personalführung, das „Projekt Qualité Totale":

> Die Situation der Walliser Werke ist langfristig besorgniserregend. […] Das wichtigste Projekt ist die ‚Totale Qualität', die insbesondere das Marketing für interne und externe Spitzenleistungen beinhaltet. Der Plan WW 90 kann nur dann erfolgreich sein, wenn er von der gesamten Belegschaft voll unterstützt wird. Nur wenn alle Beteiligten ihn als zwingend erachten, kann er erfolgreich sein.[314]

Auf dem Spiel stand, so die wiederholt evozierte Vorstellung, nicht weniger als das ‚Überleben' der Walliser Werke. Für die Beschäftigten hieß dies unmissverständlich: ihre Arbeitsplätze waren bedroht. Damit knüpfte das Management an die Ängste und die Verunsicherung in der Belegschaft an und machte sie sich zu Nutze. Denn über deren Sorgen und Emotionen war die Direktion, wenn nicht aus den Medien, dann dank der gemeinsamen Sitzungen mit der Betriebskommission bestens informiert. Nun bestand das Emotionsmanagement des Unternehmens nicht etwa darin, die Sorgen zu beschwichtigen oder mit einer Humanisierung des Betriebes zu kompensieren. Vielmehr wählte man die seit Jahrzehnten praktizierte Strategie, die Gefahr von Betriebsschließungen heraufzubeschwören und die Ängste in Bevölkerung und Belegschaft für die eigenen Zwecke zu instrumentalisieren.

In der diskursiven Rahmung, die das Management wieder und wieder präsentierte, waren die Walliser Betriebe in einen marktgetriebenen Überlebenskampf verwickelt, was stets an den womöglich drohenden Niedergang erinnerte und daher außerordentliches Engagement erforderte. Dies zeigt sich beispielhaft in der Sonderausgabe der Werkszeitung zum neuen Qualitätsmanagement:

> Die nächsten Jahre werden selektionieren zwischen den Unternehmungen, welche mit Erfolg diesen neuen Weg beschritten haben und … den anderen. Die Walliser Werke haben den Willen, zu den ersteren zu gehören und ihren Vorsprung weiter auszubauen.[315]

---

313 Plan WW 90 – Walliser Werke, in: Aluval 173 (7.1988).

314 Alusuisse: Seminaire WW 90 du 28/29 Mars 1988 (3.1988), S. 1, in: StAW, FTMH, 04 004.

315 Lambert, Michael: Die totale Qualität. Ein neuer Arbeitsgeist, in: Aluval 176 (4.1989), S. 16.

Indem der Standortwettbewerb und die ungewisse Zukunft der Walliser Betriebe hervorgehoben wurden, sollten, so mein Argument, die subjektiven Potentiale der Arbeitskräfte erschlossen werden.[316] In der Personalzeitung unterstrich das Unternehmen, dass nur die Mobilisierung jedes einzelnen Mitarbeitenden das Weiterbestehen des Walliser Standorts ermöglichen konnte. Zentral war dabei das Konzept der Qualität, konkreter der ‚totalen Qualität': „Eine der wichtigsten Bedingungen zur guten Realisierung des Planes WW 90 ist die Mobilisierung *aller* Mitarbeiter. Das ist das Ziel des Projektes ‚Qualité Totale' [Hervorh. i. O.]."[317] Doch was verstand man unter totaler Qualität?

Von der Produktqualität zur totalen Qualität

Die Walliser Werke konnten bereits Mitte der 1970er Jahre – als erstes europäisches Aluminiumwerk – ein „anerkanntes Qualitätssicherungssystem" vorweisen.[318] Wie bei anderen Unternehmen auch ging dessen Einrichtung auf Aufträge für das Militär zurück. Bekanntermaßen waren es die britische und die US-amerikanische Armee, die diese von ihren Zulieferern verlangten und damit wesentliche Impulse zu einem erneuerten industriellen Qualitätsmanagement setzten.[319] In den Walliser Werken setzte das neue Qualitätsmanagement mit dem ersten Auftrag für die Armee Großbritanniens in den 1970er Jahren ein – damals reisten noch britische Beamte in die Alusuisse-Fabriken, um die Qualitätsstandards zu überprüfen.[320] In der Folge konnte Alusuisse sich als staatlich anerkannte Lieferantin für Militäraufträge empfehlen.

Bis in die frühen 1970er Jahre, so das Narrativ in der Personalzeitung, bedeutete Qualitätsmanagement lediglich Kontrolle von Produktqualität. Dafür verantwortlich waren ausschließlich die mit Qualitätskontrolle beauftragten Mitarbeitenden. Dann „begann [man], den Fabrikationsabläufen mehr Beachtung zu schenken und

---

316 Hier folge ich dem Argument von Hartmann, Detlef: Revolutionäre Subjektivität, die Grenze des Kapitalismus, in: van der Linden, Marcel/Roth, Karl Heinz (Hg.): Über Marx hinaus. Arbeitsgeschichte und Arbeitsbegriff in der Konfrontation mit den globalen Arbeitsverhältnissen des 21. Jahrhunderts, Berlin/Hamburg 2009, S. 219–256, hier: S. 246. Anders als Hartmann argumentiert, schien der manageriale ‚Griff ins Selbst' bei den Walliser Werken allerdings keine Reaktion auf die Ansprüche nach „Autonomie und Selbstverwirklichung" oder die Kämpfe der Belegschaft gewesen zu sein.

317 Plan WW 90 – Walliser Werke, in: Aluval 173 (7.1988).

318 Brichet, C.: Qualitätssicherungssystem der Walliser Werke – Examen bestanden, in: Aluval 128 (11.1976), S. 6.

319 Bröckling: Selbst, S. 229 f.

320 Brichet, C.: Qualitätssicherungssystem der Walliser Werke – Examen bestanden, in: Aluval 128 (11.1976), S. 6.

legte vermehrt Wert auf bessere Produktionsbedingungen."[321] So erwuchs aus der „herkömmlichen Qualitätskontrolle" eine umfangreichere „Qualitätssicherung", die begann, alle Mitarbeitenden in die Verantwortung zu nehmen. Doch Ende der 1980er, so die Diagnose, war das „Wachstum der Nachfrage [...] nicht mehr so gross wie früher, die Konkurrenz [...] aggressiver". Lieferanten und Kunden hätten daher vermehrt auf Qualität fokussiert. In diese Erzählung schrieb man nun das „Projekt Qualité Totale" ein: als Weiterentwicklung der Qualitätssicherung hin zum *Total Quality Management* (TQM).

Total war das neue Qualitätsmanagement mitunter, weil damit ein entgrenzter Qualitätsbegriff einherging.[322] Qualität sollte nicht mehr *nach* abgeschlossenem Produktionsprozess an den fertigen Waren kontrolliert werden, sondern bezog sich auf alle Unternehmensprozesse, beispielsweise auch auf die Kommunikation mit Kunden.

Diese Figur des Kunden, das fällt bei dieser diskursiven Entgrenzung von Qualität auf, entwickelte sich geradezu zum rhetorischen Fluchtpunkt aller Maßnahmen des neuen Qualitätsmanagements. Schließlich versprach nur ein zufriedener Kunde, so die Logik, genügend Erträge, um die Walliser Werke vor dem Untergang zu bewahren. Gerd Springe erklärte dies in der Personalzeitung folgendermaßen:

> Wir müssen dahin kommen, dass uns möglichst viele Kunden als besser und zuverlässiger beurteilen als die Konkurrenz. Aus unserem Programm ‚Qualité Totale' wissen wir, dass das eine Aufgabe aller ist: Jeder hat sich als Glied einer Kette zu sehen, an deren Ende der Kunde, unser eigentlicher Arbeitgeber, steht.[323]

Die Kundenfigur und das damit verbundene Versprechen, unternehmerischen Erfolg durch konsequente Kundenorientierung zu erreichen, waren spätestens Ende der 1980er Jahre omnipräsent. Bereits Ende der 1970er hatte die Personalzeitung *Aluval* begonnen, Großkundinnen und ihre Endprodukte zu porträtieren.[324] Man wollte damit Grundwissen über Kunden vermitteln und eine emotionale Verbindung zu den Kunden fördern, wovon man sich ein besonderes Engagement seitens der Arbeitskräfte erhoffte. Dies verdeutlicht etwa eine neue Rubrik in der Werkszeitung, in der Anekdoten über Mitarbeitende wiedergegeben wurden, „welche eigene Initiative entwickeln, ohne Befehl, ohne Auftrag, ohne Zwang".[325] Eine dieser Geschichten betraf Herrn Huber, der, von einem Kunden nach dem Verbleib

---

321 Ganzer Abschnitt: Lambert, Michael: Sagten Sie Totale Qualität?, in: Aluval 176 (4.1989), S. 3.

322 Bröckling: Selbst, S. 217 f.

323 Springe, Gerd: Unser Plan beginnt zu greifen, in: Aluval 175 (1988), S. 2.

324 Der Kunde – unser Arbeitgeber, in: Aluval 142 (9.1979), S. 11.

325 Jeder Kunde ist mein Kunde, in: Aluval 174 (9.1988).

einer kleinen Bestellung befragt, sich eigenständig auf die Suche nach dem Paket machte und dieses *nach* Feierabend persönlich dem Kunden zustellte, um den Liefertermin einzuhalten.[326] Die Botschaft war schwerlich misszuverstehen: Die bloße Pflichterfüllung genügte nicht, Arbeitskräfte mussten für die Kundenzufriedenheit Eigeninitiative zeigen und mehr leisten – sie mussten die ‚Extrameile‘ für den Kunden gehen.

Kundenorientierung – marktrationale Identitäten, mehr Kommunikation und Gruppenarbeit

Das Paradigma der Kundenorientierung war naheliegenderweise bei Mitarbeiter:innen im Verkauf zentral. Unter den Mitarbeitenden mit Kundenkontakt schuf man sogenannte „Product-Champions"[327]. Sie sollten ein Produkt „hegen und pflegen" und hierfür „volle Identifizierung mit dem ‚Produkt'" zeigen. Als marktrationale Schnittstelle zum Kunden sollten „Product-Champions" „kundenkonforme Akzeptanz" erreichen und „dem Wettbewerb überlegene Problemlösungen offerieren."

Darüber hinaus reinterpretierte das Management die betrieblichen Sozialbeziehungen im Allgemeinen in einem marktrationalen Licht. Sinnbildlich hierfür ist, dass der Direktor Gerd Springe in einer Sonderausgabe der Personalzeitung zum neuen totalen Qualitätsmanagement die betrieblichen Sozialbeziehungen neu als Lieferanten-Kunden-Beziehungen imaginierte:

> Diese Sonderausgabe zeigt kaum Maschinen, dafür aber Mitarbeiter, im Gespräch miteinander und im Dialog mit Kunden. Genau das ist ein wesentlicher Teil der „Qualité Totale": Keiner von uns ist „ein kleines Rädchen", sondern ein tragendes Glied in der Kette Lieferant-Kunde: Jeder von uns hat seinen internen oder sogar externen Kunden. Deren Bedürfnisse gilt es im Dialog zu erfahren und dann insbesondere durch die richtige Leistung zu erfüllen. So wird aus der grossen Zahl der Leistungen Einzelner die Leistung unseres Unternehmens für unsere Kunden.[328]

Der Betrieb erschien als Kette von Markttransaktionen, in die alle Mitarbeiter:innen als betriebsinterne Lieferanten und Kunden eingebunden und eher Schnittstelle als schaffende Kraft waren. Bei näherem Blick auf – beispielsweise – eine Abteilung erweist sich die Rede von Kunden-Lieferanten-Beziehungen als realitätsfremd, schließlich standen sich zu keinem Zeitpunkt Käufer und Verkäufer gegenüber.

---

326 Ebd.
327 Stelzer, W. A.: Product-Champion, in: Aluval 181 (1990), S. 8.
328 Springe, Gerd: Qualité Totale, in: Aluval 176 (4.1989), S. 1.

Das Modell kann mit Ulrich Bröckling eher als Versuch gewertet werden, die Unternehmenskultur zu verändern und alle „Mitarbeiter [...] auf unternehmerisches Handeln zu verpflichten".[329] Aus „Lohnempfängern sollen Intrapreneure werden, die Verantwortung übernehmen, Engagement zeigen und ihre Arbeitsbereiche entsprechend der internen wie externen Kundenbedürfnisse selbständig optimieren".

Darüber hinaus lässt sich das Modell als identitätspolitische Intervention in den Betrieb verstehen: In Relation zu älteren managerialen Identitätsangeboten wie der Betriebsgemeinschaft war das neue Modell eine radikale Neucodierung von Arbeiter-Identitäten.[330] In der Betriebsgemeinschaft imaginierte man Arbeitskräfte und Unternehmer als grundlegend verschiedene, aber nicht antagonistische Gegenstücke, die durch ihre Zusammenarbeit ein größeres Ganzes bildeten. Das Konzept der Betriebsgemeinschaft fußte auf einem Konsens zwischen Unternehmen und Gewerkschaften und sicherte Arbeteridentitäten und Gewerkschaften eine legitime Stelle im gemeinsamen, produktivistischen Programm. In der Rede von den Kunden-Lieferanten-Beziehungen verwischte diese Rollenzuteilung. Arbeitskräfte wurden zu Marktakteuren – etablierte Arbeiter- oder Klassenidentitäten wurden vom Bild des marktrationalen Dienstleisters überlagert.

Mit der Kundenorientierung erhielten in den 1980er Jahren zudem kommunikative Aspekte von Arbeit größere arbeitsmanageriale Aufmerksamkeit. Das hatte arbeitsorganisatorische Gründe: Die Kommunikation zwischen Kunden, Verkaufs-, Marketingabteilung und Produktion hatte sich verdichtet. Aber auch das Berichtswesen im Rahmen der responsabilisierten Unternehmensarchitektur sowie Wartung und Fehlerprävention bei den automatisierten, frei programmierbaren Maschinen erhöhten die unternehmerische Bedeutung von Kommunikation und Gruppenarbeit. Die vom Management propagierte Kundenorientierung bedeutete, dass die Walliser Werke sich mehr als Partner der Kunden zu verstehen hatten. Und als Partner galt es die Kunden, auf ihrem „Weg und in [...] [ihren] Bemühungen effizient und kompetent"[331] zu begleiten. Anstatt ein vordefiniertes Produkt anzubieten, sollten Kunden in die Entwicklung von Produkten einbezogen, stets mit kostengünstigeren Lösungen beliefert, technisch beraten und über Produktionsstand und Lieferfristen informiert werden.

Dies erforderte auch einen intensiveren Austausch mit der Produktion. Nur so konnte sichergestellt werden, dass die Kundenwünsche durch die Verkaufsabteilung richtig erfasst und von der Produktion korrekt umgesetzt wurden.[332]

---

329 Bröckling: Selbst, S. 220 f.

330 Sowohl Gewerkschaften als auch Unternehmen orientierten sich in ihren Erzählungen der Betriebsgemeinschaft am Bild des männlichen Industriearbeiters. Inwiefern diese Identitätsvorstellungen mit vergeschlechtlichten Identitäten zusammenhängen, kann an dieser Stelle nicht geklärt werden.

331 Lambert, Michael: Sagten Sie Totale Qualität?, in: Aluval 176 (4.1989), S. 3.

332 Massnahmen ergreifen, in: Aluval 176 (4.1989), S. 4.

Um diese interaktive Organisation zu operationalisieren, setzte das Unternehmen auf Gruppenarbeit. Die Personalzeitung kündigte an, dass Kadermitarbeitende ihre „Arbeitsmethoden neu […] überdenken und das gesamte Personal dazu […] animieren [sollten], in Gruppen eng zusammen zu arbeiten."[333] Bei der Anstellungspolitik würden vermehrt Mitarbeitende beschäftigt werden, die „in Gruppen arbeiten können […] [,] Frauen und Männer, welche den kollektiven Erfolg dem individuellen vorziehen".[334]

Grenzenlose Selbstoptimierung

Die letztlich immer steigerbaren Kundenwünsche übersetzte das Management in ein Streben nach „Exzellenz". Rationalisierungen des Produktionsprozesses gehörten dabei weiterhin zum Repertoire dieses Programms: Angestrebt wurde die „Eliminierung von Arbeitsabläufen, welche Verschwendung von Arbeitskraft darstellen und nichts Produktives ergeben" oder die „bessere Beherrschung der Fabrikationsabläufe, unserer Arbeitsmethoden und der Qualität des internen Informationsflusses",[335] wie es in der Personalzeitung hieß. Neu sollten aber alle für diese Rationalisierungen verantwortlich sein. Unter Exzellenz verstand man daher, „sich allzeit bewusst zu sein, dass Qualität die Angelegenheit *aller* ist [Hervorh. i. O.]".[336]

Von den Arbeitskräften verlangte man fortan, nach Selbstoptimierung zu streben: „Das Ziel, es ‚besser machen‘ zu wollen, ist erreichbar, aber dies bedingt die Anwendung strenger und besserer Arbeitsmethoden und die Mobilisierung eines jeden von uns."[337] Auch wenn die Werkzeitung betonte, dass die Ziele erreichbar seien, so waren „bessere Arbeitsmethoden" und die „Mobilisierung eines jeden" genuin unerreichbare Zielformulierungen. Vom neuen Qualitätsmanagement erwartete das Management mobilisierende Effekte, wie es in der Personalzeitung explizit machte: „Die Qualität in den Walliser Werken wird in dem Moment *total* sein, wenn wir erreicht haben, dass sich *jedermann überall* für *alles*, was er macht, verantwortlich fühlt [alle Hervorh. i. O.]. Wollen wir diese Herausforderung nicht zusammen annehmen?"[338]

Die Responsabilisierung der Beschäftigten folgte der Logik des entgrenzten Qualitätsmanagements, das den Fokus von der Fehlerkontrolle auf Fehlerprävention

---

333 Lambert, Michael: Die totale Qualität: Ein neuer Arbeitsgeist, in: Aluval 176 (4.1989), S. 16.
334 Ebd.
335 Lambert, Michael: Sagten Sie Totale Qualität?, in: Aluval 176 (4.1989), S. 3.
336 Ebd.
337 Ebd.
338 Lambert, Michael: Die totale Qualität. Ein neuer Arbeitsgeist, in: Aluval 176 (4.1989), S. 16.

verlagert hatte.[339] Nur von sich verantwortlich fühlenden und initiativen Arbeitskräften konnte eine gelungene Fehlerprävention erwartet werden. Die Sonderausgabe der *Aluval* zum „Projekt Qualité Totale" erklärte ihnen:

> Totale Qualität heisst auch, sich täglich mit den sich ergebenden Problemen auseinanderzusetzen. [...] Das Projekt totale Qualität will durch eine vorbeugende Verhaltensweise erreichen, dass wir die Ursachen der kleinen täglichen Probleme zum Voraus erkennen und eliminieren. Der Erfolg unserer Bemühungen soll vor allem auch die Entwicklung des Bewusstseins eines jeden Einzelnen gegenüber diesen Problemen sein.[340]

Mit einem sogenannten „Null-Fehler-Programm" wollte man diese neue Politik umsetzen. Im Rahmen dieser Bemühungen verteilte man an die Arbeitskräfte das Poster einer „Qualitätsleiter" zum Ausschneiden und „im Büro aufhängen", das die Verhaltensnormen der neuen Fehlerkultur visualisierte (Abb. 37).[341]

Auf der Leiter stellen rote, blaue und gelbe Sprossen die verschiedenen möglichen Reaktionen auf Fehler dar. So wurden die Arbeitskräfte an die neuen Imperative erinnert und mit einer Handlungsanleitung ausgestattet. Die unerwünschten Verhaltensweisen auf den roten Sprossen waren „Ignorieren", „Abstreiten", „Beschuldigen", „Rechtfertigen". Auf den blauen Sprossen war zu lesen: „Übernehmen (Ich bin verantwortlich)", „Provisorisch beheben", „Analysieren (Ursache herausfinden)". Die erwünschten Verhaltensweisen waren aber „Verbessern", „Denken (Problemursache beseitigen)" und „Vorbeugen". Das Ziel war dabei „Null Fehler", wobei dies als anzustrebendes, wenn auch unerreichbares Ziel formuliert wurde. Ergänzt wurde die „Qualitätsleiter" mit dem Motto „Null Fehler: Kein Ziel – eine Reise". Ziel war also eine neue Fehlerkultur, in der die Arbeitskräfte eine proaktive, verantwortungsbewusste und lösungsorientierte Einstellung einüben sollten, mit der die althergebrachte Sicherstellung der bloßen Produktqualität durch Selbstkontrolle und -optimierung erweitert, wenn nicht ersetzt werden konnte.

Zu Beginn der 1990er Jahre konnten sich die Walliser Werke als erstes Unternehmen der europäischen Aluminiumindustrie ihr Qualitätssicherheitssystem gemäß der internationalen ISO-Norm 9001 zertifizieren lassen.[342] Sowohl das Management der Walliser Werke als auch die Betriebskommission hatten auf diese Zertifizierung gehofft, nicht zuletzt weil sie sich damit einen Standortvorteil versprachen.[343] Die erfolgreiche Zertifizierung nutzte man sogleich für Marketingzwecke

---

339 Bröckling: Selbst, S. 217 f.
340 Die Qualitätsleiter, in: Aluval 176 (4.1989), S. 8 f.
341 Ebd.
342 Springe, Gerd: Rückblick und Ausblick zum Jahresende, in: Aluval 187 (1991), S. 3.
343 Kommuniqué zur 568. BK-Sitzung (4.12.1990), S. 1, in: StAW, FTMH, 04 002.

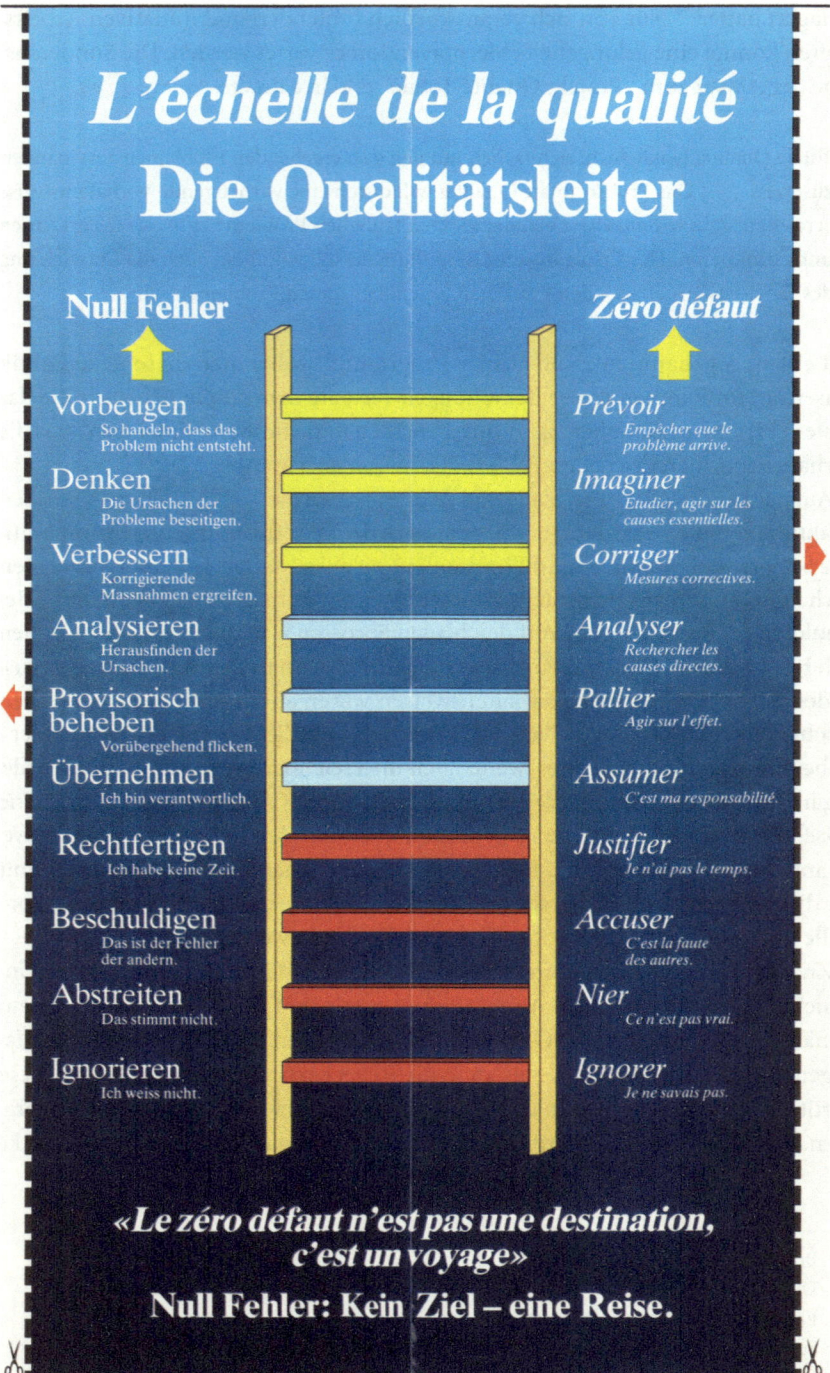

Abb. 37 Die Qualitätsleiter (Aluval 176, 1989, S. 8 f.).

und informierte umgehend die eigenen Kunden.[344] Für die Qualitätszertifizierung war eine „Qualitätspolitik" formuliert worden, die auf der „Verantwortung der Personen und der Beseitigung der Fehler durch vorbeugende Massnahme[n]" basierte.[345] Zudem musste für sämtliche Tätigkeiten ein System von Richtlinien, Zuständigkeiten und Abläufen implementiert sein – vom Eingang eines Auftrages bis zur Lieferung des Endproduktes und von der Konzeption eines neuen Produktes bis zu dessen Vermarktung.

Später gingen Kunden dazu über, das Qualitätssystem selbst zu überprüfen. So etwa der Autohersteller BMW, der 1993 ein Team von Experten in die Walliser Werke entsandte.[346] Auf diese Weise verschmolzen Praktiken der Kundenorientierung und Qualitätssicherung, sodass nun der Kunde nicht mehr nur als Fluchtpunkt der Evaluationskultur diente, sondern selbst aktiv Qualitätssicherung in Zulieferbetrieben implementierte.

Qualitätszirkel – das soziale Wissen der Arbeitskräfte in Wert setzen

In den frühen 1980ern begann man sich in den Walliser Werken für Qualitätszirkel und „japanische" Produktionsmodelle zu interessieren.[347] In diesen Jahren stand die Devise „von Japan lernen" in Managerkreisen hoch im Kurs: Aufgrund des wirtschaftlichen und technischen Erfolgs Japans imitierten westeuropäische und US-amerikanische Industrieunternehmen in den 1980er Jahren „japanische" Produktionsmodelle.[348] Die Erfolgsgründe verortete man auch in einer spezifischen Unternehmenskultur, die eine aktive Zusammenarbeit der Arbeitskräfte förderte.[349] Die Personalzeitung berichtete von 80.000 Qualitätszirkeln, die seit Beginn der 1960er Jahre überall in Japan eingesetzt worden seien.[350] Dieses Erfolgsmodell wollten die Manager in die Walliser Fabriken transferieren und so „das bisher ungenutzte Wissens-, Ideen- und Denkpotential, aber auch das Potential des ‚guten' Willens' aller Mitarbeiter"[351] nutzbar machen. Dies war nichts grundsätzlich Neues. Die managerialen Versuche, das Wissen und die Innovationskraft von Arbeitskräf-

344 Protokoll BK-Sitzung (21.6.1991), S. 2, in: StAW, FTMH, 04 002.

345 Qualité Totale, in: Aluval 182 (1990).

346 Ein Kunde der Zukunft, in: Aluval 192 (1993), S. 7.

347 Meier, E./Cohen, H.-M.: Quality-Circle (QC) in den Walliser Werken am Beispiel der Giesserei Steg, in: Aluval 160 (4.1985), S. 8.

348 Silver: Forces, S. 67.

349 Meier, E./Cohen, H.-M.: Quality-Circle (QC) in den Walliser Werken am Beispiel der Giesserei Steg, in: Aluval 160 (4.1985), S. 8.

350 Ebd.

351 Ebd.

ten für die Rationalisierung von Industriebetrieben zu nutzen, reichten mindestens bis ins frühe 20. Jahrhundert zurück.[352]

Mit dem sogenannten betrieblichen Vorschlagswesen, bei dem Arbeitskräfte Problemlösungen in einen Ideenbriefkasten einwerfen konnten und die Betriebsleitung die besten Vorschläge prämierte und umsetzte, zielte das Unternehmen auf das alltags- und erfahrungsbasierte Wissen ihrer Mitarbeiter:innen ab. Während das Vorschlagswesen diese vor allem individuell ansprach, berücksichtigten Qualitätszirkel die kollektive Grundlage von Wissen expliziter. Das Management ging davon aus, dass Probleme vor allem im Gespräch, in der Interaktion mit anderen Arbeitskräften, die beispielsweise an derselben Maschine arbeiteten, erkannt, gelöst und verhütet werden konnten.

Daraus entwickelte man einen Qualitätsbegriff, mit dem das Unternehmen weniger auf „Verfahren und Prozesse"[353], also die „Produktivität der Maschine", fokussieren wollte. Vielmehr sollten das implizite Alltagswissen und die Soziabilität der Arbeitskräfte als Ressource für das Unternehmen erschlossen werden. In der Personalzeitung wurde dies rückblickend folgendermaßen dargestellt:

> Bewusst, dass der Mitarbeiter in der Praxis, in täglichem Kontakt mit der Maschine, deren Produktivität steigern könne, wurden Qualitätszirkel gebildet. Diese Qualitätszirkel wurden zu wichtigen Vorschlagsquellen und bildeten sogar Gruppen, welche zum Teil Entscheide fällten. Seit dem Ende der achtziger Jahre wurden den Mitarbeitern die Vorteile der Präventivkontrolle und der Selbstkontrolle nähergebracht.[354]

Indem Arbeitskräfte selbstständig Lösungen implementierten, hatte das Unternehmen einen kontrollierten Rahmen gefunden, Formen des Selbstmanagements einüben zu lassen. Der Qualitätszirkel galt dabei als Musterlösung:

> Unter allen uns zur Verfügung stehenden Hilfen ist der Qualitätszirkel einer der umfassendsten. Er erhöht die Kompetenzen und die Verantwortung des einzelnen Mitarbeiters, spielt eine entscheidende Rolle bei der Wahl von Lösungen und verbessert die Arbeitsleistung.[355]

---

352 Uhl: Rationalisierung, S. 214.
353 Deslarzes, J.-Ch.: Empowerment, in: Aluval 199 (1995), S. 6.
354 Ebd.
355 Einführung der ersten Qualitätszirkel im Walzwerk, in: Aluval 189 (1992).

Die in den 1980er Jahren in den Walliser Werken eingeführten Qualitätszirkel konnten auf die Unterstützung der Betriebskommission zählen.[356] Intensiviert wurde ihr Einsatz in den frühen 1990er Jahren.

Ein Qualitätszirkel bestand aus einer kleinen Gruppe von Arbeitskräften, die im selben Bereich arbeitete oder an derselben Maschine ähnliche Aufgaben ausführte und die – unter der Leitung eines Animators – zu freiwilligen, periodischen Sitzungen zusammenkam, um „gemeinsam Probleme zu erkennen, zu behandeln und mittels geeigneter Methoden zu lösen".[357] Diese Qualitätszirkel setzten teilweise auch ihre Lösungsvorschläge selbstständig um. Vordergründig sollten zwei Ziele verbunden werden: erstens „die Bedürfnisse unserer Kunden zufriedenzustellen"[358], zweitens „die Arbeitsbedingungen zu verbessern." Die Animatoren hatten einen dreitägigen Kurs bei der Beratungsfirma Proqualis absolviert und dort „Arbeitswerkzeuge" wie die „Pareto-Analyse, das Diagramm ‚Cause-Effect' [und] Histogramme" kennengelernt und „die Leitung und Animation von Sitzungen" geübt. Im Walzwerk beispielsweise trafen sich die Mitglieder eines Qualitätszirkels, die alle an zwei „Schlüsselmaschinen" arbeiteten, zwei Mal monatlich für jeweils zwei Stunden – eine davon unbezahlt. An den Treffen identifizierten sie Probleme an den beiden Maschinen und einigten sich auf die prioritär zu lösenden Schwierigkeiten.[359] Das Unternehmen schien vom Erfolg der Qualitätszirkel überzeugt, wie Beiträge in der Personalzeitung andeuten:

> Im Walzwerk wurden 4 Qualitätszirkel mit insgesamt 26 Personen gebildet. Die Mitglieder dieser Zirkel sind wiederum in zwei verschiedenen, jedoch sich ergänzenden Sektoren eingeteilt, was erlaubt, ganz im Sinne der Beziehungen ‚Kunde – Lieferant' die interne Kommunikation zu verstärken [...]. Zahlreiche Probleme wurden bis heute in den Qualitätszirkeln erkannt und in der Folge gelöst. Die Motivation der Mitglieder, die ermutigenden Resultate, die erzielten Gewinne sowie die erfolgten Verbesserungen zeugen eindrücklich von der Leistungsfähigkeit der Qualitätszirkel. Dies alles zum Wettbewerbsvorteil unserer Produkte.[360]

Empowerment

Das totale Qualitätsmanagement war keine flüchtige Modeerscheinung. Noch 1995 wurde es um die Vorstellung des ‚Empowerments' erweitert. In der Personalzeitung

---

356 Protokoll BK-Sitzung (4.11.1987), S. 9, in: StAW, FTMH, 04 002.
357 Einführung der ersten Qualitätszirkel im Walzwerk, in: Aluval 189 (1992).
358 Ebd.
359 Ebd.
360 Bornand, Jean-Daniel: Qualitätszirkel Walzwerk, in: Aluval 197 (1994), S. 15.

stellte man dieses als „logische Folge einer stets wachsenden Verantwortung der gesamten Belegschaft" dar.[361] Das erklärte Ziel war dabei, „den Mitarbeitern mehr Verantwortung zu übertragen". Laut dem neuen Konzept mussten Arbeitskräfte über konkrete „Entscheidungsmacht, Mittel, Verantwortung, Information, Kenntnisse respektive Ausbildung" verfügen, um „ihre Entfaltung kontrollieren zu können". Auf den Erfahrungen mit Qualitätszirkeln aufbauend, bildete das Unternehmen unter dem ‚Empowerment'-Label sogenannte „selbststeuernde Arbeitsgruppen".

Diese Mitarbeitendengruppen erhielten eine „zeitlich unbegrenzte Verantwortung", „ihre Arbeit mit einer minimalen Beaufsichtigung selbst zu organisieren."[362] Zu den Aufgaben gehörten die „Arbeitsplanung, die Lösung von Problemen und die Entscheidungsnahme, die Organisation von Teamsitzungen, die Koordination der Arbeit mit anderen Teams, die Aufrechterhaltung von Beziehungen mit den Lieferanten und Kunden (interne und/oder externe), die Zielbestimmungen, die Analyse des Arbeitsprozesses und der Leistung." Damit bezweckte das Management, die Kundenorientierung nochmals zu vertiefen, da die Arbeit der selbststeuernden Arbeitsgruppen stets „zum Kunden und nicht zur nächsten Hierarchiestufe" ausgerichtet sei. Betont wurde die Bedeutung des „Informationsflusses" und der Fokus „auf das gesamte Geschäft". Dies erlaube, dass „die Selbstkontrolle und die Verbesserung [...] permanent" seien.

Die konkrete Durchführung durchlief mehrere Etappen. Man startete mit bereichsinternen Projektgruppen, die eine Standortbestimmung vornehmen und erste Zukunftsvisionen skizzieren sollten.[363] Später informierte man Kadermitarbeitende und ließ sie durch ein Beratungsunternehmen in „partizipativem Management" weiterbilden. In einem dritten Schritt experimentierte das Unternehmen mit ersten selbststeuernden Arbeitsgruppen, sodass die Arbeitskräfte konkrete Erfahrungen sammeln konnten. Erst dann sollten weitere selbststeuernde Arbeitsgruppen gebildet werden. Einmal eingeführt, würden die selbststeuernden Arbeitsgruppen unter der Leitung des „Teamförderers" beziehungsweise des „Teamverantwortlichen" an ihrer „kontinuierlichen Verbesserung" arbeiten. Es ging explizit darum, die Unternehmenskultur zu formen: „Damit wir mit SAG [selbststeuernden Arbeitsgruppen] arbeiten können, müssen wir nicht nur die Organisationsstrukturen in gewissen Sektoren unserer Werke ändern, sondern besonders unsere Verhaltensweisen, ja sogar unsere Mentalitäten. Unsere Kader werden sich mit Teamförderungstechniken vertraut machen und die Teammitglieder müssen bereit sein, zusätzliche Verantwortung zu übernehmen."

---

361 Ganzer Abschnitt: Deslarzes, J.-Ch.: Empowerment, in: Aluval 199 (1995).
362 Ganzer Abschnitt: Ebd.
363 Ebd., S. 7.

6.8 Synthese Teil III

Mitte der 1980er Jahre radikalisierte und verstetigte das Topmanagement einige der Krisenstrategien des vorangehenden Jahrzehnts. Wurden Devestitionen in den 1970er Jahren – man denke an das italienische Beispiel – noch widerwillig und in den frühen 1980er Jahren als Notfallmaßnahmen akzeptiert, gehörte das Verkaufen von Unternehmensteilen seit Mitte der 1980er Jahre zu den managerialen Grundoperationen, die mittlerweile auch die lange verschonten Schweizer Betriebe bedrohte. Um eine höhere Rentabilität zu erreichen, setzte sich das Management – unter dem Motto „Frontverkürzung" – eine Verkleinerung des Konzerns zum Ziel und verabschiedete sich vom Streben nach Größe. Innerhalb weniger Jahre stieß Alusuisse zahlreiche Aktivitäten des Aluminiumbereichs ab, sodass das Schweizer Aluminiumunternehmen just zum hundertjährigen Jubiläum zu einem Nettokäufer von Rohaluminium und einem Mischkonzern geworden war.

Als Schlüsselkonzept der neuen Strategien fungierte ,der Markt'. Bereits 1975 hatte Emanuel Meyer gefordert, vom „Tonnendenken" abzurücken und mehr auf Wertschöpfung zu achten. Mitte der 1980er Jahre bestärkte das Topmanagement diese Stoßrichtung: Das Motto für die Aluminiumdivision hieß 1987 „Weg von der Tonne – hin zum Markt".[364] Diese Entwicklung „hin zum Markt" fasse ich mit dem Begriff der Vermarktlichung: Statt das Unternehmen von den Märkten abzuschotten, es also beispielsweise von Preisentwicklungen abzuschirmen, strebte das Topmanagement eine möglichst marktresponsive Konzernarchitektur an, die Marktentwicklungen zur Steuerung des Unternehmens nutzt. Die Unternehmensstrategie und die Organisationsstruktur sollten flexibel und zeitnah an ,die Märkte' angepasst werden. In der Praxis hieß dies, *nota bene* entgegen dem Gerede von schlanken Strukturen, dass neue bürokratische Kapazitäten als Schnittstelle zwischen Markt und Unternehmen aufgebaut wurden, um Daten zu sammeln, Rentabilitätskennzahlen zu berechnen und auf deren Grundlage quantifizierte Ziele zu setzen und deren Erfüllung fortwährend zu prüfen.

Die Manager verhielten sich mehr und mehr wie die Verwalter eines Investitionsportfolios, wobei sie Assets nach ihrem Börsenwert, potenziellen Verkaufserlös und den Auswirkungen auf die Kreditwürdigkeit beurteilten. Spätestens ab 1991 verschmolz diese Kapitalmarkt- und Kreditmarktorientierung mit der Shareholder-Value-Doktrin. Als unternehmerisches Hauptziel galt nun die Steigerung des (Börsen-)Wertes des Unternehmens, womit zunehmend auch kurzfristige Profite durch den Verkauf von Unternehmensteilen interessant wurden.

---

364 Tschopp, Theodor M.: Die junge, dynamische, innovative DA (25.6.1987), in: SWA, PA 60Cb D 9-26.

Die Wettbewerbslogiken ‚des Marktes' entfalteten ihre Wirkungen auch im Innern des Unternehmens. Meyer hatte bereits in den 1960er Jahren angestoßen, einen Wettbewerb unter den Betriebsleitern zu veranstalten, um den sportlichen Ehrgeiz der Manager anzustacheln. Dabei war die Teilnahme freiwillig und es winkten Geldpreise – wirkliche Verlierer kannte diese Form des Wettbewerbs nicht. Der Versuch, Mitarbeitende und Manager in einen Wettbewerb miteinander zu setzen, war folglich keineswegs neu. Die Mitte der 1980er Jahre innerhalb des Unternehmens implementierte Wettbewerbsordnung basierte allerdings auf einer Logik des *Survival of the fittest*: Die semiautonomen Geschäftseinheiten konkurrierten um Investitionskapital, das Alusuisse von Banken und Börsen aufnehmen musste. Hierfür erhielten die Geschäftseinheiten mehr Erfolgsverantwortung und mussten ihre Rentabilität an den finanzmarktorientierten Kennzahlen ausrichten. Das Topmanagement zog sich indes auf die Position eines strategischen Architekten zurück, der die Unternehmenskultur durch „Visionen" modellierte, den Bereichs- und Betriebsleitern quantitative, finanzmarktorientierte Profitabilitätsziele setzte und diese – dank der Unterstützung von Controllingstellen – permanent überprüfte. Im Mittelpunkt dieses panoptischen Dispositivs stand dabei der Finanzmarkt. Sollten die Geschäftseinheiten nicht erfolgreich sein, so drohte ihnen die Devestition. Betriebsleiter und Belegschaften trugen die Folgen dieser verschärften Leistungspolitik und sahen sich mit einem „System permanenter Bewährung"[365] konfrontiert.

Wie die Analyse des Walliser Standorts verdeutlichte, ging die Vermarktlichung des Konzerns mit der Demontage der fordistischen Fabrik der Hochkonjunktur einher. Dies betraf erstens den auf standardisierte Massenprodukte ausgerichteten Herstellungsprozess, zweitens den produktivistischen Kompromiss zwischen Gewerkschaften und Unternehmen und drittens eine Personalpolitik, die auf die arbeitsplatzorientierte Zurichtung der Arbeitskräfte abzielte.[366] In den letzten Jahrzehnten des 20. Jahrhunderts wurde in den Walliser Werken die standardisierte Massenproduktion mit einem flexiblen Produktionssystem ergänzt, das nicht mehr auf in großer Stückzahl und auf Vorrat (z. B. Rohaluminium in Masseln) gefertigte Massenprodukte, sondern vermehrt auf spezialisierte Produkte für einzelne Kunden in kleinen Stückzahlen und *just in time* setzte.

365 Boes, Andreas/Bultemeier, Anja: Anerkennung im System permanenter Bewährung, in: Soeffner, Hans-Georg/Kursawe, Kathy (Hg.): Unsichere Zeiten. Herausforderungen gesellschaftlicher Transformationen. Verhandlungen des 34. Kongresses der Deutschen Gesellschaft für Soziologie in Jena 2008, Bd. 2, Wiesbaden 2010, CD-ROM.

366 Ich kombiniere hier die betriebsbezogenen Aspekte der Fordismus-Konzeptionen von Anselm Doering-Manteuffel und Lutz Raphael sowie Adelheid von Saldern und Rüdiger Hachtmann: Doering-Manteuffel/Raphael: Boom, S. 39; Hachtmann/von Saldern: Jahrhundert. Vgl. auch Rüdiger Hachtmann: Fordismus, Docupedia-Zeitgeschichte 2011, online: http://docupedia.de/zg/hachtmann_fordismus_v1_de_2011 [18.10.2021].

Auch die während der Hochkonjunktur geräuscharm ineinander greifende Mechanik von Produktivitätszunahme und Lohnsteigerungen bei hoher Arbeitsplatzsicherheit (für Inländer) lief ab Mitte der 1970er Jahre nicht mehr reibungslos. Seitdem reduzierte die Direktion der Walliser Werke die Zahl der beschäftigten Arbeiter stetig, machte die Beschäftigungszahlen nach 1980 direkt abhängig von der konjunkturellen Lage und entließ 1986 – erstmals nach 30 Jahren – wieder eine größere Gruppe von Beschäftigten; parallel dazu reduzierte man die betrieblichen Sozialmaßnahmen. Kurzum: die betriebliche Anbindung der Arbeitskräfte wurde gelockert, die Kapitalmobilität erhöht.[367]

Das Management untergrub die tragende Säule des produktivistischen Kompromisses: Die in der Hochkonjunktur üblichen Reallohnsteigerungen wurden ab den 1970er Jahren erfolgreich abgebremst – in den 1970ern und 1980ern kam es wiederholt zu real sinkenden Löhnen. Wie am Beispiel der Lohnverhandlungen für das Jahr 1983 ersichtlich, agierte das Management gegenüber der Betriebskommission konfrontativer, verweigerte den Teuerungsausgleich und versuchte stattdessen individualisierte Lohnformen ohne Verhandlungen einzuführen. Dies deutet darauf hin, dass die von der Forschung auf gesamtschweizerischer Ebene auf die 1990er Jahre datierte Infragestellung des Teuerungsausgleichs und die zunehmend rissige ,Sozialpartnerschaft' auf betrieblicher Ebene bereits früher ihren Lauf nahmen.[368]

Mit dem zunehmenden Einsatz von computergesteuerten und automatisierten Maschinen wandelten sich die Arbeitsprozesse und die Zusammensetzung der Belegschaft: Mehr Ingenieure, Techniker und Programmierer bevölkerten die Fabrikhallen und die Fabrikarbeiter wurden noch stärker als zuvor zu Bedienungs- und Wartungspersonal der Maschinen. Keineswegs verschwanden dadurch tayloristische Arbeitsformen – also zerlegte, normierte Arbeitsschritte oder die Trennung von Arbeitsplanung und -umsetzung. Neue personalpolitische Leitbilder orientierten sich aber an einem anderen Bild von Industriearbeit.

Das Walliser Management betonte ab der zweiten Hälfte der 1980er Jahre die Bedeutung von Polyvalenz, Selbstmanagement, Teamarbeit und arbeitsplatzübergreifender Kommunikation. Auf Konzernebene korrespondierte diese Entwicklung mit der Hinwendung zum *Human Resources Management*. Diese Managementideologie ließ die Situation permanenter Bewährung und die entgrenzten Anforderun-

---

367 Dies lässt sich als Übergangsphase der institutionellen Bindung von Arbeit und Kapital deuten, wie dies Thomas Welskopp herausgearbeitet hat: Welskopp, Thomas: Das Unternehmen als Körperschaft. Entwicklungslinien der institutionellen Bindung von Kapital und Arbeit im 19. und 20. Jahrhundert, in: ders. (Hg.): Unternehmen Praxisgeschichte. Historische Perspektiven auf Kapitalismus, Arbeit und Klassengesellschaft, Tübingen 2014, S. 229–255, hier: S. 250 f.

368 Mach, André/Oesch, Daniel: Collective Bargaining Between Decentralization and Stability. A Sectoral Model Explaining the Swiss Experience During the 1990s, in: Industrielle Beziehungen 10/1 (2003), S. 160–182.

gen an die Arbeitskräfte, die durch ein konsequentes *Management by Objectives* herbeigeführt worden waren, in positivem Licht als Möglichkeit für mehr Freiheit und Selbstentfaltung erscheinen. Damit rief das *Human Resources Management* die für die neue unternehmensinterne Wettbewerbsordnung erforderlichen Subjekte an und trachtete danach, die Unternehmenskultur für arbeitsmanageriale Ziele zu erschließen.

Diese arbeitsmanageriale Stoßrichtung zeigte sich in den Walliser Werken in der Form des gegen Ende der 1980er Jahre eingeführten totalen Qualitätsmanagements. Im Dienste des Kunden verlangte die neue personalpolitische Linie mehr als Produktqualität, sondern zielte vielmehr auf eine Unternehmenskultur ab, die alle Arbeitskräfte zu einer kontinuierlichen (Selbst-)Optimierung aller unternehmerischen Aktivitäten anregen würde. Das totale Qualitätsmanagement reflektierte zudem das gestiegene arbeitsmanageriale Interesse für die informationelle Seite von Arbeit. Denn diese hatte durch die verdichtete Kommunikation zwischen Kunden, Verkaufs-, Marketingabteilung und Produktion an Bedeutung gewonnen.

Im Zuge einer nun allgegenwärtigen Kundenzentrierung definierte das Management gar betriebliche Sozialbeziehungen in einem marktradikalen Licht als reine Kunden-Lieferanten-Beziehungen. Das frühere Modell der Betriebsgemeinschaft, das auch den Gewerkschaften und Arbeiteridentitäten eine legitime Position zusprach, deutete das Management in eine Standortallianz von Marktakteuren um. Die Gewerkschaft SMUV entwickelte ihre eigene Version dieser Standortallianz: Sie nahm die managerialen Rhetoriken des Standortwettbewerbs auf, legitimierte beschäftigungspolitische Opfer mit der langfristigen Erhaltung der Walliser Betriebe und suchte nach Möglichkeiten, das Wallis als industriellen Standort zu stärken.

Die Erosion der industriellen Welt der Hochkonjunktur führte zu einem Klima der Angst und Verunsicherung in der Belegschaft. Das Management hatte erfolgreich eine Argumentationskette etabliert, laut der das Problem das ‚Überleben‘ der Betriebe im Standortwettbewerb war und die Lösung Standortpolitik und Verbesserung der Wettbewerbsfähigkeit hieß. Dieser Diskurs kannte keinen Widerspruch mehr – auch nicht von den Gewerkschaften –, und Alternativen zu den unternehmerischen marktrationalen Visionen fehlten.

Schluss

Aus einer unternehmens- und arbeitshistorischen Perspektive präsentiert sich die Geschichte der Alusuisse in den 1970er und 1980er Jahren als Phase von Krisen, Umbrüchen, Neuordnungen und Erosionsprozessen. Die Ergebnisse der vorliegenden Studie legen nahe, die Zeitspanne zwischen Mitte der 1970er und Ende der 1980er Jahre als ‚Inkubationszeit' des vermarktlichten Unternehmens des digitalen Finanzmarktkapitalismus und als arbeitshistorische Übergangsphase zu verstehen, in der Arbeitsmanagement und industrielle Beziehungen neugeordnet wurden.[1] Damit unterstreicht die Studie grundsätzlich die Periodisierungsvorschläge, die Lutz Raphael und Anselm Doering-Manteuffel mit ihrer Strukturbruch-These unterbreitet haben.[2]

Klar ist, dass sich die Herausforderungen für Unternehmen in den 1970er Jahren nicht monokausal auf ökonomische Schocks – etwa das Ende von Bretton Woods oder die erste Ölpreiskrise – zurückführen lassen.[3] Wie oben ausgeführt, beschrieb das Management die Herausforderungen dieser Zeit als Vielfachkrise, die mit den angestammten Interpretationsschemata kaum zu erfassen war und der gegenüber die bisherigen Lösungsstrategien wirkungslos blieben. Auch zeigte sich, dass zentrale Bestandteile der Poly-Krise der 1970er Jahre – etwa sinkende Renditen, ungenügende Arbeitsleistungen und problembehaftete Arbeitsbeziehungen – bereits seit den frühen 1960er Jahren zu den Hauptsorgen des Managements gehörten und dass deren radikale Lösung aber erst im Rahmen der Krisenwahrnehmungen und -diskurse des nachfolgenden Jahrzehnts möglich wurde.

Auf drei miteinander verschränkte Aspekte, die diese Phase des Umbruchs verdeutlichen, gilt es an dieser Stelle genauer einzugehen – auch um eine Binnenperiodisierung der Jahrzehnte nach dem Boom vorzunehmen und das Verhältnis von Kontinuität und Bruch herauszuarbeiten:[4]

Erstens zeigte die Analyse der industriellen Beziehungen an den drei Alusuisse-Standorten, dass die in der Hochkonjunktur noch weitgehend reibungslos funk-

---

1 Doering-Manteuffel/Raphael: Boom, S. 14; Sauer: Reorganisation, S. 52 f.

2 Doering-Manteuffel/Raphael: Epochenbruch.

3 Reitmayer, Morten/Rosenberger, Ruth: Unternehmen am Ende des „goldenen Zeitalters". Die 1970er Jahre in unternehmens- und wirtschaftshistorischer Perspektive, in: dies. (Hg.): Unternehmen am Ende des „goldenen Zeitalters". Die 1970er Jahre in unternehmens- und wirtschaftshistorischer Perspektive, Essen 2008, S. 9–27, hier: S. 12.

4 Schlemmer, Thomas: Der diskrete Charme der Unsicherheit. Einleitende Bemerkungen, in: Reitmayer, Morten/Schlemmer, Thomas (Hg.): Die Anfänge der Gegenwart. Umbrüche in Westeuropa nach dem Boom, München 2014, S. 7–12, hier: S. 10.

tionierende Mechanik des Interessenausgleichs zwischen Unternehmen und Arbeitskräften ab den 1970er Jahren wiederholt ins Stocken geriet. Die Häufung solcher Reibungen und Konflikte – sowie deren Ausgang – stützt die Annahme, dass sich das Kräfteverhältnis zwischen Arbeit und Kapitel in den 1970er und 1980er Jahren zu verschieben begann.[5] Das multilokale Untersuchungsdesign legte zugleich die Ungleichzeitigkeit dieser Zäsuren und die Bedeutung ortsspezifischer Akteurskonstellation und Kräfteverhältnisse offen.

Am Schweizer Standort im Wallis ging die Initiative vom Management aus. Wie gezeigt wurde, setzte Mitte der 1970er Jahre eine Trendwende bei Beschäftigungszahlen und Reallöhnen ein: Die Beschäftigungszahlen erreichten ihren Zenit und begannen zu sinken, die Lohnzuwächse wurden stark abgebremst. In den frühen 1980er Jahren ließ die Direktion – das erste Mal nach drei Jahrzehnten – die Lohnverhandlungen platzen (1982/83) und setzte einschneidende Personalreduktionen durch (1985/86). Die Trendwende hin zu sinkenden Beschäftigungszahlen und stagnierenden Reallöhnen Mitte der 1970er Jahre stützt grundsätzlich eine Periodisierung, die das Auslaufen des Booms im Zuge der ersten Ölpreiskrise als „erstrangige Zäsur" betrachtet.[6] Die Zunahme der Friktionen zwischen Management und Belegschaft in den frühen 1980er Jahren bestärkt zudem die These, dass sich der sozioökonomische Strukturbruch erst mit Verzögerung in den Arbeitsbeziehungen niederschlug.[7]

Das italienische Beispiel verweist hingegen auf eine andere Chronologie. Zwar zeigt sich auch am italienischen Standort, wie der produktivistische Kompromiss der Nachkriegsjahrzehnte unter Druck geriet – allerdings bereits Ende der 1960er Jahre und auf Initiative der Arbeitskräfte: Es waren die Belegschaften, die wesentliche Elemente der bisherigen Übereinkunft in Frage stellten. Das Management experimentierte gleichzeitig mit einem konfrontativeren Vorgehen gegenüber den Belegschaften, um die Betriebe zu restrukturieren.

Vor dem Hintergrund der managerialen Problematisierung des Faktors Arbeit (in Italien und darüber hinaus) in den 1960er Jahren – man denke etwa an die Klagen über eingeschränkte unternehmerische Freiheiten, Absentismus, starke Gewerkschaften, Streiks, versteckte „Leistungsreserven" – kann das zunehmend konfrontative Vorgehen des Alusuisse-Managements berechtigterweise als ‚Gegenoffensive' bezeichnet werden, wie es die marxistische Neoliberalismus-Forschung nahelegen würde. Dass es dem Management gelang, Konflikte siegreich auszufechten und damit gewissermaßen die Alternativlosigkeit ihrer Pläne durchzusetzen,

---

5 Vgl. Baccaro/Howell: Trajectories.

6 Schlemmer: Charme, S. 10.

7 Schroeder, Wolfgang/Greef, Samuel: Gewerkschaften und Arbeitsbeziehungen nach dem Boom, in: Doering-Manteuffel, Anselm/Raphael, Lutz/Schlemmer, Thomas (Hg.): Vorgeschichte der Gegenwart. Dimensionen des Strukturbruchs nach dem Boom, Göttingen 2016, S. 245–270, hier: S. 246.

ebnete den Weg für die kommenden Restrukturierungen und die strikte Rentabilitätsorientierung der 1970er und 1980er Jahre.

Auch wenn eine manageriale Offensive und eine erfolgreiche Verschiebung des Kräfteverhältnisses zwischen Unternehmen und Beschäftigten festgestellt werden kann, deutet indes wenig daraufhin, dass dem eine einheitliche Strategie des Topmanagements zugrunde lag, wie die marxistische Erzählung impliziert.[8] Viel eher lassen sich diese Politiken als – zwar zusammenhängende, aber ungleichzeitige und lokal spezifische – Antworten auf die managerialen *Préoccupations* der 1960er und 1970er Jahre verstehen, also als Ergebnis der mikropolitischen Auseinandersetzungen im Unternehmen, als eine „Strategie ohne Strategen"[9].

Zweitens wurde ab den 1980er Jahren im Innern des Unternehmens eine generalisierte Wettbewerbsordnung implementiert – ein diskursiver und institutioneller Umbauprozess, den ich als Politik der Vermarktlichung beschrieben habe und der in den frühen 1990er Jahren durch die Shareholder-Value-Doktrin unterfüttert wurde und so eine gewisse ‚Vollendung' gefunden hat.[10] Die Suche nach Möglichkeiten, unternehmensinterne Wettbewerbssituationen zu generieren, beschäftigte das Topmanagement allerdings bereits in der zweiten Hälfte der 1960er Jahre – man denke etwa an den aufwändigen Ideenwettbewerb „Betriebsrationalisierung auf Belegschaftsebene" von 1966. Ab Mitte der 1970er Jahre begannen Topmanager, die krisenbehafteten Rahmenbedingungen als Überlebenskampf zu bezeichnen, und forderten eine strikte Renditeorientierung sowie einen unternehmensinternen Wettbewerb um Investitionskapital. Das dafür benötigte Informations- und Evaluationssystem formierte sich erst in der zweiten Hälfte der 1970er Jahre. Ab Mitte der 1980er Jahre war eine dazu passende Steuerungsarchitektur implementiert – mit weitreichenden Folgen für Betriebe und Beschäftigte: In einer dezentralisierten, zergliederten Unternehmensstruktur erhielten kleinere, marktnahe Unternehmenseinheiten mehr (Erfolgs-)Verantwortung, wurden regelmäßig von Beratungsunternehmen durchleuchtet, mit quantifizierten Zielvereinbarungen angetrieben und anhand finanzmarktorientierter Kennzahlen verglichen, geprüft und sanktioniert. In diesem institutionellen Setting konkurrierten Unternehmenseinheiten (unternehmensintern und -extern) um Investitionsmittel und versuchten,

---

8 Duménil/Lévy: Capital; Harvey: History.

9 Vgl. Dardot/Laval: Way, S. 149.

10 Eine ähnliche Periodisierung schlagen Thomas David, André Mach, Martin Lüpold und Gerhard Schnyder vor. Sie stellen einen Umbruch der *Corporate Governance* von Schweizer Großunternehmen in der zweiten Hälfte der 1980er und den 1990er Jahren fest, den sie an einer starken Aktionariatsorientierung sowie der Auflösung der Netzwerke unter Schweizer Wirtschaftsführer:innen (v. a. durch gegenseitige Verwaltungsratsmandate) festmachen. Vgl. David/Mach/Lüpold u. a.: Forteresse, S. 364–367.

Devestitionen oder Sparmaßnahmen abzuwenden. Wie diese Chronologie verdeutlicht, gingen dabei marktorientierte Rhetoriken des Wettbewerbs den eigentlichen institutionellen Implementierungen dieser Marktmechanismen voraus.[11]

Getragen und befördert wurde die neue unternehmerische Steuerungsform durch marktradikale Diskurse, die das Konkurrenzprinzip verallgemeinerten und die daraus resultierende Situation „permanenter Bewährung"[12] als überhistorisches System des *Survival of the fittest* legitimierten. Der Verweis auf dieses, als Regulationsmodus überall Geltung beanspruchende, Konkurrenzprinzip stellte einen legitimatorischen Generalschlüssel des Managements dar, der von Austeritätspolitiken über entgrenzte Anforderungen an die Arbeitskräfte bis hin zu strategischen und organisatorischen Neuordnungen des Unternehmens nahezu alles rechtfertigen konnte. Die gleichzeitig manifest werdenden Phänomene der Deindustrialisierung sowie die Übernahme marktorientierter Konzepte und Semantiken durch die Gewerkschaften plausibilisierten das manageriale Gerede vom alternativlosen Überlebenskampf und trugen dazu bei, die Interessen von Arbeitskräften stärker an die Profitabilität der Betriebe zu binden.

Drittens setzte das Management von Alusuisse ab Mitte der 1980er Jahre auf Formen der Personalführung, die die Bewirtschaftung der subjektiven Potentiale und des Wissens der Arbeitskräfte in den Mittelpunkt rückten. Jüngere historische Arbeiten haben in Frage gestellt, ob diese personalpolitische Neuausrichtung als Marker für einen Epochenbruch in der Geschichte der Arbeit und des Kapitalismus zu interpretieren seien. Karsten Uhl betont, dass die unternehmerische Nutzbarmachung subjektiver Potentiale, die als charakteristisch für postfordistische Arbeitsregime gehalten werde, bereits seit dem frühen 20. Jahrhundert integraler Bestandteil des Diskurses um die rationale Fabrik gewesen sei.[13] Auch Sabine Donauer hebt die Kontinuitäten im Management industrieller Arbeit im 20. Jahrhundert hervor und argumentiert, dass die Anforderung, sich mental und emotional in den Arbeitsprozess einzubringen, keine Innovation nach dem Boom wäre.[14]

Ohne diese Kontinuitäten in Abrede zu stellen, deuten die Ergebnisse der vorliegenden Arbeit auf einen Wendepunkt des Arbeitsmanagements in den 1980er Jahren hin, der sich aus dem Zusammenfließen von drei Entwicklung ergibt. Zum einen wurden bei Alusuisse nach 1985 ältere Formen des Arbeitsmanagements überlagert – etwa durch das *Human Resources Management* oder das *Total Quality*

---

11 Zu ähnlichen Schlüssen gelangt Morten Reitmayer anhand der Beispiele bundesdeutscher Eliten-Semantiken und dem Markt für Unternehmenskontrolle; vgl. Reitmayer, Morten: Deutsche Konkurrenzkulturen nach dem Boom, in: Jessen, Ralph (Hg.): Konkurrenz in der Geschichte. Praktiken – Werte – Institutionalisierungen, Frankfurt am Main 2014, S. 261–288, hier: S. 284.

12 Sauer: Reorganisation, S. 52.

13 Uhl: Rationalisierung, S. 155.

14 Donauer: Emotions, S. 380 f.

Management. Diese neuen Formen rückten die Nutzbarmachung von Subjektivität, Wissen und intrinsischer Motivation in den Mittelpunkt der arbeitsmanagerialen Aufmerksamkeit.

Zum anderen hingen diese neuen Formen der Personalführung mit dem Wandel von Produktionstechniken und Unternehmensorganisation zusammen. Bisherige Forschungen führten diese personalpolitischen Neuerungen hingegen auf eine Rekuperation antiautoritärer Kritiken zurück, im Zuge dessen neuartige Motivationstheorien und Menschenbilder, die auf Autonomiebedürfnisse und die Entfaltung individueller Potentiale fokussierten, durch humanwissenschaftliche Experten in Unternehmen eingebracht wurden.[15] Die vorliegende Arbeit zeigte, dass mit der informationstechnologischen ‚Revolution' Arbeitsaspekte wie Kommunikation, kreative Problemlösungen, proaktive Problemprävention und kollektive Wissensanwendung im Produktionssystem wichtiger wurden und dass die vermarktlichte Steuerungsarchitektur die individuelle Verantwortung von Arbeitskräften zu einer zentralen unternehmerischen Ressource machte. Subjektivierende Personalpolitiken wie das *Human Resources Management* und das *Total Quality Management* sind daher auch als Antwort auf veränderte Anforderungen an die Arbeitskräfte zu verstehen.

Schließlich argumentiere ich, dass die Wirkungspotentiale – oder: die Entfaltungschancen – solcher Formen des Arbeitsmanagements seit Mitte der 1970er Jahre angestiegen waren. Hierzu müssen die Forschungsdebatte um die Subjektivierung von Arbeit[16] und die Geschichte des industriellen Strukturwandels und der Deindustrialisierung[17] zusammengebracht werden. Es brauchte nämlich spezifische Bedingungen, dass die entgrenzten Anforderungen dieser Personalpolitiken überhaupt etabliert werden konnten und nicht von Arbeiter:innen verweigert oder von Gewerkschaften hinterfragt wurden.

---

15 Vgl. z. B. Boltanski/Chiapello: Geist; oder Bernet: Mitbestimmung.
16 Vgl. bspw. Moldaschl, Manfred/Voß, Gerd Günter (Hg.): Subjektivierung von Arbeit (Arbeit, Innovation und Nachhaltigkeit 2), München 2002.
17 Der wirtschaftliche Umbau und der Rückgang industrieller Beschäftigung seit den 1970er Jahren werden oft unter dem Begriff „Deindustrialisierung" zusammengefasst. Für die Schweiz sind diese Entwicklungen wenig erforscht worden; vgl. Eisinger: Kraft; Straumann, Tobias: Ökonomie und Diskurs. Globalisierung in der Schweiz während der 1990er Jahre, in: Gilomen, Hans-Jörg/Müller, Margrit/Veyrassat, Béatrice (Hg.): Globalisierung – Chancen und Risiken. Die Schweiz in der Weltwirtschaft 18.–20. Jahrhundert. La globalisation – chances et risques: la Suisse dans l'économie mondiale 18e–20e siècles (Schweizerisches Jahrbuch für Wirtschafts- und Sozialgeschichte 19), Zürich 2003, S. 357–375; Zeller, Christian/Messerli, Paul: Restructuration industrielle et dynamique régionale. L'exemple de Bâle, in: Revue économique et social: bulletin de la Société d'Etudes Economiques et Sociales 65/4 (2007), S. 51–66; Bärtschi: Schweiz; Bernet/Tanner: Einleitung; Tanner: Schweiz, S. 484 f.

Wie diese Arbeit am Beispiel der Walliser Werke gezeigt hat, grassierte Mitte der 1980er Jahre unter den Beschäftigten die Angst, Lohneinbußen oder gar einen Verlust des Arbeitsplatzes hinnehmen zu müssen. Zudem waren die Arbeitskräfte den permanenten Bewährungsproben im Rahmen der vermarktlichten Steuerungsarchitektur ausgesetzt. Derweil gelang es dem Management, die Rede vom Standortwettbewerb zu etablieren – ohne Widerrede seitens der Gewerkschaft SMUV – und die neue Unternehmensstrategie sowie das totale Qualitätsmanagement als einzigen Ausweg, oder gar als hoffnungsgeladenen Moment des Empowerments, darzustellen. Die vielerorts starke Arbeiter:innenbewegung und die autonomen Arbeiter:innenkämpfe der 1960er und 1970er Jahre schienen der Vergangenheit anzugehören. In dieser Gemengelage entstand ein Common Sense, den ich als *Markt-Realismus* bezeichnen möchte: Es herrschte der Eindruck vor, dass die marktrationalen Lösungen des Managements nicht nur die bestmögliche Antwort auf die Probleme der Betriebe waren, sondern auch dass es nahezu unmöglich geworden war, alternative Lösungswege zu denken.[18]

---

18 Mark Fisher prägte den Begriff des *Capitalist Realism*, den er wie folgt skizzierte: „capitalist realism [is] the widespread sense that not only is capitalism the only viable political and economic system, but also that it is now impossible even to imagine a coherent alternative to it". Fisher, Mark: Capitalist Realism. Is There No Alternative?, Lanham 2009, S. 2.

Epilog

In den frühen 1990er Jahren setzte bei Alusuisse eine Entwicklung ein, die der Unternehmenshistoriker Adrian Knoepfli als „Vorbote der kommenden Veränderungen"[1] beschrieb. Der Bankier August von Finck hatte einen beachtlichen Aktienanteil am Alusuisse-Konzern erworben und verlangte Einsitz im Verwaltungsrat. Nachdem sich die frühere Besitzerfamilie schrittweise aus dem operativen Geschäft zurückgezogen hatte, nahm mit von Finck wieder ein Großaktionär direkten Einfluss auf die Unternehmenspolitik.[2] Die Geschichte der Alusuisse in den 1990er Jahren verdeutlicht daher beispielhaft, wie eine starke Ausrichtung auf Aktionärsinteressen und die zunehmende Bedeutung neuer Akteur:innen des Finanzmarktes das „traditionelle Modell", wie Schweizer Großunternehmen gesteuert wurden, zum Einsturz brachten.

Mit Sergio Marchionne war seit 1997 ein Manager an der Spitze des Alusuisse-Konzerns der sich erklärtermaßen der Shareholder-Value-Doktrin, also der Maximierung der Aktionärsrenditen, verschrieben hatte. Ebenfalls 1997 tauchte ein neuer Großaktionär auf: die Stillhalter Vision AG des Investors Martin Ebner.[3] 1998 wurde bekannt, dass auch der Unternehmer und SVP-Politiker Christoph Blocher ein größeres Aktienpaket am Alusuisse-Konzern hielt. In der Folge gelang es Ebner und Blocher die Stimmrechtsbeschränkung – bisher pro Aktionär auf 5 Prozent aller Aktienstimmen beschränkt – aufheben zu lassen und sich im Verwaltungsrat Gewicht zu verschaffen.[4] Nach wiederholten Verhandlungen mit verschiedenen Unternehmen vermeldete der Alusuisse-Konzern im August 1999 seine Fusion mit der kanadischen Alcan und der französischen Pechiney zum größten Aluminiumkonzern der Welt.[5] Vor dieser geplanten, später allerdings geplatzten, Fusion wurde das Chemiegeschäft, also insbesondere die 1974 inkorporierte Lonza, abgespalten.

Die Aktionäre verschafften sich dabei die Möglichkeit, Lonza-Aktien zu einem Vorteilspreis (10 Schweizer Franken pro Aktie) zu erwerben. Die von Alusuisse abgetrennte Lonza befreite man von jeglichen Schulden (die beim Alusuisse-Konzern blieben), stattete sie mit viel liquiden Mitteln aus und teilte ihr außerdem wertvolle Immobilien sowie die Energiesparte zu. Damit verschafften sich die Großaktionäre, allen voran Ebner und Blocher, gute Profitvoraussetzungen für die kommenden

---

1 Knoepfli: Zeichen, S. 252.
2 Ebd., S. 253.
3 Ebd., S. 25.
4 Ebd., S. 261–268.
5 Ebd., S. 269.

Jahre. Ende 2000 konnten Lonza-Aktionäre bis zu zehn Prozent des totalen Aktienkapitals zu einem Preis von 940 Schweizer Franken pro Aktie an die Lonza verkaufen.[6] Alusuisse-Aktionäre hatten diese Aktie, wie oben erwähnt, zum Preis von
10 Franken erstehen können. 2001 stieg nicht nur der Reingewinn um 30 Prozent,
Lonza devestierte zudem ein Drittel des Portfolios (im Wert von einer Milliarde
Schweizer Franken).

All dies garantierte den Aktionären fantastische Gewinne – insbesondere Ebner und Blocher, die Ende 2001 31 beziehungsweise 11 Prozent der Lonza-Aktien
hielten. Im Juli 2000 zahlten sich die Aktionäre des Konzerns (der mittlerweile
Alusuisse Group hieß) Sonderdividenden und Nennwertrückzahlungen aus. Wie
Adrian Knoepfli nachgerechnet hat, bedeutete dies für Ebner einen Gewinn von
über 400 Millionen und für Blocher von gut 88 Millionen Schweizer Franken.[7]
Insgesamt hatten Ebner und Blocher bis zu einer Milliarde Franken an ihrer kurzzeitigen Investition in die Alusuisse verdient.[8] Im Oktober 2000 übernahm die
kanadische Alcan das, was von der Alusuisse übrig geblieben war.[9] Für die Belegschaften vieler ehemaliger Alusuisse-Betriebe folgten bittere Jahre – etwa im Wallis,
wo zwischen 2000 und 2010 die Hälfte der Arbeitsplätze verloren ging.[10]

Den Auftakt dieser Arbeit machte die Verzweiflungstat des SAVA-Arbeiters
Luigi Sartorelli. 1992 hatte Alusuisse angekündigt, die Alucentro, ihre letzte Fabrik
in Porto Marghera, zu schließen. Die Hauptabnehmerin der dort produzierten
Anoden war im Jugoslawienkrieg bombardiert worden und konnte die Produktion
nicht fortsetzen. Wie sich der ehemalige Alucentro-Arbeiter Marino Bullo erinnert,
behaupteten die Alusuisse-Manager, dass die jugoslawische Fabrik in Šibenik bald
wieder öffnen und die Alucentro nur vorübergehend geschlossen bleiben würde.[11]
Doch die Belegschaft misstraute diesen Versprechungen und beschloss kurzerhand,
eine Delegation nach Jugoslawien zu schicken, um sich selbst ein Bild der Lage
zu machen. „Jungs, wir werden keine Anoden mehr herstellen"[12], verkündete die
Delegation nach ihrer Rückkehr.

Die Nachricht, dass die Alucentro schließen würde, reihte sich in eine Serie
ähnlicher Meldungen ein: „Ein weiterer schwarzer Tag für Porto Marghera. Mehr
Schließungen, mehr Proteste, mehr Fabriken und Unternehmen in Schwierigkeiten",

---

6 Ebd., S. 272.
7 Ebd., S. 276.
8 Gross, Dominik: Wie Blocher mit vollen Taschen aus den Trümmern stieg, in: Wochenzeitung WOZ
   (17.2.2011).
9 Knoepfli: Zeichen, S. 278.
10 Gross, Dominik: Wie Blocher mit vollen Taschen aus den Trümmern stieg, in: Wochenzeitung WOZ
   (17.2.2011).
11 Interview (Fortsetzung) mit Bullo/Spolaor/de Gaspari, Min. 01:30.
12 Ebd., Min. 07:15.

meldete *Il Gazzettino* im Herbst 1992, als ein Betrieb der SAVA-Nachfolgerin Alu-mix schloss.[13] Die Gewerkschaften FIOM und FIM verhandelten im Herbst 1992 mit der Unternehmensleitung.[14] Wie bereits 1972 im Fall der SAVA-Aluminafabrik sollte Alucentro geschlossen und die Entlassenen in die *Cassa Integrazione* einge-wiesen werden. Doch der Alucentro-Fabrikrat stemmte sich gegen das Abkommen und diskutierte über eine Selbstverwaltung der Fabrik.

Die Arbeiter:innenbewegung in Venetien war aber – anders als um 1970 – stark in der Defensive. Sie konnte die Schließung nicht verhindern. Mit dem Kapital eines lokalen Investors gelang es der Belegschaft letztlich, eine Umfunktionierung des Fabrikareals zu erreichen. Alle ehemaligen Alucentro-Arbeiter fanden im neuen Logistikbetrieb *Centro Intermodale Adriatico* wieder eine Anstellung. „Happy End bei Alucentro"[15] titelte *Il Gazzettino*. Die Alucentro-Arbeiter feierten ihren Erfolg, mussten allerdings Lohneinbußen hinnehmen.[16]

Dabei spielten die noch lebendigen Kampferfahrungen aus der SAVA-Zeit eine zentrale Rolle. Einige Alucentro-Arbeiter waren bei der SAVA beschäftigt gewesen und hatten 1971/1972 an den Kämpfen gegen die Schließung der Aluminiumfabrik teilgenommen. Die Alucentro-Beschäftigten versuchten ihre Anliegen, ähnlich wie damals die SAVA-Arbeiter, in die Zivilgesellschaft zu tragen – „[…] eigentlich kopierten wir ein bisschen die Aktionen unserer Vorgänger", meinte Bullo.[17] Sie besetzten das Fabrikgelände und errichteten Protestzelte auf den Silos – dort, wo Luigi Sartorelli gedroht hatte, sich in die Tiefe zu stürzen.[18]

---

13 Vinciati, Attilio: Alumix chiude la fonderia, in: Il Gazzettino (16.10.1992).

14 Alucentro: clima incandescente, in: Il Gazzettino (11.11.1992).

15 Alucentro a lieto fine, in: Il Gazzettino (30.11.1996).

16 Vgl. das Interview mit Marino Bullo vom 8.6.2004, in: Cerasi, Laura: Perdonare Marghera. La città del lavoro nella memoria post-industriale (Temi di storia 106), Mailand 2007, S. 155.

17 Interview (Fortsetzung) mit Bullo/Spolaor/de Gaspari, Min. 10:20.

18 Blitz all'Alucentro, in: Il Gazzettino (16.10.1993).

Abkürzungsverzeichnis

AGA	Privatarchiv Germano Antonini
AIAG	Aluminium-Industrie-Aktien-Gesellschaft
ASM	Arbeitgeberverband der Schweizer Maschinenindustrie
BfS	Bundesamt für Statistik
BK	Betriebskommission
BRD	Bundesrepublik Deutschland
BRIC	Brasilien, Russland, Indien, China
CAD	Computer Aided Design
CdL	Camera del Lavoro
CE	Commission d'entreprise
CEO	Chief Executive Officer
CGIL	Confederazione Generale Italiana del Lavoro
CISL	Confederazione Italiana Sindacati Lavoratori
CMV	Christlicher Metallarbeiterverband der Schweiz
CSEL	Centro Studi Ettore Luccini
CWU	Chemical Workers Union
DLZ	Divine-Light-Zentrum
EDV	Elektronische Datenverarbeitung
EFIM	Ente Partecipazioni e Finanziamento Industrie Manifatturiere
ENEL	Ente Nazionale per l'Energia Elettrica
EPS	Elektrolyseprozesssteuerung
FDP	Freisinnig-Demokratische Partei
FIM	Federazione Italiana Metalmeccanici
FIOM	Federazione Impiegati Operai Metallurgici
FTMH	Fédération suisse des travailleurs de la métallurgie et de l'horlogerie
GAV	Gesamtarbeitsvertrag
GV	Generalversammlung
IKRK	Internationales Komitee vom Roten Kreuz
IRI	Istituto per la Ricostruzione Industriale
ISO	International Organization for Standardization
IVESER	Istituto veneziano per la storia della Resistenza
LLL	Lavorazione Leghe Leggere
LME	London Metal Exchange
MER	Managementerfolgsrechnung
MEW	Marx-Engels-Werke
NC	Numerical Control

NF	Nouvelliste et Feuille d'Avis du Valais
NT	Northern Territory
PCI	Partito Comunista Italiano
PdA	Partei der Arbeit der Schweiz
PSI	Partito Socialista Italiano
PSIUP	Partito Socialista Italiano di Unità Proletaria
SAG	Salzburger Aluminium GmbH
SAVA	Società Alluminio Veneto per Azioni
SBG	Schweizerische Bankgesellschaft
SBU	Strategic Business Unit
SBV	Schweizerischer Bankverein
SHZ	Schweizerische Handelszeitung
SKA	Schweizerische Kreditanstalt
SMUV	Schweizerischer Metall- und Uhrenarbeiterverband
StAW	Staatsarchiv Wallis
SVP	Schweizerische Volkspartei
SWA	Schweizerisches Wirtschaftsarchiv
TQM	Total Quality Management
UIL	Unione Italiana del Lavoro
VR	Verwaltungsrat
VRA	Verwaltungsratsausschuss
WW	Walliser Werke

Abbildungsverzeichnis

Quellenverzeichnis

Archivquellen

Archiv für Zeitgeschichte (AfZ)
NL Heinz Frech 22, Schliessung der Tonerdefabrik der SAVA in Porto Marghera, Italien
NL Paul Ruegger 48.2.12.1, SAVA 1962
NL Paul Ruegger 48.2.13.1, VR Sitzung 1.4.1963 der SAVA, SANA, Smirrel und SIC 1963
NL Paul Ruegger 48.2.15.2, Unterlagen der SAVA, SANA, SMIRREL und SIC zur GV vom
    1.6.1964; Korrespondenz
NL Paul Ruegger 48.2.17.1, Sitzungsprotokolle der SAVA vom 16.4.1966 und 17.10.1966
NL Paul Ruegger 48.2.17.2, Streiks in Porto Marghera und Venedig
NL Paul Ruegger 48.2.18.1, Diverse Sitzungen und VR-Sitzungen von SAVA und SANA
NL Paul Ruegger 48.2.19.1, VR-Sitzungen und div. Sitzungen
NL Paul Ruegger 48.2.20.1, VR- und GV- und diverse Sitzungen SAVA und SANA
NL Paul Ruegger 48.2.22.1, Unterlagen zur VR-Sitzung der SAVA vom 3.5.1971
NL Paul Ruegger 48.2.22.2, Korrespondenz und Unterlagen betr. Streiks und drohende
    Stilllegung von Hochöfen in der SAVA

Biblioteca Nazionale Marciana Venezia (BM)
PER DDS 176, Bollettino SAVA. Mensile dei dipendenti del gruppo SAVA

Centro Studi Ettore Luccini (CSEL)
Camera del Lavoro CGIL Venezia 037.01, „SAVA“
Liviero Bruno 02.03.09.03, Settore metalmeccanico, Industrie metalmeccaniche, Società
    alluminio veneto per azioni
Liviero Bruno 02.04.10.02, Settore metalmeccanico, Federazione italiana metalmeccanici –
    Fim, Federazione italiana operai metalmeccanici – Fiom, Unione italiana lavoratori,
    Corrispondenza
Liviero Bruno 02.04.10.03, Settore metalmeccanico, Federazione italiana metalmeccanici –
    Fim, Federazione italiana operai metalmeccanici – Fiom, Unione italiana lavoratori,
    Contratti di lavoro
Scaboro Giuseppe 04.00.05.02, Cellule PCI nelle fabbriche di Porto Marghera

Istituto veneziano per la storia della Resistenza (Iveser)
Fondo Cesco Chinello

Privatarchiv Germano Antonini (AGA)
Busta 1, Fascicolo 1, Documenti 1968–1971
Busta 1, Fascicolo 2, Documentazione 1971–1972
Busta 2, Fascicolo 4
Busta 2, Fascicolo 6

Schweizerische Nationalbibliothek (NB)
Pq 10029 Allô Chippis
Pq 29553 Aluval: journal des usines valaisannes = Werkszeitung der Walliser Werke / Alusuisse

Schweizerisches Wirtschaftsarchiv (SWA)
Dokumentensammlungen von Adrian Knoepfli, Dokumentensammlung zur Geschichte der Firma Alusuisse
PA 572 B 2-3, Gespräche mit Firmenangehörigen (Gesprächsnotizen)
Firmenarchiv Alusuisse, Historisches Archiv (Akten ausserhalb Altregistratur)
PA 600b B 2-12, Preparing for the Management Changes of the 1970s, Organisationsstrukturen und Stellenbeschreibungen, Analyse von McKinsey & Company
PA 600b C 1, Geschäftsberichte
PA 600b D 2-1, VR-Protokolle
PA 600b D 2-8, Richtlinien der Unternehmenspolitik, Interne Strategiepapiere
PA 600b D 2-11, Vertrauliche Informationen über Alusuisse, Musterdossier für Verwaltungsrat und Bankenvertreter
PA 600b D 2-13, Verwaltungspräsident Emanuel Meyer, Ansprachen, Berichte
PA 600b D 4-2, Präsidium, Generaldirektion, Neujahrsbriefe
PA 600b D 9-3, Strategieworkshop, Berichte von McKinsey & Company
PA 600b D 9-5, Conference of Alusuisse Group Executives, Präsentationen
PA 600b D 9-6, Geschäftsführerkonferenz, Vorträge, Berichte
PA 600b D 9-12 Geschäftsführerkonferenz auf dem Bürgenstock, Management Conference on Bürgenstock, Referate, Programm, Teilnehmerliste
PA 600b D 9-14, Betriebsrationalisierung auf Belegschaftsebene, Stand der Massnahmen, Sammeldossier
PA 600b D 9-18, Betriebsanalyse der Walliser Werke mit Kostenreduktionsprogramm und Grobmasterplan, Berichte der Hayek Engineering AG
PA 600b D 9-19, Bericht über die Entwicklung einer europäischen Marketingstrategie für die Bereiche Aluminiumhalbzeug und Folien, Bericht der Hayek Engineering AG
PA 600b D 9-26, Kaderrapporte (auch Kadertreffen, Management Meeting) Einladungen, Teilnehmerlisten, Strategiepapiere
PA 600b D 9-47, Betriebsrationalisierung auf Belegschaftsebene, Ideenwettbewerb
PA 600b E 3-1-46, Wallis, Arbeiterfrage, Streiks, Aktennotizen, Protokoll Arbeiterkommission, Zeitungsartikel

PA 600b E 6-1-31, Swiss Aluminium Australia Ltd., Austraswiss, Nabalco, Projekt Gove, Sammeldossier

PA 600b G 3-2, Alusuisse intern, Mitarbeiterzeitung

PA 600b K 2-17, Automatikkonferenz

PA 600b L 2-1, Feasibility Studies (Machbarkeitsstudien, Projektstudien), nummerierte Serie

PA 600b L 2-5, Gove Bauxite Development, Australia Feasibility Study, Projektstudien, Progress Reports, Evaluationen

PA 600b L 2-6-2, Australienreisen der Geschäftsführung Berichte, Sitzungsunterlagen

PA 600b L 2-6-6, Erkundung über Aufgaben, Organisation, Infrastruktur für die Durchführung des Projekts, Reiseberichte

PA 600b N 32-4, Jahresberichte Austraswiss

PA 600b N 32-17, Gove Projekt, Restrukturierung und Erweiterung, Strategisches, Sammeldossier

PA 600b N 40-4, Gove Projekt, Sammeldossier

PA 600b N 40-29, Gove Projekt, Reiseberichte

PA 600b N 98, Bauxit, Explorationen, Bohrlöcher, Waschanlage, Pläne

Staatsarchiv Wallis (StAW)

FTMH, 04 002, Alusuisse SA procès-verbaux (séances des délégués, commission d'entreprise, commission ouvrière etc.)

FTMH, 04 003, Alusuisse SA Presse

FTMH, 04 004, Alusuisse SA Rapports, plans sociaux, personnel

FTMH, 04 007, Alusuisse SA litige sur les salaires

Zeitzeug:innen-Interviews

Bernath, Walter: Gesprächsnotizen von Adrian Knoepfli, Interview geführt von Adrian Knoepfli, o. O., 29.4.2008, in: SWA, PA 572 B 2-3.

Brazzolotto, Giorgio: Interview: La vertenza Sava vista dagli operai, Interview geführt von Alfredo Aiello, o. O., 22.2.2002, in: Aiello, Alfredo (Hg.): Ciminiere ammainate. Trent'anni di opposizione al declino industriale, Portogruaro 2006, S. 131–140.

Bullo, Marino: Interview, Interview geführt von Laura Cerasi, o. O., 8.6.2004, in: Cerasi, Laura, Perdonare Marghera. La città del lavoro nella memoria post-industriale (Temi di storia 106), Mailand 2007, S. 150–156.

Bullo, Marino/Darsiè, Renato/de Gasperi, Marino/Spolaor, Claudio: Interview über Industriearbeit bei Alusuisse-Tochterfirmen in Italien, Interview geführt von Leo Grob, Martellago, 12.7.2017.

Bullo, Marino/de Gasperi, Marino/Spolaor, Claudio: Interview (Fortsetzung) über Industriearbeit bei Alusuisse-Tochterfirmen in Italien, Interview geführt von Leo Grob, Martellago, 12.7.2017.

Chinello, Cesco: Interview: Le trasformazioni industriali, Interview geführt von Alfredo Aiello, o. O., 23.2.2000, in: Aiello, Alfredo (Hg.): Ciminiere ammainate. Trent'anni di opposizione al declino industriale, Portogruaro 2006, S. 113–129.

Coin, Roberto: Interview: La vertenza Sava vista dall'azienda, Interview geführt von Alfredo Aiello, o. O., 29.10.2002, in: Aiello, Alfredo (Hg.): Ciminiere ammainate. Trent'anni di opposizione al declino industriale, Portogruaro 2006, S. 141–149.

Finco, Giovanni: Interview 1, Interview geführt von Luciana Granzotto, o. O., 9.11.2003, in: AGA, Busta 2, Fascicolo 6.

Finco, Giovanni: Interview 2, Interview geführt von Ivo Camerini, o. O., 13.3.2008, online: www.online.cisl.it/arc.storico/I0C192C8D [30.10.2021].

Geromin, Bruno: Interview, Interview geführt von Chiara Puppini, o. O., 12.1.2011, in: AGA, Busta 2, Fascicolo 6.

Haerri, Hermann J.M.: Gesprächsnotizen von Adrian Knoepfli, Interview geführt von Adrian Knoepfli, o. O., 7.10.2009, in: SWA, PA 572 B 2-3.

Himmel, René: Gesprächsnotizen von Adrian Knoepfli, Interview geführt von Adrian Knoepfli, o. O., 21.1.2009, in: SWA, PA 572 B 2-3.

Mattiussi, Italo: Interview, Interview geführt von Giulia Albanese, o. O., 17.3.2001, in: Chinello, Cesco (Hg.): Metalmeccanici. Vita, lavoro e sindacato in 126 interviste, Rom 2002, S. 55–58.

Orlandi, Franco: Interview Nr. 1, Interview geführt von Leo Grob, Marghera, 10.3.2017.

Orlandi, Franco: Interview Nr. 2, Interview geführt von Leo Grob, Marghera, 6.12.2017.

Poli, Guerrino: Interview, Interview geführt von Alexandre Bugnon, Chippis, 6.9.2011, online: https://notrehistoire.ch/entries/ypz895r80oj [1.11.2021].

Puppini, Chiara: Interview, Interview geführt von Leo Grob, Mestre, 11.3.2017.

Puppini, Chiara: Interview (Fortsetzung), Interview geführt von Leo Grob, Mestre, 11.3.2017.

Santoro, Gastone: Interview, Interview geführt von Gilda Zazzara, o. O., 2001.

Surbeck, Paul: Gesprächsnotizen von Adrian Knoepfli, Interview geführt von Adrian Knoepfli, o. O., 28.4.2008, in: SWA, PA 572 B 2-3.

U. E.: Interview über Aufenthalt in Nhulunbuy, Interview geführt von Leo Grob, Bern, 5.7.2018.

Wolfensberger, Kurt: Gesprächsnotizen von Adrian Knoepfli, Interview geführt von Adrian Knoepfli, o. O., 26.11.2009, in: SWA, PA 572 B 2-3.

Publizierte Quellen

Biographische Darstellungen

Frech, Heinz W.: Baumwolle, Stahl und Stolpersteine. 40 Jahre mit Volkart, Alusuisse und Von Roll, Frauenfeld/Stuttgart/Wien 2001.

Cerasi, Enrico: Centosessantotto lavoratori. Quando la fabbrica chiude, Venedig 1994.

Festschriften

Meier, Walther/Wanner, Heinrich/Weisz, Leo: Geschichte der Aluminium-Industrie-Aktien-
  Gesellschaft Neuhausen, 1888–1938, 2 Bde., Zürich 1942.
Schweizerische Aluminium AG: Alusuisse. Schweizerische Aluminium AG, Zürich 1964.

Periodika
Avanti!
Die Weltwoche
Focus: das zeitkritische Magazin
Il Gazzettino
Illustré
Journal de Sierre
L'Hebdo
L'Echo
La Suisse
Le Matin
Le Peuple Valaisan
Manager Magazin
Le Nouvelliste (ehemals Nouvelliste et Feuille d'Avis du Valais [NF])
Schweizerische Handelszeitung (SHZ)
Tribune-Le Matin
Voix ouvrière
Wochenzeitung WOZ
24 heures

Literaturverzeichnis

Ahrens, Ralf/Böick, Marcus/Vom Lehn, Marcel: Vermarktlichung, in: Zeithistorische Forschungen 12/3, 2015, S. 393–402.

Akgöz, Görkem/Croucher, Richard/Pizzolato, Nicola: Back to the Factory. The Continuing Salience of Industrial Workplace History, in: Labor History 61/1, 2020, S. 1–11.

Andresen, Knud/Bitzegeio, Ursula/Mittag, Jürgen (Hg.): „Nach dem Strukturbruch?". Kontinuität und Wandel von Arbeitsbeziehungen und Arbeitswelt(en) seit den 1970er-Jahren (Politik- und Gesellschaftsgeschichte 89), Bonn 2011.

Andresen, Knud/Kuhnhenne, Michaela/Mittag, Jürgen/Platz, Johannes: Der Betrieb als sozialer und politischer Ort. Unternehmens- und Sozialgeschichte im Spannungsfeld mikrohistorischer, praxeologischer und diskursanalytischer Ansätze, in: dies. (Hg.): Der Betrieb als sozialer und politischer Ort. Studien zu Praktiken und Diskursen in den Arbeitswelten des 20. Jahrhunderts (Politik- und Gesellschaftsgeschichte 98), Bonn 2015, S. 7–27.

Aymon, Benoît: Un demi-siècle de lutte ouvrière à l'aluminium de Chippis, unveröff. Lizentiatsarbeit, Universität Genf, Genf 1979.

Baccaro, Lucio/Howell, Chris: Trajectories of Neoliberal Transformation. European Industrial Relations Since the 1970s, Cambridge 2017.

Bair, Jennifer: On Difference and Capital. Gender and the Globalization of Production, in: Signs: Journal of Women in Culture and Society 36/1, 2010, S. 203–226.

Bairoch, Paul: La Suisse dans le contexte international aux XIXe et XXe siècles, in: Bairoch, Paul/Körner, Martin (Hg.): Die Schweiz in der Weltwirtschaft (Schweizerisches Jahrbuch für Wirtschafts- und Sozialgeschichte 8), Zürich 1990, S. 103–140.

Barjot, Dominique/Bertilorenzi, Marco (Hg.): Aluminium. Du métal de luxe au métal de masse (XIXe–XXIe siècle). From Precious Metal to Mass Commodity (19th–21st century), Paris 2014.

Barjot, Dominique/Lanthier, Pierre: Développement local et stratégie globale de deux multinationales de l'aluminium au XXe siècle. Alcan et Pechiney, in: Entreprises et histoire 89/4, 2017, S. 21–38.

Barrientos, Stephanie: Gendered Commodity Chains. Seeing Women's Work and Households in Global Production, in: Gender & Development 22/2, 2014, S. 391–393.

Bärtschi, Hans-Peter: Die industrielle Schweiz vom 18. ins 21. Jahrhundert. Aufgebaut und ausverkauft, Baden 2011.

Bauer, Tobias/Crough, Greg J./Davidsson, Elias u. a.: Silbersonne am Horizont. Alusuisse. Eine Schweizer Kolonialgeschichte. Zürich 1989.

Bauer, Tobias: Eine geldhungrige Gesellschaft. Zum Finanzgebaren der Alusuisse, in: Bauer, Tobias/Crough, Greg J./Davidsson, Elias u. a., Silbersonne am Horizont. Alusuisse. Eine Schweizer Kolonialgeschichte, Zürich 1989, S. 91–108.

Beckert, Jens: Imagined Futures. Fictional Expectations and Capitalist Dynamics, Cambridge 2016.

Bellwald, Werner/Guzzi-Heeb, Sandro (Hg.): Ein industriefeindliches Volk?. Fabriken und Arbeiter in den Walliser Bergen (Ethnologische Reihe 7), Baden 2006.

Benanav, Aaron: Automation and the Future of Work, London/New York 2020.

Berghoff, Hartmut: Unternehmenskultur und Herrschaftstechnik. Industrieller Paternalismus: Hohner von 1857 bis 1918, in: Geschichte und Gesellschaft 23, 1997, S. 167–204.

Bernet, Brigitta: Insourcing and Outsourcing. Anthropologien der modernen Arbeit, in: Historische Anthropologie 24/2, 2016, S. 272–293.

Bernet, Brigitta: Vom „Berufsautomaten" zum „flexiblen Mitarbeiter". Die Krise der Organisation und der Umbau der Personallehren um 1970, in: Dietz, Bernhard/Neuheiser, Jörg (Hg.): Wertewandel in der Wirtschaft und Arbeitswelt. Arbeit, Leistung und Führung in den 1970er und 1980er Jahren in der Bundesrepublik Deutschland (Wertewandel im 20. Jahrhundert 2), Berlin 2017, S. 31–54.

Bernet, Brigitta: Mitbestimmung oder Selbstverwirklichung? Kritik und Krise des „organisierten Unternehmens" um 1970, in: Ludi, Regula/Ruoss, Matthias/Schmitter, Leena (Hg.): Zwang zur Freiheit. Krisen und Neoliberalismus in der Schweiz, Zürich 2018, S. 61–84.

Bernet, Brigitta/Gugerli, David: Sputniks Resonanzen. Der Aufstieg der Humankapitaltheorie im Kalten Krieg – eine Argumentationsskizze, in: Historische Anthropologie 19/3, 2011, S. 433–446.

Bernet, Brigitta/Tanner, Jakob: Einleitung: Ausser Betrieb. Metamorphosen der Arbeit in der Schweiz, in: dies. (Hg.): Ausser Betrieb. Metamorphosen der Arbeit in der Schweiz, Zürich 2015, S. 7–38.

Bertilorenzi, Marco: Alufinance & Trade Ltd. Cartelisation and Financial Regulation in the European Aluminium Industry during the 1970s, in: Barjot, Dominique/Bertilorenzi, Marco (Hg.): Aluminium. Du métal de luxe au métal de masse (XIXe–XXIe siècle). From Precious Metal to Mass Commodity (19th–21st century), Paris 2014, S. 171–188.

Bertilorenzi, Marco: The International Aluminium Cartel, 1886–1978. The Business and Politics of a Cooperative Industrial Institution, New York/London 2016.

Bhattacharya, Tithi (Hg.): Social Reproduction Theory. Remapping Class, Recentering Oppression, London 2017.

Bluestone, Barry/Harrison, Bennett: The Deindustrialization of America. Plant Closings, Community Abandonment, and the Dismantling of Basic Industry, New York 1982.

Bluma, Lars/Uhl, Karsten (Hg.): Kontrollierte Arbeit – disziplinierte Körper? Zur Sozial- und Kulturgeschichte der Industriearbeit im 19. und 20. Jahrhundert (Histoire 27), Bielefeld 2012.

Boes, Andreas/Bultemeier, Anja: Anerkennung im System permanenter Bewährung, in: Soeffner, Hans-Georg/Kursawe, Kathy (Hg.): Unsichere Zeiten. Herausforderungen gesellschaftlicher Transformationen. Verhandlungen des 34. Kongresses der Deutschen Gesellschaft für Soziologie in Jena 2008, Bd. 2, Wiesbaden 2010 [CD-ROM].

Boltanski, Luc/Chiapello, Ève: Der neue Geist des Kapitalismus (édition discours 38), Konstanz 2013.

Bonazzi, Giuseppe: Geschichte des organisatorischen Denkens, Wiesbaden 2014.

Borges, Marcelo J./Torres, Susana B.: Company Towns. Concepts, Historiography, and Approaches, in: dies. (Hg.): Company Towns. Labor, Space, and Power Relations across Time and Continents, New York 2012, S. 1–40.

Borges, Marcelo J./Torres, Susana B. (Hg.): Company Towns. Labor, Space, and Power Relations across Time and Continents, New York 2012.

Boris, Eileen: Making the Woman Worker. Precarious Labor and the Fight for Global Standards, 1919–2019, New York 2019.

Bramble, Thomas: Trade Unionism in Australia. A History from Flood to Ebb Tide, Cambridge/New York 2008.

Braverman, Harry: Labour and Monopoly Capital. The Degradation of Work in the Twentieth Century, New York 1976.

Bröckling, Ulrich: Das unternehmerische Selbst. Soziologie einer Subjektivierungsform (Suhrkamp Taschenbuch Wissenschaft 1832), Frankfurt am Main 2007.

Brown, Wendy: Undoing the Demos. Neoliberalism's Stealth Revolution, New York 2015.

Büsser, Nathalie/David, Thomas/Eichenberger, Pierre/Haller, Lea/Straumann, Tobias/Wirth, Christa (Hg.): Transnationale Geschichte der Schweiz (Schweizerisches Jahrbuch für Wirtschafts- und Sozialgeschichte 34), Zürich 2020.

Campbell, Stephen: Anthropology and the Social Factory, in: Dialectical Anthropology 42/3, 2018, S. 227–239.

Cerasi, Laura: Perdonare Marghera. La città del lavoro nella memoria post-industriale (Temi di storia 106), Mailand 2007.

Chamayou, Grégoire: Die unregierbare Gesellschaft. Eine Genealogie des autoritären Liberalismus, Berlin 2019.

Chinello, Cesco: Classe, Movimento, Organizzazione. Le lotte operaie a Marghera/Venezia: i percorsi di una crisi, 1945–55, Mailand 1984.

Chinello, Cesco: Il sessantotto operaio e studentesco a Porto Marghera. Nel trentennale, in: Annale 2, 1988, S. 179–222.

Chinello, Cesco: Sindacato, PCI, movimenti negli anni sessanta. Porto Marghera, Venezia, 1955–1970 (Collana dell'istituto nazionale per la storia del movimento di liberazione in Italia 35), Mailand 1996.

Clare, Nick: Composing the Social Factory. An Autonomist Urban Geography of Buenos Aires, in: Environment and Planning D: Society and Space 37/2, 2019, S. 255–275.

Cohen, Yves: Le siècle des chefs. Une histoire transnationale du commandement et de l'autorité (1890–1940), Paris 2013.

Cowie, Jefferson: Capital Moves. RCA's Seventy-Year Quest for Cheap Labor, New York 2001.

Cowie, Jefferson/Heathcott, Joseph (Hg.): Beyond the Ruins. The Meanings of Deindustrialization, Ithaca 2003.

Cross, Bradley: White Metal. Bauxite, Labour, and the Land under Alcan in Twentieth-Century Guyana, Jamaica, and Australia, in: Gendron, Robin S./Ingulstad, Mats/Storli, Espen (Hg.): Aluminum Ore. The Political Economy of the Global Bauxite Industry, Vancouver/Toronto 2013, S. 302–327.

Cross, Bradley: Modern Living „hewn out of the unknown wilderness". Aluminum, City Planning, and Alcan's British Columbian Industrial Town of Kitimat in the 1950s, in: Urban History Review/Revue d'histoire urbaine 45/1, 2016, S. 7–17.

Crouch, Colin: Marketization, in: Flinders, Matthew V./Gamble, Andrew/Hay, Colin/Kenny, Michael (Hg.): The Oxford Handbook of British Politics, Oxford 2011, S. 879–895.

Crough, Greg J.: Eine schäbige Geschichte. Alusuisse in Australien, in: Bauer, Tobias/Crough, Greg J./Davidsson, Elias u. a., Silbersonne am Horizont. Alusuisse. Eine Schweizer Kolonialgeschichte, Zürich 1989, S. 176–193.

Dardot, Pierre/Laval, Christian: The New Way of the World. On Neo-Liberal Society, London/New York 2017.

David, Thomas/Mach, André: The Specificity of Corporate Governance in Small States. Institutionalization and Questioning of Ownership Restrictions in Switzerland and Sweden [Conference Paper, SASE Annual Conference], Aix-en-Provence 2003.

David, Thomas/Mach, André: Corporate Governance, in: Halbeisen, Patrick/Müller, Margrit/Veyrassat, Béatrice (Hg.): Wirtschaftsgeschichte der Schweiz im 20. Jahrhundert, Basel 2012, S. 831–872.

David, Thomas/Mach, André/Lüpold, Martin/Schnyder, Gerhard: De la „Forteresse des Alpes" à la valeur actionnariale. Histoire de la gouvernance d'entreprise suisse (1880–2010), Zürich 2015.

Davoine, Eric/Ravasi, Claudio/David, Thomas/Ginalski, Stéphanie/Mach, André: Die Schweizer Wirtschaftselite im Spannungsfeld zwischen Globalisierungsprozessen und nationalen Institutionen, in: Die Unternehmung 69/2, 2015, S. 206–221.

Degen, Bernard: Neue Krisen, neue Wege, in: Boillat, Valérie/Degen, Bernard/Joris, Elisabeth/Keller, Stefan/Tanner, Albert/Zimmermann, Rolf (Hg.): Vom Wert der Arbeit. Schweizer Gewerkschaften – Geschichte und Geschichten, Zürich 2006, S. 284–331.

Degen, Bernard: Arbeit und Kapital, in: Halbeisen, Patrick/Müller, Margrit/Veyrassat, Béatrice (Hg.): Wirtschaftsgeschichte der Schweiz im 20. Jahrhundert, Basel 2012, S. 873–922.

Dejung, Christof: Die Fäden des globalen Marktes. Eine Sozial- und Kulturgeschichte des Welthandels am Beispiel der Handelsfirma Gebrüder Volkart 1851–1999 (Industrielle Welt 85), Köln/Wien 2013.

Dietz, Bernhard: Der Aufstieg der Manager. Wertewandel in den Führungsetagen der westdeutschen Wirtschaft, 1949–1989 (Wertewandel im 20. Jahrhundert 7), Berlin/Boston 2020.

Dietz, Bernhard/Neuheiser, Jörg (Hg.): Wertewandel in der Wirtschaft und Arbeitswelt. Arbeit, Leistung und Führung in den 1970er und 1980er Jahren in der Bundesrepublik Deutschland (Wertewandel im 20. Jahrhundert 2), Berlin 2017.

Doering-Manteuffel, Anselm: Konturen von „Ordnung" in den Zeitschichten des 20. Jahrhunderts, in: Etzemüller, Thomas (Hg.): Die Ordnung der Moderne. Social Engineering im 20. Jahrhundert (Histoire 9), Bielefeld 2009, S. 41–64.

Doering-Manteuffel, Anselm/Raphael, Lutz: Nach dem Boom. Perspektiven auf die Zeitgeschichte seit 1970, Göttingen 2008.

Doering-Manteuffel, Anselm/Raphael, Lutz: Der Epochenbruch in den 1970er-Jahren. Thesen zur Phänomenologie und den Wirkungen des Strukturwandels „nach dem Boom", in: Andresen, Knud/Bitzegeio, Ursula/Mittag, Jürgen (Hg.): „Nach dem Strukturbruch?". Kontinuität und Wandel von Arbeitsbeziehungen und Arbeitswelt(en) seit den 1970er-Jahren (Politik- und Gesellschaftsgeschichte 89), Bonn 2011, S. 28–40.

Doering-Manteuffel, Anselm/Raphael, Lutz/Schlemmer, Thomas (Hg.): Vorgeschichte der Gegenwart. Dimensionen des Strukturbruchs nach dem Boom, Göttingen 2016.

Donauer, Sabine: Emotions at Work – Working on Emotions. The Production of Economic Selves in Twentieth-Century Germany, Dissertation, Freie Universität Berlin, Berlin 2013, online: http://dx.doi.org/10.17169/refubium-4534 [1.12.2023].

Donauer, Sabine: Faktor Freude. Wie die Wirtschaft Arbeitsgefühle erzeugt, Hamburg 2015.

Donauer, Sabine: Job Satisfaction statt Arbeitszufriedenheit. Gefühlswissen im arbeitswissenschaftlichen Diskurs der 1970er Jahre, in: Eitler, Pascal/Elberfeld, Jens (Hg.): Zeitgeschichte des Selbst. Therapeutisierung – Politisierung – Emotionalisierung (Histoire 79), Bielefeld 2015, S. 343–371.

Duff, Betty: Class and Gender Roles in the Company Towns of Millinocket and East Millinocket, Maine, and Benham and Lynch, Kentucky, 1901–2004. A Comparative History, Dissertation, University of Maine, Maine 2004, online: http://digitalcommons.library.umaine.edu/etd/183 [30.10.2021].

Duménil, Gérard/Lévy, Dominique: Capital Resurgent. Roots of the Neoliberal Revolution, Cambridge 2004.

Dunaway, Wilma A.: Introduction, in: dies. (Hg.): Gendered Commodity Chains. Seeing Women's Work and Households in Global Production, Stanford 2014, S. 1–24.

Egger, Jan: Häuser machen Schule. Eine architektursoziologische Analyse gebauter Bildung (Rekonstruktive Bildungsforschung 27), Wiesbaden 2019.

Eichenberger, Pierre/Haller, Lea/David, Thomas/Leimgruber, Matthieu/Schär, Bernhard C./Wirth, Christa: Beyond Switzerland. Reframing the Swiss Historical Narrative in Light of Transnational History, in: traverse. Zeitschrift für Geschichte – Revue d'histoire 1, 2017, S. 137–152.

Eisinger, Angelus: Die dynamische Kraft des Fortschritts. Gewerkschaftliche Politik zwischen Friedenspolitik, sozialökonomischem Wandel und technischem Fortschritt: Der SMUV 1952–1985, Zürich 1996.

Elsig, Alexandre: Pour les ouvriers valaisans, la „guerre du fluor" n'a pas eu lieu, in: Cahiers d'histoire du mouvement ouvrier 35, 2019, S. 44–60.

Epple, Angelika: Globale Mikrogeschichte. Auf dem Weg zu einer Geschichte der Relationen, in: Hiebl, Ewald/Langthaler, Ernst (Hg.): Im Kleinen das Große suchen. Mikrogeschichte in Theorie und Praxis; Hanns Haas zum 70. Geburtstag (Jahrbuch für Geschichte des ländlichen Raumes 9), Innsbruck/Wien/Bozen 2012, S. 37–47.

Epple, Angelika: Lokalität und die Dimensionen des Globalen. Eine Frage der Relationen, in: Historische Anthropologie 21/1, 2013, S. 4–25.

Fasel, Andreas: Fabrikgesellschaft. Rationalisierung, Sozialpolitik und Wohnungsbau in der Schweizer Maschinenindustrie, 1937–1967, Zürich 2021.

Federici, Silvia: Feminismus und die Politik der Commons in den Zeiten der ursprünglichen Akkumulation, in: dies.: Die Welt wieder verzaubern. Feminismus, Marxismus & Commons, Wien/Berlin 2020, S. 156–175.

Feltrin, Lorenzo/Sacchetto, Devi: The Work-Technology Nexus and Working-Class Environmentalism. Workerism Versus Capitalist Noxiousness in Italy's Long 1968, in: Theory and Society. Renewal and Critique in Social Theory 50/5, 2021, S. 815–835.

Feucht, Patrick: Engineering und Management am Ende des „goldenen Zeitalters". Krise und Technologie bei der Alusuisse, 1960–1987, unveröff. Masterarbeit, Universität Zürich, Zürich 2018.

Fisher, Mark: Capitalist Realism. Is There No Alternative?, Lanham 2009.

Fontaine, Marion/Vigna, Xavier: Introduction. La désindustrialisation, une histoire en cours, in: 20 & 21. Revue d'histoire 144/4, 2019, S. 3–17.

Foucault, Michel: Die Geburt der Biopolitik. Geschichte der Gouvernementalität II. Vorlesungen am Collège de France 1978/1979 (Suhrkamp Taschenbuch Wissenschaft 1809), Frankfurt am Main 2006.

Fraser, Nancy: Capitalism's Crisis of Care, in: Dissent 63/4, 2016, S. 30–37.

Fraser, Nancy: Crisis of Care?. On the Social-Reproductive Contradictions of Contemporary Capitalism, in: Bhattacharya, Tithi (Hg.): Social Reproduction Theory. Remapping Class, Recentering Oppression, London 2017, S. 21–36.

Garbely, Frank: Kanton Alusuisse. Alusuisse im Wallis, in: Bauer, Tobias/Crough, Greg J./Davidsson, Elias u. a., Silbersonne am Horizont. Alusuisse. Eine Schweizer Kolonialgeschichte, Zürich 1989, S. 194–263.

Gasche, Urs P.: Bauern, Klosterfrauen, Alusuisse. Wie eine Industrie ihre Macht ausspielt, Beamte den Volkswillen missachten und die Umwelt kaputt geht. Eine wahre Schweizer Geschichte, Gümligen 1981.

Gendron, Robin S./Ingulstad, Mats/Storli, Espen (Hg.): Aluminum Ore. The Political Economy of the Global Bauxite Industry, Vancouver/Toronto 2013.

Gerritsen, Anne/de Vito, Christian: Micro-Spatial Histories of Global Labour, in: dies. (Hg.): Micro-Spatial Histories of Global Labour, Cham 2018, S. 1–28.

Gilomen, Hans-Jörg/Müller, Margrit/Veyrassat, Béatrice (Hg.): Globalisierung – Chancen und Risiken. Die Schweiz in der Weltwirtschaft 18.–20. Jahrhundert. La globalisation –

chances et risques. La Suisse dans l'économie mondiale 18e–20e siècles (Schweizerisches Jahrbuch für Wirtschafts- und Sozialgeschichte 19), Zürich 2003.

Ginalski, Stéphanie: Du capitalisme familial au capitalisme financier?. Le cas de l'industrie suisse des machines, de l'électrotechnique et de la métallurgie au XXème siècle (Histoire 211), Neuchâtel 2015.

Ginsborg, Paul: A History of Contemporary Italy. Society and Politics, 1943–1988, Harmondsworth 1990.

Giordano, Lorraine: Beyond Taylorism Computerization and the New Industrial Relations, New York 2014.

Graf, Rüdiger (Hg.): Ökonomisierung. Debatten und Praktiken in der Zeitgeschichte (Geschichte der Gegenwart 21), Göttingen 2019.

Grob, Leo, Politik der Vermarktlichung. Das Krisenmanagement der Alusuisse nach dem Boom, in: Ludi, Regula/Ruoss, Matthias/Schmitter, Leena (Hg.): Zwang zur Freiheit. Krisen und Neoliberalismus in der Schweiz, Zürich 2018, S. 85–109.

Grob, Leo: Manageriale Macht und die Mikropolitik der Raumordnung. Streikprävention und Städtebau bei Alusuisse in Australien um 1970, in: traverse. Zeitschrift für Geschichte – Revue d'histoire 3, 2019, S. 151–165.

Grob, Leo: Umkämpfte Deindustrialisierung. Streiks und Restrukturierungen bei Alusuisse in Italien um 1970, in: Bürgi, Lisia/Keller, Eva (Hg.): Ausgeschlossen einflussreich. Handlungsspielräume an den Rändern etablierter Machtstrukturen. Festschrift für Brigitte Studer zum 65. Geburtstag, Basel 2020, S. 85–101.

Grob, Leo/Pitteloud, Sabine: Multinationale et fermetures de filiales. Les conséquences sociales et politiques de décisions économiques, in: Entreprises et histoire 97/4, 2019, S. 97–109.

Guzzi-Heeb, Sandro: Industrie im Wallis. Fakten, Zahlen, Entwicklungen, in: Bellwald, Werner/Guzzi-Heeb, Sandro (Hg.): Ein industriefeindliches Volk?. Fabriken und Arbeiter in den Walliser Bergen (Ethnologische Reihe 7), Baden 2006, S. 29–59.

Hachtmann, Rüdiger/von Saldern, Adelheid: Das fordistische Jahrhundert. Eine Einleitung, in: Zeithistorische Forschungen 6, 2009, S. 174–185.

Hareven, Tamara K.: Family Time and Industrial Time. The Relationship Between the Family and Work in a New England Industrial Community, Cambridge 1984.

Harris, Richard: The Suburban Worker in the History of Labor, in: International Labor and Working-Class History 64, 2003, S. 8–24.

Hartmann, Detlef: Revolutionäre Subjektivität, die Grenze des Kapitalismus, in: van der Linden, Marcel/Roth, Karl Heinz (Hg.): Über Marx hinaus. Arbeitsgeschichte und Arbeitsbegriff in der Konfrontation mit den globalen Arbeitsverhältnissen des 21. Jahrhunderts, Berlin/Hamburg 2009, S. 219–256.

Hartmann, Heinz: Authority and Organization in German Management, Princeton 1959.

Harvey, David: Globalization and the „Spatial Fix", in: geographische revue 2, 2001, S. 23–30.

Harvey, David: A Brief History of Neoliberalism, Oxford 2005.

Harvey, David: Neoliberalism as Creative Destruction, in: The Annals of the American Academy of Political and Social Science 610, 2007, S. 22–44.

Haug, Wolfgang Fritz: High-Tech-Kapitalismus. Analysen zu Produktionsweise, Arbeit, Sexualität, Krieg und Hegemonie (Argument-Sonderband 294), Hamburg 2005.

Hayden, Dolores: Redesigning the American Dream. The Future of Housing, Work, and Family Life, New York/London 2002.

Herod, Andrew: Social Engineering through Spatial Engineering. Company Towns and the Geographical Imagination, in: Vergara, Angela/Dinius, Oliver J. (Hg.): Company Towns in the Americas. Landscape, Power, and Working-Class Communities, Athens 2011, S. 21–44.

High, Steven: „The Wounds of Class": A Historiographical Reflection on the Study of De-industrialization, 1973–2013, in: History Compass 11/11, 2013, S. 994–1007.

Hobsbawm, Eric: Das lange 19. Jahrhundert. Bd. 2: Die Blütezeit des Kapitals 1848–1875, Darmstadt 2022.

Hopkins, Terence K./Wallerstein, Immanuel: Patterns of Development of the Modern World-System, in: Review (Fernand Braudel Center) 1/2, 1977, S. 111–145.

Howitt, Richard: Aborigines, Mining and Regional Restructuring in Northeast Arnhem Land (ERRRU Working Paper 10), Sydney 1992.

Hug, Ralph: „Verluderung der Sitten". Im Kampf gegen die Deindustrialisierung, in: Gewerkschaft Industrie, Gewerbe, Dienstleistungen SMUV (Hg.): Keinen Schritt umsonst getan. Blicke auf die Gewerkschaft SMUV 1970–2000, Baden 2004, S. 59–71.

Hyman, Louis: Temp. How American Work, American Business, and the American Dream Became Temporary, New York 2018.

Indermaur, Peter: Was andere können, können wir auch. Eine Geschichte der Alusuisse, in: Bauer, Tobias/Crough, Greg J./Davidsson, Elias u. a., Silbersonne am Horizont. Alusuisse. Eine Schweizer Kolonialgeschichte, Zürich 1989, S. 17–87.

Ingulstad, Mats/Storli, Espen/Gendron, Robin S.: Introduction – Opening Pandora's Bauxite. A Raw Materials Perspective on Globalization Processes in the Twentieth Century, in: dies. (Hg.): Aluminum Ore. The Political Economy of the Global Bauxite Industry, Vancouver/Toronto 2013, S. 1–23.

Jaun, Rudolf: Management und Arbeiterschaft. Verwissenschaftlichung, Amerikanisierung und Rationalisierung der Arbeitsverhältnisse in der Schweiz, 1873–1959, Zürich 1986.

Johnson, Louise C.: Style Wars. Revolution in the Suburbs?, in: Australian Geographer 37/2, 2006, S. 259–277.

Kerfoot, Deborah/Knights, David: Management, Masculinity and Manipulation. From Paternalism to Corporate Strategy in Financial Services in Britain, in: Journal of Management Studies 30/4, 1993, S. 659–677.

Kleinschmidt, Christian: Der produktive Blick. Wahrnehmung amerikanischer und japanischer Management- und Produktionsmethoden durch deutsche Unternehmer 1950–1985 (Jahrbuch für Wirtschaftsgeschichte. Beihefte 1), Berlin 2002.

Knauer, Manfred: Hundert Jahre Aluminiumindustrie in Deutschland (1886–1986). Die Geschichte einer dynamischen Branche (Jahrbuch für Wirtschaftsgeschichte. Beiheft 17), Berlin 2014.

Knoepfli, Adrian: Im Zeichen der Sonne. Licht und Schatten über der Alusuisse 1930–2010, Baden 2010.

Knoepfli, Adrian/Böhm, Bruno: Alusuisse: From the Buoyancy of the 1970s to the Loss of Autonomy, in: Cahiers d'histoire de l'aluminium 46-47, 2011, S. 90–113.

Kott, Sandrine: The Social Engineering Project. Exportation of Capitalist Management Culture to Eastern Europe (1950–1980), in: Christian, Michel/Kott, Sandrine/Matejka, Ondrej (Hg.): Planning in Cold War Europe. Competition, Cooperation, Circulations (1950s–1970s) (Rethinking the Cold War 2), München/Wien 2018, S. 123–141.

Kurzlechner, Werner: Von der Semantik der Klage zu einer offensiven Medienpolitik. Selbstbild und Wahrnehmung westdeutscher Unternehmer 1965 bis 1975, in: Reitmayer, Morten/Rosenberger, Ruth (Hg.): Unternehmen am Ende des „goldenen Zeitalters". Die 1970er Jahre in unternehmens- und wirtschaftshistorischer Perspektive (Bochumer Schriften zur Unternehmens- und Industriegeschichte 16), Essen 2008, S. 289–318.

Laslett, Barbara/Brenner, Johanna: Gender and Social Reproduction. Historical Perspectives, in: Annual Review of Sociology 15, 1989, S. 381–404.

Lauschke, Karl/Welskopp, Thomas (Hg.): Mikropolitik im Unternehmen. Arbeitsbeziehungen und Machtstrukturen in industriellen Großbetrieben des 20. Jahrhunderts (Bochumer Schriften zur Unternehmens- und Industriegeschichte 3), Essen 1994.

Lawson, Christopher: Making Sense of the Ruins. The Historiography of Deindustrialisation and its Continued Relevance in Neoliberal Times, in: History Compass 18/8, 2020, [o. S.].

Lazzarato, Maurizio: Immaterielle Arbeit. Gesellschaftliche Tätigkeit unter den Bedingungen des Postfordismus, in: Atzert, Thomas (Hg.): Umherschweifende Produzenten. Immaterielle Arbeit und Subversion, Berlin 1998, S. 39–52.

Lazzarato, Maurizio: Immaterial Labor, in: Virno, Paolo/Hardt, Michael (Hg.): Radical Thought in Italy. A Potential Politics (Theory Out of Bounds 7), Minneapolis 2006, S. 133–148.

Lazzarato, Maurizio/Negri, Antonio: Travail immatériel et subjectivité, in: Futur Antérieur 6, 1991.

Le Texier, Thibault: Le maniement des hommes. Essai sur la rationalité managériale, Paris 2016.

Leimgruber, Matthieu: Taylorisme et management en Suisse romande, 1917–1950 (Histoire et société contemporaines 21), Lausanne 2001.

Levy, Jonathan: Capital as Process and the History of Capitalism, in: Business History Review 91/3, 2017, S. 483–510.

Löw, Martina: Raumsoziologie (Suhrkamp Taschenbuch Wissenschaft 1506), Frankfurt am Main 2017.

Loyd, Bonnie: Women, Home, and Status, in: Duncan, James S. (Hg.): Housing and Identity. Cross-Cultural Perspectives, London 1981, S. 181–197.

Ludi, Regula/Ruoss, Matthias/Schmitter, Leena (Hg.): Zwang zur Freiheit. Krisen und Neoliberalismus in der Schweiz, Zürich 2018.

Luks, Timo: Der Betrieb als Ort der Moderne. Zur Geschichte von Industriearbeit, Ordnungsdenken und Social Engineering im 20. Jahrhundert (Histoire 14), Bielefeld 2010.

Mach, André/David, Thomas/Ginalski, Stéphanie: Schweizer Wirtschaftseliten 1910–2010, Baden 2017.

Mach, André/Oesch, Daniel: Collective Bargaining Between Decentralization and Stability. A Sectoral Model Explaining the Swiss Experience During the 1990s, in: Industrielle Beziehungen 10/1, 2003, S. 160–182.

Markusen, Ann R.: City Spatial Structure, Women's Household Work, and National Urban Policy, in: Signs: Journal of Women in Culture and Society 5/3, 1980, S. 23–44.

Martschukat, Jürgen: Das Zeitalter der Fitness. Wie der Körper zum Zeichen für Erfolg und Leistung wurde, Frankfurt am Main 2019.

Marx, Christian: Die Manager und McKinsey. Der Aufstieg externer Beratung und die Vermarktlichung des Unternehmens am Beispiel Glanzstoff, in: Reitmayer, Morten/ Schlemmer, Thomas (Hg.): Die Anfänge der Gegenwart. Umbrüche in Westeuropa nach dem Boom (Zeitgeschichte im Gespräch 17), München 2014, S. 65–77.

Marx, Christian: Die Vermarktlichung des Unternehmens. Berater, Manager und Beschäftigte in der westeuropäischen Chemiefaserindustrie seit den 1970er-Jahren, in: Zeithistorische Forschungen 12/3, 2015, S. 403–426.

Marx, Christian: Der Aufstieg multinationaler Konzerne. Umstrukturierungen und Standortkonkurrenz in der westeuropäischen Chemieindustrie, in: Doering-Manteuffel, Anselm/ Raphael, Lutz/Schlemmer, Thomas (Hg.): Vorgeschichte der Gegenwart. Dimensionen des Strukturbruchs nach dem Boom, Göttingen 2016, S. 197–216.

Marx, Christian: Vom nationalen Interesse zum Shareholder Value?. Wertewandel in den Führungsetagen westdeutscher Großunternehmen in den 1970er und 1980er Jahren, in: Dietz, Bernhard/Neuheiser, Jörg (Hg.): Wertewandel in der Wirtschaft und Arbeitswelt. Arbeit, Leistung und Führung in den 1970er und 1980er Jahren in der Bundesrepublik Deutschland (Wertewandel im 20. Jahrhundert 2), Berlin 2017, S. 151–176.

Marx, Christian: Reorganization of Multinational Companies in the Western European Chemical Industry. Transformations in Industrial Management and Labor, 1960s to 1990s, in: Enterprise & Society 21/1, 2020, S. 38–78.

Marx, Christian/Reitmayer, Morten (Hg.): Gewinner und Verlierer nach dem Boom. Perspektiven auf die westeuropäische Zeitgeschichte, Göttingen 2020.

Marx, Karl: Grundrisse der Kritik der politischen Ökonomie, in: Rosa-Luxemburg-Stiftung (Hg.): Marx-Engels-Werke, Bd. 42, Berlin 2015 [1858], S. 47–768.

Menghetti, Diane: Mount Isa. A Town like Alice?, in: Australian Historical Studies 27/109, 1997, S. 21–32.

Mioche, Philippe: L'Australie, nouvel entrant dans l'aluminium (1955–1985), in: Entreprises et histoire 89, 2017, S. 96–112.

Mitchell, Katharyne/Marston, Sallie A./Katz, Cindi: Life's Work: An Introduction, Review and Critique, in: dies. (Hg.): Life's Work. Geographies of Social Reproduction, Chichester 2004, S. 1–26.

Moldaschl, Manfred/Voß, Gerd Günter (Hg.): Subjektivierung von Arbeit (Arbeit, Innovation und Nachhaltigkeit 2), München 2002.

Moldaschl, Manfred/Voß, Gerd Günter: Zur Einführung, in: Moldaschl, Manfred/Voß, Gerd Günter (Hg.): Subjektivierung von Arbeit (Arbeit, Innovation und Nachhaltigkeit 2), München 2002, S. 13–21.

Muller, Jerry Z.: The Tyranny of Metrics, Princeton/Berlin/Boston 2019.

Müller, Margrit: Die Exportindustrien im Verlauf des 20. Jahrhunderts, in: traverse. Zeitschrift für Geschichte – Revue d'histoire 1, 2010, S. 119–138.

Müller, Margrit: Internationale Verflechtungen, in: Halbeisen, Patrick/Müller, Margrit/Veyrassat, Béatrice (Hg.): Wirtschaftsgeschichte der Schweiz im 20. Jahrhundert, Basel 2012, S. 339–465.

Müller, Margrit/Woitek, Ulrich: Wohlstand, Wachstum und Konjunktur, in: Halbeisen, Patrick/Müller, Margrit/Veyrassat, Béatrice (Hg.): Wirtschaftsgeschichte der Schweiz im 20. Jahrhundert, Basel 2012, S. 91–222.

Nappi, Carmine: L'industrie internationale de l'aluminium. Changements structurels et perspectives, 1970–2020, in: Barjot, Dominique/Bertilorenzi, Marco (Hg.): Aluminium. Du métal de luxe au métal de masse (XIXe–XXIe siècle). From Precious Metal to Mass Commodity (19th–21st century), Paris 2014, S. 151–171.

Negri, Toni: Un intellettuale tra gli operai, in: Sacchetto, Devi/Sbrogiò, Gianni (Hg.): Quando il potere è operaio. Autonomia e soggettività politica a Porto Marghera, 1960–1980, Rom 2009, S. 140–150.

Neil, Cecily C.: Housing Symbolism in New Remote Mining Communities in Australia. Implication for Innovative Versus Conventional Design and Siting of Houses in Harsh Environments, in: Journal of Environmental Psychology 2/3, 1982, S. 201–220.

Neuhaus, Emmanuel: „Aus den Reihen der fachlich und charakterlich besonders qualifizierten Ärzte". Die Suva-Ärzte als Spezialisten für Humanfluorose in der Schweiz im 20. Jahrhundert, unveröff. Masterarbeit, Universität Bern, Bern 2019.

Neuheiser, Jörg: Arbeit zwischen Entgrenzung und Konsum. Die Geschichte der Arbeit im 20. Jahrhundert als Gegenstand aktueller zeithistorischer und sozialwissenschaftlicher Studien, in: Neue Politische Literatur 3, 2013, S. 421–448.

Neumann, Arndt: Unternehmen Hamburg. Eine Geschichte der neoliberalen Stadt, Göttingen 2018.

Neurohr, Coralie: Le scandale du fluor en Valais (1975–1983), unveröff. Masterarbeit, Universität Lausanne, Lausanne 2015.

Norton, Jack/Katz, Cindi: Social Reproduction, in: Richardson, Douglas/Castree, Noel/Goodchild, Michael F. u. a. (Hg.): International Encyclopedia of Geography. People, the Earth, Environment and Technology, Oxford 2016, S. 1–11.

Oesch, Daniel: Weniger Koordination, mehr Markt?. Kollektive Arbeitsbeziehungen und Neokorporatismus in der Schweiz seit 1990, in: Swiss Political Science Review 13/3, 2007, S. 337–368.

O'Hara, Glen: From Dreams to Disillusionment. Economic and Social Planning in 1960s Britain, Basingstoke/New York 2007.

Palazzo, David Peter: The „Social Factory" in Postwar Italian Radical Thought From Operaismo to Autonomia, Dissertation, City University of New York (CUNY), New York 2014, online: https://academicworks.cuny.edu/gc_etds/262/ [1.12.2023].

Paquier, Serge: Le groupe Alusuisse de 1945 à 1975. L'analyse d'une multinationale helvétique pendant les „trente glorieuses", in: Cahiers d'histoire de l'aluminium 89, 2003, S. 89–102.

Perchard, Andrew: Aluminiumville. Government, Global Business and the Scottish Highlands, Lancaster 2012.

Perchard, Andrew/High, Steven/MacKinnon, Lachlan (Hg.): The Deindustrialized World. Confronting Ruination in Postindustrial Places, Vancouver/Toronto 2017.

Pestre, Dominique: Les entreprises globales face à l'environnement, 1988–1992. Engagements volontaires, management vert et labels, in: Le Mouvement Social 271/2, 2020, S. 83–104.

Pfoertner, André: Unternehmenskultur und Amerikanisierung. Studien zur Betriebswirtschaftslehre in der Schweiz unter besonderer Berücksichtigung der Periode 1945–1965, unveröff. Lizentiatsarbeit, Universität Basel, Basel 1996.

Pitteloud, Sabine: Les multinationales suisses dans l'arène politique (1942–1993), Genf 2022.

Pongratz, Hans J./Voß, Gerd Günter: Der Arbeitskraftunternehmer. Eine neue Grundform der Ware Arbeitskraft, in: Kölner Zeitschrift für Soziologie & Sozialpsychologie 50/1, 1998, S. 131–158.

Pralong, Régine: L'ouvrier-vigneron d'Alusuisse. Evolution de cette pluriactivité dans le Valais Central entre 1930 et 1980, unveröff. Lizentiatsarbeit, Universität Fribourg, Fribourg 2006.

Puppini, Chiara: Marghera 1971. L'inizio di una fine, Portogruaro 2015.

Raphael, Lutz: Jenseits von Kohle und Stahl. Eine Gesellschaftsgeschichte Westeuropas nach dem Boom, Berlin 2019.

Raphael, Lutz: Arbeit im Kapitalismus, in: Arbeit – Bewegung – Geschichte. Zeitschrift für historische Studien 19/1, 2020, S. 7–25.

Raphael, Lutz: Gewinner und Verlierer in den Transformationen industrieller Arbeitswelten Westeuropas nach dem Boom, in: Marx, Christian/Reitmayer, Morten (Hg.): Gewinner und Verlierer nach dem Boom. Perspektiven auf die westeuropäische Zeitgeschichte, Göttingen 2020, S. 57–81.

Rauh, Cornelia: Schweizer Aluminium für Hitlers Krieg?. Zur Geschichte der Alusuisse 1918–1950 (Schriftenreihe zur Zeitschrift für Unternehmensgeschichte 19), München 2009.

Rauh-Kühne, Cornelia: Hans Constantin Paulssen. Sozialpartnerschaft aus dem Geiste der Kriegskameradschaft, in: Erker, Paul (Hg.): Deutsche Unternehmer zwischen Kriegswirtschaft und Wiederaufbau. Studien zur Erfahrungsbildung von Industrie-Eliten (Quellen und Darstellungen zur Zeitgeschichte 39), München 1999, S. 109–192.

Reitmayer, Morten/Rosenberger, Ruth (Hg.): Unternehmen am Ende des „goldenen Zeitalters". Die 1970er Jahre in unternehmens- und wirtschaftshistorischer Perspektive (Bochumer Schriften zur Unternehmens- und Industriegeschichte 16), Essen 2008.

Reitmayer, Morten/Rosenberger, Ruth: Unternehmen am Ende des „goldenen Zeitalters". Die 1970er Jahre in unternehmens- und wirtschaftshistorischer Perspektive, in: dies. (Hg.): Unternehmen am Ende des „goldenen Zeitalters". Die 1970er Jahre in unternehmens- und wirtschaftshistorischer Perspektive (Bochumer Schriften zur Unternehmens- und Industriegeschichte 16), Essen 2008, S. 9–27.

Reitmayer, Morten/Schlemmer, Thomas (Hg.): Die Anfänge der Gegenwart. Umbrüche in Westeuropa nach dem Boom (Zeitgeschichte im Gespräch 17), München 2014.

Reitmayer, Morten: Deutsche Konkurrenzkulturen nach dem Boom, in: Jessen, Ralph (Hg.): Konkurrenz in der Geschichte. Praktiken – Werte – Institutionalisierungen, Frankfurt am Main 2014, S. 261–283.

Robertson, Hannah: All That Glitters is not Gold. The Effect of Mining Activities and Royalties on the Built Environment of Remote North East Arnhem Land, Proceedings of the Society of Architectural Historians, Australia and New Zealand 33, 2016, Melbourne 2016, S. 578–590.

Rosenberger, Ruth: Experten für Humankapital. Die Entdeckung des Personalmanagements in der Bundesrepublik Deutschland (Ordnungssysteme – Studien zur Ideengeschichte der Neuzeit 26), München 2008.

Rossfeld, Roman/Köhler, Ingo: Wirtschaftskrisen und Krisendiskurse: Vorwort der Herausgeber, in: Jahrbuch für Wirtschaftsgeschichte/Economic History Yearbook 57/2, 2016, S. 299–303.

Sacchetto, Devi: When Political Subjectivity Takes Root. The Case of Porto Marghera (Venice, Italy), in: Ebbinghaus, Angelika/Henninger, Max/van der Linden, Marcel (Hg.): 1968 – Ein Blick auf die Protestbewegung 40 Jahre danach aus globaler Perspektive (ITH-Tagungsberichte 43), Leipzig 2009, S. 65–80.

Salani Favaro, Omar: Le conferenze di produzione a Porto Marghera (1950–1953). Tra sindacalismo e „sapere di fabbrica", in: Venetica 1, 2006, S. 121–142.

Sauer, Dieter: Permanente Reorganisation. Unsicherheit und Überforderung in der Arbeitswelt, in: Doering-Manteuffel, Anselm/Raphael, Lutz/Schlemmer, Thomas (Hg.): Vorgeschichte der Gegenwart. Dimensionen des Strukturbruchs nach dem Boom, Göttingen 2016, S. 37–55.

Sauer, Dieter/Peters, Klaus: Indirekte Steuerung – eine neue Herrschaftsform. Zur revolutionären Qualität des gegenwärtigen Umbruchprozesses, in: Wagner, Hilde (Hg.): „Rentier' ich mich noch?". Neue Steuerungskonzepte im Betrieb, Hamburg 2005, S. 23–58.

Sbrogiò, Gianni: Il lungo percorso delle lotte operaie a Porto Marghera, in: Sacchetto, Devi/Sbrogiò, Gianni (Hg.): Quando il potere è operaio. Autonomia e soggettività politica a Porto Marghera, 1960–1980, Rom 2009, S. 12–136.

Sbrogiò, Gianni: Introduzione, in: Sacchetto, Devi/Sbrogiò, Gianni (Hg.): Quando il potere è operaio. Autonomia e soggettività politica a Porto Marghera, 1960–1980, Rom 2009, S. 9–11.

Schlemmer, Thomas: Der diskrete Charme der Unsicherheit. Einleitende Bemerkungen, in: Reitmayer, Morten/Schlemmer, Thomas (Hg.): Die Anfänge der Gegenwart. Umbrüche in Westeuropa nach dem Boom (Zeitgeschichte im Gespräch 17), München 2014, S. 7–12.

Schmalz, Stefan/Ludwig, Carmen/Webster, Edward: The Power Resources Approach. Developments and Challenges, in: Global Labour Journal 9/2, 2018, S. 113–134.

Schroeder, Wolfgang/Greef, Samuel: Gewerkschaften und Arbeitsbeziehungen nach dem Boom, in: Doering-Manteuffel, Anselm/Raphael, Lutz/Schlemmer, Thomas (Hg.): Vorgeschichte der Gegenwart. Dimensionen des Strukturbruchs nach dem Boom, Göttingen 2016, S. 245–270.

Schröter, Harm G.: Swiss Multinational Enterprise in Historical Perspective, in: Jones, Geoffrey (Hg.): The Rise of Multinationals in Continental Europe, Aldershot 1993, S. 49–64.

Schweri, Alain: La grève de 1917 aux usines d'aluminium de Chippis. Un exemple de traumatisme industriel en pays agricole, unveröff. Lizentiatsarbeit, Universität Genf, Genf 1988.

Seiler, Alexander J./Gnant, Rob: Chemie dient allen. Oder: Die beste der real existierenden Welten. Lonza Chemische Fabriken AG, Visp, in: Meienberg, Niklaus/Laederach, Monique/Imfeld, Al u. a. (Hg.): Fabrikbesichtigungen, Zürich 1986, S. 149–167.

Selwyn, Ben: Beyond Firm-Centrism. Re-Integrating Labour and Capitalism into Global Commodity Chain Analysis, in: Journal of Economic Geography 12/1, 2011, S. 205–226.

Serri, Niccolò: The Cassa Integrazione Guadagni. Unemployment Welfare and Industrial Conflict in Post-War Italy, 1941–1987, Dissertation, University of Cambridge, Cambridge 2019, online: https://doi.org/10.17863/CAM.37529 [1.12.2023].

Sheller, Mimi: Aluminum Dreams. The Making of Light Modernity, Cambridge 2014.

Siegenthaler, Hansjörg: Regelvertrauen, Prosperität und Krisen. Die Ungleichmäßigkeit wirtschaftlicher und sozialer Entwicklung als Ergebnis individuellen Handelns und sozialen Lernens (Die Einheit der Gesellschaftswissenschaften 81), Tübingen 1993.

Siegenthaler, Hansjörg: Regelvertrauen, Prosperität und Krisen. Konjunkturgeschichte als Gegenstand der Wirtschafts- und Mentalitätsgeschichte, in: David, Thomas/Mathieu, Jon/Schaufelbühl, Janick Maria u. a. (Hg.): Krisen. Ursachen, Deutungen und Folgen (Schweizerisches Jahrbuch für Wirtschafts- und Sozialgeschichte 27), Zürich 2012, S. 31–44.

Silver, Beverly J.: Forces of Labor. Workers' Movements and Globalization Since 1870, Cambridge 2003.

Skenderovic, Damir: Fluorkrieg im Fricktal, in: Andersen, Arne (Hg.): Perlon, Petticoats und Pestizide. Mensch-Umwelt-Beziehung in der Region Basel der 50er Jahre, Basel 1994, S. 197.

Steiner, André: Die siebziger Jahre als Kristallisationspunkt des wirtschaftlichen Strukturwandels in West und Ost?, in: Jarausch, Konrad H. (Hg.): Das Ende der Zuversicht?. Die siebziger Jahre als Geschichte, Göttingen 2008, S. 29–48.

Stevens, Frank: Aboriginal Labour, in: The Australian Quarterly 43/1, 1971, S. 70–78.

Storli, Espen: The Global Race for Bauxite, 1900–1940, in: Gendron, Robin S./Ingulstad, Mats/Storli, Espen (Hg.): Aluminum Ore. The Political Economy of the Global Bauxite Industry, Vancouver/Toronto 2013, S. 24–52.

Straumann, Tobias: Ökonomie und Diskurs. Globalisierung in der Schweiz während der 1990er Jahre, in: Gilomen, Hans-Jörg/Müller, Margrit/Veyrassat, Béatrice (Hg.): Globalisierung – Chancen und Risiken. Die Schweiz in der Weltwirtschaft 18.–20. Jahrhundert. La globalisation – chances et risques. La Suisse dans l'économie mondiale 18e–20e siècles (Schweizerisches Jahrbuch für Wirtschafts- und Sozialgeschichte 19), Zürich 2003, S. 357–375.

Streckeisen, Peter: Die zwei Gesichter der Qualifikation. Eine Fallstudie zum Wandel von Industriearbeit, Konstanz 2008.

Streckeisen, Peter: Die Macht des ökonomischen Denkens. Streifzüge durch die neoliberale Schweiz, in: Mäder, Ueli (Hg.): Macht.ch. Geld und Macht in der Schweiz, Zürich 2015, S. 449–482.

Süß, Dietmar: Mikropolitik und Spiele. Zu einem neuen Konzept für die Arbeiter- und Unternehmensgeschichte, in: Hesse, Jan-Otmar/Kleinschmidt, Christian/Lauschke, Karl (Hg.): Kulturalismus, neue Institutionenökonomik oder Theorienvielfalt. Eine Zwischenbilanz der Unternehmensgeschichte (Bochumer Schriften zur Unternehmens- und Industriegeschichte 9), Essen 2002, S. 117–136.

Tanner, Jakob: Fabrikmahlzeit. Ernährungswissenschaft, Industriearbeit und Volksernährung in der Schweiz, 1890–1950, Zürich 1999.

Tanner, Jakob: Erfahrung, Diskurs und kollektives Handeln. Neue Forschungsparadigmen in der Geschichte der Arbeiterinnen und Arbeiter, in: traverse. Zeitschrift für Geschichte – Revue d'histoire 2, 2000, S. 47–68.

Tanner, Jakob: Krise, in: Dejung, Christof/Dommann, Monika/Speich Chassé, Daniel (Hg.): Auf der Suche nach der Ökonomie. Historische Annäherungen, Tübingen 2014, S. 153–181.

Tanner, Jakob: Geschichte der Schweiz im 20. Jahrhundert, München 2015.

Thompson, Paul: Crawling from the Wreckage: The Labour Process and the Politics of Production, in: Knights, David/Willmott, Hugh (Hg.): Labour Process Theory, London 1990, S. 95–124.

Tronti, Mario: Operai e capitale, Rom 2013.

Uhl, Karsten: Der Faktor Mensch und das Management. Führungsstile und Machtbeziehungen im industriellen Betrieb des 20. Jahrhunderts, in: Neue Politische Literatur 55, 2010, S. 233–254.

Uhl, Karsten: Humane Rationalisierung? Die Raumordnung der Fabrik im fordistischen Jahrhundert (Histoire 62), Bielefeld 2014.

Van der Linden, Marcel: Globalizing Labour Historiography. The IISH Approach, Amsterdam 2002.

Van Dongen, Luc/Favre, Grégoire/Guzzi-Heeb, Sandro: Mémoire ouvrière. Ouvriers, usines et industrie en Valais. À la croisée de l'histoire, de la mémoire et de l'art, Sierre 2011.

Van Laak, Dirk: Planung. Geschichte und Gegenwart des Vorgriffs auf die Zukunft, in: Geschichte und Gesellschaft 34/3, 2008, S. 305–326.

Van Zee, Marynel Ryan: Form and Reform. The Garden City of Hellerau-bei-Dresden, Germany, between Company Town and Model Town, in: Borges, Marcelo J./Torres, Susana B. (Hg.): Company Towns. Labor, Space, and Power Relations across Time and Continents, New York 2012, S. 41–67.

Varone, Joël: Les 50 ans de la grève aux usines d'aluminium et les luttes ouvrières à Chippis. Paradigme du développement capitaliste et de la bureaucratisation syndicale en Valais. La FOMH et la grève, unveröff. Lizentiatsarbeit, Université Lausanne, Lausanne 2004.

Varone, Joël: 1954: trois jours de grève aux usines d'aluminium de Chippis. Au-delà des consignes de paix du travail, in: Cahiers d'histoire du mouvement ouvrier 28, 2012, S. 63–78.

Vergara, Angela/Dinius, Oliver J. (Hg.): Company Towns in the Americas. Landscape, Power, and Working-Class Communities, Athens 2011.

Vindt, Gérard: Les hommes de l'aluminium. Histoire sociale de Pechiney, 1921–1973, Paris 2006.

Voigt, Sebastian: Introduction, in: ders. (Hg.): Since the Boom. Continuity and Change in the Western Industrialized World after 1970, Toronto/Buffalo/London 2021, S. 3–32.

Vormbusch, Uwe: Die Herrschaft der Zahlen. Zur Kalkulation des Sozialen in der kapitalistischen Moderne (Frankfurter Beiträge zur Soziologie und Sozialphilosophie 15), Frankfurt am Main 2012.

Wagner, Hilde (Hg.): „Rentier' ich mich noch?". Neue Steuerungskonzepte im Betrieb, Hamburg 2005.

Walter-Busch, Emil: Faktor Mensch. Formen angewandter Sozialforschung der Wirtschaft in Europa und den USA, 1890–1950, Konstanz 2006.Weidkuhn, Peter: Der Fall Gove. Schweizerische Aluminium-Industrie in einem Reservat australischer Ureinwohner, Zürich 1974.

Welskopp, Thomas: Der Betrieb als soziales Handlungsfeld. Neuere Forschungsansätze in der Industrie- und Arbeitergeschichte, in: Geschichte und Gesellschaft 22/1, 1996, S. 118–142.

Welskopp, Thomas: Das Unternehmen als Körperschaft. Entwicklungslinien der institutionellen Bindung von Kapital und Arbeit im 19. und 20. Jahrhundert, in: ders. (Hg.): Unternehmen Praxisgeschichte. Historische Perspektiven auf Kapitalismus, Arbeit und Klassengesellschaft, Tübingen 2014, S. 229–255.

White, Neil: Creating Community. Industrial Paternalism and Town Planning in Corner Brook, Newfoundland, 1923–1955, in: Urban History Review/Revue d'histoire urbaine 32/2, 2004, S. 45–58.

White, Neil: Company Towns. Corporate Order and Community, Toronto 2012.

Wilson, Fiona: Computer Numerical Control and Constraint, in: Knights, David/Willmott, Hugh (Hg.): New Technology and the Labour Process, Basingstoke 1991, S. 66–90.

Worley, Jody A.: Masculinity at Work, in: Marques, Joan (Hg.): Exploring Gender at Work. Multiple Perspectives, Cham 2021, S. 103–122.

Wright, Erik Olin: Working-Class Power, Capitalist-Class Interests, and Class Compromise, in: American Journal of Sociology 105/4, 2000, S. 957–1002.

Wyler, Rebekka: Schweizer Gewerkschaften und Europa 1960–2005, Münster 2012.

Young, Elspeth: Third World in the First. Development and Indigenous Peoples, London 1995.

Zazzara, Gilda: Il Petrolchimico (Novecento a Venezia. Le memorie, le storie 15), Padua 2009.

Zazzara, Gilda: I consigli di fabbrica in Veneto, in: Passato e presente 91, 2013, S. 85–102.

Zazzara, Gilda: I cento anni di Porto Marghera (1917–2017), in: Italia Contemporanea 284, 2017, S. 209–236.

Zazzara, Gilda: L'„autunno caldo" di Porto Marghera, in: Grispigni, Marco (Hg.): Quando gli operai volevano tutto, Rom 2019, S. 77–93.

Zazzara, Gilda: La disparition de l'Italie industrielle. Porto Marghera en Vénétie, in: 20 & 21. Revue d'histoire 144/4, 2019, S. 147–160.

Zeller, Christian/Messerli, Paul: Restructuration industrielle et dynamique régionale. L'exemple de Bâle, in: Revue Economique et Social: bulletin de la Société d'Etudes Economiques et Sociales 65/4, 2007, S. 51–66.

Internetquellen

Casellato, Alessandro/Zazzara, Gilda: Cronologia Porto Marghera 1970–oggi, online: www.unive.it/data/34357/ [30.10.2021].

Choonara, Joseph: Interview with David Harvey – Exploring the Logic of Capital, in: Socialist Review 335, April 2009, online: https://socialistworker.co.uk/socialist-review-archive/interview-david-harvey-exploring-logic-capital/ [1.12.2023].

Degen, Bernard/Landolt, Oliver: Lohn, in: Historisches Lexikon der Schweiz (HLS), Version vom 12.11.2012, online: https://hls-dhs-dss.ch/de/articles/013919/2012-11-12/ [30.10.2021].

Fallet, Estelle: Hayek, Nicolas G., in: Historisches Lexikon der Schweiz (HLS), Version vom 30.6.2010, online: https://hls-dhs-dss.ch/de/articles/035280/2010-06-30/ [30.10.2021].

Hachtmann, Rüdiger: Fordismus, in: Docupedia-Zeitgeschichte, 27.10.2011, online: https://www.docupedia.de/zg/hachtmann_fordismus_v1_de_2011 [30.10.2021].

Humphris, Kate: „Remembering Old Nhulunbuy", in ABC, 20.7.2009, online: www.abc.net.au/local/stories/2009/07/20/2630933.htm [30.10.2021].

Local Power Structures and Transnational Connections. New Perspectives on Elites in Switzerland, 1890–2020. SNSF Sinergia Project, online: www.wp.unil.ch/sinergia-elites/ [30.10.2021].

Rauh-Kühne, Cornelia: Paulssen, Hans Constantin, in: Neue Deutsche Biographie 20, 2001, S. 131, online: www.deutsche-biographie.de/pnd11873962X.html#ndbcontent [30.10.2021].

Rehlinghaus, Franziska: Rezension zu: Dietz, Bernhard, Der Aufstieg der Manager. Wertewandel in den Führungsetagen der westdeutschen Wirtschaft, 1949–1989, Berlin 2020, in: H-Soz-Kult, 3.9.2020, online: www.hsozkult.de/publicationreview/id/reb-50015 [30.10.2021].